유튜브 선생님에게 배우는

유·선·배 경영정보시각화능력 필기 과외노트

저자 직강 **무료 동영상 강의** 제공

빠른 합격을 위한 맞춤 학습 전략을
무료로 경험해 보세요.

| 혼자 하기 어려운 공부, 도움이 필요할 때 | 체계적인 커리큘럼으로 공부하고 싶을 때 | 온라인 강의를 무료로 듣고 싶을 때 |

전익진 선생님의 쉽고 친절한 강의,
지금 바로 확인하세요!

YouTube 별더하기 tv

2025 시대에듀 유선배 경영정보시각화능력 필기 과외노트

Always with you

사람의 인연은 길에서 우연하게 만나거나 함께 살아가는 것만을 의미하지는 않습니다.
책을 펴내는 출판사와 그 책을 읽는 독자의 만남도 소중한 인연입니다.
시대에듀는 항상 독자의 마음을 헤아리기 위해 노력하고 있습니다. 늘 독자와 함께하겠습니다.

저 자 전 익 진

서울과학기술대학교에서 산업공학 박사 학위를 취득하고
현재 한국폴리텍대학 아산캠퍼스 AI소프트웨어과 교수로 재직 중이다.

- 고려사이버대학교 미래학부, 융합정보대학원 외래교수
- 과학기술정보통신부 정보통신기획평가원 AI, 빅데이터 평가 위원
- 산업통상자원부 한국산업기술평가관리원 AI, 빅데이터 평가 위원
- 前) 유한킴벌리 제품공급기획본부 부장

유튜브 : 별더하기 tv
블로그 : 정보와 가치 연구소
브런치스토리 : 별더하기

합격의 공식 시대에듀

자격증·공무원·금융/보험·면허증·언어/외국어·검정고시/독학사·기업체/취업
이 시대의 모든 합격! 시대에듀에서 합격하세요!
www.youtube.com ➡ '별더하기 tv' 검색 ➡ 구독

PREFACE 머리말

빅데이터와 AI 시대를 맞이하여 데이터는 이제 단순한 정보의 개념을 넘어 의사결정의 핵심 도구로 활용되는 중요한 자산으로 자리매김하고 있습니다. 데이터는 모든 조직의 핵심 가치를 창출할 수 있는 가장 중요한 요소가 된 것입니다. 모든 조직에서 데이터를 분석하고 이를 바탕으로 통찰력 있는 결정을 내리는 것은 이제 선택이 아닌 필수의 영역이 되었습니다.

데이터의 활용 가치가 높아짐에 따라 데이터의 활용은 가치 발견의 단순함을 넘어 직관적이고 설득력 있는 시각화 기술의 접목을 요구하고 있습니다. 데이터는 그 자체로 가치를 담고 있지만, 여기에 더해 데이터를 시각적으로 표현하고 공유한다면 더욱 빛나는 가치가 되는 것입니다. 따라서 복잡한 데이터를 쉽게 이해하고 신속한 의사결정을 내릴 수 있도록 돕는 경영정보시각화 능력은 더 이상 선택이 아닌 필수가 되었습니다.

본서는 경영정보시각화에 필요한 이론적 내용과 실무적 응용 방법을 체계적으로 다룬 수험서입니다. 단순히 시험을 대비하기 위한 교재로서뿐만 아니라 실무에서 효과적으로 적용할 수 있도록 기획되었습니다. 데이터와 시각화의 결합은 복잡한 경영환경을 이해하고 문제를 해결하며, 창의적이고 전략적인 아이디어를 도출하기 위한 강력한 도구입니다. 이 책을 접하고 학습하는 독자는 단순히 데이터의 시각화 기법을 배우는 것에 그치지 않고, 데이터를 통해 메시지를 효과적으로 전달하고, 전략적으로 활용하는 방법을 익힐 수 있을 것입니다.

또한, 데이터 시각화를 위한 경영정보와 데이터 분석의 핵심적인 이론을 쉽고 명확하게 설명합니다. 이를 바탕으로 실제 경영현장에서 활용할 수 있는 다양한 시각화 기법과 도구를 다룹니다. 단순히 개념을 전달하는 데 그치지 않고, 응용문제를 통해 반복적으로 개념을 익힐 수 있도록 구성하였습니다.

무엇보다 이 책은 경영정보시각화능력 시험을 준비하는 수험생 여러분을 위한 필기 수험서입니다. 이 책을 통해 시험을 대비하는 방법은 간단합니다. 반복적으로 등장하는 문제를 유심히 살피고 해당 파트의 내용을 심도 있게 익혀 나가는 것입니다. 최신 출제 경향을 충분히 분석하고, 반드시 알아야 할 내용으로 설명하며 주요 문제로 다룹니다. 불필요한 문제를 배제하고 반드시 짚고 넘어가야 할 문제를 제시합니다. 이를 통해 수험생의 학습 부담을 줄이고 효율성을 높였습니다. 실제 시험에서 출제될 가능성이 높은 예상 문제와 상세한 해설을 수록하여, 시험 대비에 만전을 기할 수 있도록 준비했습니다. 시험에 자주 출제되는 중요 개념들을 요약 및 정리하여 준비한다면 수험생을 합격의 길로 인도할 것입니다.

독자 여러분, 학습 과정에서 끈기와 열정을 유지하며 한 걸음씩 앞으로 나아간다면, 원하는 결과를 반드시 얻을 수 있을 것입니다. 여러분이 시험 준비에만 집중할 수 있도록, 불필요한 내용을 배제하고 꼭 필요한 정보를 담고자 노력했습니다. 이 책을 통해 학습을 체계적으로 진행하고, 목표한 성과를 거두시길 진심으로 기원합니다.

저자 **전익진**

시험안내

경영정보시각화능력이란?

4차 산업혁명, 디지털 전환 등으로 인해 데이터에서 의미 있는 정보를 도출하는 능력이 중요해지고 있는 시점에서, 경영 관련 의사결정을 위해 기업 내외부의 정보를 시각적 요소들을 사용하여 효과적으로 전달하는 능력을 평가하는 국가기술자격시험이다.

취득방법

구분	내용
응시자격	제한 없음
합격기준	100점을 만점으로 하여 과목당 40점 이상, 전과목 평균 60점 이상
출제형태	객관식 4지 택일형 과목당 20문항, 총 60문항

시험정보

구분	내용		
시험과목	• 경영정보 일반	• 데이터 해석 및 활용	• 경영정보시각화 디자인
시험시간	60분		

시험일정

회별	검정방법	원서접수	시험일자	합격자 발표일자
제1회	필기	04.03.~04.09.	04.26.	05.27.
제1회	실기	06.05.~06.11.	06.28.	08.26.
제2회	필기	08.21.~08.27.	09.13.	10.14.
제2회	실기	10.09.~10.15.	11.01.	12.30.

이 책의 구성과 특징

대표 기출유형과 족집게 과외

어떻게 출제되는지 재빠른 확인이 가능하도록 기출문제를 분석하여 22개의 대표 기출유형을 수록하였습니다.

같은 유형의 문제를 모아 기출유형 완성하기

이론이 끝날 때마다 학습 내용을 바로 점검할 수 있도록 예상문제 및 기출문제를 모아 수록했습니다.

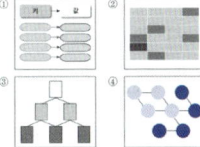

이 책의 구성과 특징

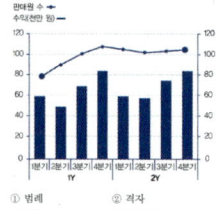

CHAPTER를 마무리하는 단원 최종 점검하기

이것만은 꼭 알고 가자! CHAPTER별 핵심문제와 그에 따른 상세한 해설을 통해 시험을 빈틈없이 대비할 수 있습니다.

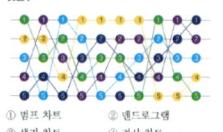

PART별 중요한 이론을 다시 한 번 복습하는 적중예상문제

실전으로 넘어가기 전에, 부족했던 부분을 마지막으로 점검하며 쌓아온 실력을 확인할 수 있습니다.

실전 모의고사 3회분으로 실전감각 익히기

변별력 있는 문제도 잘 풀고 넘어갈 자신이 있는지 확인하는 단계입니다.

시행처 공개문제와 최신 기출문제로 출제유형 분석하기

공개문제 2회분과 기출문제 2회분으로 최근 출제경향을 파악하여 내 것으로 만들 수 있습니다.

이 책의 차례

PART 1 | 경영정보 일반

CHAPTER 01 경영정보 이해 — 2

CHAPTER 02 기업 내부 정보 파악 — 12

CHAPTER 03 기업 외부 정보 파악 — 88

적중예상문제 — 94

PART 2 | 데이터 해석 및 활용

CHAPTER 01 데이터의 이해 및 해석 — 100

CHAPTER 02 데이터 파일 시스템 — 122

CHAPTER 03 데이터 활용 — 146

적중예상문제 — 172

PART 3 | 경영정보 시각화 디자인

CHAPTER 01 시각화 디자인 기본원리 이해 — 178

CHAPTER 02 시각화 도구 활용 — 206

CHAPTER 03 시각화요소 디자인 — 222

적중예상문제 — 242

PART 4 | 모의고사 파헤치기

CHAPTER 01 실전 모의고사 1회 — 250

CHAPTER 02 실전 모의고사 2회 — 266

CHAPTER 03 실전 모의고사 3회 — 282

PART 5 | 공개문제 파헤치기

CHAPTER 01 시행처 공개문제 A형 — 300

CHAPTER 02 시행처 공개문제 B형 — 316

PART 6 | 기출문제 파헤치기

CHAPTER 01 2024년 1회 기출문제 — 334

CHAPTER 02 2024년 2회 기출문제 — 350

PART 1
경영정보 일반

CHAPTER 01 경영정보 이해

CHAPTER 02 기업 내부 정보 파악

CHAPTER 03 기업 외부 정보 파악

적중예상문제

CHAPTER 01 경영정보 이해

PART 1 경영정보 일반

기출유형 01 ▶ 경영과 정보 및 경영정보시스템

기업 경영에 직간접적으로 영향을 미치는 주체로서 종업원, 고객, 지역사회 등을 포괄하는 용어로 가장 적절한 것은?

① 주주(Shareholder)
② 대리인(Agent)
③ 의사결정자(Decision Maker)
④ 이해관계자(Stakeholder)

해설

④ 이해관계자(Stakeholder)란 기업 경영에 직·간접적으로 이해관계를 가지는 사람을 뜻하며, 종업원(Employees), 고객(Customers), 오너(Owners), 투자자(Investors) 등 관련된 모든 개념을 포함한다.
①·②·③ 주주, 대리인, 의사결정자 모두 이해관계자에 포함되는 개념이다.

| 정답 | ④

족집게 과외

❶ 경영(Management)
- ㉠ 조직의 관리와 운영을 의미
- ㉡ 조직은 공통의 목적을 달성하기 위한 집단으로, 기업의 목적은 이윤추구
- ㉢ 목적을 달성하기 위해 계획(Plan)을 세우고, 계획에 따라 실행(Do)하고, 실행된 결과를 점검(Check)하여 개선(Act)해 나가는 전반적인 관리 활동

❷ 이해관계자(Stakeholder)
- ㉠ 기업 경영 활동에 직·간접적으로 이해관계를 가지는 사람을 의미
- ㉡ 주요 이해관계자
  - 종업원(Employees) : 급여 지급 대상, 고용 안정성 보장, 보상 체계, 승인 절차 등
  - 고객(Customers) : 소비자, 제품의 가치 결정자, 품질 관리 대상 등
  - 투자자(Investors), 주주(Shareholder) : 수익률, 투자 및 수익 배분 등
  - 공급자(Suppliers) : 제품 및 원부자재의 공급, 협력 관계, 영업 기회 부여 등
  - 채권자(Creditors) : 금융, 운영 자금, 신용 관리, 유동성 등
  - 지역사회(Community) : 일자리 공급, 환경 관리, 기회 창출 등
  - 노동조합(Trade Unions) : 노동자의 권익 보호, 일자리 보장, 근로의 질 등

❸ 정보(Information)
- ㉠ 의사결정을 위해 데이터를 가공 처리한 결과를 의미
- ㉡ 가공된 정보를 통해 지식을 얻고, 이를 통해 조직은 경영상의 의사결정을 수행

> **Tip** ✓
>
> 데이터의 흐름

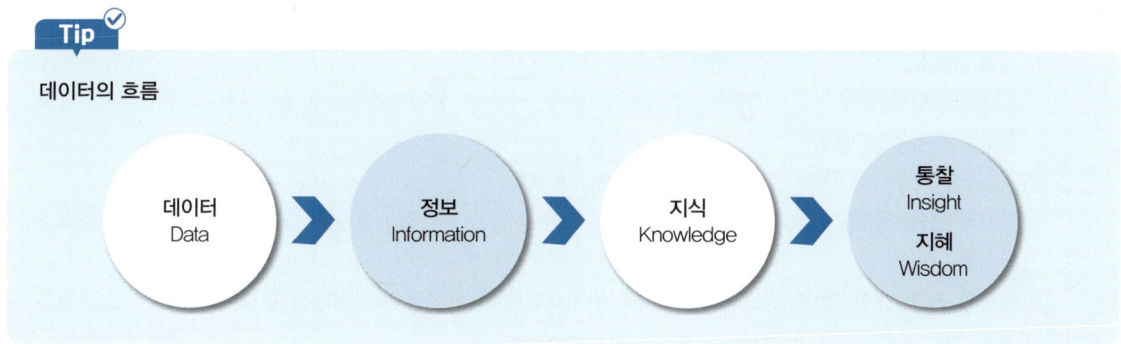

❹ **시스템(System)**
  ㉠ 하나의 집합체 속에 속한 모든 구성 요소가 서로 결합하여 작용하고 의존하는 복합체를 의미
  ㉡ 일반적으로 시스템은 입력(Input) → 가공(Processing) → 출력(Output)의 과정을 통칭함

❺ **경영정보시스템(MIS ; Management Information System)**
  ㉠ 경영활동 전반의 관리를 위해 구성된 시스템
  ㉡ 경영활동을 통해 생성된 정보를 수집 및 저장(Input)하고, 적절히 가공, 처리(Processing)하여 구성원이 활용(Output)하도록 도움을 주는 시스템
  ㉢ 대표적인 경영정보시스템
    • 전사적 자원관리(ERP; Enterprise Resource Planning)시스템
      – ERP는 MIS의 한 종류로 CRM, SCM, KM(Knowledge Management) 등을 포괄하는 통합관리시스템을 의미
      – 인사, 재무/회계, 생산 및 물류 등에 대한 경영 전반의 효율적 운영 관리를 담당
      – 관련된 모든 데이터와 정보를 관리함으로써 기업 내 자원의 활용을 극대화 함

주요 ERP 모듈

- 고객관계관리(CRM ; Customer Relationship Management)시스템
  - 기업 고객을 유치하고 꾸준히 유지하기 위한 관리시스템
  - 마케팅 전략을 수립하고 고객확보, 고객관리, 판매, 서비스, 품질, 고객응대 등 고객과 관련한 모든 것을 포함하는 광범위한 개념
- 공급망관리(SCM ; Supply Chain Management)시스템
  - 제품의 생산, 물류, 유통, 판매의 과정은 물론 생산을 위한 벤더로부터 자재 구매, 공급, 입/출고 등의 관리시스템
  - 원자재 공급, 생산, 물류, 유통, 고객까지의 전체적인 물류 흐름을 가치사슬로 연결하여 효율적인 관리를 돕는 시스템

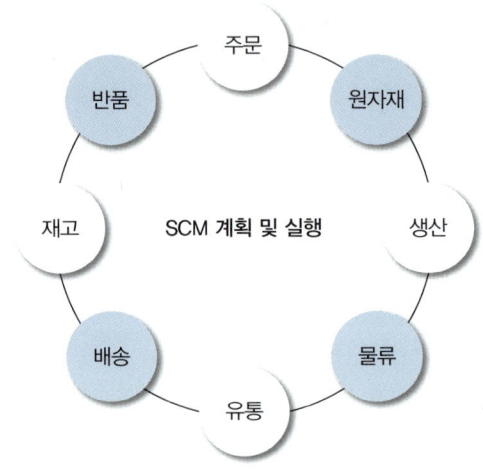

기출유형 완성하기

정답 01 ① 02 ③ 03 ③ 04 ②

01 기업 경영에 직간접적으로 영향을 미치는 이해관계자로 보기 적절하지 않은 것은?

① 가족(Family)
② 주주(Shareholder)
③ 채권자(Creditors)
④ 지역사회(Community)

해설

주요 이해관계자
- 종업원(Employees)
- 고객(Customers)
- 오너(Owners)
- 투자자(Investors), 주주(Shareholder)
- 공급자(Suppliers)
- 채권자(Creditors)
- 지역사회(Community)
- 노동조합(Trade Unions)

02 원자재 공급, 생산, 물류, 유통, 고객까지의 전체적인 물류 흐름을 가치사슬로 연결하여 관리하는 시스템으로 적절한 것은?

① 공급자관리(SRM ; Supplier Relationship Management)시스템
② 제품수명주기관리(PLM ; Product Lifecycle Management) 시스템
③ 공급망관리(SCM ; Supply Chain Management)시스템
④ 고객관계관리(CRM ; Customer Relationship Management)시스템

해설

공급망 관리(SCM ; Supply Chain Management)시스템은 제품의 생산, 물류, 유통, 판매의 과정은 물론 생산을 위한 벤더로부터 자재 구매, 공급, 입/출고 등의 효율적인 관리를 돕는 시스템이다.

03 경영관리 및 의사결정을 수행하는 과정에서 발생하는 데이터 흐름의 순서가 적절한 것은?

① 정보(Information) → 데이터(Data) → 지식(Knowledge) → 통찰(Insight)
② 데이터(Data) → 지식(Knowledge) → 정보(Information) → 통찰(Insight)
③ 데이터(Data) → 정보(Information) → 지식(Knowledge) → 통찰(Insight)
④ 데이터(Data) → 정보(Information) → 통찰(Insight) → 지식(Knowledge)

해설

경영 활동에서 발생하는 모든 자료(Data)를 의사결정을 위해 가공, 처리한 결과가 정보이며, 정보를 통해 지식을 얻고, 이를 통해 조직은 경영상의 의사결정을 수행해 간다. 따라서 데이터 흐름의 순서는 '데이터(Data) → 정보(Information) → 지식(Knowledge) → 통찰(Insight)'이다.

04 다음 중 경영정보시스템(MIS ; Management Information System)에 대한 설명으로 적절하지 않은 것은?

① 경영활동 전반의 관리를 위해 구성된 시스템을 의미한다.
② 경영활동을 통해 생성된 정보를 외부로 전달하는 기능을 포함한다.
③ 데이터를 가공, 처리(Processing)하여 구성원이 활용(Output)하도록 도움을 주는 시스템이다.
④ 전사적 자원관리(ERP ; Enterprise Resource Planning) 시스템이 대표적이다.

해설

경영정보시스템은 경영활동을 통해 생성된 정보를 수집 및 저장(Input)하고, 적절히 가공, 처리(Processing)하여 구성원이 활용(Output)하도록 도움을 주는 시스템을 의미한다. 관계자 및 기업 간의 거래를 위한 정보를 공유할 수 있으나 경영활동 과정에서 발생한 데이터를 외부로 유출하는 기능은 갖지 않는다.

기출유형 02 ▶ 기업의 부문별 활동

다음 중 인적자원 관리업무로 적절하지 않은 것은?

① 생산 관리자 면담
② 공급자 원가 조정 미팅
③ 개인 성과 목표 검토
④ 연간 교육 일정 수립

해설
② 공급자를 만나 합리적인 가격으로 적정 수준의 물량을 구입하는 것을 목적으로 하는 업무는 구매관리의 담당이다.
①·③·④ 각각 인력, 평가, 교육에 관련된 업무이다. 인적자원관리의 핵심 대상은 인력, 교육, 평가 등이다.

| 정답 | ②

족집게 과외

❶ 인적자원(인사, Human Resource)
　㉠ 조직 또는 기업의 목적을 달성하기 위해 노동력을 제공하는 사람들을 의미
　㉡ 인적자원의 관리는 조직 및 기업 내 구성원과 관련한 일련의 활동을 계획하고 관리하는 과정을 의미
　　• 인적자원의 확보　　　　• 경력개발 및 교육
　　• 개인 평가 및 성과 진행　• 직무 분석
　　• 인적자원의 능력 활용　　• 능력에 따른 임금 및 보상
　　• 복리후생　　　　　　　• 조직 문화 관리 및 조직 성과 관리
　　• 사규 및 행동 강령(지침)　• 퇴직 관리 등

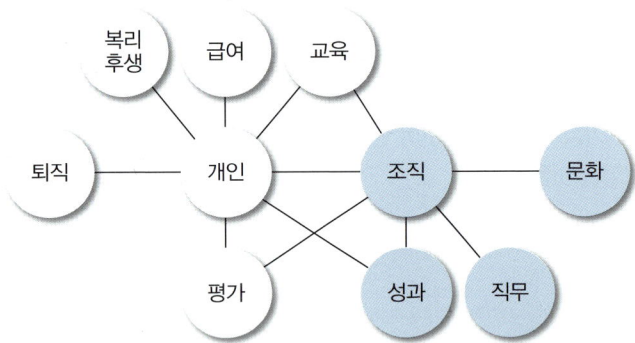

　㉢ 인적자원 관리가 중요한 이유는 조직 및 기업의 생산성과 직결되며 유능한 인재의 확보가 기업 운영의 디딤돌이 되기 때문

❷ 생산(Operations Management)
　㉠ 조직 및 기업의 구성원의 주된 활동을 의미하며 원재료 등을 활용한 상품을 구성하는 행위를 의미
　㉡ 기업의 이윤추구를 위한 고객의 소비와 반대 의미를 가짐
　㉢ 자본, 노동력, 시설 및 토지 등을 활용하여 상품을 만들어 내는 과정을 포괄함

ⓔ 생산관리 혹은 생산 운영 관리는 SCM과 맞물려 다양한 영역을 아우르는 개념으로 활용
　　　• 상품의 원가　　　　　　• 원부자재의 공급
　　　• 상품의 품질　　　　　　• 상품의 납품
　　　• 작업 공정 설계 및 관리, 통제　• 서비스 설계, 운영
　　　• 수요 및 생산성 분석　　　• 재고 계획, 운영과 관리 등
　　ⓜ 생산과정에서의 품질 관리 및 개선 도구로 4M 분석이 활용됨

> **Tip** ✓
> **4M 분석의 이해**
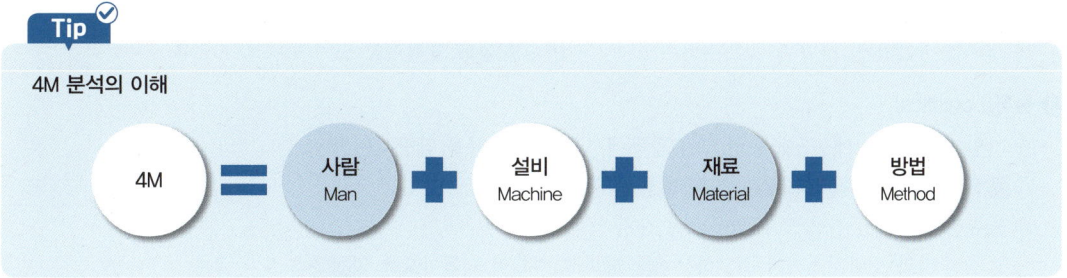

❸ 마케팅(Marketing)
　ⓐ 기업의 상품을 직접 소비하는 대상(소비자)을 새롭게 창조하고, 유지 및 관리하는 행위를 의미
　ⓑ 넓은 의미에서 소비자와 관련된 모든 활동을 지칭
　ⓒ 소비자의 욕구를 자극하여 기업의 상품을 사용할 수 있도록 유도
　ⓓ 공급(생산자)과 수요(소비자)의 중간자 역할을 담당하며 양쪽의 요구를 적절하게 조합하는 것이 중요함
　ⓔ 주요 활동 : 시장조사, 제품 런칭(Launching), 판매촉진(Promotion), 제품 홍보(광고) 등

❹ 영업(Sales)
　ⓐ 기업의 재화(기업의 생산한 유, 무형의 제품은 물론 이에 따른 서비스, 기술 이전 등)를 직접 판매하는 행위를 의미
　ⓑ 판매대상에 따라 개인을 대상으로 하는 B2C(Business to Customer)와 기업 간 거래를 의미하는 B2B(Business to Business)로 구분
　ⓒ 기업의 제품을 판매하는 활동으로 고객과 접점에서 만나기 때문에 고객관리도 매우 중요함
　ⓓ 영업은 실질적 매출을 발생시키며 계약을 진행하는 주체로서 기업의 손익을 충분히 고려함

> **Tip** ✓
> **마케팅과 영업의 관계**
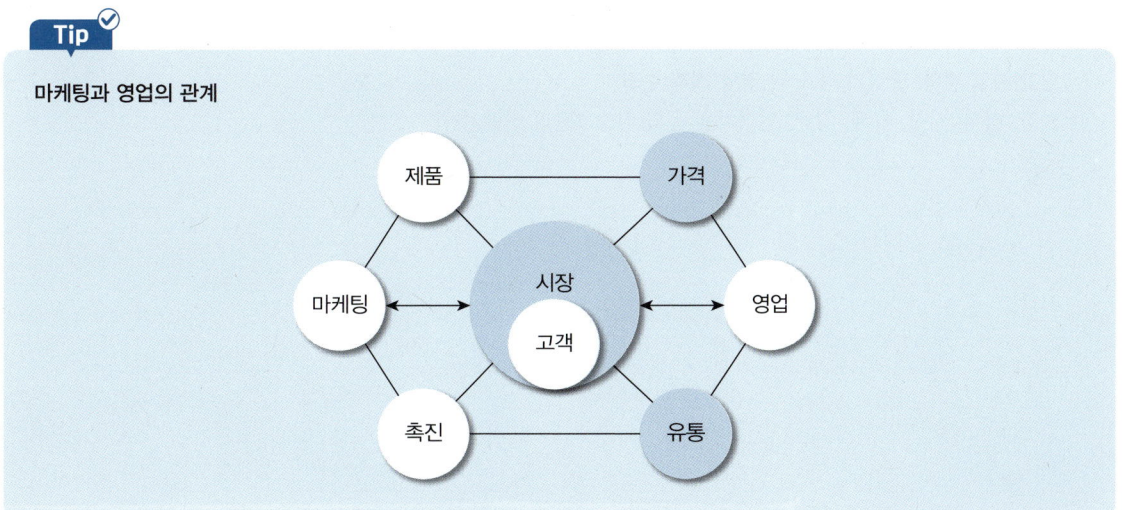

❺ 구매(Purchasing)
㉠ 기업 활동(제품의 생산, 판매, 비품 등)에 필요한 물품을 조달하는 역할
㉡ 구매관리는 생산관리와 맞물리는 SCM의 핵심 영역
㉢ 기업 내 돈을 직접 소비하는 역할로 생산되고 소비는 모든 물품의 원가에 민감함
㉣ 구매 활동의 핵심은 적절한 시기에 우수한 품질의 제품을 판매하는 공급자를 만나 합리적인 가격으로 적정 수준의 물량을 구입하는 것이 목적
㉤ 구매된 물품의 재고관리도 중요한 업무 중 하나임
㉥ 재고는 자산이며, 기업의 건전성과 직결되므로 적정 재고를 유지하는 것이 무엇보다 중요

❻ 물류(Logistics)
㉠ 기업 내 생산, 판매, 구매 등의 모든 활동에서 물품의 흐름을 담당하는 역할
㉡ 생산, 구매, 공급과 맞물리는 SCM의 핵심 영역
㉢ 물류는 시간과 공간을 모두 아우르는 가치 활동
㉣ 요구에 따라 소비지점까지 전달하는 정방향과 회수되어 되돌아오는 역방향을 모두 포함
㉤ 적재 시설 및 용량, 유통 및 전달 경로, 운송 시간 등 복합적인 관리를 요구함

❼ 재무/회계(Finance/Accounting)
㉠ 기업의 운영 자금을 조달하고 자금의 운용과 흐름을 전체적으로 관리하는 역할
㉡ 재무
　• 투자 손익 계산, 위험성 판단, 수익률 등을 고려한 자금 운영 계획 수립
　• 기업 가치를 높이고 이윤을 극대화하는 것을 1차적인 목적으로 함
　• 자금의 흐름을 전체적으로 통제함으로서 상환 능력을 유지하고 수익성을 극대화함
㉢ 회계
　• 기업 재산(자산, 부채, 자본, 손익 등)의 관리를 문서화(재무제표 등)하고 분석하는 역할
　• 기간별 결산을 수행하고 내, 외부 감사를 진행

❽ 경영전략(Business Strategy)
㉠ 변동성(Volatile), 불확실성(Uncertainty), 복잡성(Complexity), 모호성(Ambiguity)을 중심으로 한정된 자원을 효율적으로 활용하는 조직전략
㉡ 원가 및 차별화를 통한 본원적 경쟁전략(Generic Competitive Strategy)
㉢ 유사 제품 및 서비스의 차별화를 통한 블루오션 전략
㉣ 연간 사업 계획, 중장기 목표 및 경영 계획 수립
㉤ 환경, 사회, 시장, 규제, 정책, 인적자원 등의 리스크관리 전략 수립

기출유형 완성하기

정답 01 ① 02 ④ 03 ② 04 ②

01 영업과 마케팅에 대한 직무 설명으로 적절하지 않은 것은?

① 영업은 계약을 관리하고 고객의 관리는 주로 마케팅에 일임한다.
② 마케팅은 소비자의 욕구를 극대화 하여 기업의 상품을 구매할 수 있도록 유도한다.
③ 영업은 기업의 매출 극대화를 위해 노력하지만 손익에 대한 노력도 수반된다.
④ 마케팅은 신규 제품의 시장 반응을 확인하고 출시 시기를 조정한다.

해설
영업은 고객을 직접 만나고 계약을 체계하는 부서로서 고객관리도 매우 중요하며, 마케팅은 고객을 유치하고 유지하는 데 초점을 둔다. 따라서 두 부서 모두 고객관리가 매우 중요한 업무이다.

02 SCM 활동과 직간접적으로 연결된 부서로 적절하지 않은 것은?

① 물류 ② 생산
③ 구매 ④ 품질

해설
SCM은 원자재 공급, 생산, 물류, 유통, 고객까지의 전체적인 물류 흐름을 가치사슬로 연결하여 관리한 것으로 생산, 구매, 물류가 직간접적으로 연결된다. 품질 또한 기업활동에 매우 중요한 역할을 담당하지만 SCM의 관리 영역으로 보기는 어렵다.

03 인사관리 업무 영역으로 적절하지 않은 것은?

① 퇴직 관리
② 공급자 관리
③ 인적자원의 확보
④ 개인 평가

해설
인사관리의 주요 업무는 인적자원의 확보, 경력개발 및 교육, 개인 평가 및 성과 진행, 직무 분석, 인적자원의 능력 활용, 능력에 따른 임금 및 보상, 복리후생, 조직 문화 관리 및 조직 성과 관리, 사규 및 행동 강령(지침), 퇴직 관리 등이다.

04 다음 중 재무/회계 부서의 역할로 적절하지 않은 것은?

① 상환 능력을 유지하고 수익성을 극대화한다.
② 투자 이익을 극대화하기 위해 위험을 조금 감수하며 과감한 투자를 진행한다.
③ 자산, 부채, 자본, 손익 등의 관리를 문서화하고 분석한다.
④ 기업의 운영 자금을 조달하고 자금의 운용과 흐름을 통제한다.

해설
투자 관리는 매우 중요한 관리 대상으로 투자 손익을 계산하고, 위험성 판단, 수익률 등을 고려하여 진행한다. 따라서 투자 이익이 크다고 위험을 감수하며 진행하는 것은 재무, 회계의 기본적인 업무 역할로 적절하지 않다.

단원 최종 점검하기

01 다음 설명에 관련된 업무 부서의 역할로 적절한 것은?

> ( )은/는 제품의 생산, 물류, 유통, 판매의 과정은 물론 생산을 위한 벤더로부터 자재 구매, 공급, 입/출고 등을 관리한다. 원자재 공급, 생산, 물류, 유통, 고객까지의 전체적인 물류 흐름을 가치사슬로 연결하여 효율적인 관리를 돕는다.

① 최대한 많은 재고를 확보하여 결품이 발생하지 않도록 대비한다.
② 여타의 다른 요소보다 고객의 납기 일정으로 최우선으로 하여 생산에 반영한다.
③ 고객에게 원하는 제품을 전달하는 과정과 회수되어 돌아오는 과정을 모두 관리한다.
④ 적재 시설 및 용량, 유통 및 전달 경로, 운송 시간 등은 개별적으로 관리한다.

해설
③ 공급망관리(SCM ; Supply Chain Management)와 직간접적으로 연결되는 부서는 주로 생산, 구매, 물류이며, 물류 부서에서는 요구에 따라 소비지점까지 전달하는 정방향과 회수되어 되돌아오는 역방향을 모두 포함하므로 맞는 설명이다.
① 구매의 역할로 재고는 자산이며, 기업의 건전성과 직결되므로 적정 재고를 유지하는 것이 무엇보다 중요하다.
② 생산의 역할로 납기 일정은 무엇보다 중요하지만 원가 및 노동력 등의 다른 요소들보다 가장 우선이라고는 할 수 없다.
④ 물류의 역할로 시설, 경로, 시간 등을 복합적으로 고려하여 관리해야 한다.

02 다음 설명을 담당하는 부서와 관련된 경영관리 시스템으로 적절한 것은?

> • 기업의 상품을 직접 소비하는 대상(소비자)을 새롭게 창조하고, 유지하고 관리하는 행위
> • 소비자의 욕구를 자극하여 기업의 상품을 사용할 수 있도록 유도
> • 시장조사, 제품 런칭(Launching), 판매촉진(Promotion), 제품 홍보(광고) 등을 진행

① MES(Manufacturing Execution System)
② KM(Knowledge Management)
③ CRM(Customer Relationship Management)
④ ERP(Enterprise Resource Planning)

해설
설명된 내용은 마케팅 부서의 핵심 활동이며, 마케팅 관련 MIS로는 고객관계관리(CRM ; Customer Relationship Management)가 가장 적절하다. 전사적 자원관리(ERP ; Enterprise Resource Planning)는 모든 관리시스템을 포괄하며, 생산관리(MES ; Manufacturing Execution System)는 의미 그대로 생산과 연결되고 지식 경영(KM ; Knowledge Management)은 주로 인사에서 관리한다.

정답 01 ③ 02 ③ 03 ① 04 ①

03 이해관계자와 그에 대한 설명으로 적절하지 않은 것은?

① 투자자 – 급여 지급 대상, 수익률 분배
② 공급자 – 협력 관계, 영업 기회 부여
③ 지역사회 – 환경 관리, 기회 창출
④ 고객 – 제품의 가치 결정자

해설

투자자(Investors) 혹은 주주(Shareholder)는 수익률, 투자 및 수익 배분의 대상이다. 일정한 급여를 제공하지는 않는다.

04 구매, 자재 부서의 역할로 적절하지 않은 것은?

① 기업 활동(제품의 생산, 판매, 비품 등)에 필요한 물품을 판매하는 역할을 담당한다.
② 기업 내 돈을 직접 소비하여 원가 절감에 민감하게 반응하는 부서이다.
③ 재고 관리도 중요한 업무 중 하나이다.
④ SCM의 핵심적인 역할을 담당한다.

해설

구매, 자재 부서는 기업 내 대부분의 비용을 지출하는 부서로서 기업 활동(제품의 생산, 판매, 비품 등)에 필요한 물품을 조달하는 역할을 담당한다. 구매 활동의 핵심은 적절한 시기에 우수한 품질의 제품을 판매하는 공급자를 만나 합리적인 가격으로 적정 수준의 물량을 구입하는 것이다.

CHAPTER 02 기업 내부 정보 파악

PART 1 경영정보 일반

기출유형 03 ▶ 경쟁력

기업 제품이 시장에서 얼마나 영향력이 있는지를 확인할 수 있고 시장에서의 지위를 나타내는 지표로 적절한 것은?

① 시장확대율 ② 시장점유율
③ 시장신장율 ④ 매출성장률

해설
시장점유율은 기업 제품이 시장에서 얼마나 영향력이 있는지를 확인하는 지표로, 시장에서의 지위를 나타내는 상징적인 지표이다. 시장점유율을 확인하는 목적은 여러 가지가 있으며 기본적으로 해당 시장에서의 생존을 판단하는 기준 잣대로 활용된다.

| 정답 | ②

족집게 과외

❶ 목표시장 분석
- ㉠ 목표시장의 분석은 판매 제품이 경쟁사 제품과 차별화하고, 얼마만큼의 기술력이 확보되었는지에 주안점을 두고 진행
- ㉡ 주력사업의 안정성을 확보함으로써 장기적인 경주에서 승리할 수 있는 발판을 마련하는 토대가 됨
- ㉢ 시장의 크기만으로 해당 지역을 완벽히 공략할 수 있는 것은 아님. 제품의 선호도, 브랜드의 가치, 신제품의 발생 비용, 사후 관리비용 등을 고려해야 함

❷ 점유율
- ㉠ 점유율은 우리 제품이 매출지점에서 얼마만큼의 영향력이 있는지를 확인하는 지표로, 시장에서의 지위를 나타내는 상징적인 지표임
- ㉡ 해당 시장에서의 생존을 판단하는 기준 잣대로 활용
- ㉢ 점유율을 확인하는 가장 좋은 방법은 경쟁사의 매출을 확인하는 것
- ㉣ 점유율을 분석하기 위해서는 전체시장 규모를 파악해야 함 → 전문 조사기관 활용
- ㉤ 시장점유율 분석의 목적
    - 제품의 매력도
    - 시장의 규모와 질적 수준
    - 경쟁우위 제품 선별 등

ⓑ 점유율 분석의 분류

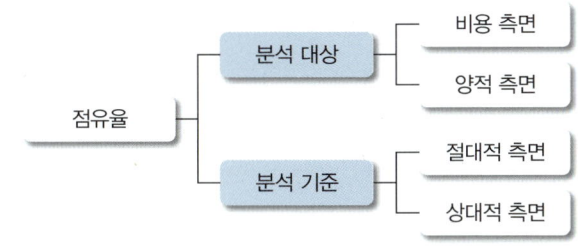

ⓢ 절대적 점유율

$$\frac{\text{기업 시장 매출액(출하량)}}{\text{전체 시장 매출액(출하량)}} \times 100(\%)$$

ⓞ 상대적 점유율

$$\frac{\text{기업 시장 매출액(출하량)}}{\text{경쟁사 시장 매출액(출하량)}} \times 100(\%)$$

ⓩ 점유율과 지배력의 관계

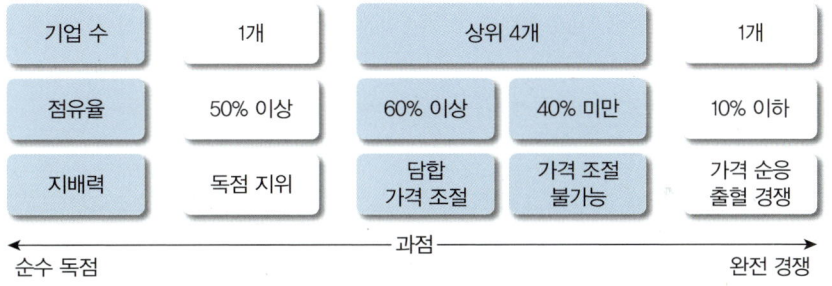

❸ 성장률

㉠ 단순 매출 성장률

$$\frac{\text{올해 매출액} - \text{전년도 매출액}}{\text{올해 매출액}} \times 100(\%)$$

㉡ 평균 성장률

$$\left(\frac{\text{기간 내 마지막 매출액}}{\text{기간 내 첫 매출액}}\right)^{\left(\frac{1}{\text{기간}}\right)} - 1$$

평균 성장률은 CAGR(Compound Annual Growth Ratio)이라고 함

④ BCG 매트릭스

- ㉠ 미국의 보스턴 컨설팅 그룹(Boston Consulting Group)에 의해 1970년대 초반에 개발된 점유율과 성장률에 관련한 전략 평가 도구
- ㉡ Y축을 성장률, X축을 점유율로 하여 전체를 4분면으로 할당하고, 각각 Star, Cash Cow, Question Mark, Dog로 명명
- ㉢ 구성 요소
  - Star는 성장률과 점유율이 높아 지속적인 투자가 이루어져야 하는 사업을 의미
  - Cash Cow는 점유율이 높아 현금의 흐름과 수익률이 높지만 이미 포화 상태에 이르러 더 이상 성장이 이루어지지 않는 사업
  - Question Mark는 성장이 빠른 신규 사업으로 이 시기에 있는 사업은 점유율을 빠르게 높여 Star가 되도록 지속적인 투자가 이루어져야 하고, 반대로 그 기술력이 떨어져 시장에서 더 이상의 가치가 존재하지 않을 경우 Dog로 전락하는 것에 조심
  - Dog는 해당 시장에서 빠르게 철수해야 되는 사업을 의미

⑤ 비용분석

- ㉠ 비용분석은 기업의 전체적인 비용구조를 파악하고 이를 통해 5가지 산업경쟁 요소로부터 우위를 선점하기 위한 중요한 활동
  - 투자와 재원확보
  - 생산 공정
  - 노동력
  - 설계 기술
  - 유통 체계
- ㉡ 비용분석은 모든 상황이 안정적으로 흐를 때 진행
- ㉢ 비용분석 시 고려사항
  - 너무 비용 우위에 치중한 나머지 제품의 품질과 주변의 상황 변화를 정확히 감지하지 못하는 경우
  - 경쟁기업이 우리 기업의 기술을 모방할 수 있거나, 구매 비용 및 설비 도입을 동일하게 가져갈 경우
  - 이전에 우리가 가진 기술력과 경험을 무시하고 완전히 새로운 기술이 도입되는 경우
  - 비용이 터무니없이 높아져 가격 경쟁력이 상쇄되는 경우

❻ 기술수명주기(제품수명주기, Product Life Cycle)

㉠ 제품이 시장에 도입되고 시장이 성장하며, 차차 안정기에 접어들고 서서히 사라지는 과정을 설명하는 이론

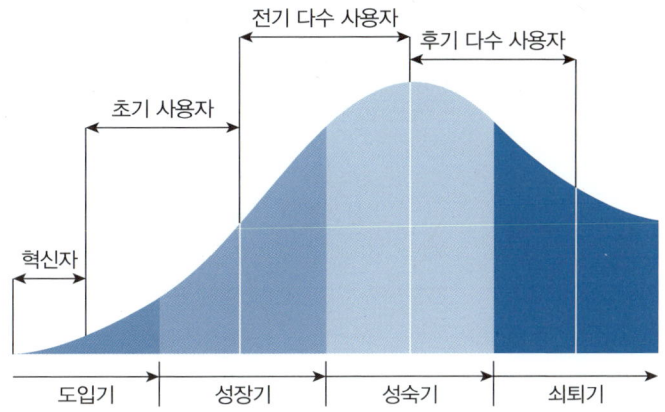

㉡ **도입기**
- 특정 제품이 시장의 요구와 기술 선도로 새로운 시장을 형성
- 새로운 기술과 신기술을 접하려는 고객층이 형성되어 완만한 곡선을 그리게 되는 시기
- 이 시기 사용자를 혁신자(Innovators)라고 함

㉢ **성장기**
- 도입 단계를 거쳐 해당 제품이 경제적·기술적 가치가 인정되면서, 시장의 수요가 급격히 늘어나며 경쟁업체가 하나둘씩 생기고 경쟁이 치열하게 되는 시기
- 도입기를 지나며 수요가 급증하는 시기의 사용자
- 이 시기에는 이윤이 극대화됨
- 이 시기 사용자를 초기 사용자(Early Adaptor)라고 함

㉣ **성숙기**
- 제품에 대한 기업의 경쟁이 심화되고 치열해지면서 해당 기술에 대한 시장의 반응은 평정심을 유지
- 새로운 기술이 등장하여 기존의 시장을 위협
- 수요가 급격히 감소
- 이 시기 사용자를 다수 사용자(Majority)라고 함

㉤ **쇠퇴기**
- 시장의 반응이 냉담해지기 시작하면 서서히 해당 제품은 사라짐
- 일부 기업에 의해 유지

❼ 기술 수용 곡선(기술의 S곡선)
  ㉠ 기술의 S곡선은 가파를 수도 있고 완만할 수도 있음
  ㉡ 기존의 기술이 한계점에 이르면 새로운 기술이 이미 시장에 등장
  ㉢ 곡선은 계속 이어지며 연속성을 보임
  ㉣ 신구 기술의 교차가 반복적으로 이루어 짐

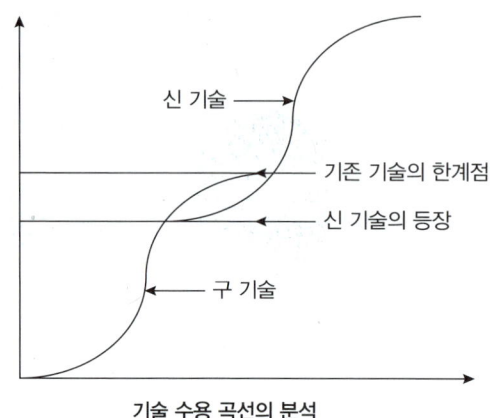

기술 수용 곡선의 분석

기술 수명 주기

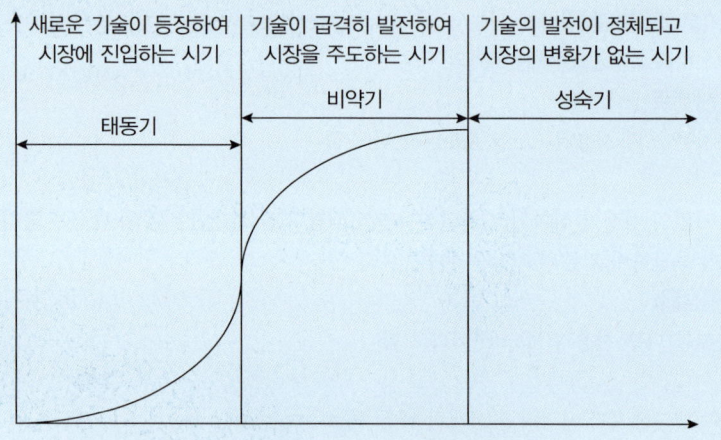

❽ 5 Force 모형
  ㉠ 1979년 마이클 포터(Michael E. Porter)에 의해 고안된 산업경쟁 분석 모델
  ㉡ 산업 내부의 5가지 경쟁 요소를 통해 해당 산업에 미치는 영향력을 파악
  ㉢ 산업 내부 경쟁자(기존 시장 경쟁자)
   • 시장에 진입한 기존 경쟁자들은 새로운 제품과 서비스를 통해 점유율을 높이려 함
   • 해당 산업군의 성장이 빠르고 경쟁사가 많을수록 수익성이 떨어짐
   • 제품과 서비스의 차별화, 고객의 충성도를 높이는 방법 등을 고려

- ㉣ 잠재적 경쟁자(신규 진입)
  - 기존 시장에 새롭게 진입하려는 신규 경쟁자가 많을수록 경쟁이 치열해 짐
  - 신규 경쟁자는 프로모션, 저가 정책 등의 차별화를 통해 위협
  - 시장의 진입장벽을 높여 신규 경쟁자의 위협을 최소화하고 과도한 경쟁을 대비
- ㉤ 대체재
  - 산업 내부의 기존 제품을 통해 충족된 고객의 요구를 다른 산업의 제품과 서비스가 위협하여 경쟁
  - 새로운 대체제가 인정받기 시작하면 기존 산업은 빠르게 도태되고 와해됨
  - 기존 경쟁자 혹은 잠재적 신규 경쟁자보다 더 위협적인 경쟁 요소
- ㉥ 공급자(판매자)
  - 공급자는 시장의 제품이나 서비스에 대해 가격과 품질을 조정하는 교섭력을 가짐
  - 공급자의 교섭력이 높아지면 산업군의 수익성이 떨어지고 고객 이탈이 발생
- ㉦ 구매자
  - 구매자는 공급자에게 가격인하, 품질 및 서비스 개선을 요구하는 교섭력을 가짐
  - 공급자 간의 경쟁을 유도
  - 구매자의 교섭력이 강해지면 공급자의 힘이 떨어지므로 역시 산업군의 수익성이 낮아짐

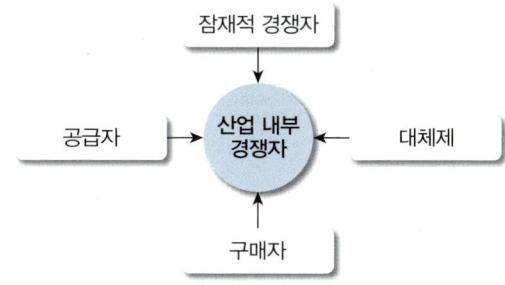

❾ SWOT 분석

- ㉠ 앨버트 험프리(Albert Humphrey)에 의해 고안된 내/외부 환경에 모두 대응하는 전략 분석 도구
- ㉡ 기업이 가진 강점(Strength)과 약점(Weakness), 외부적 기회(Opportunity)와 위협(Threat)을 분석하고 평가
- ㉢ 약점은 보완하고 강점을 최대화하며, 위협요인을 견제 혹은 대처하고 기회를 포착하는 전략 수립
- ㉣ SO전략 : 내부 강점과 외부 기회를 적극 활용하는 매우 공격적인 전략
- ㉤ ST전략 : 내부 강점을 활용하여 외부 위협을 최소화하는 전략
- ㉥ WO전략 : 내부의 약점을 보완하며 외부의 기회를 활용하는 전략
- ㉦ WT전략 : 내부의 약점을 보완하여 외부 위협을 최소화하는 전략

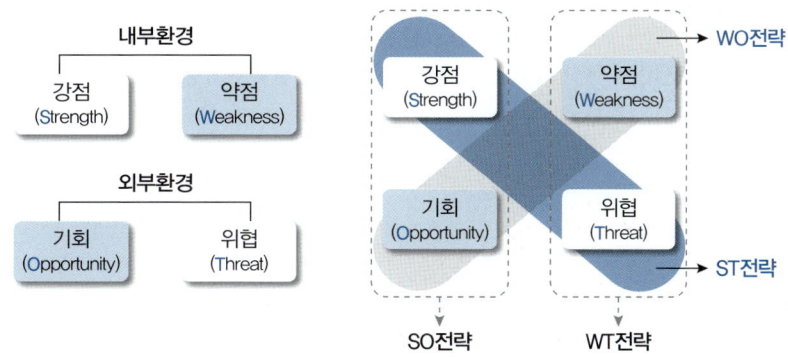

⑩ 3C, 7S, VRIO 분석

㉠ 3C는 기업, 고객, 경쟁자의 세 가지 요소를 분석하여 기업의 경쟁력을 확보하고 전략을 수립하는 모델

3C	설명
기업(Company)	기업 자원에 대한 강점과 약점
고객(Customer)	고객의 요구와 행동
경쟁자(Competitor)	경쟁자의 위협과 대응 전략

㉡ 7S는 전략, 구조, 시스템, 기술, 인력, 기업문화, 공유가치의 7가지 요소를 중심으로 기업 내부의 효율성을 평가하는 도구

7S	설명
전략(Strategy)	기업이 추구하는 목표와 방향성에 대한 전략
구조(Structure)	의사결정 과정, 계층관계 및 권한
시스템(System)	업무 절차, 정보화 시스템
기술(Skill)	기업이 가진 고유 기술, 능력, 전문기술력
인력(Staff)	구성원의 역량과 구성, 담당 역할
기업문화(Style)	기업 내부의 고유문화, 리더십과 의사소통 과정
공유가치(Shared value)	기업 구성원과 조직이 함께 공유하는 가치와 신념, 문화

㉢ VRIO은 가치, 희소성, 모방용이성(모방가능성), 조직구성(내재성)의 4가지 요소를 기준으로 기업 내부의 자원과 능력에 대한 경쟁력을 분석하는 도구

VRIO	설명
가치(Value)	기업의 자원과 능력이 충분한 가치를 제공하는가?
희소성(Rarity)	기업의 자원과 능력이 독창적이고 희귀한가?
모방용이성(Imitability)	기업의 자원과 능력이 경쟁자가 쉽게 흉내 낼 수 없는가?
조직구성(Organization)	기업의 자원과 능력이 충분히 효율적인 관리가 되는가?

⑪ 가치사슬 분석

㉠ 가치사슬 분석은 기업의 경영활동을 세분화하여 각 기능이 어떤 가치를 창출하는지를 파악하여 핵심 활동을 선별하고 차별화하는 전략도구
㉡ 가치사슬은 본원적 활동(Primary Activities)과 지원활동(Support Activities)으로 나눠짐
㉢ 본원적 활동은 물류, 생산, 운송, 마케팅, 유통, 서비스 등의 현장 활동을 의미
㉣ 지원활동은 기술개발, 인사, 재무, 기획 등 현장 지원 제반 활동을 의미
㉤ 가치사슬 분석은 프로세스의 혁신, 원가절감, 품질 향상, 납기 단축에 활용

⓬ 앤소프 매트릭스
  ㉠ 앤소프 매트릭스는 기업의 미래 비즈니스 성장을 위해 제품의 방향성과 시장의 확대 등을 고려하고 결정하기 위한 의사결정 전략 도구
  ㉡ 제품-시장 성장 매트릭스라고도 함
  ㉢ 시장 침투(Market Penetration) : 기존 시장의 경쟁사 고객 공략
  ㉣ 시장 개발(New Markets, Market Development) : 기존 제품으로 새로운 시장 공략
  ㉤ 제품 개발(Product Development) : 기존 시장에 새로운 제품을 개발하여 공략
  ㉥ 다각화(Diversification) : 새로운 제품으로 새로운 고객을 공략

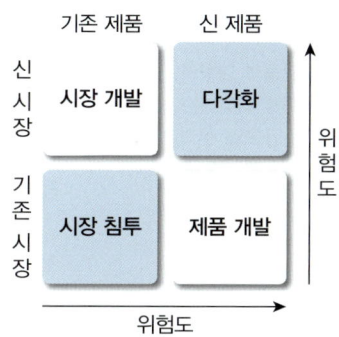

⓭ ESG 경영
  ㉠ 기업의 지속 가능 경영을 위한 비재무적 핵심 요소인 환경(Environmental), 사회(Social), 지배구조(Governance)의 핵심 가치를 의미
  ㉡ 과거 기업의 핵심 가치인 이윤추구의 재무적 관점에서 최근 기후 변화나 사회적 공헌 등의 영향력이 증가하며 기업의 실질적 가치평가의 기준이 변화하며 비재무적 관점에서 ESG의 중요성이 대두
  ㉢ 환경(Environmental)
    • 기후변화, 탄소배출
    • 환경자원 및 폐기물 관리
    • 환경오염, 규제
    • 에너지 자원의 효율적 활용 등
  ㉣ 사회(Social)
    • 지역사회의 공헌
    • 성평등, 인권
    • 근로자 보호
    • 개인정보보호 등
  ㉤ 지배구조(Governance)
    • 기업의 내외부 감사
    • 로비 및 청탁
    • 하청 및 공정성 등
    • 부정, 부패
    • 기업 윤리 강화

기출유형 완성하기

01 점유율 분석에 대한 설명으로 적절하지 않은 것은?

① 시장의 규모 및 질적 수준의 파악
② 기업 내부의 효율성 파악
③ 판매 제품에 대한 매력도 판단
④ 동일 산업군의 경쟁사 파악

해설
점유율은 우리 제품이 매출지점에서 얼마만큼의 영향력이 있는지를 확인하는, 즉 시장에서의 지위를 나타내는 상징적인 지표로서 제품의 매력도, 시장의 규모와 질적 수준, 경쟁우위 제품 선별 및 경쟁사의 매출을 확인할 수 있다.

02 점유율과 지배력에 관한 관계의 설명으로 적절한 것은?

① 1개의 기업만이 시장을 형성할 경우 점유율이 낮아도 지배력을 갖는다.
② 상위 4개 이상의 기업이 시장을 60% 이상 점유할 경우 가격조절이 가능하다.
③ 1개의 기업이 시장을 50% 이상 순수 독점한 상황이라도 독점적 지위를 확보한 상태로 보기 어렵다.
④ 점유율과 지배력은 대체로 반비례 현상을 보인다.

해설
1개의 기업이 시장을 형성해도 점유율이 10% 이하이면 지배력을 갖지 못한 상태이다. 반대로 50% 이상의 점유율을 확보한 상태라면 독점적 지위를 확보한 것이다. 따라서 점유율과 지배력은 비례 관계이다.

03 제품수명주기(Product Life Cycle) 이론의 각 시기에 대한 설명으로 적절하지 않은 것은?

① 도입기 – 새로운 기술과 신기술을 접하려는 고객층이 형성된다.
② 성장기 – 수요가 급증하여 경제적 그리고 기술적 가치가 인정된다.
③ 성숙기 – 성숙기는 독점 기업이 등장하고 시장을 지배한다.
④ 쇠퇴기 – 시장의 반응이 냉담해지기 시작하면 서서히 해당 제품은 사라진다.

해설
성숙기는 도입 단계를 거쳐 해당 제품이 경제적·기술적 가치가 인정되면서 시장의 수요가 급격히 늘어나며, 경쟁업체가 하나둘씩 생기고 경쟁이 치열하게 되는 시기이다. 도입기를 지나며 수요가 급증하고 이윤이 극대화된다.

04 다음 설명에 해당하는 용어로 가장 적절한 것은?

( ) 이론은 기존의 기술이 한계점에 이르면 새로운 기술이 이미 시장에 등장하여 신구 기술의 교차가 반복적으로 이루어지는 현상을 설명한다. 신구의 기술이 반복되어 계속 이어지고 연속성을 보인다.

① 기술 수용 곡선
② 제품수명주기
③ BGC 매트릭스
④ 5-Force 모델

해설
기술 수용 곡선은 기술의 S곡선이라고도 하며, 기울기는 정해져 있지 않다. 기존 기술의 한계점과 신 기술의 등장으로 신구 기술의 교차가 반복적인 곡선을 보인다.

정답 01 ② 02 ② 03 ③ 04 ① 05 ① 06 ② 07 ④

05 기업의 내·외부 경영환경 분석을 위한 분석 틀과 그에 대한 설명으로 가장 적절하지 않은 것은?

① 가치사슬 모형 : 시장의 범위와 경쟁 수준에 대한 분석을 토대로 원가우위, 차별화, 집중화 전략 등을 도출
② VRIO 모형 : 조직이 보유한 자원의 가치, 모방가능성, 희소성, 내재성 측면에 대한 분석을 토대로 조직의 역량을 진단
③ SWOT 분석 : 외부 환경의 기회와 위협 및 내부 역량의 강점과 약점 분석을 토대로 전략 방향을 설정
④ 앤소프 매트릭스 : 시장과 자사 역량에 대한 분석을 토대로 시장 침투, 시장 개발, 신제품 개발, 다각화 전략 등을 도출

해설

가치사슬 모형은 기업의 내부 경영활동을 세분화하여 각 기능이 어떤 가치를 창출하는지를 파악하여 핵심 활동을 선별하고 차별화하는 전략 도구이다.

06 기업 내부의 자원과 능력에 대한 경쟁력을 분석하는 VRIO 분석에 대한 4가지 기준요소의 설명으로 적절하지 않은 것은?

① 조직구성(Organization) : 기업의 자원과 능력이 충분히 효율적인 관리가 되는가?
② 모방용이성(Imitability) : 기업의 자원과 능력이 쉽게 전파되고 이해 가능한가?
③ 가치(Value) : 기업의 자원과 능력이 충분한 가치를 제공하는가?
④ 희소성(Rarity) : 기업의 자원과 능력이 독창적이고 희귀한가?

해설

VRIO은 가치(Value), 희소성(Rarity), 모방용이성(모방가능성, Imitability), 조직구성(내재성, Organization)의 4가지 요소를 기준으로 기업 내부의 자원과 능력에 대한 경쟁력을 분석하는 도구로서, 모방용이성(Imitability)은 기업의 자원과 능력이 경쟁자가 쉽게 흉내낼 수 없는지를 분석하는 요소이다.

07 대표적인 산업경쟁 분석 모델인 5 Forces의 5가지 경쟁 요인에 대한 설명으로 적절하지 않은 것은?

① 공급자의 가격 결정력 관련 정보
② 현실적 및 잠재적 대체재 관련 정보
③ 잠재적 경쟁자의 시장 진입 위협 관련 정보
④ 기존 고객의 이탈 가능성 관련 정보

해설

5 Forces의 5가지 경쟁 요인은 산업 내부 경쟁자(기존 시장 경쟁자), 잠재적 경쟁자(신규 진입 경쟁자), 대체재, 공급자(판매자), 구매자이다. 고객과 관련한 정보는 5가지 요인에 포함되지 않는다.

CHAPTER 02 | 기업 내부 정보 파악

기출유형 04 ▶ 회계·재무 기본정보

기업이 단기부채를 단기자산으로 상환할 수 있는 능력을 측정하는 데 사용되는 재무비율로 가장 적절한 것은?

① 부채비율
② 총자산이익률
③ 유동비율
④ 투자수익률

해설
유동비율이란 기업의 단기부채 상환능력을 측정하는 지표이며, 유동비율이 높을수록 현금 동원력이 좋다는 것으로 유동자산을 유동부채로 나눈 비율을 의미한다.

| 정답 | ③

족집게 과외

❶ 회계
- ㉠ 기업이나 조직의 재정을 파악하고 분석하여 이해관계자에게 공유하고 보고하는 일련의 과정을 의미
- ㉡ 주로 기업의 경영활동에서 발생하는 재산 변동 내역을 다룸
- ㉢ 기업 내부의 의사결정을 위한 관리회계, 정부의 세금 계산을 위한 세무회계, 불특정 이해관계자(주주 및 채권자 등)에게 재정 정보를 제공하는 재무회계, 기업 외부의 이해관계자에게 재정 정보를 제공하는 회계감사로 구분

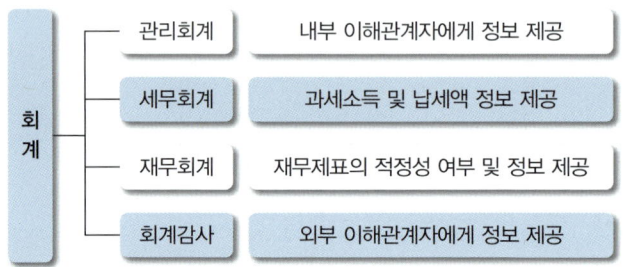

❷ 재무회계의 기본 요소
- ㉠ 자산 : 과거 발생한 거래 혹은 일련의 사건으로부터 창출된 기업의 미래 경제적 가치자원
- ㉡ 부채 : 기업이 타인에게 일정한 금액을 갚아야 할 채무, 타인자본을 의미
- ㉢ 자본 : 순자산 혹은 자기자본이라 하며 기업이 자산에서 부채를 차감한 금액을 의미
- ㉣ 대차대조표 등식

$$자산 = 부채 + 자본$$

- ㉤ 손익계산서 등식

$$순이익 = 수익 - 비용$$
$$순손실 = 비용 - 수익$$

❸ **재무제표의 작성 원칙**
  ㉠ 발생주의 원칙
    • 발생주의는 재무적 흐름을 수익과 비용이 발생할 때 인식하고 기록하는 것을 의미
    • 외상 매출, 미수, 외상 매입 등이 해당됨
    • 기간 내 혹은 장기간의 경영성과와 사업의 흐름을 정확히 표현함
    • 현금주의의 반대 개념으로 현금주의는 실제 현금이 들어올 때와 지급할 때를 인식
  ㉡ 수익 비용 대응 원칙
    • 수익이 발생한 항목과 이에 대응되는 비용 발생 항목을 명확하게 분류하여 기록
    • 즉, 수익과 관련한 비용을 대응하여 동일한 회계기간에 인식
    • 기업의 미래 예상 수익을 추정 가능
  ㉢ 그 외 작성 원칙
    • 신뢰성 : 객관적인 자료와 증거에 의한 공정한 보고
    • 명료성 : 보고의 내용은 이해하기 쉽게 간단명료하게 작성
    • 충분성 : 처리기준, 과목, 금액 등이 충분하게 표시
    • 중요성 : 오해의 소지가 있는 금액과 과목은 중요성에 따라 예외적 처리

❹ **재무제표**
  ㉠ 기업 경영활동에 따른 재무 혹은 성과를 기록하여 내, 외부에 공개하는 문서
  ㉡ 주로 내부 활용에 목적을 두고 있으나 상장기업의 경우 연 결산에 따라 일반에 공개
  ㉢ 재무제표의 핵심 요소
    • 대차대조표(재무상태표) : 재무의 핵심인 자산, 부채, 자본의 측정과 현황을 기록
    • 손익계산서(포괄손익계산서) : 일정 기간의 수익과 비용(지출)을 계산하며, 기업의 경영성과와 직결되는 요소
  ㉣ 재무제표의 종류
    • 대차대조표(재무상태표)   • 손익계산서(포괄손익계산서)
    • 이익잉여금처분계산서 및 결손금처분계산서   • 현금흐름표
    • 자본변동표   • 주석

합계잔액시산표, 제조원가명세서, 주기는 재무제표에 포함하지 않음

ⓜ 대차대조표(재무상태표)
- 일정 기간 현재 기업이 보유한 자산, 부채, 자본의 정보를 제공
- 기업의 유동성, 재무적 탄력성, 수익성과 위험 등을 평가하는 데 활용
- 자산은 유동자산과 비유동자산으로 구분하고 1년을 기준으로 함
- 유동자산은 당좌자산과 재고자산으로 구분

구분	항목	세부 항목
당좌자산	현금 및 현금성 자산	-
	단기투자자산	매도가능증권(단기예금, 단기매매증권, 단기대여금 등), 만기보유증권
	매출채권	외상매출금, 받을어음
	선급비용	-
	그 외	미수수익, 미수금, 가지급금, 선급금, 부가세대급금 등
재고자산		상품, 제품, 반제품, 제공품, 원재료, 저장품 등

- 비유동자산은 투자자산, 유형자산, 무형자산, 기타 비유동자산으로 구분

구분	항목
투자자산	투자부동산, 장기투자증권(매도가능증권, 만기보유증권), 장기대여금 등
유형자산	토지, 건물, 구축물, 차량 운반구, 기계, 시설, 건설 중인 자산, 비품 등
무형자산	영업권, 개발비, 라이센스, 산업재산권, 프랜차이즈, 저작권, 소프트웨어, 광업 및 어업권 등
기타 비유동자산	임차 보증금, 장기매출채권 및 장기 미수금, 투자 및 유/무형 자산에 포함되지 않는 비유동자산

- 부채는 유동부채와 비유동부채로 구분하고 1년을 기준으로 함

구분	항목
유동부채	단기차입금, 매입채무(외상매입금, 지급어음), 미지급법인세, 미지급비용, 예수금, 가수금, 선수금, 선수수익, 부가세예수금, 기타 미지급금 등
비유동부채	사채, 장기차입금, 퇴직급여충당부채, 장기제품보증충당부채 등

- 자본은 자본금, 자본잉여금, 자본조정, 기타포괄손익누계액, 이익잉여금(혹은 결손금)으로 구분

구분	항목
자본금	보통주자본금, 우선주자본금
자본잉여금	주식발행초과금, 감자차익, 자기주식처분이익 등
자본조정	자기주식, 감자차손, 주식할인발행차금, 자기주식처분손실 등
기타포괄손익누계액	매도가능증권평가손익, 해외사업환산손익 등
이익잉여금	법정적립금, 임의적립금, 이익준비금, 미처분이익잉여금 등

ⓗ 손익계산서
- 일정 기간 현재 기업의 성과에 대한 정보를 기록한 재무 보고서
- 당해 회계기간의 경영성과를 제공하고 미래의 현금흐름과 수익 창출 능력 등의 예측이 가능
- 주요 구성 요소
  - 매출액 : 전체 매출에서 매출할인, 환입, 에누리를 차감한 금액
  - 매출원가 : 제품 혹은 상품 등에 대한 제조원가 혹은 매입원가

  > - 기초제품(상품)재고액＋당기제품제조원가(상품매입가)－기말제품(상품)재고액
  > - 당기상품매입액 ＝ (상품 총 매입액－매입할인)÷환출, 에누리 등
  > - 매출총손익 ＝ 매출액－매출원가

  - 판매비와 관리비
    ⓐ 제품(상품)의 판매활동 비용, 기업의 관리 활동 비용, 용역 비용 등
    ⓑ 그 외 매출원가에 포함되지 않는 모든 영업 비용 (급여, 퇴급급여, 복리후생비, 접대비, 감가상각비, 임차료, 경상개발비, 연구비, 대손상각비 등)
  - 영업손익

  > 매출총손익－판매비와 관리비

  - 영업외수익
    ⓐ 기업의 영업활동 외 발생한 수익과 차익
    ⓑ 이자수익, 배당금수익, 임대료, 단기투자자산처분이익, 단기투자자산평가이익, 외환차익, 외화환산이익, 투자자산처분이익, 유형자산처분이익, 전기오류수정이익 등
  - 영업외비용
    ⓐ 기업의 영업활동 외 발생한 비용(지출)과 차손
    ⓑ 이자비용, 기타 대손상각비, 단기투자자산처분손실, 단기투자자산평가손실, 재고자산감모손실, 외환차손, 외화환산손실, 기부금, 투자자산처분손실, 유형자산처분손실, 전기오류수정손실 등
  - 법인세비용차감전손익

  > 영업손익＋영업외수익－영업외비용

- 그 외 손익계산서 항목
  - 법인세비용, 당기순손익, 주당순손익

ⓢ 이익잉여금처분계산서
- 이익을 처분한 내역과 이익잉여금의 변동사항을 기록
- 이익잉여금 : 기업의 이익은 주주 배당, 미래를 대비하기 위한 사내 유보 등이 가능
- 결손금처리계산서 : 미처분 이익잉여금의 결손 상태를 기록

ⓞ 현금흐름표

현금흐름	유입	유출
영업활동	매출이익, 예금이자, 배당수입	매입, 판공비, 지출, 대출이자, 법인세
투자활동	유가증권 매도, 토지매각	유가증권 매수, 토지매입, 예금
재무활동	단기차입금의 차입, 사채, 증자	단기차입금 및 사채 상환

- 기업의 당해 연도 회계기간의 현금 유입과 유출
- 기초의 현금을 가산하여 기말의 현금을 산출하는 형식

ⓩ 자본변동표
- 자본금, 자본잉여금, 자본조정, 기타포괄손익누계액 및 이익잉여금의 항목별 기초 잔액, 변동사항, 기말잔액을 기록
- 당해 연도의 종합적인 자본에 관한 내용을 나타냄
- 자본 항목의 모든 계정에 대한 기초 금액의 당기분 변동 내역을 표시하고 기말의 금액을 보여줌
- 투자 상황 및 분배 상황 등에 관한 내용을 나타냄

ⓚ 주석
- 대차대조표(재무상태표), 손익계산서(포괄손익계산서), 이익잉여금처분계산서 및 결손금처분계산서, 현금흐름표, 자본변동표에 추가하여 제공된 정보
- 표시된 항목을 구체적으로 설명하고 세분화
- 재무제표 형식에 충족되지 않는 항목의 정보 제공

❺ **재고자산 기초 수식**

㉠ 재고자산의 수량 결정
- 계속 기록법 : 재고의 입출고 시마다 수량을 기록

$$기말재고수량 = 기초재고수량 + 당기매입수량 - 당기판매수량$$

- 실사재고조사법 : 입고 시 기록하고 기말에 재고 실사를 통해 수량을 파악

$$당기판매수량 = 기초재고수량 + 당기매입수량 - 기말재고수량$$

ⓒ 재고자산의 원가 결정
- 개별단가 : 개별 단위 원가를 식별하고 실물 흐름에 따라 원가 배분
- 총평균단가 : 정해진 기간 동안 모든 입고가 완료된 후 총평균단가 산정

$$\frac{기초재고액-당기매입액}{기초재고수량+당기매입수량}$$

- 이동평균단가 : 입고 시마다 평균단가를 구하고 출고 시 적용

$$\frac{매입직전\ 재고액-매입액}{매입직전\ 재고수량+매입수량}$$

- 선입선출 : 먼저 매입한 재고자산이 먼저 판매된다는 가정하에 원가 배분
- 후입선출 : 나중에 매입한 재고자산이 먼저 판매된다는 가정하에 원가 배분

❻ **감가상각**
ⓐ 자산의 가치가 소모되어 하락할 때 비용의 가치를 연도별로 회계상에 감소시키는 과정으로, 자산의 잔존가치
ⓑ 내용연수
- 감가상각이 진행될 자산의 실제 사용 가능 기간을 의미
- 실제 자산이 활용되고 경제적으로 도움을 줄 수 있는 기간
- 자산의 종류에 따라 감가상각이 발생하는 실제 내용연수가 다르게 적용됨
ⓒ 잔존가액
- 감가상각이 진행된 자산의 실제 남은 가치를 의미
- 내용연수가 지난 후에도 자산의 가치가 남을 수 있음
ⓓ 감가상각방법

구분	특징
정액법	• (취득원가 − 잔존가액) ÷ 내용연수 • 매년 같은 금액을 적용하는 방법으로 정액상각, 잔존가액 존재
연수합계법	• (취득원가 − 잔존가액) × 연차역순 ÷ 연수합계 • 정액법과 정률법의 특징을 결합한 방법으로 가속상각, 잔존가액 존재
생산량비례법	• (취득원가 − 잔존가액) × 당기실제산출량 ÷ 추정총산출량 • 생산량 또는 사용량에 비례하는 방법으로 가속상각, 잔존가액 존재
정률법	• 미상각잔액(장부가액) × 상각률 = 전기 감가상각비 × (1 − 상각률) • 매년 동일 비율을 적용하는 방법으로 가속상각, 잔존가액 없음
이중체감법	• 미상각잔액(장부가액) × $\frac{1}{2}$ × 200(%) • 가속상각, 잔존가액 없음

❼ **재무관련 핵심 비율**

㉠ 재무비율
- 의미
  기업의 재무적 건전성을 판단하는 기본적인 도구로서 기업 내외부의 이해관계자가 의사결정을 할 때 도움을 줌
- 종류

분류	설명	종류
안전성비율	• 채무에 대한 지급 및 이행 능력 및 외부 자본의존도를 파악 • 부채에 대한 원리금 상환능력을 측정	유동비율, 당좌비율, 부채비율, 자기자본비율, 고정비율, 고정장기적합률 등
수익성비율	• 기업 경영에 대한 효율성 파악 • 매출 및 투자에 대한 이익 비율로 측정	총자산순이익률, 자기자본순이익률, 매출액영업이익률 등
활동성비율	기업 총자산에 대한 이용률 파악 및 측정	총자산회전률, 재고자산회전률, 고정자산회전률, 매출채권회전률, 매입채무회전률 등
성장성비율	기업의 외형 및 수익에 대한 성장력을 파악하고 측정	총자산증감률, 매출액증감률, 총자본증감률 등
생산성비율	기업의 경영활동상의 투입과 산출을 통해 인적, 물적 자원의 효율성을 파악하고 측정	부가가치율, 노동생산성, 자본생산성, 총생산성 등
시장가치비율	기업의 재무성과와 경영상태를 주식시장에서 어떻게 평가하고 있는가 측정	주당순이익, 주가수익비율, 주가순자산비율, 주가현금흐름비율, 주가매출액비율

㉡ 안전성비율(채무의 상환능력)
- 유동비율(유동성)

$$(유동자산 \div 유동부채) \times 100(\%)$$

  - 기업의 자산을 현금화할 수 있는 능력치를 평가하고 단기부채 상환능력을 측정하는 지표
  - 유동자산은 1년 이내 현금화가 가능한 자산이며, 유동부채는 1년 내 갚아야 할 부채를 의미
  - 유동비율은 기업의 채무 지급능력을 측정하는 기본적인 지표
  - 유동비율이 클수록 지급능력이 좋고 일반적인 표준비율은 200%

- 당좌비율

$$((유동자산-재고자산) \div 유동부채) \times 100(\%)$$

  - 재고자산은 현금화 속도가 느린 대표적인 자산
  - 당좌비율이 낮으면 재고자산이 많은 경우를 의미
  - 재고자산이 많으면 매출이 감소한다는 의미이므로 유동부채 지급능력이 하락

- 부채비율

$$(타인자본 \div 자기자본) \times 100(\%)$$

  - 자본 구성의 건전성을 평가하는 도구
  - 부채비율이 높으면 채권 및 투자 위험이 큼
- 이자보상비율

$$영업이익 \div 이자비용$$

  - 이자 지급에 필요한 수익을 창출할 수 있는 능력 평가
  - 보통 1.5 이상이면 상환능력이 충분한 것으로, 1 미만이면 잠재적 부실기업으로 판단

ⓒ 수익성비율(기업의 경영성과(이익창출능력))

- 매출액이익률

$$매출액순이익률 \div 매출액총이익률$$
- 매출액순이익률 = 순이익 ÷ 매출액
- 매출액총이익률 = 매출총이익 ÷ 매출액
- 매출총이익 = 매출액 ÷ 매출원가

  - 기업의 경영활동에 대한 전반적인 성과(효율성) 측정
- 총자본이익률(ROA ; Return on Assets)

$$순이익 \div 총자본(총자산)$$

  - 총투자금액 대비 순이익의 비율로 자본의 운용상태 측정
- 자기자본이익률(ROE ; Return on Equity)

$$순이익 \div 자기자본$$

  - 자기자본에 대한 경영성과를 측정
  - 투자에 대한 이윤, 투자에 대한 활용과 배당
- 총자본영업이익률

$$영업이익 \div 총자본$$
- 영업이익 = 매출총이익 − 영업비

  - 매출에 대한 영업비의 비율
  - 영업비는 판매비와 일반 관리비를 포함

ⓔ 활동성비율(기업의 경영활동에 대한 자산의 효율적 활용도를 평가)
- 매출채권회전율

> 매출액 ÷ 매출채권
> - 매출채권회전기간 = 365 ÷ 매출채권회전율

  - 매출액에 대한 매출채권의 비율로 채권의 회수와 현금화 속도 측정
  - 매출채권은 외상매출금과 받을 어음으로 얼마나 빨리 결제가 되는지 판단
  - 회전율이 높으면 현금화 속도가 빠르고 채권 회수의 건전성이 좋음
- 재고자산회전율

> 매출액 ÷ 재고자산

  - 재고자산의 회전(소진)속도 측정
  - 재고자산은 원자재, 반제품, 완제품 등을 의미
  - 재고자산의 회전은 재고의 현금화 및 당좌자산의 변화 속도를 의미
- 총자산회전율

> 매출액 ÷ 총자산

  - 고정자산에 대한 활용도를 측정
  - 1년을 기준으로 총자산의 회전속도를 측정
  - 회전속도가 높으면 자산 투입이 적고 매출이 많다는 것을 의미

ⓜ 성장성비율(기업의 규모와 경영성과에 대한 전년 대비 증감 비율 측정)
- 총자산증감률

> (당기 말 총자산 − 전기 말 총자산) ÷ 전기 말 총자산

  - 당해 연도 총자산의 증감을 확인하는 비율
  - 기업의 성장 규모를 판단
- 자기자본증감률

> (당기 말 자기자본 − 전기 말 자기자본) ÷ 전기 말 자기자본

  - 당해 연도 자기자본의 증감을 확인하는 비율

- 매출액증감율

  $$(당기\ 매출액 - 전기\ 매출액) \div 전기\ 매출액$$

  - 당해 연도 매출액의 증감을 확인하는 비율
  - 기업의 성장을 판단하는 대표적인 비율
ⓑ 생산성비율(생산 요소(노동력 및 자본 등)의 효율을 측정하고 평가)
- 노동생산성

  $$부가가치 \div 종업원수$$

  - 1인당 부가가치생산액
- 자본생산성

  $$부가가치 \div 총자본$$

  - 투입 자본에 대한 부가가치액 비율
ⓢ 시장가치비율(재무성과 및 경영상태에 대한 주식시장에서의 평가)
- 주당순이익

  $$당기순이익 \div 발행총주식수$$

  - 주식 1주가 1년간 벌어들인 순이익을 나타내는 것으로, 주식투자의 핵심지표로 사용되며 주당순이익이 높을수록 주식의 투자가치가 높다고 평가
- 주가수익비율

  $$주가 \div 주당순이익$$

  - 주가수익비율이 높으면 기업의 수익에 비해 주가가 상대적으로 높게 형성돼 있음을 의미하며, 주가수익비율이 낮으면 수익에 비해 주가가 저평가되어 있어 그만큼 주가가 상승할 가능성이 큼
- 주가순자산비율

  $$주가 \div 주당장부가치$$

  - 주가가 장부가의 몇 배로 평가되고 있는지를 보기 위한 비율
  - 주가순자산비율이 낮을수록 주식투자의 매력도가 높다는 의미로, 주가수익비율이 수익과 주가를 비교하는 지표라면 주가순자산비율은 재무상태 측면에서 순자산과 주가를 비교하는 지표

- 주가현금흐름비율

주가 ÷ 영업현금흐름

- 주가가 영업현금흐름의 몇 배로 평가되고 있는지를 보기 위한 비율
- 주가수익비율은 당기순이익의 몇 배를 주고 주식을 취득하는지에 대한 개념인 반면, 주가현금흐름비율은 기업이 실제 창출하는 영업현금흐름의 몇 배를 주고 주식을 취득하는가에 대한 개념

- 주가매출액비율

주가 ÷ 매출액

- 주가가 매출액의 몇 배로 평가되고 있는지를 보기 위한 비율
- 배수가 낮을수록 기업의 가치가 저평가되었다고 볼 수 있음
- 매출은 있으나 아직 적자인 신생기업이나 벤처기업의 평가에 활용 가능

❽ **채권**

㉠ 채권(Bond)이란 발행자(기업 혹은 정부)가 자금을 조달할 목적으로 발행하여 채권을 소지한 투자자(채권자)에게 일정 기간 이자를 지급하고 정해진 기일에 약속된 금액(액면가)을 상환할 것을 약정한 증서
㉡ 채권 관련 주요 용어

용어	설명
만기일(Maturity Date)	발행자가 채권자에게 원금을 상환하기로 약정한 날
원금(Principal)	• 만기일에 발행자가 채권자에게 상환해야 하는 금액 • 액면가(Face Value 또는 Par Value) • 만기 가치(Maturity Value) • 상환 가치(Redemption Value)
액면이자(Coupon, 표면이자)	발행자가 채권자에게 원금에 따라 지급하는 이자
액면 이자율(Coupon Rate)	(액면이자 ÷ 원금) – 표면이자율

ⓒ 종류

구분	종류	설명
발행 주체	국채	국가가 공공의 목적을 달성하기 위하여 국채법에 따라 발행하는 채권
	지방채	지자체가 지방 공공사업의 자금을 조달하기 위해 발행하는 채권
	특수채	특별법에 따라 설립된 법인이 발행하는 채권으로 비교적 안정적이고 수익성이 높음
	금융채	특수채 중 금융기관이 장기 대출자금을 조달하기 위해 발행하는 채권
	회사채	상법상 주식회사가 기업의 운영 자금을 조달하기 위해 발행하는 채권
이자 지급 방법	할인채	액면이자율에 따른 총이자금액을 원금에서 차감 후 발행, 만기 시 원금을 지급하는 채권
	복리채	일정기간마다 발생하는 이자가 재투자되어 만기 시 이자와 원금을 일괄 상환하는 채권
	이표채	액면이자를 3, 6개월 혹은 1년마다 지급하고 만기 시 최종 회차의 이자와 원금을 지급하는 채권
액면이자 확정 여부	원금분할상환채권	원금이 일정기간에 걸쳐 균등상환되는 채권
	고정금리채권	채권발행기간 동안 이미 정해진 같은 금액의 이자를 지급하는 채권
	변동금리채권	액면이자율이 기준 금리에 따라 변동하는 채권
	역변동금리채권	변동금리채권과 같이 이자율을 조정하지만, 실제 금리와 반대 방향으로 이자율을 조정하는 채권
원금 상환방식	원금만기상환채권	채권의 원금을 만기일에 일시 상환하는 채권
	원금분할상환채권	원금이 일정 기간에 걸쳐 균등상환되는 채권
상환기간	단기채	만기가 1년 이하인 채권
	중기채	상환기간이 1년 초과, 5년 이하의 채권
	장기채	상환기간이 5년 초과인 채권
보증 여부	보증채	원리금 상환을 발행자 이외에 정부 및 공신력 높은 금융기관 등 제3자가 보증하는 채권
	무보증채	보증 없이 발행자의 신용도에 의하여 발행되는 채권
모집 방법	사모채	발행자가 특정의 투자자와 채권의 인수, 인도계약을 체결하여 발행되는 채권
	공모채	채권발행주체가 불특정 다수에게 채권을 발행함으로써 자금을 조달하는 채권

ⓔ 특징
- **수익성** : 투자자는 채권을 보유하여 일정한 이자수익을 얻을 수 있으며, 구매 당시의 채권 가격보다 시장 가격이 높을 때 발생하는 수익도 기대함
- **안정성**
  - 정부나 공공기관, 금융기관의 발행 채권은 안정성이 매우 높으며, 회사채도 대부분 금융기관이 보증하여 안정성이 확보됨
  - 자본손실이 일정 부분 발생하여도 채권을 만기일까지 보유하게 되면, 회사채의 경우 부도가 없다고 가정할 때 액면가를 상환받을 수 있으므로 어느 정도의 안정성은 가짐
- **유동성** : 채권은 만기일까지 보유하여 원금과 이자를 받을 수 있고, 필요시 만기 전에 증권사 등을 통해 현금화가 가능

ⓜ 채권수익률
- 채권수익률은 채권의 가격을 의미하는 하나의 수단임. 채권의 시장 가격을 알면 수익률 계산이 가능하고 반대로 수익률을 확인하면 채권의 가격을 알 수 있음
- 채권수익률은 채권의 가격을 결정하는 사전적 의미의 수익률이므로 실제의 수익률과는 연결되지 않음
- 수익률과 할인율
  - 수익률은 현 투자 금액에 대한 수익의 비율을 의미
  - 할인은 미래의 가치를 현재가치화한 것
  - 같은 이자율의 개념이며 연이율로 표시
- 채권수익률의 종류

만기수익률	• 현재의 가격으로 채권에 투자하고 만기까지 보유할 때 실현될 예측수익률 • 예측수익률이므로 만기까지 보유하고 실제로 실현되는 실현수익률과는 의미가 다름
연평균수익률	• 총투자의 수익률을 연 단위로 산술평균한 것 • 만기 시 미래가치를 현재의 가격으로 나누어 연 단위 단리수익률로 계산 • 계산과 이해가 쉬워 널리 활용 • 단리수익이기 때문에 이자의 이자는 반영이 안 됨
실효수익률	• 현재의 가치와 만기 시 미래의 가치를 연 단위 복리(할인) 기준으로 산출한 이론적 수익률 • 산술평균이 아닌 기하평균으로 계산되어 이론적으로는 가장 합리적인 수익률 • 투자 판단 지표로 활용 가능
표면이율	• 채권의 액면에 기재된 이율 • 채권 발행자가 지급하는 이자를 액면으로 나눈 수익률

- 채권수익률의 변동

잔존기간	• 투자 시점부터 잔존기간이 길수록 채권수익률의 가격변동이 큼 • 수익률 상승이 예상되면 잔존기간이 짧은 채권, 하락할 것으로 예상되면 잔존기간이 긴 채권이 유리
표면이자율	• 표면이자율은 시장이자율과 연결됨 • 시장이자율이 상승할 때는 표면이자율이 높은 채권, 하락할 때는 낮은 채권이 유리
채무불이행	• 채무불이행위험이 클수록 채권수익률은 상승 • 반대로 채권 가격은 하락함
경기	• 경기가 좋으면 소비와 투자가 증가하고, 화폐 공급이 증가하여 금리가 상승 • 경기가 안 좋으면 소비와 투자가 감소하고, 화폐 공급이 감소하여 금리가 하락
금융정책	• 금융완화 시 화폐 공급이 증대하고 대출 경쟁 심화로 금리가 하락 • 금융긴축 시 화폐 공급이 감소하고 자금 공급 축소로 금리가 상승

ⓗ 채권투자의 위험

시장위험	• 금리변동위험으로 금리 수준에 따라 채권수익률과 가격이 변동하는 것 • 모든 채권은 시장위험을 피할 수 없음 • 채권의 시장 가격이 매입 가격보다 낮아져 자본의 손실이 있으면 만기 시까지 보유하여 위험을 회피
구매력위험	인플레이션과의 관계를 의미하며 인플레이션의 변화는 이자율과 채권 가격의 변화를 유발
유동성위험	• 채권발행 물량이 적고 시장이 작으면 유동성위험에 노출됨 • 채권의 유동성이 낮으면 만기수익률이 높아야 함
채무불이행위험	발행 기업의 신용도, 재정 및 경영 상태를 반영

ⓢ 채권의 가격
- 채권의 수익률과 가격은 반비례 관계로 수익률이 높으면 가격은 낮아지고, 수익률이 낮으면 가격은 올라감
- 투자의 방향성은 수익률이 높고 가격이 낮아지면 매입하고, 수익률이 낮고 가격이 올라가면 매도함
- 듀레이션(Duration)

$$\sum_t t \times \frac{C_t \times (1+r)}{P} = \sum_t t \times W_2$$

t : 각 현금흐름의 잔존기간
r : 각 현금흐름
P : 채권 가격
W_2 : 각 현재가치 가중치

- 채권투자에서 현가 1원이 상환되는 데 소요되는 평균 기간을 의미
- 수익률 변동에 대한 채권 가격의 변동성을 나타내는 지표
- 수익률 변화에 민감하게 반응하는 채권 가격의 변화를 감지
- 듀레이션은 채권의 수익률 변동에 대한 가격 변동성의 척도
- 채권의 가격

$$\frac{이자}{1+수익률} + \frac{액면가}{1+수익률}$$

⑨ 옵션

㉠ 미래에 상품가격이 상승 또는 하락할 것으로 예상하고 현재 시점에서 상품을 사고파는 권리만을 주고받는 계약거래

㉡ 콜 옵션(Call Option)
- 특정 자산을 사전에 약속한 가격으로 지정된 날짜 또는 그 이전에 매수할 수 있는 권리
- 미래 약속한 시점에 상품의 시장 가격이 상승하지 않았다면 살 권리를 포기
- 예상대로 가격이 상승하면 권리를 행사하여 이익을 실현

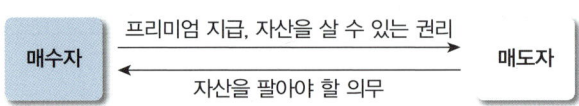

㉢ 풋 옵션(Put Option)
- 특정 자산을 사전에 약속한 가격으로 지정된 날짜 또는 그 이전에 매도할 수 있는 권리
- 미래 약속한 시점에 상품의 시장 가격이 하락하지 않았다면 팔 권리를 포기
- 예상대로 가격이 하락하면 권리를 행사하여 이익을 실현

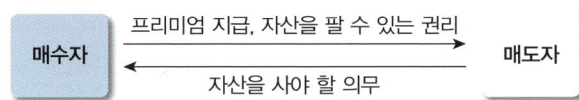

㉣ 옵션의 가치

내재가치+시간가치

- 내가격(ITM ; In the Money) : 내재가치가 있는 상태를 말함. 옵션 행사로 즉각 이익을 보는 경우
- 등가격(ATM ; At the Money) : 현재 가격이 옵션의 행사가격과 같을 때를 말함. 내재가치가 없어 옵션을 행사할 필요가 없음
- 외가격(OTM ; Out of the Money) : 옵션의 내재가치가 없는 상태를 말함. 옵션을 행사하면 손해를 봄
- 시간가치 : 옵션매수자가 시간 경과에 따라 기초자산 가치가 변동하여 옵션가치의 상승을 가져올 것을 기대하고 옵션매도자에게 지불하고자 하는 가치

❿ 가치평가 방법

㉠ 회수기간법

정의	투자 시점에 발생한 비용을 회수하는 데 걸리는 기간으로 판단
공식	투자액 ÷ 연간 평균 회수금액
판단기준	투자 비용을 회수하는 기간이 짧을수록 효과적인 투자
장점	• 이해하기 쉽고 간단함 • 투자 위험에 대한 개략적인 정보 제공
단점	회수 기간 후의 현금흐름, 화폐의 시간가치를 고려하지 않고 기준 회수 기간의 설정이 자의적임

㉡ 순현재가치(NPV ; Net Present Value)법

정의	투자 후 미래의 현금흐름을 현재가치로 할인하여 투자의 효과를 측정
공식	$\left[\dfrac{CF_1}{(1+r)} + \dfrac{CF_2}{(1+r)^2} + \cdots + \dfrac{CF_n}{(1+r)^n}\right] - I_0$ CF_t : t 시점의 현금흐름, I_0 : 최초 투자액, r : 할인율
판단기준	순현재가치가 가장 큰 투자안을 선택
장점	• 화폐의 시간가치를 고려하며 투자 기간의 현금흐름을 반영 • 현재가치를 기준으로 다양한 투자 대상이 비교 가능
단점	적합한 할인율 선택이 어렵고 투자 규모가 서로 다른 대안이 다수 존재할 때 비교가 어려움

㉢ 내부수익률법

정의	• 순현재가치를 0으로 하는 할인율을 찾는 방법 • 현금 유입, 유출의 현재가치를 같게 만드는 할인율
공식	$\left[\dfrac{CF_1}{(1+IRP)} + \dfrac{CF_2}{(1+IRP)^2} + \cdots + \dfrac{CF_n}{(1+IRP)^n}\right] - I_0 = 0$ CF_t : t 시점의 현금흐름, I_0 : 최초 투자액, IRP : 내부수익률
판단기준	내부수익률과 자본비용을 비교하여 내부수익률이 큰 경우 선택
장점	화폐의 시간가치를 고려하며 투자 기간의 모든 현금흐름을 반영
단점	• 계산이 복잡하고 내부수익률로 재투자 된다고 가정함 • 내부수익률이 존재하거나 존재하지 않을 수 있음

㉣ 세 가지 가치평가 방법 중 순현재가치법을 가장 우수한 방법으로 인식

기출유형 완성하기

01 발생주의와 수익 비용 대응 원칙에 대한 설명으로 적절하지 않은 것은?

① 발생주의는 수익과 비용이 발생할 때 인식하고 기록하는 것을 의미한다.
② 수익 비용 대응 원칙은 수익이 발생한 항목과 이에 대응되는 비용 발생 항목을 분류하여 기록한다.
③ 수익 비용 대응 원칙은 수익과 관련한 비용을 대응하여 서로 다른 회계기간에 인식한다.
④ 발생주의는 현금주의의 반대 개념으로 현금주의는 실제 현금이 들어올 때와 지급할 때를 인식한다.

해설
수익 비용 대응 원칙은 수익이 발생한 항목과 이에 대응되는 비용 발생 항목을 명확하게 분류하여 기록하는 것으로, 수익과 관련한 비용을 대응하여 동일한 회계기간에 인식한다.

02 다음 중 자산의 유형이 다른 하나로 적절한 것은?

① 임차보증금
② 토지 및 건물
③ 영업 및 산업재산권
④ 외상매출금

해설
유동자산과 비유동자산을 구분하는 문제로 임차보증금, 토지 및 건물, 영업권과 산업재산권은 비유동자산에 포함된다. 외상매출금은 매출채권으로 유동당좌자산이다.

03 현금흐름표에 작성되는 활동과 그에 따른 현금의 유입과 유출의 연결이 적절하지 않은 것은?

① 영업활동의 유입 : 판공비
② 재무활동의 유출 : 단기차입금
③ 재무활동의 유입 : 증자
④ 영업활동의 유출 : 법인세

해설
현금흐름의 활동은 크게 영업활동, 투자활동, 재무활동이 있다. 영업활동의 유입으로는 대표적으로 매출이익, 예금이자, 배당수입 등이 있으며, 판공비는 영업활동의 유출이다.

04 감가상각방법 중 매년 같은 금액을 적용하여 상각하는 방식으로 잔존가액이 존재하는 방법으로 적절하지 않은 것은?

① 정액법
② 정률법
③ 연수합계법
④ 생산량비례법

해설
② 정률법은 매년 동일 비율 적용하는 가속상각이며 잔존가액이 존재하지 않는다.
① 정액법은 매년 같은 금액을 적용하여 정액상각하는 방식으로 잔존가액이 존재한다.
③ 연수합계법은 정액과 정률의 특징을 결합한 것이며 잔존가액이 존재한다.
④ 생산량비례법은 생산량 또는 사용량에 비례한 가속상각 방식으로 잔존가액이 존재한다.

정답 01 ③ 02 ④ 03 ① 04 ② 05 ② 06 ② 07 ② 08 ①

05 기업의 경영활동에 대한 자산의 효율적 활용도를 평가하는 재무비율로 가장 적절한 것은?

① 자기자본이익률
② 재고자산회전율
③ 부채비율
④ 총자본이익률

해설

② 재고자산회전율은 재고자산의 회전(소진)속도를 측정하여 자산의 효율적 활용도를 평가하는 대표적인 활동성재무비율이다.
①·④ 자기자본이익률과 총자본이익률은 수익성비율로 기업의 경영성과를 측정하는 재무비율이다.
③ 부채비율은 채무의 상환능력을 평가하는 안정성비율이다.

06 채권투자에서 만기 시 미래가치를 현재의 가격으로 나누어 연 단위 단리 계산한 수익률로 가장 적절한 것은?

① 만기수익률
② 연평균수익률
③ 실효수익률
④ 표면이율

해설

연평균수익률은 총투자의 수익률을 연 단위로 산술평균한 것으로 만기 시 미래가치를 현재의 가격으로 나누어 연 단위 단리 수익률로 계산한다. 계산과 이해가 쉬워 가장 폭넓게 활용이 되지만 단리 수익이기 때문에 이자의 이자는 반영이 안 된다.

07 인플레이션의 변화가 이자율과 채권 가격의 변화를 유발하는 채권투자 위험 요인으로 가장 적절한 것은?

① 시장위험
② 구매력위험
③ 유동성위험
④ 채무불이행위험

해설

구매력위험은 인플레이션과의 관계를 의미하며, 인플레이션의 변화는 이자율과 채권 가격의 변화를 유발하는 채권투자의 대표적인 위험 요인이다.

08 콜 옵션에 대한 설명으로 가장 적절한 것은?

① 특정 기간 내에 특정 가격으로 자산을 매수할 권리를, 그러나 의무는 없는 계약
② 특정 기간 내에 특정 가격으로 자산을 매도할 권리를, 그러나 의무는 없는 계약
③ 특정 기간 내에 특정 가격으로 자산을 매도할 의무를 부과하는 계약
④ 특정 기간 내에 특정 가격으로 자산을 매수할 의무를 부과하는 계약

해설

콜 옵션(Call Option)은 특정 자산을 사전에 약속한 가격으로 지정된 날짜 또는 그 이전에 매수할 수 있는 권리를 갖는 계약이다. 미래 약속한 시점에 상품의 시장 가격이 상승하지 않았다면 살 권리를 포기할 수 있고, 예상대로 가격이 상승하면 권리를 행사하여 이익을 실현할 수 있다.

기출유형 05 ▶ 인적자원 기본정보

전사적 인력 운영 계획 수립 시 분석 및 고려사항으로 가장 적절하지 않은 것은?

① 부서별 인력 수요와 노동시장의 공급 예측
② 조직의 손익과 인건비 현황 정보
③ 조직 구성원의 인사평가 관련 정보
④ 단·중·장기 자동화 및 아웃소싱 계획

해설
전사적 인력 운영 계획 수립 시 핵심적인 고려사항으로는 인력의 증원 및 감축(감소), 사업 방향성, 노동시장 환경, 노사 관계, 업무의 자동화, 아웃소싱, 조직의 개편, 부서 재배치 등이 있다.

| 정답 | ③

족집게 과외

❶ 조직
- ㉠ 경영조직은 목표를 달성하기 위해 구성원이 업무를 수행하는 구조 및 운영 방식을 의미
- ㉡ 조직구조 : 기업의 경영활동에 필요한 직무, 부서, 직위, 의사결정 체계 등을 정의
- ㉢ 조직설계 : 상황에 따라 조직구조를 새롭게 구축하고 재편하는 과정
- ㉣ 조직형태 : 조직구조와 설계에 따라 실체하는 구체적인 모습
- ㉤ 조직 내 구성원인 인적자원은 기업자원 중 대표적인 유형자원

❷ 인적자원관리
- ㉠ 인적자원관리(Human Resources Management)는 구성원의 개인적 목표 및 기업, 조직의 목표 달성을 위해 개인과 조직을 대상으로 진행되는 경영활동
- ㉡ 인적자원관리의 핵심 내용은 인적자원계획 및 충원, 인적자원의 유지와 활용, 인적자원의 개발, 인적자원의 관계, 노동조합 및 노사 관계를 포괄
- ㉢ 기능적 인적자원관리
  - 확보 : 조직의 목표를 달성하기 위한 구성원을 확보하는 활동
  - 개발 : 구성원의 능력을 극대화하기 위한 교육 및 능력 개발
  - 보상(평가) : 구성원의 조직 공헌도에 따른 평가와 적절한 보상
  - 유지 : 구성원의 성과와 능력을 지속해서 유지할 수 있도록 관리
  - 방출 : 구성원의 고용관계가 마무리되는 상황의 관리

ⓐ 관리적 인적자원관리
  • 계획(Plan), 실천(Do), 통제(See)
  • 계획에 따라 구성원을 배치하고 조직 내 목표를 달성하기 위한 평가와 보상
ⓑ 상호 연결된 기능적-관리적 인적자원관리

구분		관리적 차원		
		계획	실천	통제
기능적 차원	확보	인력 충원 계획 등	모집 및 충원 등	적응력 파악 등
	개발	훈련 계획 수립 등	교육 훈련 수행 등	교육 만족도 등
	보상	보상 체계 구축 등	임금, 복리후생, 성과금 등	평가와 보상의 적정성 등
	유지	노사 관계 분석 등	동기부여, 자기계발 등	동기부여의 적정성 등
	방출	정년, 인력 운영 계획 등	인력감축, 퇴사 처리 등	이직률 분석 등

ⓗ 채용 및 배치
  • 채용
    - 의미 : 외부 노동시장에서 기업 및 조직의 공석인 직무를 수행할 수 있는 능력과 자격을 갖춘 인력을 식별하고 모집하는 일련의 활동
    - 절차

채용 계획	• 조직과 기업의 전략과 계획, 인력 운영 계획, 직무 분석 • 채용 규모, 예산, 고용 형태, 고용 시기
인재 모집	내/외부의 채용 방법, 신입/경력의 채용 대상, 정규직/계약직의 채용 형태, 직무 능력, 필요 역량, 근무 조건을 명시
채용 진행	• 계획과 기준에 따라 서류 전형 진행 • 인/적성검사, 면접, 건강검진
채용 결과	• 최종 합격자 선정, 채용 제안 진행 • 채용 서류, 고용 계약, 입사 준비 및 교육

  • 배치
    - 배치는 직무에 맞게 구성원을 배속, 다른 직무로 이동, 승진을 통한 고형 형태의 변화 등을 포괄함
    - 직무와 개인 간의 관계가 유기적으로 결합하여 최상의 성과를 거둘 수 있도록 함
    - 배속 및 이동한 구성원의 만족도도 고려해야 함
    - 배치 계획은 목표 및 전략, 부서의 기능, 직무 등을 복합적으로 고려하여 인력의 필요 유무를 적절히 판단함
    - 배치를 진행할 때는 이동, 육성, 승직, 퇴직 등의 상황 판단 후 신규 혹은 내/외부 충원 인력을 확보하여 진행
    - 필요에 따라 아웃소싱 및 임시직 활용도 고려

ⓢ 평가
- 평가는 조직의 목표 달성을 위한 구성원의 조직 내 역할 수행 정도와 개인의 목표 달성 등을 통해 성장을 지원할 수 있는 평가 절차의 수립과 설계가 중요
- 평가의 목적은 조직과 개인의 성장을 기본으로 함
- 평가 계획 단계에서는 평가의 목적, 방향성, 방법, 대상, 기준, 절차, 일정, 결과의 활용 등을 계획함
- 평가의 제도와 계획은 평가자와 피평가자 모두가 공감할 수 있도록 공유하고 교육
- 평가의 방법

서열법	평가 결과에 따라 순위를 부여하여 평가하는 방법
강제할당법	사전에 설정된 등급 또는 범주에 따라 배치하여 평가하는 방법
서술법	활동 사항, 과정, 결과 등을 구체적으로 서술하여 평가하는 방법
행태기준평정법	행동 중심의 평가 방법으로 사전에 제시된 유형과 등급으로 평가하는 방법
행태관찰척도법	행동 중심의 평가 방법으로 사전에 제시된 등급 또는 범주에 따라 점수를 부여하여 평가하는 방법
평가센터법	복수의 평가자가 관찰하고 평가하는 방법으로 집중적이고 전문적인 평가가 가능
다면평가법	조직 내 상급자, 동료, 하급자 및 고객과 거래처 등 다양한 관점에서 평가하는 방법

- 평가 절차

Tip

평가 결과의 활용

인력배치 / 인력개발 / 승진보장 / 조직개발 / 인사전략 / 인력계획 / 동기부여

ⓒ 보상
- 구성원이 기업과 조직을 위해 노동을 제공한 것에 대한 금전적 대가를 의미
- 보상의 개념에는 임금과 상여, 복리후생을 모두 포함
- 임금은 조직의 상황과 지불 가능 범위 및 능력, 구성원의 생계유지 및 만족도 등을 충분히 고려하여 설정
- 임금의 조정 방법
  - 베이스업 : 시장 상황이나 물가를 고려하여 조직의 전체적인 임금 수준을 상향 조정
  - 승급 : 직급 혹은 직책의 승진에 따른 인상
  - 승격 : 조직 내 책임, 권한이 추가되어 인상
  - 성과급 : 개인과 조직의 성과 및 목표 달성 여부에 따른 임금 외 금액
- 임금 지불과 관련한 업무는 연봉 계약, 4대 보험, 세금, 연말정산 등이 있음
- 복리후생은 급여와 별개로 구성원에게 제공되는 추가적인 혜택을 의미하며, 구성원의 복지를 향상시키고 동기 부여의 긍정적 요인으로 작용함
- 복리후생의 종류
  - 법정 복리후생 : 4대 보험, 유급휴가, 퇴직금, 출산휴가 등
  - 법정 외 복리후생 : 자기계발, 근무 환경 개선, 경력 관리 지원, 복지 시설 확충 등

ⓒ 퇴직 관리
- 퇴직은 이직 및 전직에 의한 자발적 퇴직과 해고, 정년, 권고사직 등의 비자발적 퇴직으로 구분
- 퇴직에 따른 구성원의 이탈을 대비하고 조직의 인력 구성 계획을 철저히 수립
- 퇴직자의 퇴직 사유, 근무 시 만족도, 향후 계획을 파악
- 퇴직 후 조직 및 기업의 기밀이 유출되지 않도록 퇴직자 정보보안 관리
- 퇴직 절차 : 퇴직서류 작성, 업무 인수인계, 급여 정산, 퇴직 신고, 퇴직금 지급 등
- 이직 및 전직 지원을 통해 퇴직자의 재취업 및 창업 등을 지원

❸ 인사 · 조직전략
  ㉠ 인사전략
    • 기업 목표에 부합되는 인적자원의 확보 및 운영 교육, 평가, 보상 및 동기부여를 비롯한 노사 문제, 조직 문화 관리 등을 포괄하여 수립
    • 인사전략은 무엇보다 조직의 비전과 목표, 전략적 방향성을 고려함
    • 단기적 전략은 물론 중장기 전략을 수립하고 대내외 환경을 충분히 고려
  ㉡ 인력 운영 계획
    • 기업 내/외부 환경과 사업 계획을 고려하고 필요한 인력을 적절히 확보하기 위한 일련의 과정
    • 사업 분야의 향후 발전 방향성과 전망, 노동시장과 실무 부서와의 긴밀한 협의
    • 기업의 인력 운영에 대한 전반적인 흐름을 인지하고 체계적인 인력 수요와 공급을 예측
    • 인력 운영에 대한 비용 및 인건비, 사업의 방향성 및 직무에 대해 다각도로 검토하여 구성원의 수와 역량에 대해 적정성 판단 필요
    • 기존 구성원의 역량을 판단하여 조직의 개편 및 인력 재배치 계획 수립
    • 직무 분야의 대내외 환경을 정확히 인지하고 인력의 결원과 충원을 계획
    • 구성원의 동기부여, 조직 및 노사 갈등의 해결 등을 포함하여 고려

> **Tip**
> 인력 운영 계획 시 주요 고려사항

  ㉢ 인력 운영의 효율성 분석
    • 수익 관점 : 매출 대비 인건비, 인당 영업이익, 인당 부가가치 등
    • 비용 관점 : 노동분배율, 인적자원 투자 수익률 등
    • 운영 관점 : 인건비 예시, 경쟁자 현황, 추세 등

❹ 직무관리

㉠ 직무 분석

- 직무 활동을 위한 지식, 능력, 기술, 의사결정 체계, 자격 요건, 조직 편제 등을 분석하여 활용하는 일련의 과정을 의미
- 직무와 관련된 과업과 책임, 유관 직무와의 관계, 성과와 연결된 개인의 능력과 직무 환경 등을 체계적으로 수집, 분석, 정리하는 활동
- 직무 분석의 용어

과업(Task)	업무를 배분하는 최소단위
직위(Position)	과업을 수행하는 구성원의 의무와 책임이 부여된 것
직무(Job)	유사한 과업을 수행하는 구성원 집합의 관리 단위

- 직무 분석의 내용

직무 목적	업무의 내용과 목적, 주요 업무
직무 특성	직무 수행의 강도 및 환경, 업무 난이도
직무 인력	직무 수행자의 자격 요건 및 숙련도, 역량, 의사결정

- 직무 분석의 특징
    - 직무 분석의 주된 목적은 권한과 책임을 명확히 하기 위함
    - 직무 분석 활동은 조직의 목표 달성과 연결된 직무와 수행 요건을 명확히 제시함
    - 교육, 평가, 보상 등의 인사관리 활동에 정보를 제공함
    - 직무 분석의 방법은 설문, 면접, 관찰, 기록, 일지 검토 및 환경 분석 등이 있음
- 직무 분석의 절차

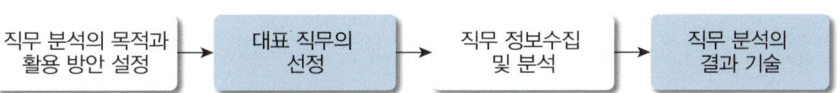

- 직무 분석의 결과와 특징

직무 기술서	• 직무의 내용, 성격, 환경 등을 작성 • 직무 내용, 과업, 방법과 절차, 작업 조건
직무 명세서	• 직무에 필요한 기술 및 자격 요건을 작성 • 교육 및 기술, 경험, 자격 요건, 능력

ⓒ 직무 평가
- 직무 평가는 개인과 조직의 상대적 가치를 기준에 따라 평가하는 과정을 의미
- 직무 평가의 핵심은 모두 이해하고 공감하는 공정성
- 직무 평가의 가장 기본적인 목적은 임금과 보수 체계의 결정
- 직무 평가는 인력의 적절한 배치를 위해서도 실시
- 직무 평가에 따라 구성원의 능력 개발을 수행
- 직무 평가의 방법과 장·단점

서열법	정의	평가의 기준 혹은 등급표에 의존하지 않고 직무를 포괄적으로 판단하여 서열을 결정하는 방법
	장점	평가가 간단하여 소규모 조직에 적합
	단점	주관적인 개입이 크며 서열의 간격을 일관성 있게 유지하는 것이 관건
분류법	정의	사전 정의된 등급표에 따라 직무를 비교하고 등급을 부여하는 방법
	장점	등급의 수가 적으면 유리함
	단점	등급을 정의하고 분류하기 어려우며 등급의 기준도 주관적일 수 있음
점수법	정의	사전 정의된 평가 요소별 점수표에 따라 평가하고 점수를 합산하는 방법
	장점	서열, 분류법에 비해 객관적이며 주관이 최소화됨
	단점	점수표를 작성하는 과정이 복잡하고 직무 공통성을 선정하기 어려움
비교법	정의	기준 직무를 정의하고 평가 대상 직무를 비교하여 상대적 가치를 결정하는 방법
	장점	다른 평가 방법보다 타당성과 신뢰성이 우수
	단점	기준 직무 정의에 주관이 개입될 소지가 큼
시장임금 조사법	정의	시장의 임금 수준을 조사하고 내부 직무별 임금 및 보상 체계를 결정하는 방법
	장점	• 비교적 수행하기 쉽고 구성원의 수용성이 높음 • 시장 전체의 흐름을 반영
	단점	• 시장이 활성화되지 않으면 객관적인 임금 정보 획득이 어려움 • 비합리적인 시장 임금이 반영되는 경우도 발생

❺ 성과관리
  ㉠ 목표관리(MBO ; Management by Objectives)
    • 상위조직과 하위조직의 합의에 따라 공통의 목표를 설정하고, 사업부, 부서, 구성원까지 공통된 목표를 세분화하여 설정하며 성과를 관리
    • 목표관리는 단순히 성과를 평가하는 데 국한되지 않으며 목표를 통해 구성원 및 조직의 동기부여를 통한 효율적인 관리를 유도
    • 특징

전략연계	조직 목표와 개인 목표의 연계
동기부여	조직 목표를 위한 구속성, 개인 목표 달성을 위한 강한 동기
의사소통	조직 및 개인의 목표 달성을 위한 협업 및 일체감
처우 및 보상	목표 달성에 따른 처우 및 객관적인 보상 체계 수립

    • MBO의 과정과 'SMART' 원칙

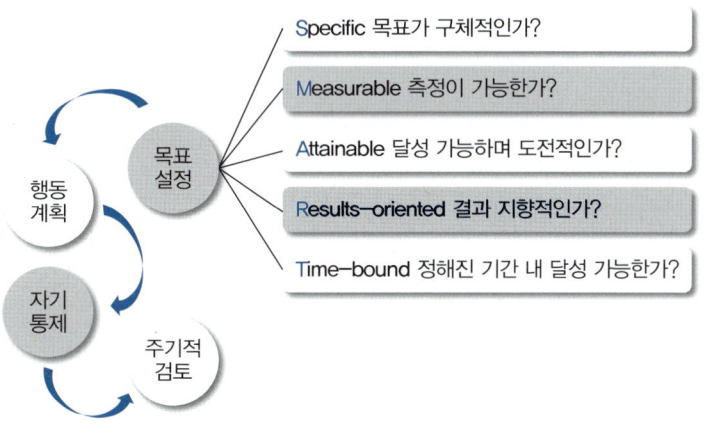

  ㉡ 균형성과표(BSC ; Balanced Score Card)
    • BSC는 기존 재무적 관점의 성과 측정을 보완하여 기업의 성공요인과 핵심성과에 대한 지표를 결합해 평가하도록 만든 지표
    • 외부의 고객, 내부의 프로세스, 기업의 구성원, 재무적 관점의 균형을 유지

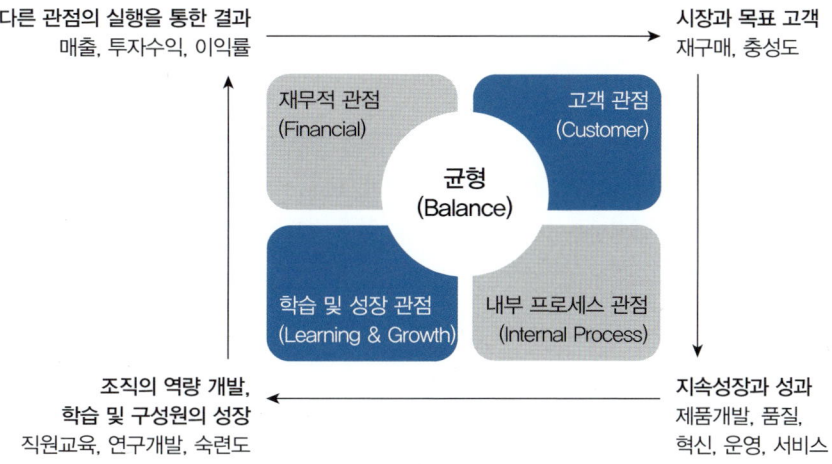

ⓒ 핵심성과지표(KPI ; Key Performance Indicator)
- 조직의 목표를 얼마나 잘 달성하고 있는지를 확인하기 위해 설정한 척도(수치화)
- 핵심성과이므로 전략이나 목표에 대한 기여도가 높은 요소의 성과를 측정
- MBO 체계에서 목표를 수립하고 BSC의 주요 요인을 통해 KPI를 설정하여 활용 가능
- KPI 수립 시에도 MBO와 같은 'SMART' 원칙을 적용 가능

ⓔ 목표와 핵심결과(OKR ; Objectives and Key Results)
- OKR은 명확히 설정된 목표(Objectives)에 따른 핵심적인 결과(Key Results)로 구성
- 목표 및 성과를 평가하는 기간을 유연하게 관리
- 목표에 대한 달성 기준을 기간 내 확장 가능
- 기존의 MBO, KPI가 목표 달성에 목적을 둔 것에 반해, OKR은 목표의 달성은 물론 달성 과정의 성장도 중요하게 평가
- OKR은 질적 목표와 양적 목표 모두 포함하는 통합적 목표의 성격을 가짐

❻ 인적자원개발 및 조직개발

㉠ 교육
- 전략과 조직의 인재상, 직무 분석 등을 바탕으로 필요한 역량을 정의하고 육성 계획을 수립
- 역량과 요구를 충분히 수용하여 교육을 설계하고 교육 인원, 과정, 기간 등을 기획 및 정의
- 교육 계획에 따라 리더십, 협업, 커뮤니케이션, 직무 전문성, 신기술 습득, 성과 및 목표와 연결된 프로그램 등을 진행
- 교육 진행 시 모니터링을 통한 참여도, 교육 내용 등을 점검
- 교육 후 교육 내용에 대한 피드백을 조사·분석하고 필요시 평가 진행
- 교육 과정에 대한 개선 사항과 긍정, 부정 요소를 철저히 파악하여 이후 반영
- 모든 교육 과정에 관한 내용, 평가, 성과, 개선 방안 및 계획 등은 시스템 내 데이터로 관리

㉡ 경력개발
- 구성원 및 조직의 성장을 충분히 끌어낼 수 있는 전략과 계획 필요
- 구성원 및 조직의 경력개발 이력을 추적할 수 있도록 시스템 내 데이터로 관리
- 경력개발 프로그램의 종류

리스킬링	새로운 업무를 수행하기 위한 기술 습득 과정
업스킬링	현재의 업무에 추가적인 업무 수행 및 신기술 습득 과정
핵심인재육성	조직의 리더 양성을 위한 지원 과정
이중경력제도	연구개발, 기술 전문직과 관리직을 선택하여 지원하는 과정으로 주로 연구개발, 기술 전문직을 대상으로 함

㉢ 조직개발
- 조직의 문화, 구성원의 특성 등을 충분히 반영하고 발전 방향성을 고려
- 조직개발의 계획 수립 시에는 조직의 문화와 구성원의 관계, 만족도를 파악
- 바람직한 조직 문화를 형성하고 정착시켜 구성원은 물론 전체 조직의 발전을 위한 방향으로 진행
- 조직개발 과정 또한 데이터를 통해 관리

기출유형 완성하기

정답 01 ① 02 ③ 03 ③ 04 ④

01 인사 평가의 방법에 대한 설명으로 적절하지 않은 것은?

① 서열법은 입사 순서에 따라 순위를 부여하고 평가한다.
② 서술법은 활동 사항, 과정, 결과 등을 구체적으로 서술하여 평가한다.
③ 행태관찰척도법은 사전에 제시된 등급 또는 범주에 따라 점수를 부여하여 평가한다.
④ 다면평가법은 조직 내 상/하급자, 동료, 고객과 거래처 등 다양한 관점에서 평가한다.

해설
인사 평가의 방법 중 서열법은 평가 결과에 따라 순위를 부여하여 평가하는 방법이다.

02 임금의 조정 방법과 설명이 적절하지 않은 것은?

① 베이스업 : 시장 상황이나 물가를 고려하여 조직의 전체적인 임금 수준을 상향 조정
② 승급 : 직급 혹은 직책의 승진에 따른 인상
③ 승격 : 조직 내 새로운 관리자가 조종
④ 성과급 : 개인과 조직의 성과 및 목표 달성 여부에 따른 임금 외 금액

해설
임금의 조정 방법 중 승격은 조직 내에서 높은 책임과 권한이 추가되어 인상되는 경우를 의미한다.

03 조직에서 시행하는 경력개발제도에 대한 설명으로 가장 적절하지 않은 것은?

① 차세대 리더로 성장할 직원들이 조직을 이탈하지 않고 높은 수준의 역량과 경험을 축적할 수 있도록 핵심인재제도를 운영한다.
② 직원들이 다양한 업무 경험을 통해 새로운 능력을 개발하고 관리자 역량을 준비할 수 있도록 직무순환제도를 운영한다.
③ 직원들이 조직 내에서 뿐만 아니라 외부에서도 경력을 개발할 수 있도록 지원하기 위해 이중경력제도를 운영한다.
④ 퇴직 예정자들에게 조직에 대한 좋은 인상을 남기고 그들의 퇴직 후 경력개발에 도움을 주기 위해 전직지원제도를 운영한다.

해설
경력개발 프로그램에서 이중경력제도는 연구개발, 기술 전문직과 관리직을 선택하여 지원하는 과정으로 주로 연구개발, 기술 전문직을 대상으로 한다.

04 직무 관리 중 직무 평가와 관련한 설명으로 가장 적절한 것은?

① 직무 평가 시에는 조직의 목표와 방향성을 핵심으로 구성원을 이해시킨다.
② 직무 평가는 공정성을 위해 임금과 보수 체계와는 별개로 진행한다.
③ 직무 평가의 분류법은 사전 정의된 평가 요소별 점수표에 따라 평가하고 점수를 합산하는 방법이다.
④ 직무 평가는 개인과 조직의 상대적 가치를 기준에 따라 평가하는 과정이다.

해설
직무 평가는 개인과 조직의 상대적 가치를 기준에 따라 평가하는 과정을 의미한다. 직무 평가의 핵심은 모두 이해하고 공감하는 공정성으로, 가장 기본적인 목적은 임금과 보수 체계의 결정에 있다.

기출유형 06 ▶ 마케팅·영업 기본정보

다음 중 전체 마케팅 활동에 대한 투자수익률을 나타내는 지표로 적절한 것은?

① ROE(Return on Equity)
② ROI(Return on Investment)
③ ROA(Return on Asset)
④ ROAS(Return on Advertising Spend)

해설
② ROI는 투자 대비 수익을 나타내는 지표이다.
① ROE는 총자산에서 부채를 뺀 금액 대비 당기순이익 지표이다.
③ ROA는 총자산 대비 당기순이익 지표이다.
④ ROAS는 개별 마케팅 투자 대비 수익성 지표이다.

| 정답 | ②

족집게 과외

❶ 마케팅 목표 및 계획 수립

㉠ 시장점유율 (참고 기출유형 03 경쟁력)
  - 기업의 매출, 판매 수량, 고객 수 등과 같은 수치로 산출
  - 시장에서의 위치를 파악하여 기업의 경쟁력을 평가하고 성과를 측정
  - 점유율이 높을수록 기업의 성공 지표가 높다는 의미
  - 새로운 시장을 개척하거나 신규 고객 확보를 위한 전략 수립에 활용
  - 절대적 점유율

  $$\text{당사의 연간 매출} \div \text{전체 시장 규모} \times 100(\%)$$

    – 기준 : 전체 시장 대비 당사가 차지하는 비율
  - 상대적 점유율

  $$\text{당사의 연간 매출} \div \text{경쟁사 연간 매출} \times 100(\%)$$

    – 기준 : 경쟁사 대비 당사가 차지하는 비율

㉡ 성장률 (참고 기출유형 04 회계·재무 기본정보)

  $$(\text{이전 시점의 규모} - \text{현시점의 규모}) \div \text{전 시점의 규모} \times 100(\%)$$

  - 특정 기간 기업의 규모를 판단하는 지표
  - 점유율과 같이 기업의 매출, 판매 수량, 고객 수 등과 같은 수치로 산출
  - 기업의 규모를 판단하여 성장 속도, 잠재력 및 경쟁력을 평가하고 예측

ⓒ 매출 목표
- 기업이 특정 기간에 달성하고자 하는 경영 목표와 연결
- 경영진이나 마케팅팀의 정성적 판단으로 설정되는 경우가 많음
- 매출 목표를 명확히 설정해야 기업의 성과 혹은 성공 여부를 정확히 판단 가능
- 매출 목표를 결정하는 기본적인 3가지 방법

성장 지표	주로 점유율, 성장률 등의 기업 경쟁력 수치
수익성 지표	주로 재무비율과 관련한 수치로 설정
생산성 지표	주로 재고, 생산, 노동력 등의 투입 대비 산출 비율을 활용

- 성장률을 활용한 매출 목표 예시

$$매출\ 목표 = 해당연도\ 매출액 \times (1 + 전년(평균)\ 대비\ 성장률)$$

- 점유율과 성장률을 동시에 활용한 매출 목표 예시

$$시장확대율 = ((해당연도\ 점유율 - 전년도\ 점유율) \div 해당연도\ 점유율) \times 100(\%)$$

$$매출\ 목표 = 해당연도\ 매출액 \times (1 + 시장확대율) \times (1 + 전년(평균)\ 대비\ 성장률)$$

시장확대율
전년 대비 기업의 시장점유율이 얼마나 증가했는지 확인하는 지표

ⓓ 제품의 라인업(Line-up) 및 제품 정보 관리
- 제품 라인업은 기업이 고객을 대상으로 수익 창출을 위해 시장에 제공하는 제품의 구성을 의미
- 제품 라인업을 통해 고객의 니즈(Needs)를 충족하고 판매 대상을 설정
- 기업 전략, 시장 상황, 고객 동향 등의 다양한 정보를 반영할 수 있음
- 제품 라인업이 다양할수록 고객 선택의 폭이 넓어지고 기업 매출의 다각화를 유도하지만 고객 선택의 혼선을 야기할 수 있으며 관리 비용이 증가함
- 제품 라인업에 따른 제품 정보는 최신 정보를 반영하여 꾸준히 업데이트
- 다양한 채널(카탈로그, 웹사이트 등)을 통해 제품 정보를 제공
- 제품 정보는 인지도와 직결되고 고객의 선택권을 유도하여 만족도에 영향을 줌

ⓜ 마케팅 예산과 활동
- 마케팅 예산은 기업이 마케팅 활동을 위해 투입하는 비용을 의미
- 기업의 전체 예산에서 할당되며 기업 목표, 경쟁사 분석, 시장 조건, 고객 반응 등을 고려하여 분배
- 마케팅 활동의 효과성과 효율성에 직결되므로, 적절한 예산 할당과 투자 관리가 필요
- 마케팅 활동의 핵심은 잠재고객을 실제의 고객으로 전환하는 전략을 세우는 것

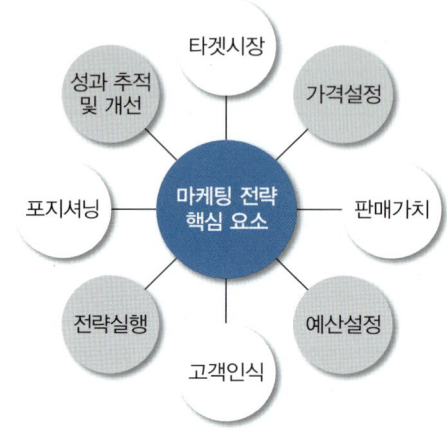

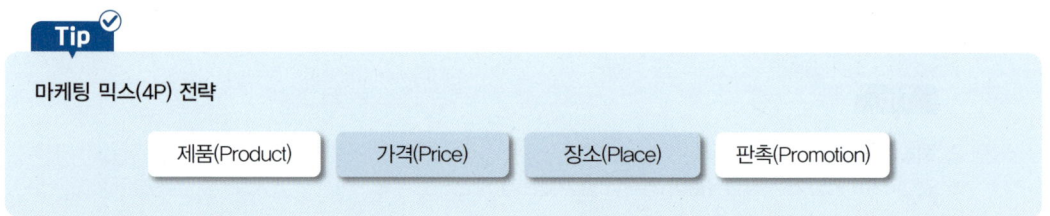

- 최근 오프라인 활동은 물론 온라인 채널의 다양화를 통한 마케팅 활동이 대세
  - 콘텐츠 마케팅
  - 검색엔진
  - 인플루언서
  - 영상 및 광고
  - SNS
  - 이메일
  - 언론홍보
  - 제휴 마케팅

❷ 판매 및 수익
  ㉠ 투자수익률(ROI ; Return on Investment)
    • 투자 대비 수익을 나타내는 효율성 지표
    • 공식

(수익 비용 − 투자 비용) ÷ 투자 비용 × 100(%)

    • 그 밖의 수익률

ROA (Return on Asset)	• 자산수익률 • 총자산에서 당기순이익이 차지하는 비율 • 자산을 활용하여 어떤 수익을 창출했는지 확인하는 수익성 지표 • ROA = (당기 순이익 ÷ 총자산) × 100(%)
ROE (Return on Equity)	• 자기자본수익률 • 총자산에서 차입 금액을 제외한 순수 자기 자본에 대한 당기순이익 비율 • ROA는 총자산을 기준으로 하고 ROE는 총자산에서 부채를 제외한 자기 자본을 기준으로 함 • ROE = 당기순이익 ÷ (총자산 − 부채) × 100(%)

  ㉡ 제품과 서비스 판매량
    • 기업의 수익은 경영활동, 즉 제품 및 서비스 등의 판매량 단위로 결정
    • 마케팅은 수익과 직결되는 제품과 서비스 판매량을 지속해서 관리
    • 제품과 서비스 판매량은 고객과 수요를 예측하는 의사결정의 핵심 정보
  ㉢ 매출액, 순이익, 매출원가
    • 매출액

판매량 × 단가

      − 기업의 경영활동(제품 또는 서비스의 판매)으로 발생한 총금액
    • 순이익

수익 − 비용

      − 기업이 얻은 이익(수익)에서 발생 비용을 차감한 순수한 이익
      − 순이익은 기업 경영의 효율성, 즉 성과를 측정하는 매우 핵심적인 지표
    • 매출원가
      − 기업의 경영활동(제품 또는 서비스의 판매)에 발생하는 모든 비용
      − 매출원가에는 원재료 구매, 생산비용, 인건비, 운송비, 포장비 등이 포함됨

ⓔ 판매 지역
- 제품 혹은 서비스 판매를 위한 지리적 혹은 지역적 구분
- 마케팅은 특정된 지역이나 시장을 파악하고 고객의 수요가 높은 지역을 대상으로 판매 활동을 수행
- 시장은 크게 전체시장(Total Addressable Market), 유효시장(Service Available Market), 목표시장(Target Market)으로 분류
- 대기업의 경우 전체시장 및 유효시장 분석에 효과적이며 중소·중견 기업의 경우 목표시장의 분석에 효과적
- 목표시장의 분석은 판매 제품을 경쟁사 제품과 차별화하고 얼마만큼의 기술력이 확보되었는지에 주안점을 두고 진행

ⓜ 가격 및 할인 정보, 프로모션
- 가격은 고객이 제품이나 서비스 구매를 위해 지불하는 금액을 의미
- 가격의 결정은 시장수요, 경쟁사 상황, 고객의 만족도, 제품 가치, 기술력 및 차별화 등을 고려하여 결정
- 가격은 고객이 기업의 제품과 서비스의 구매 결정에 핵심적인 요소로 가격 전략은 매우 중요한 마케팅 업무
- 할인은 제품과 서비스 가격을 일정한 비율로 인하하여 판매하는 금액을 의미

$$할인율 = (정상\ 가격 - 할인\ 가격) \div 정상\ 가격 \times 100(\%)$$

$$할인\ 가격 = 정상\ 가격 - (정상\ 가격 \times 할인율)$$

- 기업은 적절한 할인을 시행하여 판매를 촉진하고 수익을 극대화하며 고객 유치를 도모함(세일, 이벤트, 재고 정리 등)
- 프로모션은 할인을 통한 가격 조정도 포함하여 제품 판매를 촉진하고 고객 유치 및 신규 시장 진입, 시장 확대 등 다양한 이유로 진행하는 특별 판매 전략을 의미
- 프로모션을 진행할 때는 다양한 자료(고객, 시장, 시기)를 분석하여 효과성을 파악하고 단기간 판매를 극대화함

ⓗ 광고 투자 대비 수익률(ROAS ; Return on Advertising Spend)

$$(수익\ 비용 - 개별\ 투자\ 비용 \div 개별\ 투자\ 비용) \times 100(\%)$$

- 특정된 개별 마케팅 활동에 대한 투자 대비 수익률
- 마케팅 개별 투자에 대한 항목별 수익률을 확인하는 지표
- 마케팅에서 전체 비용 대비 수익률은 ROI, 개별 마케팅 비용 대비 수익률은 ROAS임
- ROAS는 특정 마케팅 활동에 대한 효율성을 평가하고, 수익의 극대화를 도모함

❸ 판매 및 영업
- ㉠ 신규고객 판매
    - 기업이 판매하는 제품 혹은 서비스에 대해 기존에 구매나 관심이 없었던 새로운 고객을 대상으로 판매하는 행위
    - 신규고객의 구매를 유도하기 위한 마케팅 전략
        - 제품의 인지도를 높임
        - 해당 제품에 대한 흥미와 관심을 유도
        - 기존 시장의 타제품과 비교 우위
        - 구매를 유도
    - 신규고객의 유치는 정확한 타기팅(Targeting)과 적절한 마케팅 캠페인을 통한 투자로 인해 가능
    - 신규고객의 유치를 위한 제품의 할인, 프로모션, 신제품 광고 등을 진행
- ㉡ 기존 고객에 의한 판매
    - 기존 고객의 마케팅 전략은 충성도를 지속해서 높이고 재구매율을 유지하는 것임
    - 고객의 충성도가 높고 재구매율이 높은 상품을 선별하여 분석하고 마케팅 계획과 전략을 개선하고 보완
    - 기존 고객을 지속해서 유지하기 위한 홍보 활동, 멤버십, 개인화 서비스, 리워딩 프로그램을 제공
- ㉢ 반품된 상품 수
    - 고객의 구매 후 환불 혹은 교환으로 인해 기업으로 다시 회수된 상품 수
    - 반품은 다시 재고로 남게 되며 재판매 시 재포장, 재검수, 재출하 등의 추가 비용이 발생
    - 반품이 발생하는 원인을 명확히 구분하여 파악하는 것이 무엇보다 중요
    - 어떤 이유에서도 반품은 기업의 제품과 서비스에 대한 불만족도를 반영하게 됨
    - 높은 반품율을 보이는 상품은 철저히 분석하여 개선하고 마케팅 전략을 수정해야 함
- ㉣ 온라인 판매와 오프라인 판매
    - 최근 판매 채널의 다양화로 온라인 판매의 비중이 높아짐
    - 온라인과 오프라인 채널의 판매 형태와 흐름을 정확히 파악하고 전략 수립
    - 오프라인에 비해 온라인은 다양한 방법과 방향성으로 접근할 수 있으며, 판매 제약이 적은 만큼 온라인 채널의 다양화를 모색하고 적극적인 홍보와 프로모션을 진행

◎ 재고회전율

판매 수량 ÷ 재고 수량

- 재고의 회전율이 높다는 것은 판매가 빠르게 진행되며 기업의 재고 관리가 원활하다는 것을 의미
- 따라서 재고회전율이 높으면 원가(생산 및 매입 등) 측면의 이익도 늘어나고, 제품의 판매가 활발하므로 기업 제품 및 서비스의 인기를 반영함
- 재고회전율 관련 용어

판매량	특정한 기간 내 판매된 제품 및 서비스 수량
평균 재고량	기초, 기말(일반적으로 월 단위) 재고의 합을 2로 나누어 산출
매입 가격	• COGS(Cost of Goods Sold) • 판매를 위해 제품을 생산 혹은 구매할 때의 비용 • 제품과 서비스의 판매 비용에 포함

ⓗ 평균 주문액
- 고객의 평균 주문 금액을 확인함으로써 고객의 구매 패턴을 이해하고 상품의 가격정책과 판매 전략을 수립

전체 주문 금액 ÷ 주문 건수

ⓢ 재구매율
- 특정 고객이 반복적으로 동일한 제품을 구매했는지 확인하는 비율
- 일반적으로 재구매율의 산출은 특정 기간 동안 동일 제품을 구매한 고객이 다시 똑같은 기간 내 동일 제품을 구매한 비율을 의미
- 재구매율은 고객의 충성도를 파악하는 핵심적인 지표
- 높은 재구매율은 기업의 제품 및 서비스에 대한 고객의 충성도가 높은 것을 의미하며, 고객의 충성도를 지속적으로 유지하는 전략을 수립하고 다양한 혜택을 고객에게 제공

ⓞ 업셀링과 크로스셀링
- 업셀링은 고객이 특정 제품을 구매할 때 좀 더 높은 가격 혹은 버전을 구매하도록 유도하는 마케팅 전략
- 크로스셀링은 고객이 특정 제품을 구매할 때 관련된 다른 제품을 함께 구매할 수 있도록 유도하는 마케팅 전략
- 업셀링, 크로스셀링 두 전략 모두 판매 활성화를 통한 매출의 극대화 전략임

구분	업셀링	크로스셀링
정의	선택된 제품보다 더 비싸고 좋은 버전을 제시하여 구매 유도	선택한 제품과 함께 구매하면 좋은 상품을 제안하여 구매 유도
전략	더 비싼 제품의 구매를 유도하여 매출을 증가시키는 전략	추가적인 제품의 동시 구매를 유도하여 매출을 증가시키는 전략

ⓩ 영업 성과
- 성과는 개인, 팀, 부서별로 목표 달성 여부를 평가하고 측정
- 영업 성과 정보는 구성원과 팀의 역량을 평가하고 보상하며, 영업 및 마케팅 전략을 지속적으로 수정 및 보완하는 도구로 활용
- 영업 성과를 통해 구성원과 팀의 발전 방향과 매출 증대를 위한 전략을 수립
- 영업 성과를 비롯한 모든 성과를 평가할 때는 매출 중심의 결과를 측정하기보다 투입 대비 산출의 효율성을 평가하는 것이 좋음
- 판매와 영업 관련 기타 정보

판매 상품 수	• 기업이 현재 영업 활동을 통해 제공하는 제품과 서비스 • 지속 판매 제품과 비인기 제품의 구분
대금 회수율	• 제품, 서비스를 납품하고 미수금을 회수하는 비율 • 현금흐름을 반영, 재무의 건전성 • 고객의 신뢰도 판단 및 채권 관리 전략 수립
고객 단가	• 기업이 제공하는 제품과 서비스의 매출액을 고객 수로 나누어 판단 • 고객별 제공 단가를 판단 • 기업의 가치 고객을 판단하고 전략을 수립
해약 건수	• 기존 고객의 이탈 건수 • 고객 이탈이 발생하지 않도록 지속 관찰 • 고객 유지 전략을 수립하여 매출 유지
고객 불만	• 제품과 서비스에 대한 고객의 목소리 • 고객 불만을 파악하고 서비스 및 품질 개선 • 불만을 통한 제품과 서비스의 마케팅 전략 개선
상담 수	• 신규 혹은 기존 고객과의 매출 증대를 위한 상담 • 고객의 관심을 유도하고 관계 유지 • 기업 제품과 서비스에 대한 고객의 목소리 파악
수주 수	• 신규 및 기존 고객의 주문 계약 건수 • 시장의 반응과 수요, 매출 및 판매 성과 판단 • 제품의 인지도, 수요의 흐름을 분석

❹ 고객
  ㉠ 순수고객추천지수(NPS ; Net Promoter Score)
    • 고객이 기업의 제품과 서비스를 다른 사람에게 추천하고자 하는 의지가 있는지를 측정하는 지표
    • 고객의 기업 충성도를 판단할 수 있는 수치
    • 주로 설문을 통해 진행되며 추천 비율에서 비추천 비율을 뺀 수치로 계산

  ㉡ 고객생애가치(LTV ; Lifetime Value)
    • 고객이 기업의 제품과 서비스를 구매 등의 관계를 유지하며 발생시키는 가치(이익)를 나타내는 지표
    • LTV가 높다는 것은 고객이 장기적으로 꾸준하게 기업의 제품을 선택했다는 것을 의미하며, 고객은 충성도가 높고 기업은 이러한 관계를 꾸준하게 관리하고 유지하고 있다는 것
    • LTV가 높으면 기존 고객 기반이 충분히 탄탄하다는 의미도 포함
    • 신규고객의 유치는 비용과 시간이 많이 소요되지만, 충성도 높은 기존 고객은 재구매율이 높으며 안정적인 가치의 지속적인 창출이 가능해 짐
  ㉢ 고객유지율(CRR ; Customer Retention Rate)
    • 기업이 특정한 기간에 꾸준하게 유지되고 있는 고객의 비율을 측정하는 지표로 고객의 충성도를 판단할 수 있음
    • 확인하고자 하는 기간의 시작 시점의 고객 수와 종료 시점의 고객 수의 비율로 계산
    • 신규고객을 새롭게 확보하는 것보다 기존의 고객을 유지하는 데에 투자할 때 더 많은 이익이 창출되는 효과
    • 높은 CRR은 기업이 고객을 유지하고 충성도를 향상시키는 데 성공했다는 것을 의미
  ㉣ 고객 분석 활동의 종류

고객 성향 분석	• 고객이 기업의 제품 혹은 서비스를 선택할 때 보이는 행동유형, 선호도 또는 관심사를 파악하여 마케팅에 활용 • 고객 맞춤형 제품, 서비스 제공으로 고객의 만족도와 구매 욕구를 높일 수 있음
고객 욕구 분석	• 고객이 제품이나 서비스를 선택하는 동기를 파악하여 고객과의 관계를 유지하고 커뮤니케이션 채널을 넓히는 방법으로 활용 • 고객의 욕구는 충족시키고 만족도를 높이는 전략 수립
구매 패턴 분석	• 고객이 특정한 구매 활동을 반복적으로 수행하는 패턴을 분석하여 대응함으로써 고객 이탈을 사전에 방지 • 고객 맞춤형 제안, 재구매 유도, 크로스셀링 기회 발굴 등이 가능함
고객 만족도 조사	• 고객의 제품 혹은 서비스에 대한 만족도는 마케팅의 중요한 지표 • 고객 만족도를 꾸준히 모니터링하여 제품과 서비스를 개선하고 고객의 요구를 수용하는 전략을 수립
고객 행동 데이터	• 고객이 제품, 서비스를 구매할 때 보이는 특정한 행동을 파악할 수 있는 데이터 집합 • 고객 행동 데이터는 선호도, 관심사, 구매 성향을 파악할 수 있으며 효율적인 고객관리에 도움을 줌
고객 세그먼트 (Segment)	• 고객군이 제품, 서비스 구매 시 보인 공통적인 특성과 활동 • 세대별, 성별, 지역별, 소득 수준별 등 • 고객 그룹별 특성화된 맞춤 제품과 서비스 전략

ⓜ 가치 기반 고객 세분화

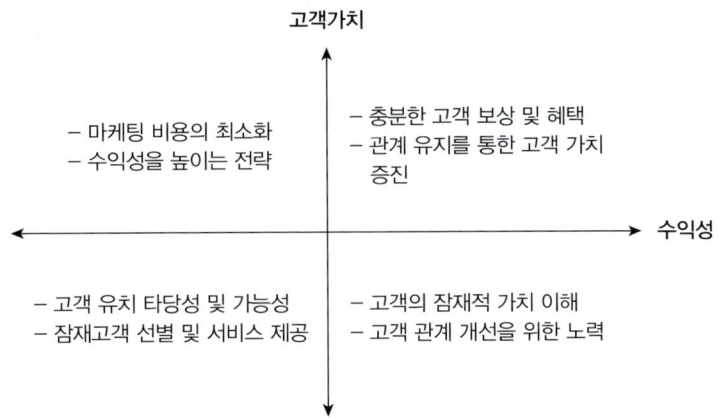

ⓑ 잠재고객
- 기업이 마케팅 활동 및 영업을 통해 제품과 서비스에 관심을 표현하여 새롭게 구매할 확률이 높다고 판단한 고객
- 잠재고객을 발굴하고 찾기 위한 마케팅, 영업활동에 대한 투자 대비 효율을 충분히 고려하여 투자 수익성을 평가
- 잠재고객 비용 투자에 대한 마케팅 및 영업활동 리소스 할당과 성과평가를 수행
- 전체 마케팅 비용에 대한 신규고객의 비율이 고객획득 비용
- 고객획득 비용을 파악하여 새로운 고객 유치를 위한 투자 비용을 파악하고 검토
- 낮은 고객획득 비용은 기업의 수익성을 높이는 반비례 관계

ⓢ 월간 활성 사용자(MAU ; Monthly Active User)
- 한 달 동안 앱 또는 웹사이트 내에서 활동한 순 유저수를 식별하는 측정지표
- 일반적으로 한 달을 기준으로 측정하며, 서비스에 접속하고 상호작용한 사용자를 대상
- 서비스의 만족도, 인기도를 통해 서비스 성장의 전략 도구로 활용

❺ 고객관계관리(CRM ; Customer Relationship Management)

㉠ 정의 및 특징
- 고객에 대한 세부적인 정보를 분석하여 고객이 원하는 제품과 서비스를 지속적으로 제공하고 꾸준히 유지할 수 있도록 하는 관리 프로세스를 의미
- 고객이 기업에 끼치는 가치를 극대화하고 수익성을 높이는 활동
- 고객 특성에 기초한 마케팅 활동을 계획, 지원, 평가하는 관리 체계

㉡ 핵심 목표

| 잠재 고객 발굴 | 신규 고객 유치 | 고객 유지 |
| 시장 및 고객 세분화 | 로열티 및 혜택 | 이탈 고객 분석 관리 |

㉢ 고객 정보 및 관련 데이터
- 고객의 개인 신상 정보
  - 다른 사람과 구별하기 위한 고객 개인을 식별할 수 있는 정보
  - 성명, 주소, 이메일, 연락처 등의 기본 정보
  - 취미, 결혼 여부 등의 부가적인 정보 포함
  - 개인화 마케팅과 고객과의 관계를 유지하기 위한 핵심 정보
  - 개인정보 보호 의무를 갖는 민감 정보
- 마케팅 채널 선호도
  - 고객이 상호작용을 위해 선호하는 채널과 방법을 의미
  - 채널 기반 세분화를 통해서 그룹별 맞춤화된 관계를 형성
- 채널의 종류와 특성

채널	특성
전화/팩스	• 전통적인 방식의 마케팅 채널로 실시간 응대가 가능 • 숙련된 상담원과의 유대와 신뢰 관계 형성 • 상담 통화 내용은 제품 및 서비스 홍보는 물론 고객의 요구사항과 질문이 포함되므로 개선에 많은 도움 • 특정 고객의 지속적인 통화 기록은 히스토리를 남기게 되며 고객의 성향을 분석하는 데 활용 가능
이메일	• 장소에 구애받지 않는 편의성 제공 • 개인화된 응답과 맞춤형 서비스 제공 • 고객 관계의 효율성 추구 • 상담은 물론 제품 및 서비스 홍보, 판매, 기술지원 등이 가능
앱/웹 (SNS)	• 다수의 세분화된 고객을 대상으로 관심사, 선호도, 소비 형태를 고려한 마케팅 전략 수립이 가능함 • 시간과 공간의 구애를 받지 않음 • 고객의 기술 활용도에 의존적 • 고객의 피드백(댓글, 좋아요, 공유, 대화, 후기 등)은 제품 및 서비스의 마케팅과 추후 성과를 평가하고 반영할 수 있는 전략을 수립하는 데 중요한 역할을 담당 • 직접적인 의견을 제시하고 피드백을 남기는 고객은 적극적 참여층에 속하므로 꾸준히 유지하고 가치를 증대시키는 방안을 모색

ARS	• 고객 셀프서비스이므로 저비용의 효과가 있음 • 시간과 공간의 구애를 받지 않음
SMS	• 개인 맞춤형 메시지 전달에 유리 • 과도한 전송으로 기존 고객과 잠재고객의 피로감 주의
Chat	• 1:1 맞춤형 상담이며 기술 발전에 따라 자동 응대가 가능해지고, 조금씩 확대되는 추세 • 자동 응대가 아니면 인력 운영을 고려해야 함
대면	• 대면 직원의 개인 능력에 따라 성과가 다름 • 여타의 채널에 비해 시간과 공간의 제약이 따름

② 구매이력 관련 데이터
- 구매일자, 구매금액, 결제정보, 구매채널 등을 의미
- 구매일자는 고객의 구매주기를 파악할 수 있으며, 특정 상품 및 기간의 할인 및 프로모션 등의 캠페인 진행에 도움을 줌
- 구매금액은 고객의 지불 능력을 검토하여 선호하는 가격대와 구매력을 판단
- 고객이 구매 시 주로 활용하는 결제 수단을 통해 결제 옵션을 달리하여 적용
- 구매채널은 구매 경로를 의미하므로 제품 및 서비스 홍보 시 맞춤형 정보 제공에 도움을 줌
- 구매이력 데이터 역시 개인 고객과 그룹별 세분화 고객을 대상으로 맞춤형 마케팅 전략을 수립하는 데 도움을 줌

③ 서비스 요청이력 관련 데이터
- 고객의 서비스 요청이나 VOC 내용은 고객의 대응 방안을 수립하는 데 도움을 줌
- 서비스 요청 데이터를 활용하여 빠른 대응과 서비스 개선으로 고객의 만족도를 높이고 고객 이탈을 최소화함
- 제품과 서비스의 기능 및 품질 개선에 영향을 줌
- 고객의 문제를 해결한 기록은 이후 해결방안의 노하우로 활용되고, 반복적인 문제에 대해 신속하고 효과적인 대응 방안을 마련하는 계기가 됨
- 댓글, 후기, 평점 등을 통한 품질 평가 자료는 잠재고객의 구매 의사결정에 많은 영향을 주는 요인
- 품질 평가 자료는 기업의 제품과 서비스의 강점과 약점을 정확히 짚어줌으로써 개선점을 찾을 수 있음
- 또한 품질 평가 자료를 검토 및 분석하여 경쟁사와의 비교가 가능해 짐

❻ 전자상거래(E-commerce, 이커머스) 정보

㉠ 웹사이트 접속자 수
- 특정 기간 웹사이트의 총 방문자 수
- 인기도, 관심도, 방문자 동향을 파악할 수 있고, 특정 광고나 캠페인을 진행하여 그 성과를 판단하는 데 활용

㉡ 모바일(앱) 접속자 수
- 특정 기간 모바일 기기를 통해 기업의 사이트나 앱을 방문한 접속자 수
- 모바일 접속자도, 인기도, 관심도, 선호도 등이 판단되며 모바일 전용 마케팅 전략을 수립하는 데 도움을 줌

㉢ 자연검색량
- 관련 검색어가 검색엔진에서 얼마나 검색되었는지를 나타내는 정보
- 검색 결과를 분석하여 키워드 선택 및 변경 전략을 수립하고 지속적으로 유입되는 콘텐츠를 구성하여 노출

㉣ 노출도(Impression)
- 기업에서 특정 사이트에 개제 중인 광고나 캠페인 콘텐츠가 얼마나 많이 사용자에게 노출되는지를 확인하는 수치
- 사이트 접속 시 자연 노출, 특정 페이지 접속 시, 특정 키워드 검색 시 등 다양하게 콘텐츠를 구성 가능
- 노출된 횟수, 콘텐츠를 통한 유입량 등으로 성과를 판단할 수 있음
- 키워드 노출 횟수는 온라인 광고 단가 산정기법인 천 번 노출 당 비용(CPM ; Cost per Millennium)의 기준이 됨

㉤ 클릭률(CTR ; Click-through Rate)

기업의 광고 혹은 콘텐츠가 노출되었을 때 클릭한 사용자의 비율로 광고 콘텐츠의 성과를 측정하는 수치 중 하나임

클릭 수 ÷ 노출 수

㉥ 특정 콘텐츠의 방문자 수
- 기업이 운영 중이거나 홍보하는 사이트 혹은 블로그, SNS에 접속한 방문자의 수
- 최신 트렌드, 인기 등을 확인할 수 있으며, 고객이 어떤 주제에 관심을 두는지 파악할 수 있음

㉦ 페이지 잔류시간
- 기업이 운영 중이거나 홍보하는 사이트 혹은 블로그, SNS에 방문하여 머문 시간
- 콘텐츠의 관심과 인기도, 참여도 등을 판단하는 매우 중요한 지표
- 페이지 잔류시간이 높으면 제공된 정보에 관심이 많다는 의미

㉧ 콘텐츠 반응률(공유, 좋아요, 댓글 등)
- 기업이 운영 중이거나 홍보하는 사이트 혹은 블로그, SNS에 게시된 콘텐츠가 얼마나 방문자와 상호작용되는지를 판단하는 지표
- 최근 고객의 구매 욕구는 콘텐츠의 반응에 따라 유기적으로 움직이므로 방문자 혹은 구매자의 반응을 유도하고 관심을 가질 수 있는 콘텐츠 구성 전략을 수립

㉨ SNS 방문자 수 증가율
- SNS의 방문자가 어떤 흐름으로 변화하는지를 나타내는 정보
- 경쟁사 비교 및 시장동향, 목표 고객 공략 및 상호작용 전략을 수립하는 데 활용

ⓩ SNS 플랫폼별 투자수익률(ROI ; Return on Investment)

$$(수익-투자비용) \div 투자비용$$

- SNS 마케팅 투자 대비 수익률
- 투자수익률 분석이므로 SNS 마케팅 효율성을 판단하는 지표로 활용

㉠ 다운로드 수(앱이나 콘텐츠 상품 등)
- 제품이나 서비스, 콘텐츠나 앱 등의 인기도와 수요를 확인하는 지표
- 다운로드 수가 높을수록 활용도가 높아지며, 구매 확률도 상승

㉢ 팔로워(Follower) 수
SNS의 팔로워는 브랜드의 인기를 가늠하며, 다수의 팔로워를 보유하면 마케팅 진행이 수월하고 다양한 잠재고객 및 기존 고객과의 상호작용을 유도함

㉣ 리드(Lead)
- 잠재적 고객 혹은 관심 고객의 정보
- 사용자의 기본 신상 정보(이름, 전화번호, 이메일 등)와 관심사나 구매 의향이 포함될 수 있음
- 리드 데이터를 파악하여 목표 고객을 설정하고 개인화 마케팅 전략을 수립할 수 있음

ⓗ 클릭당 비용(CPC ; Cost per Click)

$$광고비용 \div 총클릭 수$$

- 기업의 광고 콘텐츠를 클릭할 때 들어가는 평균 비용
- 광고 콘텐츠의 효율을 측정하는 지표로 CPC가 높으면 클릭 수가 적다는 것을 의미하며, 반대로 CPC가 낮다는 것은 클릭 수가 높다는 것을 의미

㉮ 천 번 노출당 비용(CPM ; Cost per Millennium)

$$광고비용 \div 총노출 수 \times 1,000$$

- 기업의 광고 콘텐츠가 1,000번 노출되는 동안 들어가는 평균 비용
- 노출 기준이므로 클릭 수와 무관함
- 광고의 노출 비용을 측정하는 중요한 지표로 광고 예산의 분배, 매체의 선택, 타기팅(Targeting) 전략 등을 수립하는 데 활용

㉯ 인스톨당 비용(CPI ; Cost per Install)

$$광고비용 \div 전체 다운로드 수$$

- 앱을 설치(Install, 인스톨)하는 데에 지불하는 평균 비용을 의미
- CPI가 높다는 것은 앱 설치가 저조하다는 것이고, 반대로 CPI가 낮다는 것은 많은 앱이 설치되었다는 것을 의미함

㉓ 액션당 비용(CPA ; Cost per Action)

전체비용 ÷ 총액션 수

- 특정한 액션(이메일 구독, 회원 가입, 구매 등)을 수행하는 데 지불하는 평균 비용
- 낮은 CPA는 효율적인 액션 달성을 의미하며, 반대로 높은 CPA는 비용 대비 액션 수가 적다는 것을 의미

㉔ 이탈률
- 웹이나 앱 콘텐츠에서 사용자가 방문하고 바로 떠나는 비율을 의미
- 체류시간이 짧은 콘텐츠나 페이지는 관심과 인기가 그만큼 적다는 의미가 되므로 새롭게 구성하여 체류시간을 높이는 전략을 수립

㉕ 전환율(CVR ; Conversion Rate)

전환을 수행한 사용자 수 ÷ 마케팅에 참여한 전체 사용자 수 × 100(%)

- 기업의 광고를 확인 후 클릭, 장바구니, 구매, 다운로드, 가입 등의 실제 행동으로 수행한 비율
- 광고가 고객의 실제 행동 욕구를 얼마나 자극할 수 있는지를 판단하는 지표

㉖ 고착도(Stickiness, 스티키니스)
- 웹 혹은 앱 사용자 혹은 고객이 제품, 서비스, 콘텐츠 등에 얼마나 정서적, 경제적으로 종속되어 있는지를 확인하는 지표
- 높은 고착도는 사용자들이 지속적으로 해당 제품 또는 서비스를 이용하여 다른 대안보다 우선적으로 선택하는 경향을 보임

㉗ 장바구니에 있는 제품 수
- 웹, 앱 등의 온라인 몰을 사용하는 사용자가 상품을 장바구니에 담은 제품의 수
- 장바구니의 담긴 제품은 구매의향이 높다는 의미이며, 관심도를 반영
- 장바구니의 상품이 구매로 전환되는 전략을 수립하여 구매전환율을 높임

기출유형 완성하기

정답 01 ③ 02 ② 03 ④ 04 ①

01 다음 중 수익률 관련 용어와 그에 대한 설명으로 적절하지 않은 것은?

① ROI는 투자 대비 수익을 나타내는 효율성 지표이다.
② ROA는 총자산에서 당기순이익이 차지하는 비율이다.
③ ROE는 총자산에서 부채와 당기순이익을 합한 금액이 차지하는 비율이다.
④ ROAS는 특정된 개별 마케팅 활동에 대한 투자 대비 수익률이다.

해설
ROE(Return on Equity)는 자기자본수익률을 의미하며, 총자산에서 차입 금액을 제외한 순수 자기자본에 대한 당기순이익 비율로 산출한다. 또한 ROA는 총자산을 기준으로 하며, ROE는 총자산에서 부채를 제외한 자기자본을 기준으로 한다.

02 다음이 설명하는 영업 관련 마케팅 용어로 가장 적절한 것은?

> ( )은/는 고객이 특정 제품을 구매할 때 관련된 다른 제품을 함께 구매할 수 있도록 유도하는 마케팅 전략을 의미한다. 고객이 선택한 제품과 함께 구매하면 좋은 상품을 제안하여 추가적인 구매를 유도하여 매출을 증가시키는 전략이다.

① 업셀링
② 크로스셀링
③ 애드셀링
④ 크로스-업셀링

해설
고객의 구매를 유도하는 대표적인 마케팅 전략에는 업셀링과 크로스셀링이 있다. 이 중 크로스셀링은 고객이 제품 구매 시 추가적인 제품을 구매할 수 있도록 유도하는 전략을 의미한다.

03 다음 중 각 용어의 개념에 대한 설명으로 가장 적절하지 않은 것은?

① 순이익은 기업이 수익에서 비용을 차감한 후 남는 이익을 의미한다.
② 매출은 기업이 제품 또는 서비스 판매로 얻은 총금액을 의미한다.
③ 투자수익률(ROI)은 특정 마케팅 활동에 대한 비용 대비 수익의 비율을 의미한다.
④ 전환율(CVR)은 특정 웹사이트 접속 시 광고에 노출된 횟수를 의미한다.

해설
전환율(CVR ; Conversion Rate)은 기업의 광고를 확인 후 클릭, 장바구니, 구매, 다운로드, 가입 등의 실제 행동으로 수행한 비율을 의미하며, 광고가 고객의 실제 행동 욕구를 얼마나 자극할 수 있는지를 판단하는 지표로 활용된다.

04 다음 중 고객 관련 마케팅 용어로 고객이 제품이나 서비스를 선택하는 동기를 파악하여 고객과의 관계 유지와 커뮤니케이션 채널을 넓히는 방법으로 활용되는 것은?

① 고객 욕구
② 고객 성향
③ 고객 세그먼트
④ 고객 만족도

해설
② 고객 성향은 고객이 기업의 제품 혹은 서비스를 선택할 때 보이는 행동유형, 선호도 또는 관심사를 파악하는 것이다.
③ 고객 세그먼트는 제품, 서비스 구매 시 보인 공통적인 특성과 활동으로 고객을 분류하는 것이다.
④ 고객 만족도는 고객의 제품 혹은 서비스에 대한 만족도를 확인하는 용어이다.

기출유형 완성하기

정답 05 ② 06 ①

05 다음 중 고객생애가치(LTV ; Lifetime Value)에 대한 설명으로 옳지 않은 것은?

① 충성도 높은 기존 고객은 재구매율이 높고 안정적인 가치를 지속적으로 창출한다.
② LTV가 높으면 신규 고객의 기반이 충분히 탄탄하다는 의미를 갖는다.
③ LTV가 높다는 것은 고객이 장기적으로 꾸준하게 기업의 제품을 선택했다는 의미를 갖는다.
④ 고객이 기업의 제품과 서비스를 구매 등의 관계를 유지하며 발생시키는 가치를 나타내는 지표이다.

해설

고객생애가치(LTV ; Lifetime Value)는 기존 고객의 충성도를 판단하는 지표이다. 따라서 LTV가 높다는 것은 신규고객이 아닌 기존 고객 기반이 충분히 탄탄하는 의미를 갖는다.

06 다음이 설명하는 마케팅 지표로 가장 적절한 것은?

( )은/는 앱 또는 웹사이트 내에서 활동한 순 유저수를 식별하는 측정지표이다. 서비스에 접속하고 상호작용한 사용자를 의미하며, 서비스의 만족도, 인기도를 통해 서비스 성장의 전략 도구로 활용한다.

① 월간 활성 사용자(MAU ; Monthly Active User)
② 노출도(Impression)
③ 클릭률(CTR ; Click-through Rate)
④ 고착도(Stickiness)

해설

① 월간 활성 사용자(MAU ; Monthly Active User)는 한 달 동안 앱 또는 웹사이트 내에서 활동한 순 유저수를 식별하는 측정지표이다.
② 노출도(Impression)는 기업에서 특정 사이트에 개제 중인 광고나 캠페인 콘텐츠가 얼마나 많이 사용자에게 노출되는지를 확인하는 수치이다.
③ 클릭률(CTR ; Click-through Rate)은 기업의 광고 혹은 콘텐츠가 노출되었을 때 클릭한 사용자의 비율이다.
④ 고착도(Stickiness)는 웹 혹은 앱 사용자 혹은 고객이 제품, 서비스, 콘텐츠 등에 얼마나 정서적, 경제적으로 종속되어 있는지를 확인하는 지표이다.

기출유형 07 ▶ 공급관리(생산운영관리) 기본정보

치약이나 칫솔과 같은 생필품처럼 수요가 일정한 평균을 중심으로 오르내리는 수요의 변화로 적절한 것은?

① 추세적 수요
② 수평적 수요
③ 계절적 수요
④ 순환적 수요

[해설]
수평적 수요는 일상의 생필품과 같이 그 수요의 변화가 일정한 평균을 중심으로 증감하는 유형을 보인다.

| 정답 | ②

족집게 과외

❶ 생산운영관리
ㄱ. 생산은 원자재, 노동력, 자본, 기술, 노하우 등 기업이 보유하고 가진 능력을 총동원하여 고객이 만족할 수 있는 제품 혹은 서비스를 창출해 내는 일련의 과정
ㄴ. 생산운영관리는 투입된 핵심 자원(4M)을 효과적으로 운영하여 목표를 달성하기 위해 활동

> **Tip**
> 생산운영관리의 핵심 자원
> 사람(Man), 설비(Machine), 재료(Material), 방법(Method)

❷ 생산시스템의 효율성 분석을 위해 필요한 투입 및 산출 데이터
ㄱ. 효율성을 분석하기 위해서는 반드시 투입과 산출이 있어야 함. 만약 투입은 크게 신경 쓰지 않고 산출만을 고려하여 판단하고자 한다면 이것은 효율성이 아닌 결과(효과)임

$$효율성 = \frac{산출량}{투입량}$$

ㄴ. 효율성을 활용한 생산성 분석

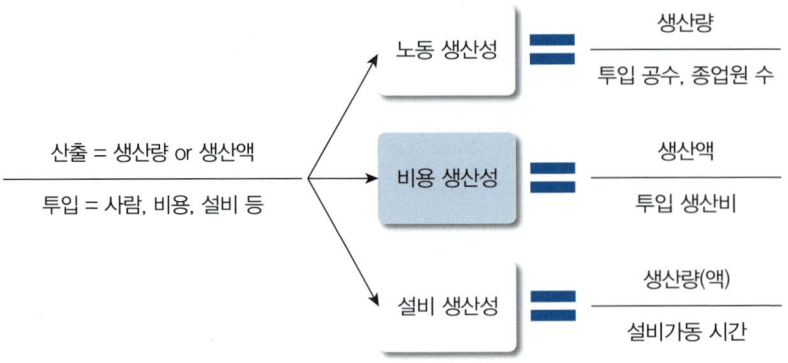

ⓒ 기업/기관 유형별로 필요한 투입 데이터 및 산출 데이터 예시

기업/기관	투입/산출	데이터
일반	투입	자재, 에너지, 정보, 경영, 기술, 노동 등
	산출	제품, 정보, 경험 등
병원	투입	과별 의사, 간호사, 행정 직원, 의료 장비 또는 시설, 건물, 행정 시스템
	산출	각종 의료 서비스의 질, 완치된 환자
공장	투입	노동자, 공장 부지, 원자재, 설비 배치, 에너지, 생산 부서, 기계 장비
	산출	완제품
대학	투입	교수, 행정 직원, 연구 시설 및 설비, 강의실, 학교 건물, 학교 부지, 도서관
	산출	졸업생, 연구 실적
국가	투입	국민, 대통령, 관료, 지자체, 행정기관, 행정 시스템, 군사력
	산출	국가 위상, 경쟁력
음식점	투입	재료, 요리사, 직원, 요리 기구, 전통, 위치, 인테리어
	산출	음식, 고객만족도

❸ **수요예측**

㉠ 예측이란 과거에 축적된 데이터를 활용해 먼 미래의 상황을 준비하는 것
㉡ 산업 전반의 수요를 양적, 질적으로 판단하여 흐름과 경향을 분석하여 예측
㉢ 미래 수요에 대한 예측은 기업이 전략을 수립하고 투자에 대한 의사결정을 하는 데에 있어 핵심적인 역할을 담당
㉣ 생산운영관리의 핵심적인 목표는 수요와 공급의 일치
　• 공급은 조절할 수 있지만 수요는 조절이 불가능
　• 불투명하고 조절 불가능한 수요에 공급을 맞추는 활동이 핵심
㉤ 시간, 일자, 주차, 월별로 진행하는 단기 수요예측과 분기, 반기, 연 단위로 진행하는 장기 수요예측으로 구분
㉥ 수요의 변화
　• 수요를 예측하는 것은 불확실성으로 인해 정확하지 않음
　• 예측의 불확실성을 극복하기 위해 수요의 변화에 주목해야 함
　• 다양한 고객의 요구를 고려하고 수용함에 따라 수요 변화 역시 더욱 큰 불확실성을 가짐
　• 수요 변화의 형태

수평적 수요	수요가 일정한 평균을 중심으로 오르내리는 유형 예 치약이나 칫솔과 같은 생필품. 수요가 일정하여 파악하기 쉬움
추세적 수요	시간의 흐름에 따라 평균값이 증가 또는 감소하는 유형 예 휴대폰 산업. 과거 일반폰에서 터치폰을 거쳐 현재 스마트폰에 이르기까지 장기적으로 변화
계절적 수요	계절이나 주, 월에 따라 수요의 증감이 반복되는 패턴 유형 예 여름철 선크림, 전력 사용량, 봄철 마스크
순환적 수요	연 단위 이상의 장기간 수요의 증감이 반복되는 패턴 유형 예 야구, 축구, 올림픽 등
무작위 수요	기상 변화나 자연재해 등 예측이 불가능하고 무작위로 변하는 수요 유형

- Ⓐ 시계열 데이터
  - 시간의 흐름에 따라 발생한 데이터로 크게 4가지의 변동이 존재함
    - 경향변동 : 수요의 장기적 변화에 따른 증가와 감소 등의 추세를 반영
    - 순환변동 : 시장의 상황, 혹은 정치, 경제, 사회적 이슈에 따른 순환적인 변화를 감지
    - 계절변동 : 1년을 기준으로 계절에 따른 수요의 변화를 반영
    - 우연변동 : 설명될 수 없는 요인 또는 돌발적인 상황으로 발생하는 변화를 감지
- Ⓞ 수요예측 방법
  - 정성적 방법은 크게 전문가의 의견을 반영하는 방법과 시장에서의 소비자 의견을 직접 조사하는 방법, 다수의 의견을 수렴해 가는 방법 등으로 구분
  - 과거의 데이터가 충분히 확보되지 않은 상황에서는 정성적 방법을 사용
  - 정성적 방법은 의견을 제시하는 응답자의 반응에 따라 그 결과가 달라질 수 있다는 문제점을 가짐
  - 정량적 방법은 수치화된 과거의 데이터를 바탕으로 미래의 수요를 예측하는 방법

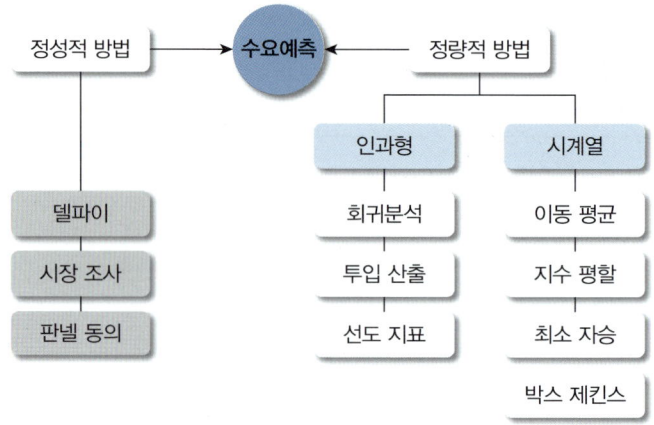

- Ⓩ 수요예측의 정확도
  - 예측은 정확도를 측정해야 하며, 일반적으로 예측의 정확도는 실제값과 예측값의 차이로 측정
  - 실제 값과 예측값을 관찰하고, 예측오차가 가장 적은 기법을 선정
  - **평균기반검증**

평균절대오차 (MAD ; Mean Absolute Deviation)	실제 값(종속변수)과 예측값의 차이(편차)를 절댓값을 취하여 평균을 구한 것
평균절대백분율오차 (MAPE ; Mean Absolute Percent Error)	평균절대오차를 퍼센트로 나타낸 것
평균제곱오차 (MSE ; Mean Squared Error)	• 실제 값과 예측값의 차이(편차)를 제곱하여 평균을 구한 것 • 분산이라고도 하며, 값이 작을수록 좋은 결과임
평균제곱근오차 (RMSE ; Root Mean Squared Error)	• 평균제곱오차의 제곱근(표준편차) • 0에 가까울수록 예측 정확도가 매우 높음

  - 상대적 분산 기반 검증

결정계수 R^2 (R Square)	• 예측값 분산 ÷ 실제 값 분산 • 예측과 실제 값의 차이를 기반으로 하지 않기 때문에 상대적인 비교가 가능 • 평균 기반의 검증보다 극단적인 값에 영향을 덜 받으며, 1에 가까울수록 그 결과가 좋았다고 평가

❹ 품질관리
  ㉠ 품질을 우선하여 생산상에 문제가 발생하지 않고 고객의 기대를 충족시키는 정도
    • 품질의 본질은 내부적인 문제이지만 그 결과는 고객이 판단
    • 품질 결과를 표준과 비교 및 측정하여 표준에 미달하는 경우 수정하는 프로세스로, 공정이 잘 진행되고 있는지 확인하기 위한 목적으로 실시
    • 품질관리를 위해 공정산출물의 데이터를 통계적 기법에 기반하여 점검함으로써 품질관리 목적을 달성
  ㉡ 품질검사
    • 검사의 양, 빈도, 위치, 불량이 자주 발생하는 지점, 발생 횟수 등을 충분히 고려하여 검사 진행
    • 원재료 혹은 부품 입고 시, 완제품 출하 전에는 일반적으로 검사를 진행
    • 높은 가격의 생산 공정 이전, 돌이킬 수 없는 공정 이전, 결함이 숨겨지는 공정 이전 등에도 검사를 진행

생산 전 검사	투입되는 자원의 적합성 검사, 샘플링(Sampling) 검사
생산 중 검사	투입 자원의 결과물 전환과정의 적합성 검사(공정관리)
생산 후 검사	제품이 고객에게 인도되기 전에 최종적으로 실시하는 적합성 검사(샘플링 검사)이며 공정관리 형태로 진행

  ㉢ 품질관리 기법(QC(Quality Control) 7도구)

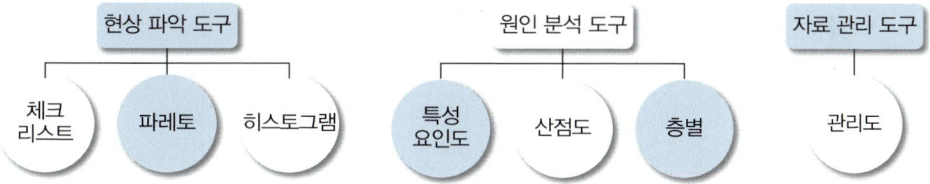

    • 체크리스트
      - 어떤 부분에 초점을 두고 작성할지 선택하고 꾸준하게 인내심을 가지고 작성
      - 품질과 관련한 체크리스트는 4M(사람, 설비, 재료, 방법)을 중심으로 구성
      - 고객 관점의 클레임, AS, 고객만족도 등을 추가하여 작성

구분	1일	2일	3일	4일	5일	6일	7일
A			O	O			
B	O						O
C					O	O	
D		O					

    • 파레토
      - 파레토(Pareto) : 모든 결과의 80%는 20%의 원인에서 기인한다는 이론
      - 주란(Juran) : 미국의 경제학자 조셉 M 주란(J.M.Juran)이 80%의 품질 문제가 20% 주요 원인에 집중되어 있다고 정의한 이론
      - 파레토도를 작성할 때는 비율 항목이 무엇보다 중요함
      - 누적비율에 따라 얼마만큼의 영향력이 있는지를 파악할 수 있음

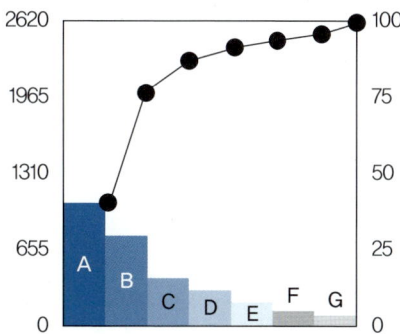

- 히스토그램
  - 데이터의 범위를 몇 개의 계급으로 나누고 각 계급의 발생 빈도수를 막대그래프로 나타낸 그림
  - 히스토그램을 작성할 때는 계수치(부품 수, 매출, 연봉 등)가 아닌 계량치(무게, 온도, 길이 등)를 기준으로 함
  - 히스토그램은 데이터의 분포를 확인하는 것이기 때문에 구간을 정하기 힘든 계수치의 경우 특정 모양의 그래프를 작성하는 데 적합하지 않음

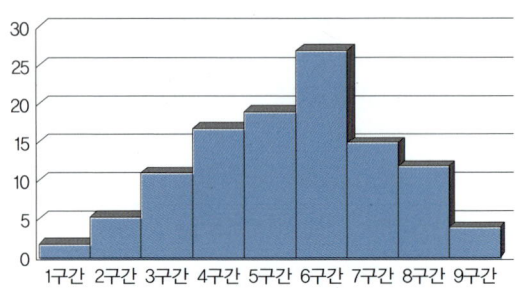

  - 히스토그램의 형태와 해석

좌우 대칭 기둥 : 일반적인 형태를 나타내며 공정이 안정적임을 의미

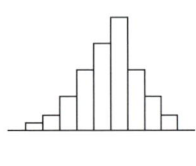
좌우 쏠림 기둥 : 공정의 속도가 시간에 따라 빨라지거나 느려지는 경우, 약간의 물리적 사고가 발행한 경우

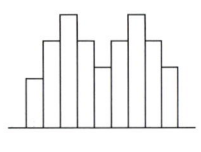
두 개의 기둥 : 자료의 측정이 서로 다른 환경(설비, 부품 등)에서 진행된 경우

분리된 기둥 : 공정에 문제가 있는지 점검이 필요하거나 측정에 오류가 있는 경우, 상이한 공정일 경우

불규칙 기둥 : 측정자가 자료의 측정을 일정하게 했는지, 자료의 판독이 정확한지 등을 확인하는 경우

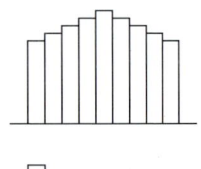
고른 분포 기둥 : 자료가 여러 환경에서 제공된 경우, 평균치가 3개 이상일 경우

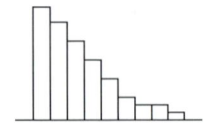
단면 기둥 : 정확한 데이터에 따른 결과일 경우에는 공정의 심각한 오류 또는 부품의 오류, 측정된 자료가 임의로 제거된 경우

- 산점도
  - 두 변수의 특성 및 요인 관계를 시각적으로 나타내고 싶은 경우에 사용하는 방법(회귀분석, IPA 분석)
  - 산점도는 선정된 두 요인 간에 잠재적 관계를 규명하는 도구

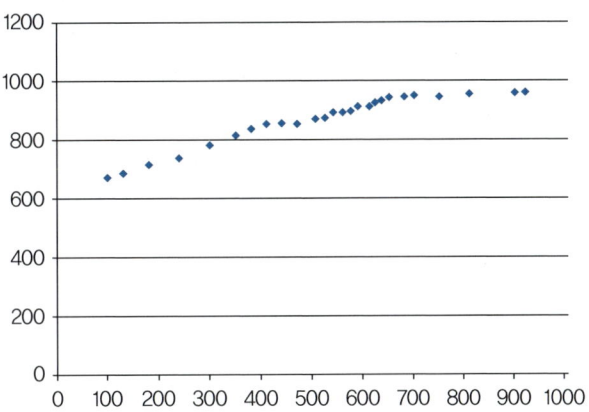

  - 산점도의 형태와 해석

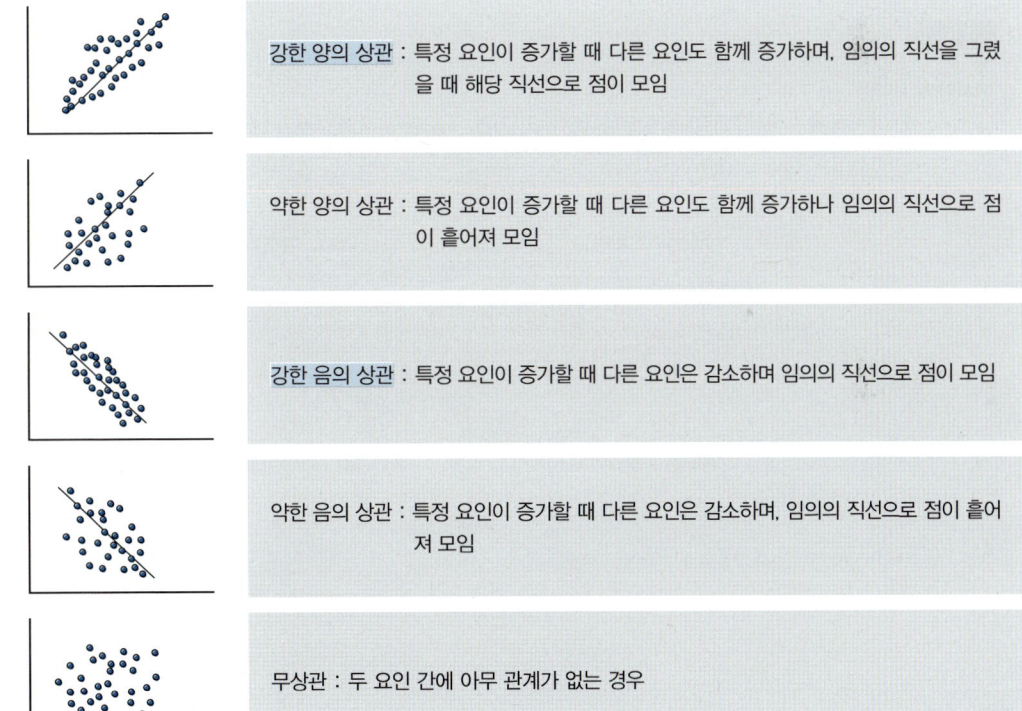

강한 양의 상관 : 특정 요인이 증가할 때 다른 요인도 함께 증가하며, 임의의 직선을 그렸을 때 해당 직선으로 점이 모임

약한 양의 상관 : 특정 요인이 증가할 때 다른 요인도 함께 증가하나 임의의 직선으로 점이 흩어져 모임

강한 음의 상관 : 특정 요인이 증가할 때 다른 요인은 감소하며 임의의 직선으로 점이 모임

약한 음의 상관 : 특정 요인이 증가할 때 다른 요인은 감소하며, 임의의 직선으로 점이 흩어져 모임

무상관 : 두 요인 간에 아무 관계가 없는 경우

- 서브퀄(SERVQUAL)
  - 서비스 품질을 측정하기 위한 도구로 고객의 서비스 품질에 대한 인식 정도를 측정
  - 양적 접근방식이 아닌 질적 접근방식
  - 고객의 기대(Expectation)와 자각(Perception)의 일치 정도를 분석하는 기법
  - 서브퀄에서 고려하는 5가지 차원

유형성(Tangibles)	• 물리적 측면 • 건물, 매장, 장비, 기기, 직원들의 격식 등
신뢰성(Reliability)	• 서비스를 얼마나 신뢰할 수 있는지, 정확히 수행 가능한지 • 약속된 시간, 일관된 서비스 품질, 신속한 응답 등
반응성(Responsiveness)	• 즉각적인 서비스를 제공할 수 있는가 • 상황 대처, 문의에 대한 응대, 신속한 서비스
확신성(Assurance)	• 직원의 전문성과 능력, 고객을 충분히 신뢰하는가 • 종업원의 지식과 전문성, 고객에 대한 신뢰
공감성(Empathy)	• 개개인의 고객에 대한 개인적 관심과 배려 • 고객과의 공감 능력, 친절한 응대, 개인적인 서비스

이시카와 사이클
QC 7도구만 정확하게 수행하고 철저하게 분석하면 우리 기업 내 모든 문제의 95%가 해결된다는 이론

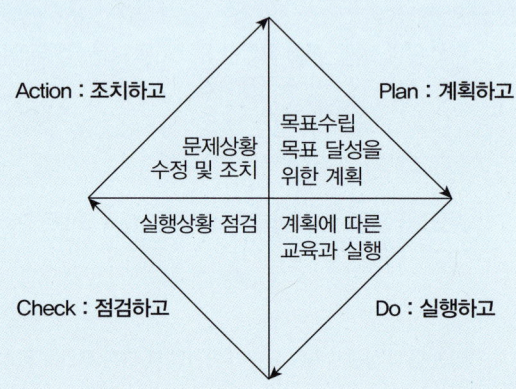

❺ 공급사슬관리(SCM ; Supply Chain Management)

ⓐ 공급사슬(Supply Chain)이란 자재와 서비스 공급자로부터 생산 과정을 지나, 완성된 제품 및 서비스를 고객에게 인도하기까지의 연결된 과정을 의미

ⓑ 공급망에는 원재료 공급업체, 제조업체, 유통업체, 최종소비자 등이 포함됨

ⓒ 공급사슬관리(SCM ; Supply Chain Management)란 공급자로부터 내부 생산과 유통과정을 거쳐 최종 고객에게 전달하는 제품, 서비스 및 정보의 흐름을 시스템 과정에서 관리하는 것을 의미

ⓓ 공급사슬관리의 목적

자재의 흐름을 효율적으로 관리하고 불확실성을 최소화하여 재고수준, 리드타임 및 고객 서비스 수준을 높이는 데 목적을 둠

최적화	공급망 구성 요소 간의 전체 프로세스를 최적화
불확실성	공급망에 존재하는 불확실성과 낭비 요소 제거
서비스 수준	비용 최적화를 이루고 고객 요구에 맞는 서비스 수준 제공
물류 최적화	재고, 생산, 유통과정의 물류 흐름을 최적화
비용 최적화	사업의 가치를 높이고 공급 과정상의 전체 비용 최소화

ⓔ 공급사슬의 진행

공급사슬은 단순히 물류(Logistics)의 흐름만을 의미하는 것이 아닌 제품과 서비스, 현금 그리고 정보로 구성되는 공급사슬상의 모든 과정을 포괄함

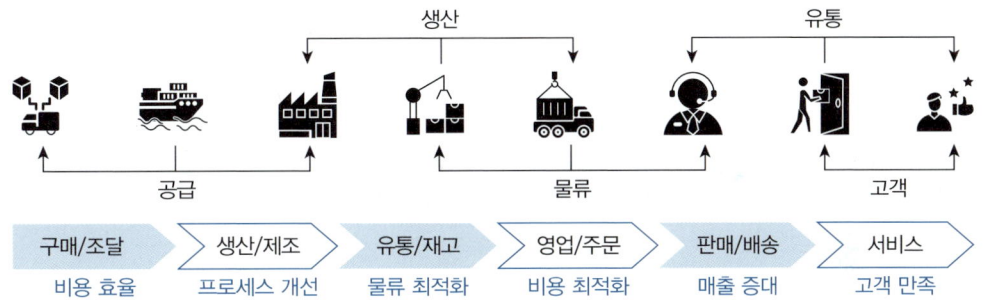

ⓕ 공급사슬은 종종 가치사슬(Value Chain)이라고 불리는 데 이는 제품이나 서비스가 공급사슬을 따라 이동하며 가치가 부가되는 개념을 반영하기 때문

ⓖ 공급사슬관리(SCM ; Supply Chain Management)의 주요 데이터

수요 및 공급 예측 데이터, 재고 관련 데이터, 주문 관련 데이터, 공급처 관리 데이터, 물류 및 배송 데이터, 품질 관리 데이터, 비용 및 가격 데이터, 고객 만족 데이터, 프로세스와 기술 개선 데이터

ⓗ 공급사슬의 대표적인 이동 유형

- 물리적인 이동(Physical Movement) : 자재, 제품, 서비스의 실질적 이동
- 현금흐름(Flow of Cash) : 자재, 제품, 서비스의 실질적 이동에 따른 현금의 흐름
- 정보의 교환(Exchange of Information) : SCM으로 발생한 핵심 정보의 이동

❻ 구매관리

ㄱ) 구매는 제품 생산과 서비스 제공에 필요한 원부자재, 부품 등을 확보하는 행위로, 기업의 생산 및 판매 계획을 넘어, 설계 과정과 물류에도 영향을 줄 수 있는 경영 전반의 영향력 있는 활동
- 원가 경쟁력을 유지하여 기업의 이익을 극대화하는 전략적 부서의 역할
- 장기적인 안목으로 전략을 세우고 매입 물품에 대한 단순한 비용보다 전체적인 원가에 집중하여 활동

ㄴ) 구매활동은 적절한 시기에 우수한 품질의 제품을 판매하는 공급자를 만나 합리적인 가격으로 적정 수준의 물량을 구매하는 것이 목적

ㄷ) 구매주기는 구매부서에서 구매요청을 받고 적절한 공급자를 선정하여 주문을 진행한 후, 주문 상황에 대한 주문 감독(Monitoring Orders)을 수행하며 주문 제품을 접수(Receiving Orders)하는 과정을 의미

ㄹ) 구매유형

중앙집중구매	• 단일 부서에서 기업의 모든 구매 업무가 수행됨 • 본사의 구매 부서와 동일
분산구매	• 개별 부서 혹은 별도의 여러 곳에서 구매 진행 • 본사의 구매 부서와 별개

ㅁ) 구매관리와 데이터
- 중앙집중구매를 담당하는 본사의 구매 부서는 타 부서 혹은 여러 지역에서 어떤 물품이 필요하고 요구가 있는지를 파악하기 위한 데이터를 획득하고 관리
- 주문 후 입하 및 출하(Incoming and Outgoing Shipments) 과정에서 발생하는 트래픽 관리를 담당하기도 함

트래픽 관리(Traffic Management)
- 자재 또는 제품의 입·출하 선적을 감독하는 것을 의미
- 트래픽 관리에서 감독하는 데이터
  - 대안 경로 및 선적, 정부의 정책 및 규제 사항 검토, 수량과 납품 시기의 조절, 선적 지연 또는 수량 부족 등의 문제로 인한 추가 비용 고려, 선적 방법과 시점 조정 등의 계획과 관리를 위한 데이터
  - 납품 이동 경로의 추적, 선적 제품 현황, 선적 비용 관리 등의 데이터

❼ 황소채찍효과

ㄱ) SCM에서 반복해서 발생하는 문제점으로 제품 및 서비스의 수요 정보가 공급사슬에 있는 각 단계를 거치며 왜곡되는 현상을 의미함. 즉, 공급사슬의 가장 마지막에 있는 기업의 재고가 점점 증가하는 현상

황소채찍효과의 예시
평소 10개씩 구매하던 고객이 평소와 다르게 20개를 구매한다. 판매한 소매상은 평소 10개씩 팔렸던 것이 갑자기 20개가 소진되자 30개도 팔릴 수 있다고 생각해 도매상에게 30개를 주문한다. 마찬가지로 도매상도 소매에서 평소 10개씩 주문하던 것을 갑자기 30개 주문하자 더 넉넉히 준비하고 있어야 한다는 생각으로 원 공급자에게 40개를 주문한다. 이처럼 정보의 왜곡이 여러 단계를 거치며 실수요와 공급량의 차이가 점점 벌어지게 되는 것이다.

- ⓒ 황소채찍효과는 재고 흐름속도에 병목(Bottle-neck)현상을 발생시킬 수 있음
  - 공급사슬도 하나의 프로세스이기 때문에 제품의 빠른 이동과 보상, 정보의 충분한 공유가 중요함
  - 제품이 빠르게 이동하면 재고 관리 비용이 줄고 고객 주문이 더 빨리 이행됨
  - 재고 흐름이 빠를수록 제품의 현금 전환 역시 빨라질 수 있지만, 이 과정에서 황소채찍현상으로 병목현상이 발생할 수 있음
- ⓒ 공급사슬의 모든 기업이 재고, 일정, 수요 및 공급, 배송 등에 관한 정확한 정보를 공유하여 해결해야 함
  - 공급사슬의 마지막 단계로 갈수록 재고 변동 폭을 줄이기 위해 IT 기술을 통한 실시간 재고 알림, 실시간 수요 알림 등 정보기술이 도입되고 있음
  - 채찍효과의 발생은 데이터의 실시간 공유를 통해 억제할 수 있으며, 재고 현황 등 경영정보를 실시간으로 시각화하여 모니터링할 수 있는 시스템을 보유하는 것이 중요

❽ 재고관리
- ㉠ 재고관리란 고객 서비스의 만족을 높일 수 있는 수준에서 재고를 많지도 적지도 않게 합리적으로 유지하며 관리하는 것
  - 적정 재고를 유지하는 일은 기업의 재무 흐름과 고객관리의 핵심 요소
  - 재고의 정확한 분석과 관리는 기업자산의 근간을 이루는 매우 중요한 업무
  - 재고 과잉 및 부족에 따른 문제점

- ㉡ 재고관리 기초비용

$$재고비용 = 수량 \times 단가$$

$$재고관리\ 비용 = 재고비용 \times 0.20$$

- 재고관리 기초비용의 산출은 재고를 적정하게 유지하고 빠르게 소비하기 위한 사전 분석에 해당됨
- 재고관리 비용의 0.20(20%)는 재고관리 임의상수라 하여 기업에서 임의로 설정하며, 일반적으로 최저 15%, 최고 25%를 넘지 않음

$$재고유지\ 비용(L) = 재고비용 + 재고관리\ 비용$$

$$매출\ 대비\ 재고\ 비율 = 월\ 매출액(출고량) \div 재고비용 \times 100(\%)$$

$$매출\ 대비\ 재고수준 = 재고비용 \div 일\ 매출액$$

ⓒ 재고회전율 및 공급 일수

$$\text{재고회전율} = \text{월(연) 매출액} \div \text{평균 재고 금액} \times 100(\%)$$

$$\text{평균 재고 금액} = (\text{월(연)초 재고 금액} + \text{월(연)말 재고 금액}) \div 2$$

- 재고회전율이란 재고가 얼마나 효과적으로 소비되고 있는지를 가늠하는 지표
- 평균 재고 금액 대비 판매된 제품의 월간(혹은 연간) 매출액 비율
- 재고회전율이 높은 기업의 특징
  - 자금 흐름이 원활하며 유동성이 높음
  - 제품의 품질이 높음
  - 시장에서의 경쟁력이 확보되어 수익성이 높음
- 재고회전율이 높을수록 기업은 양호한 상태를 나타내며 낮으면 재고자산에 과잉 투자가 발생했다는 반증
- 재고회전율을 높게 유지하기 위해서는 기업 내부의 경제적 환경이 안정적이고 건실하며, 공급사 역시 지속적이고 안정적인 공급과 경제력이 뒷받침되어야 함

$$\text{재고 공급(회전) 일수} = \text{재고회전율} \div \text{월별 일수(30일)}$$

(재고 공급(회전) 일수는 현재 보관 중인 재고를 이용할 시 기대되는 판매 가능일 수를 의미)

ⓔ 리드타임
- 특정 시작 시점에서 종료 시점까지의 소요시간을 의미
- 리드타임의 유형

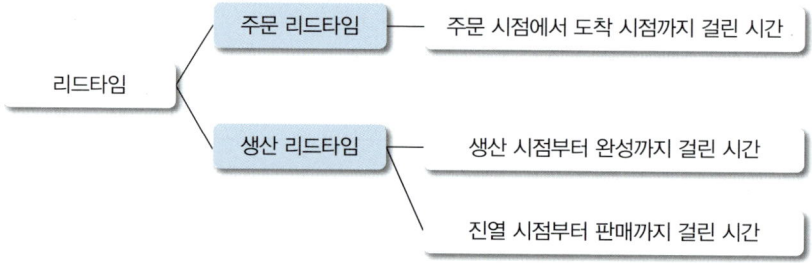

❾ **발주관리**
  ㉠ 발주는 언제, 어디서, 누가, 어떤 방법으로 누구로부터 공급을 받느냐를 결정하는 것
  ㉡ 정기 발주
   • 내부적으로 설정한 시점에 도달하면 일정한 간격으로 구매가 이루어지는 모형
   • 정기 발주는 자재의 공급이 일정하게 진행되어 매번 같은 주기로 진행
   • 정기 발주의 적용
    – 납품하는 공급처가 유일한 경우
    – 실사를 주기적으로 진행해야 하는 경우
    – 수요가 빠르게 진행되는 경우
    – 금액이 높고 기업자산의 높은 위치를 점유하는 경우

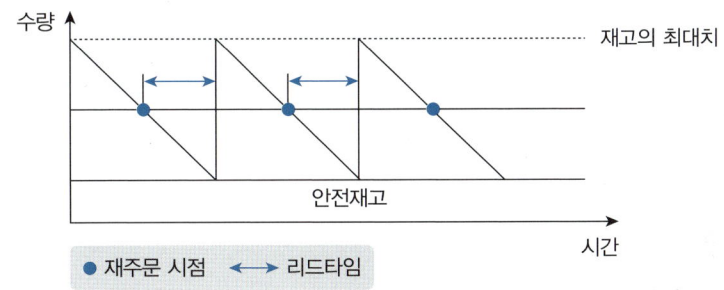

  ㉢ 정량 발주
   • 발주 시점마다 수량을 일정하게 하고 대신 발주 시기에 변화를 주는 것
   • 정기 발주 방식에서 발주량을 산정했다면 정량 발주 방식에서는 발주 시기를 산정하는 것이 중요
   • 정량 발주의 적용
    – 수량 확인이 손쉬운 경우
    – 실사를 진행하지 않아도 수량이 정확하게 유지되는 경우
    – 수요가 일정한 경우
    – 기업자산에 크게 영향을 주지 않는 경우

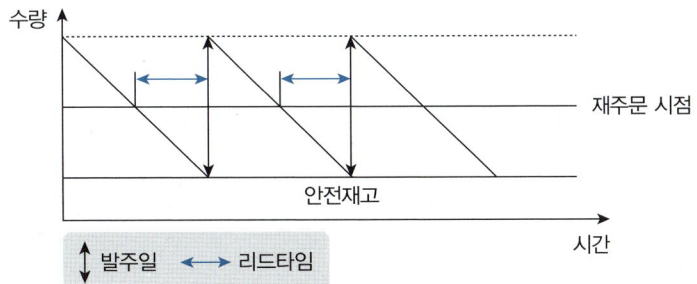

⑩ 경제적 주문량

㉠ 1회 발주 시 대량을 발주하면 물류를 포함한 발주비는 감소하지만 재고가 일시에 늘어나 과잉재고를 유발할 수도 있고 재고 관리 비용이 증가하게 됨. 반대로 소량으로 자주 주문을 시도하면 재고와 함께 관리비도 줄지만, 잦은 발주로 인한 발주비는 증가

㉡ 한번 발주 시 최상의 발주량을 산정하는 것을 경제적 주문량 모형(EOQ ; Ecomonic Order Quantity)이라고 함

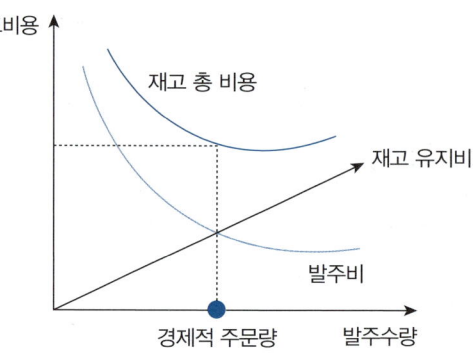

㉢ 기본 EOQ 모형의 기본 가정
- 단지 하나의 제품만을 대상으로 함
- 자재의 수요는 일정하며 우리는 이미 알고 있음
- 리드타임은 매번 일정하며 이 역시 이미 알고 있음
- 생산 및 판매 단가는 거의 일정
- 고객의 주문비용은 매 기간 일정하게 유지
- 고객의 주문량은 꼭 리드타임이 지나면 일시에 전량을 요구
- 모든 자재의 수요는 재고 부족 없이 충족
- 이때, 재고유지비용과 주문비용이 균형을 이루면 최적 주문량이 이루어지며, 주문량 변경에 따라 특정 비용이 증가하는 경우 기타 비용은 감소

㉣ 기본 EOQ 모형의 공식

> 연간 재고유지비용 = $(Q \div 2) \times H$
> 연간 주문비용 = $(D \div Q) \times S$
> Q = 주문량, H = 단위당 유지비용, D = 연간 수요량, S = 주문비용

- 총비용은 연간 재고유지비용과 연간 주문 비용의 합
- 총비용이 최소가 되는 주문량 Q를 구하기 위해서는 연간 재고유지비용과 연간 주문비용의 값이 같은 주문량을 구함

$$(Q \div 2) \times H = (D \div Q) \times S$$
$$경제적\ 주문량(EOQ) = \sqrt{\frac{2 \times D \times S}{H}}$$

- 주문량, 단위당 유지비용, 연간 수요량, 주문비용 등의 데이터를 활용하여 주문량을 결정할 수 있음

⓫ PERT/CPM과 프로젝트 관리

㉠ 기업이 직면하는 다양한 제약을 효과적으로 관리하기 위해 프로젝트 관리기법이 필요하며, PERT/CPM 기법은 가장 자주 사용되는 프로젝트 관리기법

㉡ PERT(Program Evaluation and Review Technique)
- 1958년 미국 해군에서 Polaris Missile 프로젝트의 일정계획 및 통제를 위한 관리기법으로 개발
- PERT는 각 활동 시간을 세 가지로 추정하여 평균 시간을 계산하는 일종의 확률적 모형으로 시간의 계획과 통제를 위한 기법
- PERT는 프로젝트의 시간적 측면만 고려하므로 규모가 큰 프로젝트를 계획하고 관리하는 데 적절한 기법으로 평가
- 과거 경험이 없는 프로젝트의 성공 및 시간 단축 목적

㉢ CPM(Critical Path Method)
- 1957년 미국 Remington-Rand사의 J. E. Kelly와 Du Pont사의 M. R. Walker에 의해 개발
- CPM은 각 활동 시간을 확정적으로 추정
- CPM은 시간과 비용 둘 다 고려하므로 시간과 비용을 통제하기 위한 기법

㉣ PERT/CPM
- 근래에는 PERT와 CPM 기법을 구분하지 않고 PERT/CPM으로 혼용하여 사용함
- 장점

활용 이점	• 상세 계획 수립이 쉽고 변화나 변경에 빠르게 대처할 수 있음 • 작업 전 네트워크상의 문제점 파악에 용이함 • 정확한 계획 및 분석이 가능하고 시간 및 비용을 절감할 수 있음 • 의사소통 및 정보교환에 용이함 • 총 소요시간에 영향을 주는 핵심 활동의 경로를 식별할 수 있음 • 활동들의 지연 시간을 인지할 수 있음
도입 이점	• 효과적인 예산통제와 과학적인 자료 제시가 가능 • 경영층의 과학적인 의사결정 가능 • 작업 상호 간의 연관성이 명확해 짐 • 최저비용으로 공기 단축이 가능 • 구성원의 참여의식이 높아짐
운용 이점	• 진도관리와 관리통제가 강화됨 • 사전 예측 및 조치가 가능 • 지연 작업의 합리적인 수정과 극복 가능 • 착수 지연을 사전에 방지할 수 있음 • 책임 소재가 명확해 짐

⑪ AOA 네트워크와 AON 네트워크
  • 활동 가지 네트워크 AOA(Activity on Arc)는 활동을 화살표(→)에 표시

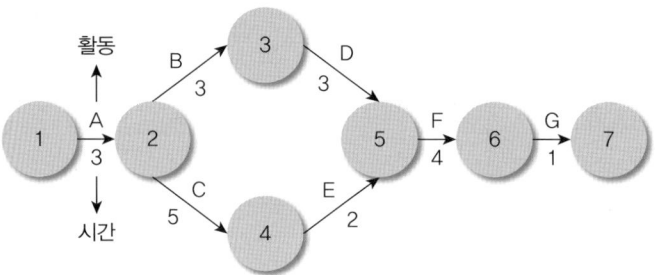

  • 활동 마디 네트워크 AON(Activity on Node)은 활동을 노드에 표시

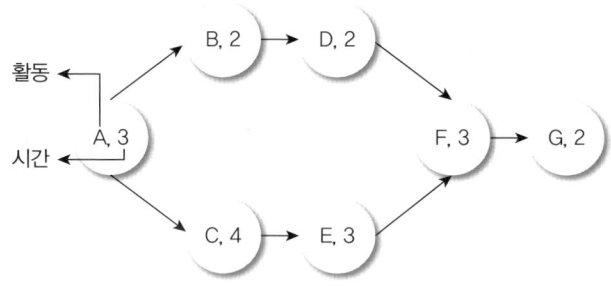

⑫ PERT/CPM의 계산 알고리즘
  • 확률적 시간 추정은 통계학적 지식이 함께 병행되어 학습되어야 하며, 확정적 시간 추정은 소요시간이 확정적임
    – t(a) : 작업 a의 작업시간
    – ES(Earliest Start Time)(a) : 작업 a의 가장 빠른 시작시간
    – EF(Earliest Finish Time)(a) : 작업 a의 가장 빠른 완료시간
    – LS(Latest Start Time)(a) : 전체 프로젝트의 완료시간을 지연시키지 않는 범위 내에서 작업 a의 가장 늦은 시작시간
    – LF(Latest Finish Time)(a) : 전체 프로젝트의 완료시간을 지연시키지 않는 범위 내에서 활동 a의 가장 늦은 완료시간
  • 알고리즘 계산을 통해 프로젝트의 총 소요시간에 영향을 주는 주요한 활동인 주 경로를 확인하고, 전체 프로젝트의 총 소요시간에 영향을 주지 않는 범위 내에서 각 활동을 얼마나 늦게 시작하거나 늦게 완료할 수 있는지에 대한 지연 시간 정보를 얻음. 이를 시각화할 경우, 현재 프로젝트가 어떠한 마일스톤에 와 있는지, 얼마나 지연될 것인지 등에 대한 정보를 얻음

기출유형 완성하기

정답 01 ③ 02 ④ 03 ① 04 ②

01 다음 중 황소채찍효과의 원인으로 가장 적절한 것은?

① 자금의 부족
② 인력의 부족
③ 정보 및 정보기술의 부족
④ 재고의 부족

해설

황소채찍효과는 SCM에서 반복해서 발생하는 문제점으로 제품 및 서비스의 수요 정보가 공급사슬에 있는 각 단계를 거치며 왜곡되는 현상을 의미한다. 이는 SCM의 모든 기업의 정보가 충분히 공유되지 못하는 문제로 발생한다.

02 다음 중 시계열 데이터의 변동 요인과 설명으로 적절하지 않은 것은?

① 경향변동 – 수요의 장기적 변화에 따른 증가와 감소 등의 추세
② 순환변동 – 시장의 상황, 혹은 정치, 경제 그리고 사회적 이슈에 따른 순환적인 변화
③ 계절변동 – 1년을 기준으로 계절에 따른 수요의 변화
④ 우연변동 – 돌발적인 상황으로 발생하는 변화이며 충분히 설명이 가능한 상황

해설

우연변동은 설명될 수 없는 요인 또는 돌발적인 상황으로 발생하는 변화를 감지하는 것이다.

03 다음 중 문제의 원인을 중요하지 않은 다수의 원인과 중요한 소수의 원인으로 분류하는 품질검사 방법으로 가장 옳은 것은?

① 파레토 분석 기법
② 산점도 기법
③ 체크리스트 기법
④ 히스토그램 기법

해설

파레토 분석은 모든 결과의 80%는 20%의 원인에서 기인한다는 이론으로 품질 문제가 20% 주요 원인에 집중되어 있다고 정의한 것이다.

04 서비스 품질을 측정하기 위한 도구인 서브퀄(SERVQUAL)에서 고려하는 5가지 차원에 해당하지 않는 것은?

① 유형성(Tangibles)
② 명확성(Clarity)
③ 반응성(Responsiveness)
④ 공감성(Empathy)

해설

서브퀄에서 고려하는 5가지 차원은 유형성(Tangibles), 신뢰성(Reliability), 반응성(Responsiveness), 확신성(Assurance), 공감성(Empathy)이다. 명확성(Clarity)은 포함되지 않는다.

기출유형 완성하기

정답 05 ④ 06 ①

05 다음 중 정기 발주 모형에 대한 설명으로 적절한 것은?

① 실사를 진행하지 않아도 수량이 정확하게 유지되는 경우 유리하다.
② 수량 확인이 손쉬운 경우 유리하다.
③ 발주 시점마다 수량을 일정하게 하고 대신 발주 시기에 변화를 주는 것이다.
④ 금액이 높고 기업자산의 높은 위치를 점유하는 경우 유리하다.

해설
정기 발주 모형은 내부적으로 설정한 시점에 도달하면 일정한 간격으로 구매가 이루어지는 모형으로, 납품하는 공급처가 유일하고 실사를 주기적으로 진행해야 하는 경우, 수요가 빠르게 진행되고 금액이 높고 기업자산의 높은 위치를 점유하는 경우에 유리하다.

06 다음 중 PERT/CPM에 대한 설명으로 적절하지 않은 것은?

① 근래에는 PERT와 CPM 기법을 명확히 구분하여 상황에 따라 사용한다.
② PERT는 시간을 계산하는 일종의 확률적 모형이다.
③ CPM은 각 활동 시간을 확정적으로 추정한다.
④ PERT/CPM은 다양한 제약을 효과적으로 관리하기 위해 프로젝트 관리기법이다.

해설
근래에는 PERT와 CPM 기법을 구분하지 않고 PERT/CPM으로 혼용하여 사용한다.

단원 최종 점검하기

정답 01 ④ 02 ① 03 ③ 04 ③

01 모든 수익과 비용은 그것이 발생한 기간에 정당하게 배분되도록 처리해야 한다는 회계 원칙으로 가장 적절한 것은?

① 신뢰성 원칙
② 수익 비용 대응 원칙
③ 중요성 원칙
④ 발생주의 원칙

해설
발생주의는 재무적 흐름을 수익과 비용이 발생할 때 인식하고 기록하는 것을 의미하며 현금주의의 반대 개념이다. 수익 비용 대응 원칙은 수익이 발생한 항목과 이에 대응되는 비용 발생 항목을 명확하게 분류하여 기록하는 것이다.

02 자산의 유형과 그에 속한 항목의 연결이 적절하지 않은 것은?

① 자본잉여금 : 미처분이익잉여금
② 자본금 : 보통주자본금
③ 이익잉여금 : 법정적립금
④ 자본조정금 : 자기주식

해설
자본잉여금에는 주식발행초과금, 감자차익, 자기주식처분이익 등이 속한다. 미처분이익잉여금은 이익잉여금에 포함된다.

03 내/외부 환경에 모두 대응하는 전략 분석 도구인 SWOT 분석의 대표전략과 그에 대한 설명으로 적절하지 않은 것은?

① WO전략 : 내부의 약점을 보완하며 외부의 기회를 활용하는 전략
② ST전략 : 내부 강점을 활용하여 외부 위협을 최소화하는 전략
③ WT전략 : 내부의 약점을 회피하고 외부 위협을 극복하는 전략
④ SO전략 : 내부 강점과 외부 기회를 적극 활용하는 매우 공격적인 전략

해설
SWOT 분석은 강점(Strength)과 약점(Weakness), 외부적 기회(Opportunity)와 위협(Threat)을 분석하고 평가한 모델이다. 강점과 기회는 적극 활용하고 약점과 위협은 보완하고 최소화한다.

04 기업의 특정 기간 동안의 매출액, 비용 및 순이익을 보고하는 재무제표로 가장 적절한 것은?

① 현금흐름표
② 유보이익계산서
③ 손익계산서
④ 재무상태표

해설
손익계산서는 일정 기간 현재 기업의 성과에 대한 정보를 기록한 재무보고서이다. 매출액, 판매비와 관리비, 영업손익 등이 작성된다.

단원 최종 점검하기

05 조직의 성과관리에 사용되는 용어에 대한 설명으로 가장 적절하지 않은 것은?

① 조직의 목표와 구성원의 요구는 서로 다르므로 절충점을 찾아 육성 계획을 수립한다.
② 역량과 요구를 충분히 수용하여 교육 및 훈련을 설계한다.
③ 대표적 교육 프로그램은 리더십, 협업, 커뮤니케이션, 직무 전문성 등이다.
④ 교육 후 교육 내용에 대한 피드백을 조사하고 분석하고 필요시 평가를 진행한다.

해설
교육 계획을 수립할 때는 구성원 및 조직을 중심으로 전략과 조직의 인재상, 직무 분석 등을 바탕으로 필요한 역량을 정의하고 육성 계획을 수립한다. 조직의 방향성과 구성원의 요구를 절충하는 계획은 없다.

06 조직의 인적자원 개발 중 성과에 대한 설명으로 적절하지 않은 것은?

① MBO : 조직과 개인의 목표를 연계하여 사전에 설정된 목표를 기반으로 객관적이고 결과 지향적으로 성과를 관리한다.
② OKR : 진전된 성과관리 접근으로 재무적 성과 요소와 더불어 ESG 등 기업의 사회적 책임 관련 요소까지 관리한다.
③ BSC : 현재의 성과 관리와 미래의 역량 축적을 위해 재무, 고객, 업무 프로세스, 학습과 성장 등의 성과 요소를 균형 있게 관리한다.
④ KPI : 목표 실현을 위한 주요 활동과 이에 대한 달성 기준을 구체적으로 설정하여 과학적으로 성과를 측정하고 관리한다.

해설
OKR은 명확히 설정된 목표(Objectives)에 따른 핵심적인 결과(Key Results)로 구성하여, 목표 및 성과를 평가하는 기간을 유연하게 관리하고 목표에 대한 달성 기준을 기간 내 확장할 수 있다. 그러나 기업의 사회적 책임 관련 요소까지 관리하지는 않는다.

07 다음 중 ROAS에 대한 설명으로 가장 옳은 것은?

① 얼마나 많은 고객이 재방문하는지를 나타내는 지표이다.
② 사용자가 웹 페이지를 떠나는 비율을 나타내는 지표이다.
③ 광고나 링크를 클릭한 사용자의 비율을 나타내는 지표이다.
④ 광고 투자 대비 수익률을 나타내는 지표이다.

해설
광고 투자 대비 수익률(ROAS ; Return on Advertising Spend)은 특정된 개별 마케팅 활동에 대한 투자 대비 수익률을 나타내는 지표이며, 마케팅 개별 투자에 대한 항목별 수익률이다. 마케팅에서 전체 비용 대비 수익률은 ROI, 개별 마케팅 비용 대비 수익률은 ROAS이다.

08 다음 중 고객행동데이터로 가장 옳지 않은 것은?

① 구매이력
② 웹사이트 방문 기록
③ 고객인지도
④ 제품 리뷰 및 별점

해설
구매, 방문, 리뷰 및 평가 등은 대표적인 고객의 행동데이터이다. 고객의 인지도는 마케팅 활동을 통해 고객 유지 및 유치 활동상에 수집되는 데이터에 가깝다.

정답 05 ① 06 ② 07 ④ 08 ③ 09 ③ 10 ① 11 ② 12 ④

09 다음 중 고객관계관리(CRM ; Customer Relationship Management)에 대한 설명으로 적절하지 않은 것은?

① 기업의 가치 고객을 파악하고 유치하여 꾸준히 유지하는 활동(1:1 관계)이다.
② 고객이 기업에 끼치는 가치를 극대화하고 수익성을 높이는 활동이다.
③ 이탈 고객보다는 현재 유지 중인 고객과의 관계에 집중한다.
④ 고객이 원하는 제품과 서비스를 지속적으로 제공하고 꾸준히 유지할 수 있도록 하는 관리 프로세스이다.

해설

고객관계관리(CRM ; Customer Relationship Management)는 기존 고객은 물론, 신규, 이탈 고객 등도 분석하여 고객과의 지속적인 관계를 유지할 수 있도록 하는 관리 프로세스이다.

10 다음 설명이 공통으로 설명하는 지표로 가장 적절한 것은?

- 특정 기간 기업의 규모를 판단하는 지표
- 기업의 매출, 판매 수량, 고객 수 등과 같은 수치로 산출
- 기업의 규모를 판단하여 성장 속도, 잠재력 및 경쟁력을 평가하고 예측

① 성장률
② 시장점유율
③ 시장확대율
④ 시장포화도

해설

② 시장점유율은 시장에서의 위치를 파악하여 기업의 경쟁력을 평가하고 성과를 측정하는 지표이다.
③ 시장확대율은 전년 대비 기업의 시장점유율이 얼마나 증가했는지 확인하는 지표이다.
④ 시장포화(Market Saturation)는 특정 제품이 시장 안에서 충분히 확장되어 안착한 경우를 의미하게 되며, 이를 판단하는 시장포화도는 소비자의 구매력, 기업 간의 경쟁력, 제품 가격, 제품의 기술 등 다양한 요인에 따라 결정되는 지표이다.

11 다음 중 샘플 데이터를 추출하여 수행하는 검사로 가장 옳지 않은 것은?

① 생산 전 검사
② 생산 중 검사
③ 생산 후 검사
④ 고객 인도 전 적합성 검사

해설

생산 전 검사는 샘플링을 통해 투입되는 자원의 적합성 검사이고, 생산 후 검사도 고객에게 인도되기 전에 샘플링을 통해 최종적으로 실시하는 검사이다. 그러나 생산 중 검사는 투입 자원의 결과물 전환과정의 적합성을 판단하는 공정관리 검사이다.

12 다음 수요예측 기법 중 성격이 다른 하나는?

① 이동 평균
② 지수 평활
③ 최소 자승
④ 회귀분석

해설

정량적 수요예측은 크게 인과형 예측 기법과 시계열 예측 기법으로 구분한다. 회귀분석은 대표적인 인과형 예측 기법이며, 이동 평균, 지수 평활, 최소 자승은 시계열 예측 기법에 속한다.

CHAPTER 03 기업 외부 정보 파악

PART 1 경영정보 일반

기출유형 08 ▶ 기업 외부 정보 파악

국가통계포털에서 제공하는 정보 중 지역자치단체의 생활환경 및 경영상황과 가장 관련성이 높은 것은?

① E-지방지표
② 국민계정지표
③ 문화/여가지표
④ 소득/소비/자산지표

해설
E-지방지표는 지역자치단체의 생활환경 및 경영상황을 알아볼 수 있는 주요 통계들을 선정하여 지역 간 평가 및 비교가 가능하도록 서비스한다. 주제별로는 인구, 가족, 건강, 교육, 소득과 소비, 고용과 노동, 주거와 교통, 문화와 여가, 성장과 안정, 안전, 환경, 사회통합을 다루고, 테마별로는 일자리 상황, 삶의 질, 저출산/고령화 등을 다룬다.

| 정답 | ①

족집게 과외

❶ **국가통계포털(KOSIS ; Korean Statistical Information Service)**
  ㉠ 웹 주소 : https://kosis.kr/index/index.do
  ㉡ 특징
    • 국내, 국제, 북한의 주요 통계를 한곳에 모아 이용자가 원하는 통계를 한 번에 찾을 수 있도록 통계청이 제공하는 One-stop 통계 서비스
    • 400여 개 기관이 작성하는 경제, 사회, 환경에 관한 모든 국가 승인 통계를 수록
    • 국제금융 · 경제에 관한 IMF, Worldbank, OECD 등의 최신 통계도 제공
  ㉢ 주제별 통계 서비스

출처 : KOSIS

② E-지방지표
- 지역자치단체의 생활환경 및 경영상황을 알아볼 수 있는 주요 통계들을 선정하여 지역 간 평가 및 비교가 가능하도록 서비스
- 지역별 : 서울특별시, 부산, 대구, 인천, 광주, 대전, 울산광역시, 세종특별자치시, 경기도, 강원특별자치도, 충청남/북도, 전라남/북도, 경상남/북도, 제주도
- 주제별 : 인구, 가족, 건강, 교육, 소득과 소비, 고용과 노동, 주거와 교통, 문화와 여가, 성장과 안정, 안전, 환경, 사회통합
- 테마별 : 일자리 상황, 삶의 질, 저출산/고령화

⑩ 국제통계
- 국제경제 및 사회의 흐름을 파악할 수 있는 주요 국제지표 및 통계자료
- 주제별 : 국제통계연감, OECD 회원국 통계, ASEM 회원국 통계, APEC 회원국 통계, G20 회원국 통계
- 국제기구별 : IMF(International Monetary Fund), World Bank, OECD(Organization for Economic Cooperation and Development), UN(United Nations), WHO(World Health Organization), FAO(Food and Agriculture Organization of the United Nations), WTO(World Trade Organization), ILO(International Labour Organization)
- 아주지역별 : 남부·동남아시아 통계, 동북·중앙아시아 통계

⑪ 북한통계
- 국·내외 산재한 북한 관련 통계정보를 체계적으로 수집하여 서비스
- 주제별 : 영토/인구, 보건, 교육, 농림수산업, 광업 및 제조업, 국민계정, 대외무역, 교통/물류, 남북한 교류, 남북한 교역, 환경, 에너지, 수교국 및 국제기구 가입, 기타
- 국제기구별 : UN, UNESCO, UNICEF, FAO, World Bank, WIPO, ILO, IPU, OECD, ITU, WHO, IFRC, 기타
- 인구일제조사, 인구추계, 유의통계표, 중지통계표

⑫ 쉽게 보는 통계
- 일상생활과 관련한 흥미로운 자료를 선정하여 일반 이용자들이 쉽게 이용할 수 있는 통계
- 대상별 접근 : 1인 가구, 신혼부부, 학생, 남성, 여성, 노인, 아동, 영유아, 다문화, 외국인, 장애인, 환자
- 이슈별 접근 : 가족 관계, 노동조합(노조), 보험, 연금, 원자력 발전, 이사·주택, 일자리, 자원봉사활동, 정보화, 종교, 출생·사망, 취업·실업, 탄소중립, 환경, 건강·질병, 경기(전망 및 투자), 교통 및 교통사고, 범죄·안전, 부동산·소득·신용카드, 사교육비, 소매·유통, 여가생활·운동, 여행·영화·음악, 음주·흡연, 인구, 재해(지진), 저축·자산·부채, 전자상거래, 주식·금융, 혼인(재혼)·이혼

⑬ 시각화콘텐츠
- 시각화기법을 활용하여 딱딱한 통계수치를 다양한 이야기로 풀어내는 서비스
- KOSIS 100대 지표, E-지방지표(시각화), 통계로 시간여행, 해·석·남·녀, 인구로 보는 대한민국, 나의 물가 체험하기, 통계로 보는 자화상, 지역경제상황판, 경기순환시계, 3D 인구 체험, 버블차트로 보는 통계, 세계 속의 한국, 세상을 그리는 통계, 통계웹툰, 카드뉴스, 내가 말하는 통계

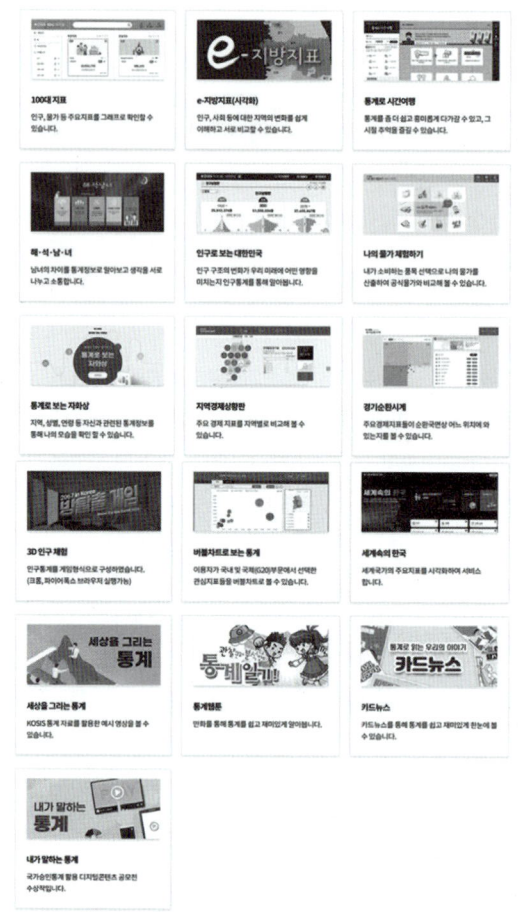

출처 : KOSIS

   ㊂ 공유 서비스(OpenAPI)
    • KOSIS에 수록된 통계정보를 이용하여 공공 및 민간 등에서 자체적으로 서비스를 개발할 수 있도록 국가통계 통합DB에 접근하기 위한 인터페이스(API)를 제공하는 서비스
    • KOSIS 통계정보(통계목록, 통계자료, 대용량통계자료, 통계설명, 통계표설명, KOSIS통합검색, 통계주요지표)를 JSON, SDMX, XML, XLS와 같이 다양한 형태로 이용

❷ **기상자료개방포털**
  ㉠ 웹 주소 : https://data.kma.go.kr/cmmn/main.do
  ㉡ 지상, 해양, 고층, 항공관측, 위성, 레이더, 수치예보모델자료 등 총 30종류의 날씨 데이터를 제공하므로 기온, 강수량 등 찾고 싶은 지역의 날씨 데이터를 지도로 검색 가능
  ㉢ 100년 이상의 기온분석, 강수량분석, 극값순위, 기후평년값, 장마, 황사일수, 폭염일수, 열대야일수, 24절기 등 18종류의 기후 통계 분석 정보를 이용 가능
  ㉣ 기상 자료의 활용
    • 날씨가 상품 매출에 미치는 영향을 분석할 때   • 인체에 날씨가 미치는 영향을 연구할 때
    • 날씨에 따른 작물 성장 상태를 파악하고 싶을 때   • 작물의 파종·수확 시기를 준비해야 할 때
    • 에너지 사업을 계획할 때   • 건설 입지를 선정할 때 등

❸ 국가교통DB

㉠ 웹 주소 : https://www.ktdb.go.kr/www/index.do

㉡ 교통정책 및 계획 수립 등에 필요한 교통기초통계를 종합·표준적으로 조사·분석·관리하는 체계로서 도로·철도·공항·항만·물류시설 등 교통시설 및 교통수단의 운영 상태, 기종점통행량, 통행특성, 교통네트워크 등에 관한 데이터베이스를 의미

㉢ 필요성
- 교통기초자료의 신뢰성 확보 : 장기적인 교통조사로 신뢰성 축적
- 교통투자의 효율성 제고 : 공인된 교통분석자료 활용으로 사업 타당성 및 투자우선순위 결정
- 교통정보 인프라 구축 : 범국가적인 교통기초자료 분석 관리
- 주요 서비스

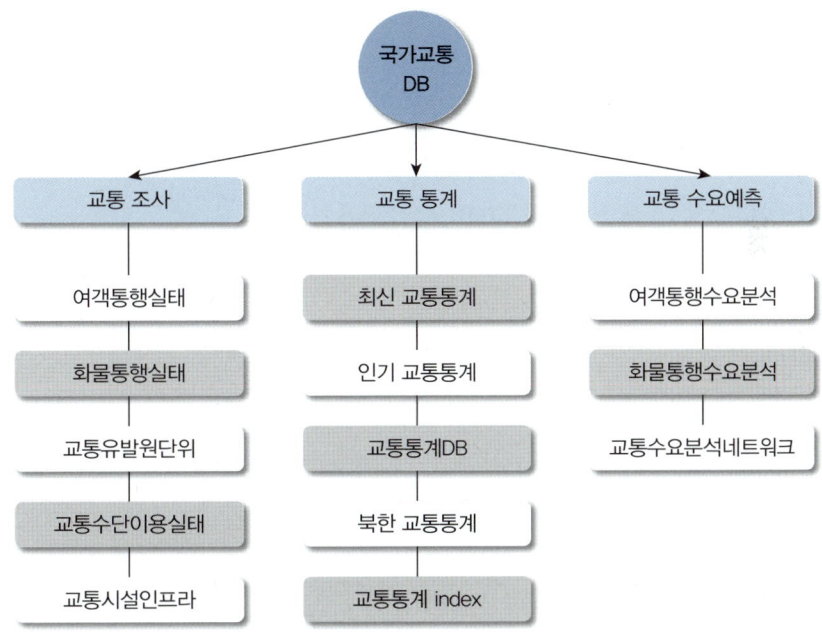

❹ 한국데이터거래소

㉠ 웹 주소 : https://kdx.kr/

㉡ 한국데이터거래소(KDX ; Korea Data Exchange)는 국내 최초 민간 1호 데이터거래소이며 유통, 소비, 통신, 금융, 부동산, 헬스, AI 학습용 데이터 등 다양한 데이터를 거래

㉢ 기업회원이 보유하고 있는 경제/산업, 금융/증권, 통신/인구, 소비/상권, 이커머스, 유통/마케팅, 물류/교통, 보건의료, 부동산/지리, 자동차, 여가/레저, 인공지능, SNS, 미디어, 공공데이터 카테고리의 데이터 상품과 인공지능 학습용 데이터 상품을 사용자에게 유/무료로 제공

❺ 공공데이터포털
  ㉠ 웹 주소 : https://www.data.go.kr/
  ㉡ 공공기관이 생성 또는 취득하여 관리하고 있는 공공데이터를 한 곳에서 제공하는 통합 창구
  ㉢ 국민이 쉽고, 편리하게 공공데이터를 이용할 수 있도록 파일데이터, 오픈API, 시각화 등 다양한 방식으로 제공
  ㉣ 주요 서비스

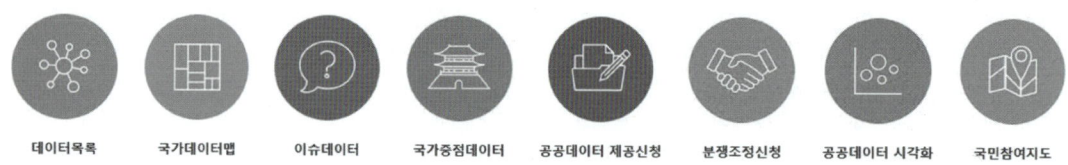

출처 : 공공데이터포털

❻ 항공정보포털시스템
  ㉠ 웹 주소 : https://www.airportal.go.kr/index.jsp
  ㉡ 국내외 항공소식, 항공기 출발 및 도착안내 서비스 등 다양한 항공관련 정보를 제공
  ㉢ 획득 가능한 정보 예시 : 공항 정보, 항공사 정보, 항공기 정보, 항공 연락망, 항공 소비자정보, 항공안전, 투자공시, 항공여객이동특성, 항공통계, 항공 보안, 실시간 운항정보 등의 데이터

❼ 유통데이터서비스플랫폼
  ㉠ 웹 주소 : https://retaildb.or.kr/
  ㉡ 유통산업 발전을 위하여 데이터 기반의 유통정보서비스의 활성화와 데이터 거래 생태계 구축을 지원하는 플랫폼
  ㉢ 유통데이터란 유통산업에서 활용하거나 발생하는 상품데이터와 거래데이터를 의미
  ㉣ 상품데이터
    • 대한상공회의소(유통물류진흥원)가 유통표준코드(880바코드)를 기준으로 유통시장에서 판매되고 있는 상품들의 정보를 표준화된 체계로 수집하여 구축한 데이터
    • 상품데이터 항목은 상품군에 따라 상이하며, 이미지를 포함하여 상품기본정보와 속성정보로 구성

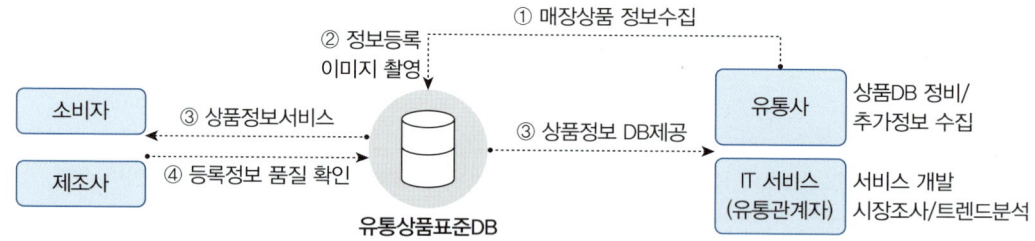

  ㉤ 거래데이터
    • 한국전자정보통신산업진흥회에서 구매정보 빅데이터 플랫폼에서 수집하고 있는 유무형 상품에 대한 거래데이터를 의미
    • 대량 회원을 보유한 통신사, 금융사, 유통사 등의 모바일지갑 서비스 앱 등을 통해 구매데이터를 수집

기출유형 완성하기

정답 01 ② 02 ① 03 ④ 04 ③

01 다음 중 기상자료개방포털에서 제공하는 기상자료의 활용으로 적절하지 않은 것은?

① 인체에 날씨가 미치는 영향을 연구할 때
② 날씨가 소비심리에 미치는 영향을 분석할 때
③ 작물의 파종 · 수확 시기를 준비해야 할 때
④ 건설 입지를 선정할 때

해설
기상자료의 활용은 날씨가 상품 매출에 미치는 영향을 분석할 때, 인체에 날씨가 미치는 영향을 연구할 때, 날씨에 따른 작물 성장 상태를 파악하고 싶을 때, 작물의 파종 · 수확 시기를 준비해야 할 때, 에너지 사업을 계획할 때, 건설 입지를 선정할 때 등이 있다.

02 유통데이터서비스플랫폼에서 제공되는 데이터로 다음 설명이 의미하는 것은?

- 대한상공회의소(유통물류진흥원)가 유통표준코드(880바코드)를 기준으로 유통시장에서 판매되고 있는 상품들의 정보를 표준화된 체계로 수집하여 구축한 데이터
- 상품군에 따라 상이하며, 이미지를 포함하여 상품 기본정보와 속성정보로 구성

① 상품데이터
② 거래데이터
③ 오픈데이터
④ 유통데이터

해설
② 거래데이터는 한국전자정보통신산업진흥회에서 구매 정보 빅데이터 플랫폼에서 수집하고 있는 유무형 상품에 대한 거래데이터를 의미한다.
③ 오픈데이터는 누구나 원하는 목적에 따라 접근하고 수집, 가공, 활용, 공유 등의 처리를 할 수 있도록 공개적으로 개방된 데이터를 의미한다.
④ 유통데이터는 유통산업에서 활용하거나 발생하는 상품데이터와 거래데이터를 통합한 용어이다.

03 공공기관이 생성 또는 취득하여 관리하는 공공데이터를 한 곳에서 제공하는 서비스 명칭으로 적절한 것은?

① 한국데이터거래소
② 국가통계포털
③ 공공데이터서비스플랫폼
④ 공공데이터포털

해설
공공데이터포털은 공공기관이 생성 또는 취득하여 관리하고 있는 공공데이터를 한 곳에서 제공하는 통합 창구로, 국민이 쉽고 편리하게 공공데이터를 이용할 수 있도록 파일데이터, 오픈API, 시각화 등 다양한 방식으로 서비스를 제공하는 서비스이다.

04 한국데이터거래소에서 제공되는 데이터로 가장 적절하지 않은 것은?

① 금융/증권
② 경제/산업
③ 지역 일자리
④ 보건의료

해설
한국데이터거래소에서는 기업회원이 보유하고 있는 경제/산업, 금융/증권, 통신/인구, 소비/상권, 이커머스, 유통/마케팅, 물류/교통, 보건의료, 부동산/지리, 자동차, 여가/레저, 인공지능, SNS, 미디어, 공공데이터 카테고리의 데이터 상품과 인공지능 학습용 데이터 상품을 사용자에게 유/무료로 제공한다.

PART 1 적중예상문제

경영정보 일반

01 다음 중 인적자원관리의 보상제도와 관련한 설명으로 적절하지 않은 것은?

① 베이스업은 개개인의 성과를 반영하여 임금 수준을 상향 조정한다.
② 4대 보험, 유급휴가, 퇴직금, 출산휴가 등은 법정 복리후생이다.
③ 임금 지불과 관련한 업무는 연봉 계약, 4대 보험, 세금, 연말정산 등을 의미한다.
④ 보상의 개념에는 임금과 상여, 복리후생을 모두 포함한다.

해설
임금의 조정 방법의 하나인 베이스업은 시장 상황이나 물가를 고려하여 조직의 전체적인 임금 수준을 상향 조정하는 것을 의미한다. 개인과 조직의 성과 및 목표 달성 여부에 따른 임금 외 금액을 지급하는 것은 성과급이다.

02 고객의 충성도를 높이고 고객 유지를 위한 다양한 고객 분석 활동으로 적절하지 않은 것은?

① 고객 욕구 분석
② 고객 성향 분석
③ 고객 인지도 분석
④ 구매 패턴 분석

해설
고객 분석 활동에는 고객 성향 분석, 고객 욕구 분석, 구매 패턴 분석, 고객 만족도 조사, 고객 행동 분석 등이 있다. 고객의 인지도는 마케팅 활동을 통해 고객 유지 및 유치 활동상에 수집되는 데이터에 가깝다.

03 아래 글상자에서 설명하는 수익률 지표로 옳은 것은?

- 특정된 개별 마케팅 활동에 대한 투자 대비 수익률을 의미한다.
- 마케팅 개별 투자에 대한 항목별 수익률을 확인하는 지표이다.
- 특정 마케팅 활동에 대한 효율성을 평가하고, 수익 극대화를 도모한다.

① ROA(Return on Asset)
② ROI(Return on Investment)
③ ROE(Return on Equity)
④ ROAS(Return on Advertising Spend)

해설
① ROA는 총자산 대비 당기순이익 지표이다.
② ROI는 투자 대비 수익을 나타내는 지표이다.
③ ROE는 총자산에서 부채를 뺀 금액 대비 당기순이익 지표이다.

04 다음 중 기존고객판매에 대한 설명으로 가장 적절한 것은?

① 제품의 인지도를 높이고 해당 제품에 대한 흥미와 관심을 유도한다.
② 기존 시장의 타제품과 비교 우위를 분석한다.
③ 멤버십, 개인화 서비스, 리워딩 프로그램을 제공한다.
④ 제품의 할인, 프로모션, 제품 광고 등을 활발히 진행한다.

해설
기존 고객의 마케팅 전략은 충성도를 지속해서 높이고 재구매율을 유지하는 것이 핵심이다. 고객의 충성도가 높고 재구매율이 높은 상품을 선별하여 분석하고, 마케팅 계획과 전략을 개선하고 보완하며, 기존 고객을 지속해서 유지하기 위한 홍보 활동, 멤버십, 개인화 서비스, 리워딩 프로그램을 제공한다.

정답 01 ① 02 ③ 03 ④ 04 ③

05 다음 중 마케팅의 CVR에 대한 설명으로 옳은 것은?

① 이메일 구독, 회원 가입, 구매 등의 액션을 수행하는 데 지불하는 평균 비용이다.
② 광고가 고객의 실제 행동 욕구를 얼마나 자극할 수 있는지를 판단하는 지표이다.
③ 웹 혹은 앱 사용자 혹은 고객이 제품, 서비스, 콘텐츠 등에 얼마나 정서적, 경제적으로 종속되어 있는지를 확인하는 지표이다.
④ 웹이나 앱 콘텐츠에서 사용자가 방문하고 바로 떠나는 비율이다.

해설
① 액션당 비용(CPA ; Cost Per Action)에 대한 설명이다.
③ 고착도(Stickiness)에 대한 설명이다.
④ 이탈률에 대한 설명이다.

06 다음 중 기업의 안전성을 확인하는 재무비율에 대한 설명으로 적절하지 않은 것은?

① 유동비율은 기업의 단기부채 상환능력을 측정하는 지표이다.
② 당좌비율은 유동자산에서 자기자산을 뺀 금액을 유동부채로 나눈 비율이다.
③ 부채비율은 자기자본에 대한 타인자본의 비율이다.
④ 매출액이익률은 기업의 경영활동에 대한 전반적인 성과(효율성)를 측정하는 지표이다.

해설
당좌비율은 유동자산에서 재고자산을 뺀 금액을 유동부채로 나눈 비율이다. 재고자산은 현금화 속도가 느린 대표적인 자산으로, 당좌비율이 낮으면 재고자산이 많은 경우를 의미하고 재고자산이 많으면 매출이 감소한다는 의미이므로 유동부채 지급 능력이 하락한다.

07 다음 중 옵션거래의 콜 옵션(Call Option)에 대한 설명으로 가장 적절한 것은?

① 매수자는 프리미엄을 지급하고 자산을 팔 수 있는 권리를 갖는다.
② 매도자는 자산을 사야 할 의무를 갖는다.
③ 사전에 약속한 가격으로 지정된 날짜 또는 그 이전에 매도할 수 있는 권리이다.
④ 예상대로 가격이 상승하면 권리를 행사하여 이익을 실현한다.

해설
④ 미래 약속한 시점에 가격이 상승하면 권리를 행사하여 이익을 실현한다.
① · ② 매수자는 프리미엄을 지급하고 자산을 살 수 있는 권리를 가지며 매도자는 자산을 팔아야 할 의무를 진다.
③ 콜 옵션(Call Option)은 특정 자산을 사전에 약속한 가격으로 지정된 날짜 또는 그 이전에 매수할 수 있는 권리를 의미한다.

08 주가가 장부가의 몇 배로 평가되고 있는지를 보기 위한 재무비율로 가장 적절한 것은?

① 주당순이익
② 주가순자산비율
③ 주당매출액비율
④ 주가현금흐름비율

해설
주가순자산비율은 주가가 장부가의 몇 배로 평가되고 있는지를 보기 위한 비율이다. 주가순자산비율이 낮을수록 주식투자매력도가 높다는 의미로 재무상태 측면에서 순자산과 주가를 비교하는 지표이다.

09 가장 오래된 입고 상품이 판매원가로 인식되는 재고가치 평가 방법으로 가장 적절한 것은?

① 선입선출법
② 후입선출법
③ 평균법
④ 개별법

> **해설**
> 선입선출법은 먼저 매입한(가장 오래된) 재고자산이 먼저 판매된다는 가정하에 원가를 배분하는 방법이고, 후입선출법은 나중에 매입한(가장 최근에) 재고자산이 먼저 판매된다는 가정하에 원가를 배분하는 방식이다.

10 다음 설명에 해당하는 고객 관련 마케팅 용어로 가장 적절한 것은?

> (　　)은/는 고객의 충성도를 판단할 수 있는 지표로서 확인하고자 하는 기간의 시작 시점의 고객 수와 종료 시점의 고객 수의 비율이다. 높은 (　　)은/는 기업이 고객의 충성도를 향상시키는 데 성공했다는 의미이다.

① 고객유지율(CRR)
② 순수고객추천지수(NPS)
③ 고객생애가치(LTV)
④ 월간 활성 사용자(MAU)

> **해설**
> 고객유지율(CRR ; Customer Retention Rate)은 기업이 특정 기간에 꾸준하게 유지되고 있는 고객의 비율을 측정하는 지표이다. 신규고객을 새롭게 확보하는 것보다 기존의 고객을 유지하는 데 투자할 때 더 많은 이익이 창출되는 효과를 갖는다.

11 SCM에서 반복해서 발생하는 황소채찍효과의 주된 문제 요소로 가장 적절한 것은?

① 물류 흐름
② 고객
③ 재고
④ 공급처

> **해설**
> 황소채찍효과는 SCM에서 반복해서 발생하는 문제점으로 제품 및 서비스의 수요 정보가 공급사슬에 있는 각 단계를 거치며 왜곡되는 현상을 의미한다. 결국 공급사슬의 가장 마지막에 있는 기업의 재고가 점점 증가하는 현상이 발생하므로 황소채찍효과에서 가장 큰 문제점은 재고이다.

12 다음 중 CPC를 구하는 수식으로 가장 적절한 것은?

① 총비용÷총노출 수
② (총클릭 수÷총노출 수)×100
③ 총비용÷총클릭 수
④ 총비용÷총설치 수

> **해설**
> 클릭당 비용(CPC ; Cost per Click)은 기업의 광고 콘텐츠를 클릭할 때 들어가는 평균 비용을 의미한다. 광고 콘텐츠의 효율을 측정하는 지표로 '총비용÷총클릭 수'로 구할 수 있다.

13 고객들의 특성을 파악하여 그에 맞는 제품 및 서비스에 대한 마케팅 전략을 수립하는 마케팅 용어는?

① 고객 만족도
② 고객 세그먼트
③ 고객 성향
④ 고객 구매 패턴

> **해설**
> 고객 세그먼트는 고객들을 공통적인 특성에 따라 분류하는 것을 의미한다. 고객의 나이, 성별, 지역, 소득 수준 등을 기준으로 활용할 수 있으며 이를 통해 마케터들은 다양한 고객 그룹의 특성을 파악하여 그에 맞는 제품 및 서비스에 대한 마케팅 전략을 수립할 수 있다.

14 금리변동 위험으로 금리 수준에 따라 채권수익률과 가격이 변동하는 용어로 적절한 것은?

① 채무불이행위험
② 시장위험
③ 구매력위험
④ 유동성위험

해설

채권투자의 위험 중 시장위험은 금리변동위험으로 금리 수준에 따라 채권수익률과 가격이 변동하는 것을 말한다. 모든 채권은 시장위험을 피할 수 없으며 채권의 시장가격이 매입 가격보다 낮아져 자본의 손실이 있으면 만기 시까지 보유하여 위험을 회피한다.

15 기업 경쟁 환경 분석을 위해 수행하는 3C 분석에 해당하지 않는 것은?

① 기업(Company)
② 고객(Customer)
③ 경쟁자(Competitor)
④ 판매시장(Channel)

해설

3C는 기업(Company), 고객(Customer), 경쟁자(Competitor)의 세 가지 요소를 분석하여 기업의 경쟁력을 확보하고 전략을 수립하는 모델이다.

16 수요예측 방법 중 실제 값과 예측값의 차이를 제곱해서 평균하는 방법은?

① MAD(Mean Absolute Deviation)
② MSE(Mean Squared Error)
③ MAPE(Mean Absolute Percent Error)
④ MFE(Mean Forecast Error)

해설

평균제곱오차(MSE ; Mean Squared Error)는 실제 값과 예측값의 차이를 제곱해서 평균을 구한 것으로 분산이라고도 한다. 값이 작을수록 좋은 결과이다.

17 다음 중 재고회전율에 대한 설명으로 적절하지 않은 것은?

① 재고회전율이 낮을수록 기업은 양호한 상태이다.
② 자금 흐름이 원활하며 유동성이 높다.
③ 제품의 품질이 높다.
④ 시장에서의 경쟁력이 확보되어 수익성이 높다.

해설

재고회전율이 높은 기업은 자금 흐름이 원활하며 유동성이 높다. 또한, 제품의 품질이 높으며 시장에서의 경쟁력이 확보되어 수익성이 높다. 재고회전율이 높을수록 기업은 양호한 상태를 나타내며, 재고회전율이 낮으면 재고자산에 과잉 투자가 발생했다는 반증이다.

18 매년 동일 비율을 적용하여 감가상각 비용을 부가하는 방법은?

① 정액법
② 생산량비례법
③ 정률법
④ 연수합계법

해설

③ 매년 동일 비율을 적용하여 가속상각하는 방법이다.
① 매년 같은 금액을 적용하여 정액상각하는 방법이다.
② 생산량 또는 사용량에 비례하여 가속상각하는 방법이다.
④ 정액법과 정률법의 특징을 결합하여 가속상각하는 방법이다.

정답 14 ② 15 ④ 16 ② 17 ① 18 ③

19 아래 글상자에서 공통적으로 설명하는 지표로 가장 옳은 것은?

> - 일정 기간의 기업 경쟁력을 판단하는 지표
> - 대표적으로 CAGR을 통해 기간 내 경쟁력을 확인
> - 점유율과 함께 BCG 매트릭스의 전략 평가 도구에 활용

① 시장점유율
② 성장률
③ 투자수익률
④ 시장포화도

해설

성장률은 점유율과 함께 대표적인 기업 경쟁력 확인 지표이다. CAGR은 특정 기간의 평균 성장률을 확인하는 공식이며 BCG 매트릭스의 평가 도구로 활용되는 지표이다.

20 모든 결과의 80%는 20%의 원인에서 기인한다는 이론을 적용한 품질검사 방법으로 가장 적절한 것은?

① 체크리스트 기법
② 히스토그램 기법
③ 산점도 기법
④ 파레토 기법

해설

파레토 기법은 모든 결과의 80%는 20%의 원인에서 기인한다는 이론을 품질검사에 적용한 방법으로, 모든 문제의 원인을 중요하지 않은 다수의 원인과 중요한 소수의 원인으로 분류한다.

PART 2
데이터 해석 및 활용

CHAPTER 01 데이터의 이해 및 해석

CHAPTER 02 데이터 파일 시스템

CHAPTER 03 데이터 활용

적중예상문제

CHAPTER 01 데이터의 이해 및 해석

PART 2 데이터 해석 및 활용

기출유형 09 ▶ 데이터의 이해

데이터의 종류에 대한 설명으로 가장 적절하지 않은 것은?

① 정형 데이터는 주로 XML, HTML, JSON 등의 파일 형태로 저장된다.
② 비정형 데이터는 특정 스키마가 없는 NoSQL 데이터베이스가 사용된다.
③ 정형 데이터는 테이블의 모든 행에 동일한 열 집합이 존재한다.
④ 비정형 데이터는 정형 데이터에 비해 분석하기 어렵다.

해설
정형 데이터는 주로 행과 열의 이진 형태인 표(Table) 형태로 저장되며, 대표적으로 관계형 데이터베이스와 엑셀이 있다. XML, HTML, JSON 등의 파일 형태로 저장되는 데이터는 반정형 데이터이다.

| 정답 | ①

족집게 과외

❶ 데이터의 개념과 흐름

㉠ 데이터(Data)
- 현실세계에서 단순히 관찰하거나 측정하여 수집한 사실이나 값
- 원하는 결과를 얻기 위해 증명, 판단, 결정하는 과정에 필요한 자료 혹은 추론과 추정의 근거를 이루는 객관적인 사실. 의사결정을 위한 모든 사실을 의미
- 형태에 따라 언어, 문자 등의 정성 데이터와 수치, 기호, 도형으로 표시되는 정량 데이터로 구분

㉡ 정보(Information)
- 데이터의 가공, 처리와 데이터 간의 연관관계 속에서 의미가 도출된 것
- 정보에 포함된 의미는 유의미성을 담보하지는 않음
- 의사결정에 유용하게 활용할 수 있도록 모든 사실(데이터) 중에서 수집하고 정리한 데이터의 묶음

㉢ 지식(Knowledge)
- 데이터를 통해 도출된 다양한 정보를 구조화하여 유의미한 정보를 분류하고 개인적인 경험을 결합해 고유의 지식으로 내재화한 것
- 정보를 바탕으로 의사결정에 활용하는 것

㉣ 통찰(Insight, 지혜, Wisdom)
- 지식의 축적과 아이디어가 결합한 창의적 산물
- 가치를 창의적인 아이디어로 발전시키는 과정

㉤ 데이터, 정보, 지식은 상호관계 속에서 가치 창출을 위한 일련의 프로세스로 작용

ⓑ 데이터의 흐름

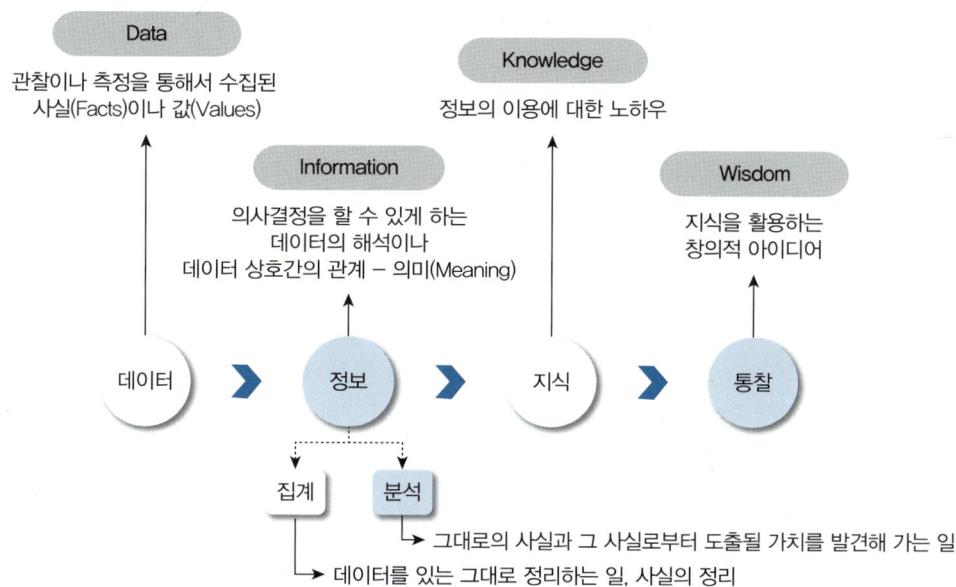

❷ 빅데이터의 개념과 특징
  ㉠ 빅데이터의 개념
    • 빅데이터(Big Data)는 말 그대로 큰(Big) 데이터를 의미하지만, 단순히 용량만 방대한 것이 아닌 복잡성의 의미도 가짐
    • 빅데이터는 빠른 속도로 데이터를 수집하고 발굴해 분석한 후 유용한 가치를 창출하는 다양한 형태의 거대한 정보 집합체
    • 빅데이터는 새로 등장한 개념이 아닌 기존의 데이터, 처리방식, 다루는 사람과 조직 차원에서 일어나는 변화를 의미
      - 빠르게 변화하고 발전하는 디지털 기술
      - 데이터를 담는 저장 기술의 발전
      - 인터넷의 발전과 모바일 시대의 급속한 발전
      - 클라우드 컴퓨팅의 보편화
      - 하둡(Hadoop), 스파크(Spark) 같은 오픈소스 프레임워크의 등장
      - 사물인터넷(IoT ; Internet of Things)의 출현 등
  ㉡ 빅데이터의 3대 요소(3V)
    • 규모(Volume) : 인터넷, 컴퓨터, 스마트폰 등 IT 기기의 급속한 발전으로 그동안 돌아보지 않았던 데이터가 분석 대상이 되면서 급속히 팽창
    • 속도(Velocity) : IT 기술의 발전은 대용량의 데이터를 빠르게 수집하고 처리하여 유용한 가치를 도출함
    • 다양성(Variety) : 기존의 구조화된 정형 데이터는 물론 텍스트, 오디오 및 비디오 같은 비정형 및 반정형 데이터가 등장

 Tip

방대한 데이터에서 의미 있는 분석 결과에 대한 가치(Value)를 포함하여 4V로 표현하기도 함

ⓒ 빅데이터 분석은 모든 유형(정형, 반정형, 비정형)의 데이터와 적절한 컴퓨터 기술, 그에 맞춤화된 학습 알고리즘, 가치 창출을 위한 유용한 통계적 분석 기법의 결합
ⓓ 빅데이터의 영향
- 기업 : 혁신, 경쟁력 제고, 생산성 향상
  - 빅데이터를 활용하여 소비자의 행동을 분석함
  - 시장 변동을 예측해 비즈니스 모델의 혁신을 촉진하고 신사업을 발굴함
  - 원가절감, 제품 차별화, 기업활동의 투명성 제고
  - 운용 효율성이 증가하여 산업 전체의 생산성 향상
- 공공 : 환경 탐색, 상황 분석, 미래 대응
  - 기상, 인구이동, 각종 통계, 법제 데이터 등을 수집해 사회변화를 예측, 각종 재해 관련 정보를 추출
  - 사회관계망 분석이나 시스템 다이내믹스, 복잡계 이론 등 미래 의제를 도출
  - 미래 사회 도래에 대비한 법제도 및 거버넌스 시스템 정비 방향, 미래 성장 전략, 국가 안보 등에 대한 정보 제공

ⓔ 기본적인 빅데이터 활용 모델
- 연관규칙(Association Rule)
  - 반복적인 패턴을 찾아 특정 사건이 동시에 일어나는 규칙을 탐색하는 방법
  - 특정한 사건 A가 발생하면 동시에 사건 B가 발생하는 확률
  - 연관규칙분석은 일명 장바구니 분석(Market Basket Analysis)이라고도 부르며 마케팅 분야에서 활용도가 매우 높음
- 사회연결망(Social Network)
  - 인간과 인간 사이의 관계 또는 독립적인 사건들 사이의 관계 속에서 발생하는 현상을 찾는 분석기법
  - 다양한 형태의 대상을 중심으로 상호간의 관계를 파악하여 그로부터 추출되는 특성을 분석
  - 대상 간의 상호 관련성을 명확히 할 수 있다는 장점과 풍부한 가치 창출, 가시적 모형까지 제공할 수 있으므로 많은 분야에서 활발하게 사용 중
  - 대상을 나타내는 노드(Node)와 대상 간의 관계를 나타내는 링크(Link or Relationship)로 구성
- 회귀분석(Regression Analysis)
  - 회귀분석은 인과관계를 설명해서 연속형 변수 간의 적합도를 함수식으로 구하는 대표적인 예측기법
  - 회귀분석에 상관관계는 기본으로 존재하며, 반드시 영향을 주는 독립변수와 영향을 받는 종속변수가 존재해야 함
  - 독립변수가 변함에 따라 종속변수가 어떤 변화를 보이는지를 설명하는 모형

ⓕ 빅데이터 활용의 위험 요인
- 사생활 침해, 데이터 오용, 책임 원칙의 훼손 등
- 개인정보 활용의 동의, 빅데이터 사용자의 책임 원칙 강화, 알고리즘의 무분별한 접근 허용 제안 등으로 통제
- 기업은 객관적이며 통찰력을 줄 수 있는 데이터를 탐색하고, 전략과 비즈니스 핵심 가치에 집중하여 시장과 고객 변화에 대응

❸ 데이터의 종류
  ㉠ 형태에 따른 분류
   • 정형 데이터
    − 자료구조의 공간적 개념으로 0차원(Scalar), 1차원(Vector), 2차원(Matrix)의 형태를 가지는 데이터
    − 주로 행(Row)과 열(Column)의 구조(Table, 표)를 가짐
    − 하나의 속성에 하나의 값을 갖는 구조
    − 업무에 많이 활용하는 엑셀(Excel)이 대표적인 정형 데이터 구조
    − 데이터의 저장을 위해 주로 관계형 데이터베이스(RDB ; Relationship Database)를 활용함(Oracle, MS-sql, mysql 등)

    − 정형 데이터의 예

고객 데이터	이름 – 홍길동, 나이 – 20, 성별 – 남
상품 데이터	제품명 – 운동화, 색상 – 흰색, 사이즈 – 270mm
과목 데이터	과목명 – 경영정보, 학점 – 3학점, 학년 – 2학년

   • 반정형 데이터
    − 크게 보면 정형 데이터와 같이 하나의 속성에 하나의 값을 갖고 있으나, 값의 내부에 또 다른 속성과 값을 가질 수 있는 이중 구조의 데이터
    − 구조적 성격을 띠지만, 내용 안에 설명이 포함된 형태를 가짐
    − 정형 데이터의 경우 바로 값을 활용할 수 있지만 반정형 데이터의 경우 해당 구조를 파악하고 값을 인지하기 위한 구문분석(Parsing, 파싱) 과정이 필요함
    − 일반적으로 문서 형태로 저장되고, HTML, XML, JSON 문서나 웹 로그 등이 해당
    − 문서 내 태그, 키-값의 조합, 메타 데이터 형태로 표현
    − 정형 데이터를 저장하는 RDB처럼 별도의 저장장치가 없어도 문서 형태로 자유롭게 저장하고 활용이 가능
    − 저장이 용이하고 전송 속도가 빠른 유연성으로 데이터를 활용하는 API(Application Programming Interface) 개발에 넓게 활용됨

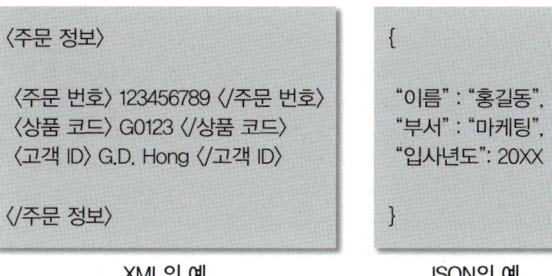

XML의 예   JSON의 예

- 비정형 데이터
  - 3차원 이상의 특별한 구조를 갖지 않는 데이터를 의미
  - 정형 데이터와 달리 하나의 속성에 다양한 값이 복합적으로 내포
  - 텍스트, 이미지, 영상, 음성 등 다양한 형태로 생성
  - 미디어, SNS 등 실시간으로 생성되는 대부분의 데이터 유형이 비정형 데이터
  - 비정형 데이터의 경우 특정한 스키마가 지정되지 않는 NoSQL(Non SQL) DB를 활용
  - 현재 데이터 분석의 과정은 주로 컴퓨터 공간(행과 열의 이진 데이터)에서 이루어지므로 정형 데이터가 분석에 가장 유리함
  - 반대로 비정형 데이터가 데이터 분석에 가장 불리하고 어려움
  - 비정형 데이터의 경우도 반정형 데이터로 변환하여 분석을 수행하거나 최종적으로 정형 데이터로 변환하여 수행

ⓒ 특성에 따른 분류

- 범주형 데이터
  - 특정한 기준(Category)에 따라 분류(Classification)된 데이터
  - 크게 명목형 데이터와 순서형 데이터로 구분함
  - 분류를 위해 설정된 기준이 척도(尺度, Scale)
  - 명목, 서열척도가 명목형 데이터에 속하며, 등간, 비율척도가 순서형 데이터에 속함

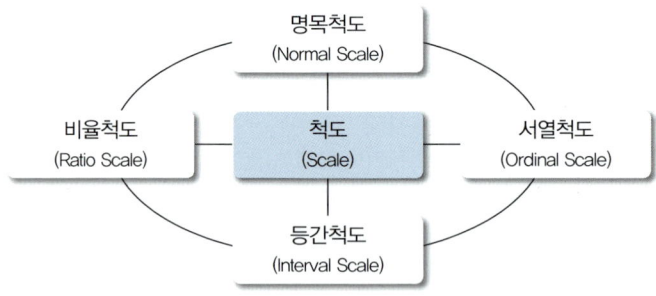

- 명목(名目)척도(Normal Scale)

의미	명목상 이름이 되어주는 것
예	주민번호(2000년 이전의 남자는 1, 여자는 2, 2000년부터 남자는 3, 여자는 4) 등
특징	• 오로지 분류의 목적을 띰 • 연산과 비교 불가능

- 서열(序列)척도(Ordinal Scale)

의미	특성에 따른 구분뿐만 아니라 순서까지 포함하는 기준을 의미
예	학업성적의 등급(A, B, C, D, …), 순위(시험성적에 따라 등수를 부여하는 행위) 등
특징	• 순서가 포함되어 있으므로 서열척도는 범주에 포함된 데이터 간의 상대적 크기도 구분할 수 있음 • 연산이 불가능 • '1등이 2등보다는 우월하다. 3등은 2등보다 부족하다.' 등의 상대적 비교는 가능하지만, '1등이 2등보다 몇 점을 더 받았다거나 3등이 2등보다 몇 점이 모자란다.' 등의 상대적 크기에 대한 설명은 서열척도만으로는 언급하기 불가능 • 즉, 서열을 통해 비교는 가능하지만 얼마나 크고 작은지의 값(크기)을 명확히 명시하지 않음

- 등간(等間)척도(Interval Scale)

의미	일정한 간격을 의미
예	온도(영상 20도, 15도, 10도 등), 시간 등
특징	• 명목과 서열척도의 특성을 모두 반영하며, 서열척도에서 반영되지 못했던 크기도 설명할 수 있는 척도 • 상대적 비교뿐만 아니라 얼마나 큰지를 충분히 설명 가능하고, 연산도 가능 • '영상 20도는 10도보다 상대적으로 크고 그 크기도 10도만큼 더 크다.'라고 말할 수 있음 • 0의 값을 가지지 않으며, 0도는 영상도 영하도 아닌 간격의 차이가 없음을 의미

- 비율(比率)척도(Ratio Scale)

의미	등간척도에서 0을 가질 수 있는 범주를 의미
예	성적(숫자 표기 등)
특징	• 등간척도에서 나타낼 수 없는 0의 값을 가짐 • 상대적 비교뿐만 아니라 얼마나 큰지를 충분히 설명 가능 • 100점과 95점, 90점은 연산도 가능하고 상대적 비교와 크기의 설명도 가능 • 성적이 0점이라는 건 그냥 점수가 없다는 뜻

- 수치형 데이터
  - 모수로 이루어진 연속형 데이터와 비모수로 이루어진 이산형 데이터로 구분
  - 확률분포로 설명이 가능한 데이터
  - 연속형 데이터(Continuous Data)

의미	연속확률분포로 값이 끊기지 않고 증가, 감소하는 데이터
예	몸무게, 키, 온도, 자동차의 속도 등
특징	• 주로 단위(cm, km, C° 등)와 함께 쓰이는 데이터 • 몸무게가 79kg에서 80kg이 되었다면 79에서 모든 수를 건너뛰고 80이 된 것이 아니며, 79와 80 사이에 지속해서 값이 증가하는 연속성이 있는 것 • 일반적으로 수집된 데이터는 평균을 중심으로 좌우대칭인 정규분포를 따름

  - 이산형 데이터(Discrete Data)

의미	이산확률분포로 단절되어 나타나는 데이터
예	나이, 타율, 판매 수량, 세대 수 등
특징	• 값에 연속성이 없으며 관측, 실험, 측정 등의 데이터 수집 시기마다 값이 발행 • 어제 10개를 팔고 오늘 20개를 팔았다면 어제부터 꾸준하게 판매가 증가하며 20개가 된 것이 아니며, 서로 다른 상황에서 발생한 데이터 • 주로 서로 다른 독립된 환경에서 수집된 연속되지 않는 데이터를 의미함

기출유형 완성하기

정답 01 ① 02 ③ 03 ① 04 ④

01 다음 중 정보의 예시로 가장 적절하지 않은 것은?

① 고객이 서비스를 사용하기 위해 로그인한 시간
② 지난달 판매된 베스트 상품
③ 대리점별 평균 매출액
④ 가입 고객의 연령별 분포도

해설
정보란 데이터의 가공, 처리와 데이터 간의 연관관계 속에서 의미가 도출된 것을 의미한다. 이는 의사결정에 유용하게 활용할 수 있도록 데이터를 처리한 결과물을 말하며 모든 사실(데이터) 중에서 필요한 사실만을 수집해 정리한 데이터이다. 고객이 서비스를 사용하기 위해 로그인한 시간은 가공되지 않은 데이터에 가깝다.

02 빅데이터 시대의 등장 배경으로 적절하지 않은 것은?

① 하둡(Hadoop), 스파크(Spark) 같은 오픈소스 프레임워크의 등장
② 인터넷의 발전과 모바일 시대의 급속한 발전
③ 개인 삶의 질의 상승과 사고의 다양화
④ 사물인터넷(IoT, Internet of Things)의 출현

해설
빅데이터 시대의 등장 배경으로는 빠르게 변화하고 발전하는 디지털 기술, 데이터를 담는 저장 기술의 발전, 인터넷의 발전과 모바일 시대의 급속한 발전, 클라우드 컴퓨팅의 보편화, 하둡(Hadoop), 스파크(Spark) 같은 오픈소스 프레임워크의 등장, 사물인터넷(IoT ; Internet of Things)의 출현 등이 있다. 개인 삶의 질의 상승과 사고의 다양화가 급속한 데이터의 증가를 가져왔지만 빅데이터의 등장 배경으로 보기는 어렵다.

03 다음이 설명하는 데이터의 종류로 적절한 것은?

- 주로 행(Row)과 열(Column)의 구조(Table, 표)를 가지며, 하나의 속성에 하나의 값을 갖는 데이터를 의미한다.
- 업무에 많이 활용하는 엑셀(Excel)이 대표적이며, 데이터의 저장을 위해 주로 관계형 데이터베이스(RDB ; Relationship Database)를 활용한다.

① 정형 데이터
② 비정형 데이터
③ 반정형 데이터
④ 부정형 데이터

해설
정형 데이터는 자료구조의 공간적 개념으로 0차원(Scalar), 1차원(Vector), 2차원(Matrix)의 형태를 가지는 데이터이다. 주로 행(Row)과 열(Column)의 구조(Table, 표)를 가지고 하나의 속성에 하나의 값을 갖는 데이터이다.

04 다음 중 연속형 데이터에 대한 설명으로 적절하지 않은 것은?

① 값이 끊기지 않고 증가, 감소하는 데이터를 말한다.
② 몸무게, 키, 온도, 자동차의 속도 등이 대표적이다.
③ 모수로 구성된다.
④ 주로 서로 다른 독립된 환경에서 수집된 데이터를 의미한다.

해설
연속형 데이터는 값이 끊기지 않고 증가, 감소하는 데이터를 말한다. 반대로 서로 다른 독립된 환경에서 수집된 데이터는 이산형 데이터를 의미한다.

기출유형 10 ▶ 데이터의 해석

데이터들의 유사도를 측정하여 유사도가 높은 데이터를 그룹화하여 분석하고자 할 때 가장 옳은 데이터 마이닝 기법은?

① 회귀분석 ② 연관분석
③ 분류분석 ④ 군집분석

해설
군집은 데이터를 보고 유사한 성질과 특성 또는 규칙에 따라 데이터를 묶는 작업으로, 군집분석은 유사한 속성(유사도)을 가지는 데이터끼리 모으거나 분리하는 작업이 핵심이 되는 분석이다.

| 정답 | ④

족집게 과외

❶ 데이터 해석의 관점
  ㉠ 데이터 해석이란 데이터가 가진 의미를 파악하는 것
  ㉡ 데이터를 어떤 관점에서 바라보고, 이해하고, 결과를 어떻게 활용하는지를 결정하는 것은 의사결정에 영향을 줌
  ㉢ 데이터 해석의 5W1H
    • Who : 누가 데이터를 해석하고 누구를 위한 분석인가?
    • When : 어느 시점의 데이터를 활용하고 언제 활용할 것인가?
    • Where : 어디서 데이터를 수집하고 저장할 것인가?
    • What : 어떤 데이터를 활용하여 분석할 것인가?
    • How : 어떤 분석 방법을 활용하여 가치를 발견할 것인가?
    • Why : 도출된 결과는 왜 의사결정에 필요한 것인가?

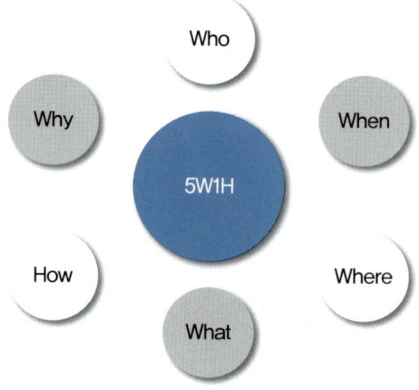

ⓔ 데이터는 다양한 관점에 따라 해석될 수 있고 그 결과에 따라 활용 가치와 영향력이 달라짐
- 정확한 의사결정을 유도
- 다양한 분야에서의 전략 수립
- 복잡한 사회 문제의 해결
- 새로운 기회 창출 및 혁신
- 미래 환경에 대응하는 방안

❷ 데이터 해석의 오류

㉠ 데이터 해석의 정답은 없으나 부적절한 데이터의 활용, 분석 방법의 판단 오류, 해석의 부정확성은 잘못된 의사결정과 연결됨

표본(선택)편향	• 데이터 분석을 위해 선택된 표본이 모집단을 대표하지 못하는 경우 • 표본편향이 발생할 경우 데이터 분석의 결과는 무의미하며 일반화가 어려움
측정오류	• 계측되거나 관찰, 수집한 결과가 실제 값과 차이를 보이는 경우 • 측정오류는 데이터 분석 결과의 신뢰성과 정확성에 영향을 줌
거짓 인과관계	• 우연의 결과를 원인과 결과의 관계로 인식하는 경우 • 변인 간의 상관관계가 성립되어도 반드시 인과관계가 성립되는 것은 아님
일반화 오류	• 일부의 분석 결과를 확정하고 전체로 일반화하여 결론을 내리는 경우 • 데이터 분석의 결과는 상황별로 다른 결과를 도출하며 다른 의미를 가짐
이상치 활용	• 분석 대상 데이터의 정상 범위를 벗어나는 데이터를 활용하는 경우 • 이상치를 제거하지 않고 분석이 수행되면 전혀 다른 결과를 도출함
확증편향	• 분석가 자신의 믿음과 사고에 부합되는 데이터만을 활용하는 경우 • 데이터를 선택적으로 활용하여 해석의 오류를 유발
심슨의 역설	세부 집단별로는 추세나 경향성이 나타나지만, 전체적으로는 추세가 사라지거나 반대의 경향성이 나타나는 현상
과대 적합	데이터 모델 학습 시 지나치게 최적화를 수행하여 발생하는 데이터 해석 오류
과소 적합	모델 학습 시 최적화가 이루어지지 않아 발생하는 해석 오류

㉡ 데이터 해석의 오류를 방지하기 위해 데이터를 정확히 수집하고, 변수를 다양하게 고려하여 객관적인 시각에서 분석을 수행해야 함

❸ **통계**
　㉠ 통계란 특정 집단에 대하여 조사나 실험을 통해 얻은 수치를 활용하여 특정 집단을 구성하는 각각의 정보를 하나의 요약된 값으로 표현한 것을 의미
　㉡ 기술통계와 추론통계
　　• 기술통계란 분석을 위해 수집한 데이터를 정리, 요약, 해석하여 특성과 속성을 파악하는 방법
　　• 추론통계란 전체집단에서 표본을 추출하여 모집단의 특성과 속성을 파악하는 방법으로 표본을 통한 불확실성을 최소화하고 신뢰성을 확보하는 것이 중요
　　• 기술통계는 데이터의 요약과 설명, 추론통계는 데이터의 일반화에 초점을 둠
　㉢ 모집단과 표본
　　• 모집단이란 분석 대상이 되는 전체집단을 의미
　　• 표본이란 전체 집단에서 분석이 실제 수행될 대표 집단을 의미
　　• 대부분 분야에서는 데이터 분석 시 모집단 전부를 수집하여 분석할 수 없으므로 표본조사를 수행
　　• 잘못된 표본을 선정하면 왜곡된 결과를 초래하기 때문에 전체에서 선택된 표본은 매우 중요
　　• 표본의 선정

표본의 대상	국가 또는 지역인지, 사람이 대상인지 동물이 대상인지, 기업인지 또는 그에 포함된 제품이나 품질인지 등
표본의 기준	• 전체 대상에서 어느 부분을 표본으로 구성할지를 정하고 추출 방법을 선택 • 홀수인지 짝수인지, 선입선출인지 무작위인지 등
표본의 크기	• 전체 집단을 가장 효율적이고 효과적으로 대표하는 크기를 산정 • 표본추출방법과 표본크기는 시간과 비용, 조사목적, 방법을 면밀히 검토하고 고민하여 선택

　㉣ 가설
　　• 가설은 내가 얻고자 하는 상황을 설정한 대립가설과 이와 반대되는 상황을 설정한 귀무가설로 구분
　　• 일반적으로 귀무가설을 세우고 해당 가설이 틀렸다는 것을 증명해 이론을 논리적으로 확정
　　• 귀무가설이 참임에도 거짓으로 오판하는 1종 오류와 귀무가설이 거짓이지만 참으로 선택하면서 발생하는 2종 오류가 있으며 오류를 방지해야 함
　㉤ 유의수준과 유의확률
　　• 유의수준과 유의확률은 귀무가설이 참인데 거짓으로 판명하고 거짓인데 참으로 해석하는(제1종 오류와 제2종 오류는 상충적 관계) 오류를 방지하기 위한 경계선
　　• 예를 들어, 유의수준 5%는 검정결과의 유의확률이 5% 미만이면 유의미한 결과를 얻는 것이고, 그 반대로 5% 이상이 되면 무의미한 결과를 갖는다는 의미

④ 확률

㉠ 어떤 사건이 실제로 일어날 것인지 혹은 일어났는지에 대한 지식 혹은 믿음을 표현하는 방법이며 같은 원인에서 특정한 결과가 나타나는 비율을 뜻하기도 함
㉡ 선택된 자료(표본)로부터 전체(모집단)의 특성을 추출할 때 해당 표본이 전체를 얼마나 잘 대표하는지를 판단하는 데에 확률이 매우 중요한 작용을 함
㉢ 절대적 확률과 상대적 확률

절대적 확률	절대적 확률은 직관적으로 알 수 있고 예측 또한 가능 예 러시안 룰렛(총알 6개가 들어가는 총에 총알 한 발만 장전하면 이 게임에서 누군가 죽을 확률은 1/6)
상대적 확률	• 상대적 확률은 직관적이기보다는 경험 또는 실험 및 관측의 결과로 계산 • 반복된 수행을 통해 얻어지는 상대적 결과 예 주사위 던지기, 동전 던지기

㉣ 데이터 분석은 상대적 가치를 발견하기 위해 필요하고, 이런 상대적 가치를 확률적으로 높이기 위해 데이터 분석을 수행하는 것

⑤ 확률분포

㉠ 확률변수가 특정한 값을 가질 확률을 나타내는 함수
㉡ 확률변수란 측정, 실험 및 관찰을 통해 기록된 개별의 값
㉢ 이산확률분포
 • 값의 개수를 셀 수 있는 이산확률변수의 확률분포를 의미
 • 주로 서로 다른 독립된 환경에서 수집된 데이터를 의미
 • 확률질량함수(Probability Mass Function) : 이산확률변수의 분포를 확인하고 특정 변수가 나타날 확률을 계산
 • 이산확률분포의 종류

베르누이 분포	• 데이터를 시험하고 관찰한 결과로, 성공과 실패의 두 가지 값(0, 1)만으로 확률분포를 표현하는 대표적인 이산확률분포 • 한 번 시행으로 성공 확률 p값을 구하는 것이 핵심 • 성공 확률 p를 구하면 실패할 확률은 자동으로 $1-p$가 됨 • 베르누이 분포가 중요한 이유는 이항분포의 기초가 된 이론이기 때문 예 경기 시작 전 진영을 선택하기 위한 심판의 동전 던지기
이항분포	• 반복된 실험과 관찰(베르누이 시행의 반복)에서 얻은 성공 결과의 확률분포 • 이항분포의 결과가 누적되면 성공과 실패의 이산적 결과로 볼 때 정규분포를 따를 수도 있고 아닐 수도 있음
기하분포	단 한 번의 성공 확률을 다루는 베르누이 시행에서 첫 성공이 일어날 때까지 반복 시행한 횟수의 확률분포
음이항 분포	• 단 한 번의 성공 확률을 다루는 베르누이 시행에서 r번에 성공할 때까지 반복 시행한 횟수의 확률분포 • 기하분포는 $r=1$인 음이항 분포
다항분포	• 세 번 이상의 베르누이 시행에서 나온 결과의 확률분포 • 각각의 시행에서 나온 성공 횟수를 구함
포아송 분포	• 베르누이 분포와 함께 대표적인 이산확률분포 • 성공 확률을 구하기 위한 반복 시행의 시간 간격을 고려 • 포아송 분포는 시간이 충분히 흘러 그 시행 횟수가 충분하다고 가정 • 일정한 시간 간격(λ, 람다)으로 발생하는 사건의 확률 • 포아송 분포는 시행 횟수가 충분히 많아도 그 확률이 매우 낮을 때 이용 예 4년마다 열리는 월드컵에서 특정 국가가 2골을 기록할 확률

ⓔ 연속확률분포
- 값의 개수를 셀 수 없는 연속확률변수의 확률분포를 의미
- 확률밀도함수(Probability Density Function) : 연속적인 변수의 확률밀도를 나타내는 함수로, 데이터가 평균을 중심으로 좌우로 분포되어 나타나는지(정규분포)를 확인
- 누적분포함수(Cumulative Distribution Function) : 확률변수의 값이 어떤 구간에 속할 확률인지를 계산
- 중심극한정리
  - 실험과 관찰의 횟수가 많을수록 표본들의 평균값은 모집단의 평균값에 더욱 근접해 분포한다는 이론
  - 중심극한정리는 데이터 분석의 가장 기본적인 이론
  - 모집단에서 추출한 표본이 충분히 전체를 반영해 설명할 수 있다는 근거가 됨
  - 모집단의 성격과 분포가 어떠하든 상관없이 표본평균의 분포는 모집단의 평균을 기준으로 좌우대칭이 되며, 이를 통해 충분히 전체를 대변할 수 있다는 설명
  - 표본은 전체에서 추출한 확률이고 중심극한정리는 확률분포를 따르며 이러한 확률분포를 정규분포라 함
  - 정규분포의 개형

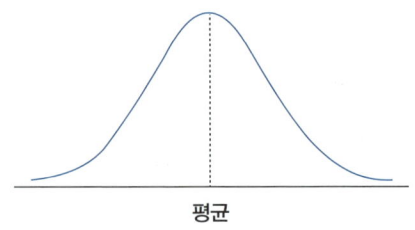

평균

- 연속확률분포의 종류

정규분포	• 중심극한정리에 근거한 대표적인 연속확률분포로, 확률변수의 평균 분포를 근사할 수 있는 분포를 의미 • 세상의 모든 현상은 정규분포를 따르게 됨 • 어떤 현상을 관찰한 결과가 정규분포를 따르지 않는다면 그것은 자료가 부족하기 때문
감마분포	• 특정 사건 a가 발생할 때까지 걸리는 시간을 표현한 연속확률분포 • 정규분포로 설명이 힘든 연속확률분포를 보완
지수분포	• 사건이 서로 독립적일 때 각각의 사건이 평균 발생률의 시간 간격을 나타내는 연속확률분포 • 특수한 경우의 감마분포를 의미 • 포아송 분포에서 연속적으로 발생한 두 사건의 경과 시간은 지수분포를 따름
카이제곱분포	• 표본과 가설 검정에 활용되는 연속확률분포 • k개의 서로 독립적인 정규확률변수의 제곱을 합한 값으로 나타내는 분포 • 감마분포의 특수한 형태를 의미 • 자유도(Degree of Freedom)를 활용 • 자유도란 독립적으로 변화를 줄 수 있는 매개변수를 의미
t분포	• 윌리엄 고셋의 스튜던트 t-분포(Student t)를 의미 • 표본이 적은 정규분포 형태 • 통계적 검정(t-검정)과 신뢰구간을 확인할 때 활용
균등분포	연속 구간에서 모든 변수가 발생할 확률이 동일한 경우의 연속확률분포
베타분포	두 매개변수 α와 β에 따라 (0, 1) 구간에서 정의되는 연속확률분포

❻ 그 외 주요 통계 용어

㉠ 평균(Mean), 분산(Variance), 표준편차(Standard Deviation)
　• 평균 : 데이터의 총합을 데이터의 개수로 나눈 것으로 산술평균을 의미

$$평균 = \frac{데이터의\ 총합}{데이터의\ 개수}$$

　　- 평균은 극단적인 값에 많은 영향을 받고 민감하게 반응
　　- 어느 한쪽의 값이 극단적으로 높거나 혹은 낮을 때 평균은 이를 상쇄해 버리는 약점을 가짐
　　- 평균으로부터 각각의 관측값이 얼마나 떨어져 있는지 확인하는 값이 편차(편차 = 관측값 - 평균)
　　- 편차를 모두 더하면 0이 되고 편차의 평균도 0
　　- 평균은 아주 기본적이고 기초적인 데이터 분석 방법의 하나이며 수치로 표현된 대단히 중요한 가치
　　- 평균을 확인할 때는 반드시 분산과 표준편차를 고려해야 함
　• 분산 : 편차를 제곱하고 평균을 구한 값

$$분산 = \frac{편차^2}{데이터의\ 개수}$$

　• 표준편차 : 분산에 제곱근($\sqrt{}$)을 취한 값

$$표준편차 = \sqrt{분산}$$

> **Tip** ✓
> 데이터 분석에서 평균을 올리거나 내리는 노력보다 표준편차를 줄이는 작업이 훨씬 중요함

㉡ 중앙값(Median)과 최빈값(Mode)
　• 중앙값은 전체 데이터를 나열했을 때 가운데에 있는 값을 의미하며 데이터의 개수가 홀수이면 하나의 값, 짝수일 경우 가운데 두 수의 평균을 활용
　• 최빈값은 전체 데이터 중 가장 높은 빈도로 등장하는 데이터를 의미

㉢ 모수와 비모수
　• 모수는 데이터가 정규분포를 따르고, 데이터가 정규분포로 표현될 만큼 표본 수가 많으며, 데이터가 같은 환경에서 발생한 경우
　• 비모수는 데이터가 정규분포가 아니며 데이터의 표본 수가 적거나 부족하고 데이터가 서로 독립적인 경우
　• 일반적으로 모수는 연속확률변수, 비모수는 연속되지 않은 이산확률변수
　• 모수의 분석은 모집단으로부터 추출한 표본 간 평균 차이를 중심으로 분석하고, 비모수적 기법은 평균이 아닌 서열(Rank, 순위) 또는 특정 기준값(평균 또는 중앙값, 대체로 중앙값을 사용)을 중심으로 한 부호(Sign)에 무게를 두고 분석

② 상관분석(Correlation)
- 두 변인 간의 관계를 확인하는 분석기법
- 상관계수(Correlation Coefficient)를 확인하여 관계를 파악
- 상관계수는 +1과 −1 사이의 값을 가짐
- 값이 0보다 작으면 음의 상관관계라고 하며 두 변인 간에 관계가 없음을 나타냄
- 값이 0보다 크면 양의 상관관계라고 하며 두 변인 간에 관계가 있음을 나타냄
- −1에 가까울수록 강한 음의 상관관계이며, +1에 가까울수록 강한 양의 상관관계
- 모수일 경우 피어슨 상관계수(Pearson Correlation Coefficient)를 사용하고, 비모수일 경우 스피어만 상관계수(Spearman's Rank Correlation Coefficient)를 사용함

⑤ 공분산(Covariance)
- 공분산은 두 변수가 함께 변하는 경향을 측정한 것으로 두 변수가 각자의 평균으로부터 멀어지는 값을 의미
- 공분산의 절댓값이 클수록 변수 사이의 관계가 강하다고 해석할 수 있지만, 공분산의 크기는 변수의 측정 단위에 따라 달라지기 때문에 두 변수 간의 관계 강도를 직접 비교하긴 어려움
- 공분산과 상관분석
  - 공분산은 방향성을, 상관계수는 방향성과 관계의 강도를 파악
  - 상관계수는 공분산을 기반으로 하며, 변수 간의 관계를 표준화된 형태로 나타내어 더 많은 응용을 가능하게 함

❼ 데이터 마이닝
㉠ 데이터 마이닝이란 데이터베이스나 데이터 웨어하우스 등에 저장된 다양하고 방대한 데이터로부터 의사결정에 도움이 되는 유용한 정보를 발견하는 일련의 작업을 의미
- 사전적 의미로 대규모의 데이터 집합 속에서 일정한 패턴을 찾아 예측하는 기술과 분석 방법을 의미
- 데이터를 탐색하고 발굴하여 통계분석, 학습, AI 등에 활용하는 기술을 통칭

데이터 마이닝(분석)의 과정

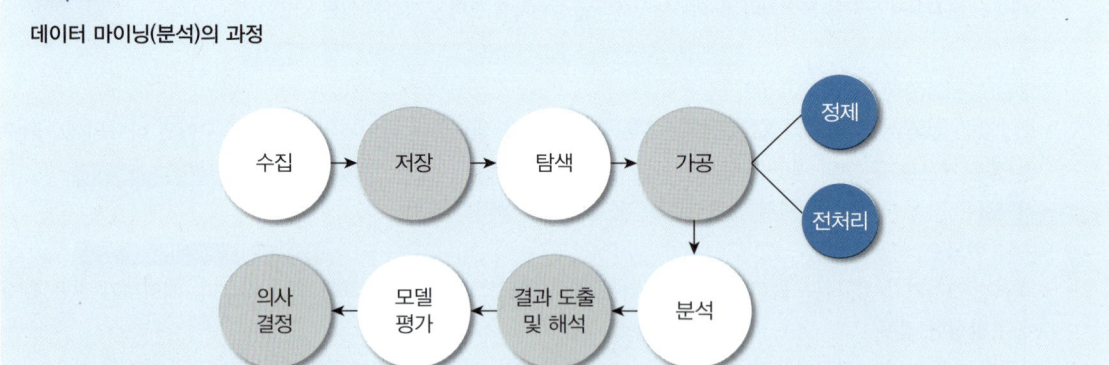

ⓛ 데이터 마이닝의 특징
- 대용량의 관측 가능한 자료를 다룸
- 관측자료는 시간의 흐름에 따라 비계획적으로 축적되며, 자료분석을 염두에 두고 수집되지 않음
- 컴퓨터 중심적 기법
- 수리적으로 밝혀지지 않는 경험적 방법에 근거함
- 일반화에 초점을 맞춤
- 경쟁력 확보를 위한 의사결정을 지원하기 위해 활용

ⓒ 데이터 마이닝의 목적

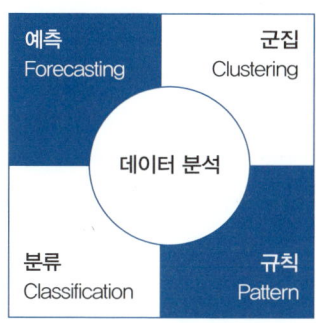

ⓔ 연관규칙분석(Association Rules)
- 연관규칙분석은 데이터 속에서 연관된 규칙을 발견하는 데이터 분석 기법으로, 매우 중요한 역할을 담당
- 사건 A와 사건 B에서 동시에 발생하는 사건의 확률을 발견하는 분석

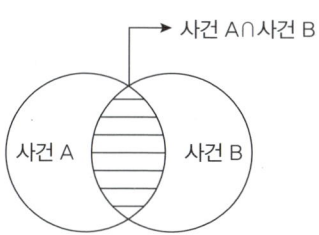

- 사건 A가 먼저 일어나고 사건 B가 발생하든, 아니면 사건 B가 먼저 발생하고 사건 A가 먼저 발생하든 상관없이 두 사건이 동시에 발생하는 확률을 연관규칙에서는 지지도(Support)라고 부름
  - 지지도는 사건의 발생 순서가 없다는 것
  - 전체의 사건에서 동시에 일어난 두 사건
- 사건 A가 발생할 때만 동시에 발생하는 사건들의 확률을 연관규칙에서는 신뢰도(Confidence)라고 함
  - 무조건 사건 A가 가장 먼저 발생해야 하는 것
  - 방향성을 가진 조건부 확률
  - 특정 사건과 동시에 발생한 또 다른 사건

㉤ K-평균 군집화 분석(K-means Clustering)
- 군집은 데이터를 보고 유사한 성질과 특성 또는 규칙에 따라 데이터를 묶는 작업
  - 군집은 최종 개수를 사전에 알 수 없음
  - 군집은 기준을 탐사하고 대상을 나누는 것이 핵심
- 군집분석과 분류분석은 모두 유사한 속성을 가지는 데이터끼리 모으거나 분리하는 작업이 핵심이 되는 분석
  - '유사한 속성'을 데이터 분석에서는 유사도(Similarity)라는 이름으로 부름
- K-평균 군집화 분석은 군집화 알고리즘의 대표적인 분석 기법
  - n개의 데이터를 K개의 군집으로 그룹화하는 것을 의미
- K-평균 군집화 분석의 알고리즘
  - n개의 데이터를 받아 무작위로 그룹화(군집) 진행
  - 형성된 군집에서 데이터 간의 중심점(값)을 발견
  - 중심점을 기준으로 가까운 데이터를 찾아 모으는 작업과 가까운 데이터가 없을 때 새로운 군집을 형성하는 작업을 더 이상 군집이 변하지 않을 때까지 반복적으로 수행
  - 새로운 데이터가 들어오면 군집별 중심점과 비교해 거리가 가장 짧은 군집에 분배
  - 새로운 데이터가 k-1 군집에 포함되면 해당 k-1 군집은 평균 거리를 다시 계산해 새로운 중심점을 도출
  - 새로운 데이터가 들어올 때마다 군집의 모양이 변하고 경계선이 새롭게 작성
  - 새로운 데이터가 들어온 k-1 군집은 타 군집과 중심점을 다시 비교
  - 중심점의 변화가 가장 적고 경계선의 이동이 없을 때까지 앞의 과정을 반복 수행
- K-평균 군집화 분석의 예시

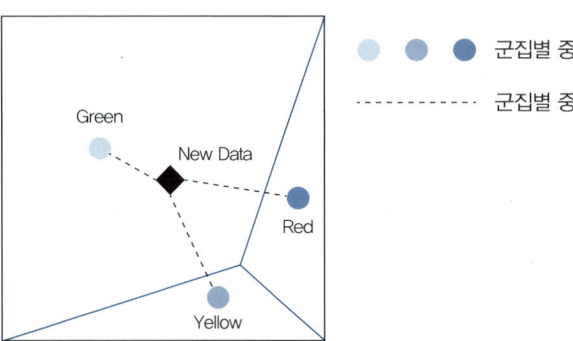

ⓑ 의사결정나무분석(Decision Tree)
- 분류란 이미 설정된 체계와 규칙 또는 조건에 따라 데이터를 분리하는 작업
  - 이미 개수가 정해져 있음
  - 정해진 기준을 대상에 적용해 나누는 것
- 의사결정나무는 데이터가 가지는 패턴을 예측할 수 있는 규칙들의 조합으로 분류하여 찾아가는 분석 모델
  - 최종 모형이 뒤집어 놓은 나무와 같다고 해서 의사결정나무라 함
- 의사결정나무분석 예시

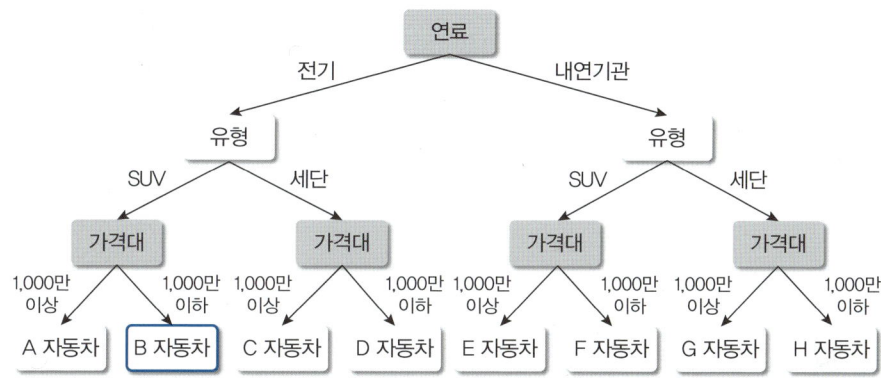

- 지니계수(Gini Impurity)
  - 의사결정나무분석에서 분류된 결과 내 불순한 자료가 얼마나 포함되었는지 확인하는 값
  - 지니계수가 0에 가까울수록 분류가 잘 이루어진 것
ⓐ 회귀분석(Regression Analysis)
- 회귀분석은 인과관계를 파악해 연속형 변수 간의 적합도를 함수식으로 구하는 대표적인 예측기법
  - 독립변수가 변함에 따라 종속변수가 어떤 변화를 보이는지를 설명하는 모형
  - 결과에 영향을 주는 독립변수의 개수에 따라 단순회귀분석(Simple Regression Analysis)과 다중회귀분석(Multiple Regression Analysis)으로 구분
- 회귀분석은 인과관계가 핵심이 되며, 원인과 결과의 관계가 충분히 설명되어야 함
  - 회귀분석에서 결과에 영향을 주는 원인을 독립변수라 하고, 영향을 받은 결과를 종속변수라 함
- 회귀분석과 상관분석 모두 상관관계를 파악
  - 상관분석은 변수 간 상관관계만을 파악할 뿐 원인과 결과의 인과관계를 설명하지는 않음
    예 '연봉과 소비는 관계가 있다.'는 두 분석 모두 가능하지만 '연봉이 높으면 소비가 많다.'는 상관분석으로 설명이 안 됨

◎ 학습 알고리즘(Learning Algorithm)
- 기계학습(Machine Learning)이란 데이터로부터 학습한 결과를 바탕으로 의사결정을 하는 알고리즘
  - 데이터로부터 판단
  - 대표적인 알고리즘은 K-means Clustering, SVM(Support Vector Machine), 의사결정나무, 랜덤 포레스트(Random Forest) 등
- 심화학습(Deep Learning)이란 데이터로부터 학습하고 스스로 현명한 의사결정을 내리는 알고리즘으로 기계학습의 하위 분야
  - 알고리즘 스스로 판단
  - CNN(Convolutional Neural Network), RNN(Recurrent Neural Network) 등의 신경망 알고리즘
- 지도학습(Supervised learning)이란 입력과 출력이 모두 주어진 상태에서 진행되는 기계학습 알고리즘
  - 레이블이 지정된 데이터를 활용
  - 분류분석, 예측분석 등이 해당
- 비지도학습(Unsupervised Learning)이란 출력을 알 수 없는 상태에서 입력된 데이터만으로 진행되는 기계학습 알고리즘
  - 레이블이 지정되지 않은 데이터를 활용
  - 군집분석, 규칙분석 등이 해당

기출유형 완성하기

정답 01 ② 02 ② 03 ① 04 ④

01 다음 중 연속확률분포에 해당하는 것으로 연결되지 않은 것은?

① 균등분포, 정규분포
② 정규분포, 이항분포
③ 정규분포, 지수분포
④ 지수분포, 균등분포

해설
대표적인 연속확률분포는 정규분포, 감마분포, 지수분포, 균등분포 등이 있고, 대표적인 이산확률분포는 베르누이 분포, 이항분포, 포아송 분포 등이 있다.

02 다음 중 데이터 해석의 오류와 그에 대한 설명으로 적절하지 않은 것은?

① 표본편향 – 데이터 분석을 위해 선택된 표본이 모집단을 대표하지 못하는 경우
② 측정오류 – 계측되거나 관찰, 수집한 결과가 부족하여 분석이 어려운 경우
③ 거짓 인과관계 – 우연의 결과를 원인과 결과의 관계로 인식하는 경우
④ 확증편향 – 분석가 자신의 믿음과 사고에 부합되는 데이터만을 활용하는 경우

해설
측정오류는 계측되거나 관찰, 수집한 결과가 실제 값과 차이를 보이는 경우로서 데이터 분석 결과의 신뢰성과 정확성에 영향을 준다.

03 다음 중 모집단과 표본에 대한 설명으로 적절하지 않은 것은?

① 모집단이란 분석이 수행될 분석의 결과가 가장 정확한 집단을 의미한다.
② 표본이란 전체 집단에서 분석이 실제 수행될 대표 집단을 의미한다.
③ 대부분 분야에서는 데이터 분석 시 표본조사를 수행한다.
④ 잘못된 표본을 선정하면 왜곡된 결과를 초래할 수 있다.

해설
모집단이란 분석 대상이 되는 전체 집단을 의미한다. 전체 집단에서 분석이 실제 수행될 대표 집단을 표본이라 하며, 잘못된 표본을 선정하면 왜곡된 결과를 초래하기 때문에 전체에서 선택된 표본은 매우 중요하다.

04 다음 중 특정한 사건이 동시에 발생하는 확률을 발견하는 분석으로 적절한 것은?

① 회귀분석
② 분류분석
③ 군집분석
④ 연관분석

해설
연관분석은 데이터 속에서 연관된 규칙을 발견하는 데이터 분석 기법으로, 사건 A와 사건 B에서 동시에 발생하는 사건의 확률을 발견하는 분석이다.

단원 최종 점검하기

01 다음 중 데이터의 개념과 흐름에 대한 설명으로 적절하지 않은 것은?

① 데이터란 현실 세계에서 관찰하거나 측정하여 수집한 사실이나 값을 의미한다.
② 정보란 데이터의 데이터를 수집하여 탐색할 수 있도록 저장해 놓은 상태를 의미한다.
③ 지식이란 데이터를 통해 도출된 다양한 정보를 구조화하여 유의미한 정보를 분류하고 개인적인 경험을 결합해 고유의 지식으로 내재화한 것이다.
④ 통찰이란 지식의 축적과 아이디어가 결합한 창의적 산물을 의미한다.

해설
정보란 데이터의 가공, 처리와 데이터 간의 연관관계 속에서 의미가 도출된 것을 의미한다. 의사결정에 유용하게 활용할 수 있도록 데이터를 처리한 결과물로서 의사결정을 위해 수집하고 정리한 데이터의 묶음이다.

02 다음 중 빅데이터의 영향력으로 적절하지 않은 것은?

① 빅데이터 분석을 통한 기업의 원가절감, 제품 차별화, 기업활동의 투명성 제고
② 기상, 인구이동. 각종 통계, 법제 데이터 등을 수집해 사회변화를 예측
③ 과거의 제도와 전략을 충분히 활용한 동일한 거버넌스 체계의 확립
④ 운용 효율성이 증가하여 산업 전체의 생산성 향상

해설
과거의 제도와 전략을 빅데이터로 분석하여 미래 사회 도래에 대비한 법제도 및 거버넌스 시스템 정비 방향, 미래 성장 전략, 국가 안보 등에 대한 정보를 제공할 수 있다.

03 다음 중 정형 데이터에 대한 설명으로 적절한 것은?

① 하나의 속성에 하나의 값을 갖고 있으나, 값의 내부에 또 다른 속성과 값을 가질 수 있는 이중 구조의 데이터
② 하나의 속성에 다양한 값이 복합적으로 내포된 데이터
③ 정형 데이터는 데이터 분석에 가장 불리하고 어려움
④ 데이터의 저장을 위해 주로 관계형 데이터베이스를 활용함

해설
정형 데이터는 하나의 속성에 하나의 값을 갖는 데이터로 주로 행(Row)과 열(Column)의 구조(Table, 표)를 가진다. 대표적인 정형 데이터 구조를 가지는 프로그램으로는 엑셀(Excel)이 있으며 데이터의 저장을 위해 주로 관계형 데이터베이스를 활용한다.

04 다음 중 범주형 데이터의 척도에 대한 정의와 설명이 적절하지 않은 것은?

① 명목척도 – 오로지 분류의 목적을 띠며 연산이 불가능하다.
② 서열척도 – 순서는 포함하지 않으며 특성에 따른 구분만을 기준으로 한다.
③ 등간척도 – 상대적 비교뿐만 아니라 얼마나 큰지를 충분히 설명 가능하다.
④ 비율척도 – 0의 값을 가진다.

해설
서열척도는 순서가 포함되어 있으므로 범주에 포함된 데이터 간의 상대적 크기도 구분할 수 있으나 연산은 불가능하다.

정답 01 ② 02 ③ 03 ④ 04 ② 05 ① 06 ① 07 ④

05 다음의 설명이 의미하는 확률의 정의로 적절한 것은?

> - 직관적이기보다는 경험 또는 실험 및 관측의 결과로 확률이 계산된다.
> - 반복된 수행을 통해 얻어지는 결과로 주사위 던지기 혹은 동전 던지기가 대표적인 예이다.

① 상대적 확률
② 조건부 확률
③ 절대적 확률
④ 이산적 확률

해설
상대적 확률은 직관적이기보다는 경험 또는 실험 및 관측의 결과로 확률을 계산한다. 동전을 던져 앞면이 나올 확률인 1/2, 주사위를 던져 1이 나올 확률인 1/6은 실험 횟수가 많아질수록 그 확률이 상대적으로 명확해 진다는 것을 의미하며 반복된 수행을 통해 얻어지는 상대적 결과이다.

06 다음의 설명이 의미하는 확률분포의 정의로 적절한 것은?

> - 데이터를 시험하고 관찰한 결과로, 성공과 실패의 두 가지 값(0, 1)만으로 확률분포를 표현하는 대표적인 이항분포이다.
> - 이항분포의 기초가 된 이론이다.

① 베르누이 분포   ② 기하분포
③ 다항분포   ④ 포아송 분포

해설
② 기하분포는 단 한 번의 성공 확률을 다루는 베르누이 시행에서 첫 성공이 일어날 때까지 반복 시행한 횟수의 확률분포이다.
③ 다항분포는 세 번 이상의 베르누이 시행에서 나온 결과의 확률분포이다.
④ 포아송 분포는 대표적인 이산확률분포로, 성공 확률을 구하기 위한 반복 시행의 시간 간격을 고려한다.

07 다음 중 모수에 대한 설명으로 적절하지 않은 것은?

① 모수의 데이터는 정규분포를 따른다.
② 데이터가 서로 같은 환경에서 발생한 경우이다.
③ 표본의 수가 충분히 많은 경우이다.
④ 서열 또는 특정 기준값을 중심으로 한 부호에 무게를 두고 분석한다.

해설
모수는 데이터가 정규분포를 따르고 정규분포로 표현될 만큼 표본의 수가 많으며, 데이터가 서로 같은 환경에서 발생한 경우이다. 모수의 분석은 모집단으로부터 추출한 표본 간 평균 차이를 중심으로 분석을 수행한다.

CHAPTER 02 데이터 파일 시스템

PART 2 데이터 해석 및 활용

기출유형 11 ▶ 데이터 파일시스템의 개념 및 종류

실시간 어플리케이션, 빅데이터 처리 및 AI 등 비정형 데이터 처리에 폭넓게 활용되는 DB로 적절한 것은?

① RDB　　　　　　　　　　　② File DB
③ SQL　　　　　　　　　　　④ NoSQL

해설
NoSQL은 비관계형 데이터베이스 유형으로 테이블 형식과 다른 형식으로 데이터를 저장한다. 실시간 어플리케이션, 빅데이터 처리 및 AI 등 비정형 데이터 처리에 폭넓게 활용되고 있으며 데이터를 관리하는 구문이 사용자의 요청에 따라 모두 상이하다.

| 정답 | ④

족집게 과외

❶ 자료의 계층구조

㉠ 파일시스템
- 계층구조를 가지는 대표적인 자료구조
- 데이터를 효율적으로 저장하고 검색할 수 있음
- 파일, 폴더, 디렉토리를 통해 자료의 계층구조를 구현함
- 파일시스템의 4가지 요소

엑세스 방식	파일에 저장되어 있는 데이터에 접근하는 방식
파일 관리	저장, 참조, 공유할 수 있도록 안전하게 관리하는 기법
보조기억 장치 관리	보조기억 장치에 파일을 저장하는 데 필요한 공간 할당
파일 무결성 유지	파일의 정보가 소실되지 않도록 조정하는 일

- 파일과 폴더를 저장, 관리, 접근하는 체계로서, 자료의 계층구조를 통해서 데이터를 구조화하고 조직화
- 데이터를 논리적으로 구성하고 저장 장치에 효율적으로 배치하여 파일의 생성, 수정, 삭제, 검색 등의 작업을 수행하도록 함
- 2단계 계층구조 파일시스템

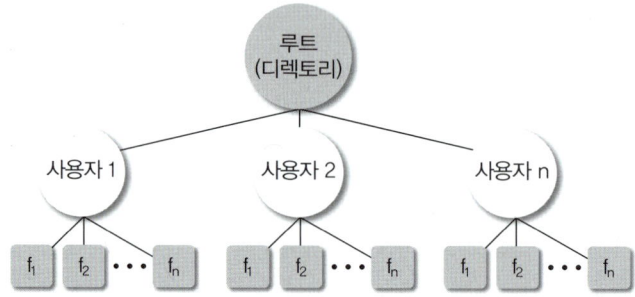

- 일반적으로 하드디스크, SSD, 네트워크 드라이브 등의 저장 장치에 적용
- 폴더에 대해 읽기, 쓰기, 실행 등의 권한을 할당하여 데이터의 보안을 유지
  - 접근제어행렬(Access Control Matrix)을 활용하여 파일의 엑세스를 제어
  - 접근제어행렬에는 각 사용자의 각 파일에 대한 접근 유형이 기록
  - 사용자를 그룹별로 엑세스 제어하는 방법이 일반적
  - 그룹별 관리는 파일 소유자, 특정 사용자, 그룹 구성원, 일반 사용자 등에 따라 엑세스 권리를 각각 부여
- 파일시스템의 장치와의 독립성(Device Independent), 파일 암호화(Encryption) 및 해독(Decryption) 기능과 데이터의 백업(Backup)과 복구(Recovery)의 기능도 수행
- 파일시스템의 종류

FAT (파일 할당 테이블)	• 가장 오래된 단순 파일시스템(FAT16, FAT32 등) • 구현과 사용이 간단하고 구조가 단순하여 데이터 손상이나 삭제 시 쉽게 복구 가능 • 다양한 운영체제에서 기본적으로 호환 가능 • 파일데이터가 다양하게 산재하여 디스크 성능 유지를 위해 주기적인 조각모음이 필요하고 보안, 암호화, 압축 등의 기능이 부족 • 볼륨과 파일이름의 길이가 제한적
exFAT (확장 파일 할당 테이블)	• FAT32의 단점을 보완하여 개선된 파일 시스템 • 여러 운영 체제에서 호환성을 제공하여 외부 SSD, 이동식 저장 장치 등에 일반적으로 사용 • 대용량 미디어 파일이나 디스크 이미지를 저장 가능 • 낭비되는 디스크 공간의 크기가 FAT보다 훨씬 작음 • Windows 및 MacOS에서 기본적으로 활용 가능 • FAT에서 개선되었지만 여전히 보안, 암호화, 압축 등의 기능이 부족하고 파일 생성, 수정, 삭제할 때 단편화 발생으로 성능이 저하될 수 있음
NTFS (신기술 파일 시스템)	• 현재 윈도우 기반의 운영체제에서 사용되는 기본 파일시스템 • 견고한 보안 및 접근 권한 기능을 제공하여 파일 및 폴더에 대한 접근 권한을 제어 • 디스크 오류가 종종 발생하며 복구가 까다로움 • 단편화 문제를 가지며 다른 운영 체제와의 호환성이 제한적임
APFS (Apple 파일 시스템)	• MacOS, iOS에서 활용하는 파일시스템 • 다른 OS에서의 활용이 불가하다는 한계성을 가짐 • 데이터의 읽기, 쓰기, 수정, 삭제 등의 기본적인 처리 속도가 빠름 • 데이터 무결성 성능이 뛰어나며 암호화 및 보안 기능이 강화됨
HFS, HFS+ (계층적 파일 시스템)	• Apple에서 사용한 파일시스템으로 이후 APFS을 확장 발전 • 구조가 단순하고 직관적인 이점으로 구현과 이해가 쉬움 • 메타데이터의 개념을 도입한 파일시스템으로 다양한 파일 정보를 저장할 수 있음 • 파일의 크기와 파티션이 제한적이며 파일시스템의 기본적인 보안, 권한, 압축, 암호화 기능이 부족함
Ext4 (4차 확장 파일 시스템)	• Linux 운영체제에서 활용되는 파일시스템 • 데이터 손상 위험이 적고 파일시스템의 일관성 유지가 쉬우며 복구가 빠름 • 파일의 생성, 수정, 삭제 시 단편화 문제 발행 가능 • Linux의 기본 파일시스템으로 다른 OS와의 호환과 확장성이 극히 제한적

- 파일시스템의 단점
  - 데이터 중복 및 일관성 : 여러 파일에 동일한 데이터를 중복해서 저장하는 경우 데이터의 일관성이 깨질 수 있음
  - 데이터 무결성 유지 : 파일시스템은 데이터에 대한 일관된 제약조건과 규칙을 적용하기 어려우므로 잘못된 데이터 입력, 손상, 일관성 오류 등으로 인해 정확성이 보장되지 않을 수 있음
  - 제한된 데이터 검색 : 파일시스템은 기본적인 검색 기능만 제공하고, 복잡한 데이터 검색 작업을 수행하기에는 제한적임
  - 확장성 : 데이터의 양이 증가하거나 데이터베이스 요구사항이 변경될 경우 파일시스템은 데이터 처리에 제한적임
  - 동시성 및 병행 처리 : 여러 사용자가 동시에 데이터에 액세스하거나 수정하는 것이 어려움

ⓒ 블록(Block)
- 장치에 출력되거나 장치로부터 입력되는 실제정보의 단위
- 논리적 레코드(Logical Record)는 사용자 관점에서 한 단위로 취급되는 자료 집단
- 여러 논리적 레코드가 모여 하나의 물리적 레코드를 이루면 블록킹된 레코드임
- 파일시스템의 가장 낮은 계층으로, 블록은 일정한 크기의 데이터 조각으로 파일시스템에 저장
- 각 블록은 고유한 주소를 가지고 있으며, 파일시스템은 이러한 블록들을 조직화하여 파일이나 폴더에 할당함

> **Tip** ✓
>
> **고정 길이의 블록**
>
> 카운트 : 데이터의 각종 제어정보
> RL : 레코드의 길이
>
>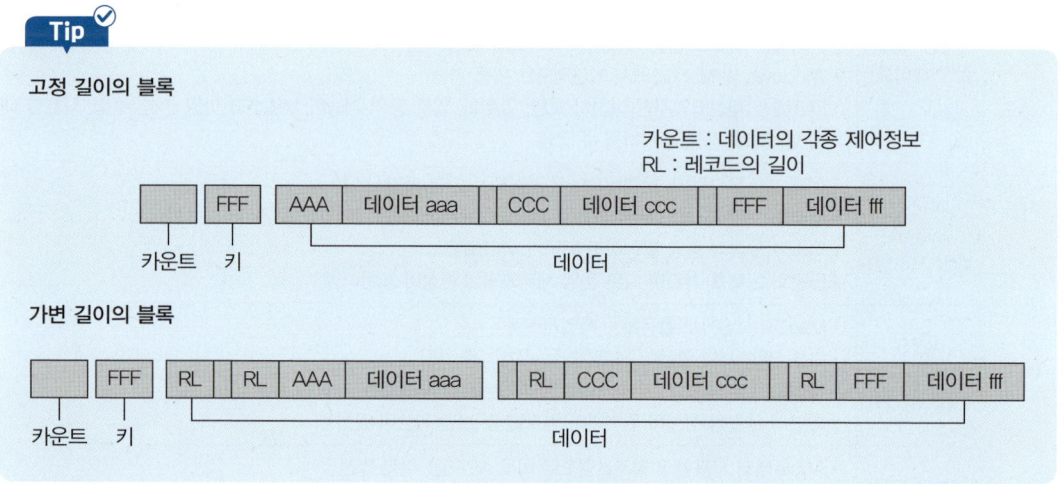
>
> **가변 길이의 블록**

ⓒ 파일(File)
- 사용자가 생성하여 블록들의 집합으로 구성된 데이터의 단위
- 파일은 이름을 가진 데이터의 집합으로 보조기억장치에 저장
- 파일을 보조기억장치 어느 한 영역에 할당하는 연속할당(Contiguous Allocation), 여러 영역에 산재하여 할당하는 식별자(파일명 혹은 파일 경로)를 가짐
- 데이터와 파일에 대한 메타데이터(파일 크기, 생성 일자, 수정 일자 등)를 포함
- 파일 전체를 대상으로 하는 작업은 개방(Open), 폐쇄(Close), 생성(Create), 제거(Destroy), 복사(Copy), 개명(Rename), 나열(List) 등이 있음

- 파일의 종류

순차 파일 (Sequential File)	• 레코드가 블록화 되어 물리적 순서에 따라 저장되는 방식 • 대기행렬을 이용한 접근
인덱스 순차 파일 (Indexed Sequential File)	• 블록화된 레코드의 키에 따라 논리적 순서로 배열되는 방식 • 대기행렬을 이용한 접근
직접 파일 (Direct File)	• 블록화된 레코드가 기억장치의 물리적 주소에 따라 직접 엑세스 되는 방식 • 기본적인 직접 접근 방식

- 파일시스템은 파일의 데이터를 여러 개의 블록에 분산하여 저장하고, 파일의 메타데이터는 특정 블록에 저장되거나 파일시스템의 다른 영역에 저장될 수 있음
- 대기행렬을 활용한 파일 접근(Queued Access Method)은 입·출력을 미리 예상하여 버퍼링(주기억장치에 물리적 블록 여러 개를 저장할 수 있도록 하는 기능)하고 스케줄을 작성

ⓔ 디렉토리(Directory)
- 파일이나 다른 디렉토리를 포함할 수 있는 컨테이너 역할을 수행하며, 파일을 조직화하기 위한 계층구조를 제공함
- 파일시스템에서 각 디렉토리는 고유한 식별자인 디렉토리 경로를 가지며, 사용자는 디렉토리를 통해 파일에 쉽게 접근할 수 있음
- 파일시스템 내에서 파일의 계층구조를 형성하며, 파일과 다른 하위 디렉토리를 포함할 수 있음

❷ 데이터베이스 관리시스템(DBMS ; Database Management System)
㉠ 데이터베이스(Database)는 데이터를 구조화하여 저장하고 여러 사람이 동시에 사용할 목적으로 체계화하여 통합 관리하는 데이터의 집합
㉡ 데이터베이스의 분류

데이터 모델에 따른 분류	계층 데이터 베이스	• 데이터베이스의 논리적 구조가 트리(Tree) 형태를 가짐 • 루트(Root)를 가지며 관계의 유형은 일대다의 관계만 존재
	망(Network) 데이터 베이스	• 논리적 구조가 네트워크 형태의 구조 그래프 • 계층형이 단 하나의 루트만을 갖는 단점을 개선 • 일대다의 관계만 존재
	관계 데이터 베이스	• 개체 사이의 관계(Relation)를 테이블의 형태로 표현 • 현재 가장 많이 활용되는 모델 • 계층, 망 모델과 달리 방향성을 고려하지 않는 접근성

접속 유형에 따른 분류	중앙 집중 데이터 베이스	데이터베이스 시스템이 하나의 컴퓨터에서 운영	
	분산 데이터 베이스	데이터베이스를 물리적으로 분리하여 여러 컴퓨터에 운영	

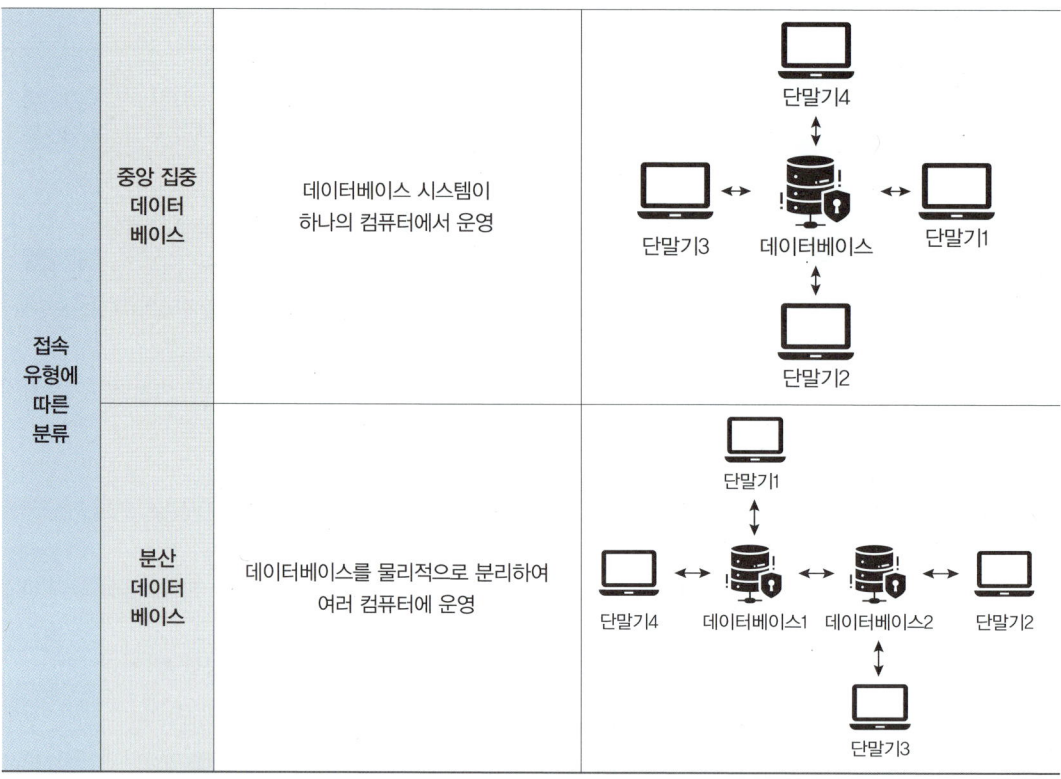

ⓒ 데이터베이스 관리시스템(DBMS ; Database Management System)
- 데이터베이스와 사용자 또는 응용 프로그램 사이의 인터페이스를 담당하는 소프트웨어 시스템을 의미
- DBMS는 파일시스템에서 발생하는 데이터 중복성, 종속성 등의 문제점을 해결하고 보안, 무결성, 복구 등의 다양한 기능을 지원
- 역할
  - 개체, 인덱스, 트리거, 프로시저 등의 생성
  - 데이터의 삽입, 삭제, 수정, 조회 등의 조작
  - 스키마, 사용자, 트랜잭션 등의 관리
  - 데이터베이스의 백업과 복원
- 특징

동시 접근 허용	• 서로 다른 목적을 가진 사용자의 동시 접근이 가능 • 파일시스템에서는 원하는 작업을 마치고 해당 파일의 연결이 끝난 후 접속이 가능
실시간 접근	데이터 생성을 즉시 처리할 수 있으며 결과를 의사결정에 반영할 수 있음
동적 변화	데이터의 삽입, 삭제, 수정 등으로 데이터베이스는 계속 변화하고 가장 최신의 자료를 유지 및 관리
값의 참조	• 사용자 요구에 따라 내용에 의한 값을 참조 • 위치와 형태를 알아야 하는 파일시스템과는 성격이 다름

- 장점

중복성과 불일치	데이터가 통합 관리되어 중복을 최소화하고 데이터의 불일치를 감소함
정보 활용	데이터베이스 구조를 몰라도 사용자는 손쉽게 접근할 수 있으며 원하는 정보를 검색할 수 있음
시스템 확장	별도의 프로그램을 활용하지 않아도 데이터베이스의 수정이 가능하고 별도의 작업에 큰 영향을 주지 않음
작업의 표준화	데이터의 구조, 형식 등을 표준화하여 구성이 가능
보안성	사용자 관리 및 개체 접근 권한, 보안 설정 등의 기능으로 데이터베이스를 안전하게 관리
무결성	다수의 사용자 접근 및 사용에도 트랜잭션 관리, 제약조건 등의 기능으로 데이터의 결합과 오류를 방지
데이터의 백업과 복구	데이터베이스의 장애 발생 시에도 백업 기능과 복원으로 서비스 복구가 용이
데이터 공유	다수의 사용자가 서로 다른 목적으로 접근하여 데이터를 공유하고 작업이 가능
데이터 독립성	기존 응용 프로그램에 영향을 주지 않고 데이터베이스의 논리적 구조를 변경시키거나 데이터의 물리적 구조를 변경할 수 있는 것

- 데이터의 무결성은 데이터의 일관성과 정확성을 유지하는 것

ⓔ 트랜잭션
- 데이터베이스의 가장 기본적인 작업 단위를 트랜잭션(Transaction)이라 함
- 트랜잭션 관리 등을 통해 데이터의 무결성을 유지
- 트랜잭션은 데이터의 원자성과 일관성을 보장하고, 고립성과 지속성을 유지할 수 있도록 관리됨
- ACID 원칙

원자성(Atomicity)	트랜잭션은 모든 작업이 정상적으로 완료된 상태이거나 하나라도 오류가 있을 시 모두 실행되지 않은 상태로 남아야 함
일관성(Consistency)	트랜잭션 실행 이전의 데이터베이스 상태가 정상적이라면 트랜잭션이 수행되고 난 이후의 데이터베이스 상태도 정상적이어야 함
고립성(Isolation)	트랜잭션은 명령의 순서에 따라 순차적으로 진행되므로 특정 트랜잭션이 수행 중 다른 트랜잭션이 영향을 주거나 이미 실행된 트랜잭션이 이후 진행될 트랜잭션에 영향을 주거나 비정상적인 결과를 만들면 안됨
지속성(Durability)	성공적인 트랜잭션이 수행되면 해당 트랜잭션에 의해 변경된 내용은 데이터베이스 내에 영구적으로 남아야 함

❸ **관계형 데이터베이스 관리시스템(RDBMS ; Relational Database Management System)**

  ㉠ 관계형 데이터베이스는 현실 세계의 모든 데이터를 개체(Entity)로 구성하고, 각 개체의 속성(Attribute)에 따라 값(Value)을 부여하여 개체 간 관계를 형성한 DB를 의미

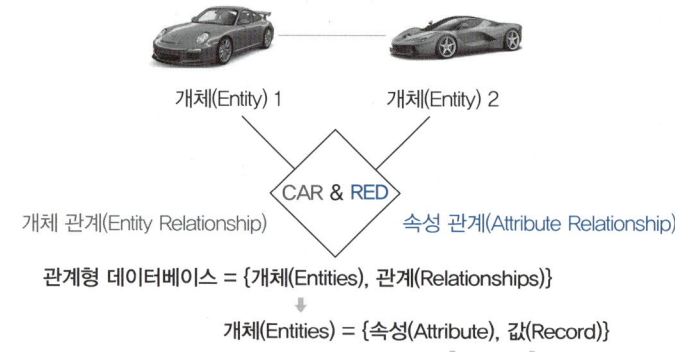

  - 관계형 데이터베이스를 관리하는 시스템이 RDBMS
  - 현재 DBMS의 대부분은 RDBMS이며, 대표적으로 ORACLE, MS-SQL, My-SQL 등이 있음

  ㉡ 행과 열의 테이블 형태로 데이터를 저장하고 관리함. 또한 테이블 간의 관계를 정의하고, 이러한 관계는 주로 키(Key)에 의해서 형성

열(Column)	개체(Entity)에 대한 속성(Attribute)을 의미
행(Row)	개체(Entity)의 속성(Attribute)에 대한 실제 값(Value)을 의미
테이블(Table)	개체(Entity)의 속성(Attribute)과 실제 값(Value)을 담고 있는 이진(Binary) 형태의 저장소(Store)

  ㉢ 데이터의 무결성과 일관성을 유지하기 위해 제약조건을 정의하고 적용하며, 제약조건은 데이터의 유효성 검사와 일관성 유지를 보장

도메인 (Domain)	데이터의 형식, 크기, 범위, 기본값 등을 정의하고 이를 위배하지 않는 값만을 수용하는 제약조건
개체무결성 (Entity Integrity)	저장된 인스턴스를 유일하게 식별하는 속성(기본키)은 NULL 값을 가질 수 없다는 제약조건
참조무결성 (Relational Integrity)	관계를 위해 활용된 속성(외래키)은 NULL 값을 가질 수 없다는 제약조건

  ㉣ 구조화된 질의어(SQL ; Structured Query Language)를 통해 접근하고 작업을 수행

❹ **NoSQL 데이터베이스 시스템(Not only SQL Database System)**
  ㉠ 용어 그대로 SQL을 활용하지 않는 데이터베이스를 의미
    • 비관계형 데이터베이스 유형으로 테이블 형식과 다른 형식으로 데이터를 저장
    • 실시간 어플리케이션, 빅데이터 처리 및 AI 등 비정형 데이터 처리에 폭넓게 활용
    • 데이터를 관리하는 구문이 사용자의 요청에 따라 모두 상이함
  ㉡ NoSQL 데이터베이스는 사전에 스키마가 정의되지 않아도 데이터의 저장이 가능
    • 작업과 동시에 데이터를 정의하게 되므로 접근이 쉽고 빠른 작업이 가능
    • 대표적 유형

그래프	• 데이터를 점(Node)과 선(Edge)으로 모델링한 데이터베이스 • Neo4j, ArangoDB 등
열 지향	• 데이터를 열의 집합으로 저장하는 데이터베이스 • 대용량 데이터 처리와 분석 • Cassandra, HBase 등
문서 지향	• 데이터를 특정한 문서 형태로 저장하는 데이터베이스 • 대표적인 문서로는 JSON, XML, BSON 등 • 문서의 유형이 서로 다르므로 유연성이 좋음 • MongoDB, CouchDB 등
키-값 저장소	• 데이터를 키와 값의 쌍으로 저장하는 데이터베이스 • 모델이 비교적 간단하며 확장성이 좋고 성능이 뛰어남 • Redis, DynamoDB, Riak 등

• 장점
  - 유연성 : 사전에 구조를 정의(스키마)하지 않아도 자유로운 형식으로 저장이 가능하고, 하나의 NoSQL 데이터베이스 내에 구조, 반구조, 비구조적 데이터 등 모든 형식을 처리
  - 확장성 : 데이터 혹은 트래픽 증가시 서버 또는 하드웨어의 수평적 확장으로 No-shut Down 서비스가 가능
  - 고성능 : 다양한 형식의 데이터 지원, 단순한 구조 등으로 작업을 빠르게 수행하고 높은 성능을 유지

RDBMS(SQL)와 NoSQL 데이터베이스의 비교

구분	RDBMS(SQL)	NoSQL
구조	관계형 데이터베이스	비관계형 데이터베이스
스키마	사전 정의된 스키마	동적 스키마
확장	수직적 확장	수평적 확장
데이터 기반	테이블 기반	문서, 키-값, 그래프 등
데이터 유형	정형 데이터	비정형 데이터

기출유형 완성하기

정답 01 ① 02 ③ 03 ④ 04 ③

01 다음 설명이 나타내는 데이터베이스 관리시스템의 특징으로 적절한 것은?

> 기존 응용 프로그램에 영향을 주지 않고 데이터베이스의 논리적, 물리적 구조를 변경할 수 있는 것을 의미한다.

① 데이터 독립성
② 데이터 고립성
③ 데이터 일관성
④ 데이터 무결성

해설
② 데이터 고립성은 트랜잭션의 특징이다. 트랜잭션은 명령의 순서에 따라 순차적으로 진행되므로 다른 트랜잭션에 영향을 주지 않아야 한다.
③ 데이터 일관성은 트랜잭션의 특징이다. 트랜잭션 실행 이전의 데이터베이스 상태가 정상적이라면 수행되고 난 이후의 데이터베이스 상태도 정상적이어야 한다.
④ 데이터 무결성은 데이터의 일관성과 정확성을 유지하는 것으로, 다수의 사용자 접근 및 사용에도 트랜잭션 관리, 제약조건 등의 기능으로 데이터의 결합과 오류를 방지한다.

02 계층형 파일시스템의 가장 낮은 계층으로 일정한 크기의 데이터 조각으로 저장되는 것은?

① 파일
② 폴더
③ 블록
④ 루트

해설
블록(Block)은 장치에 출력되거나 장치로부터 입력되는 실제정보의 단위를 의미한다. 파일시스템의 가장 낮은 계층으로, 블록은 일정한 크기의 데이터 조각으로 파일시스템에 저장되고 각 블록은 고유한 주소를 가지고 있으며, 파일시스템은 이러한 블록들을 조직화하여 파일이나 폴더에 할당하게 된다.

03 다음 중 데이터베이스 관리시스템의 역할로 적절하지 않은 것은?

① 개체, 인덱스, 트리거, 프로시저 등의 생성
② 스키마, 사용자, 트랜잭션 등의 관리
③ 데이터의 삽입, 삭제, 수정, 조회 등의 조작
④ 대기행렬을 활용한 데이터 접근

해설
데이터베이스 관리시스템의 기본적인 역할
• 개체, 인덱스, 트리거, 프로시저 등의 생성
• 데이터의 삽입, 삭제, 수정, 조회 등의 조작
• 스키마, 사용자, 트랜잭션 등의 관리
• 데이터베이스의 백업과 복원

04 다음이 설명하는 NoSQL 데이터베이스 유형으로 가장 적절한 것은?

> • JSON, XML, BSON 등이 대표적인 데이터 형태이며, 서로 다른 형태를 가질 수 있어 유연성이 높다.
> • 대표적으로 MongoDB, CouchDB 등이 있다.

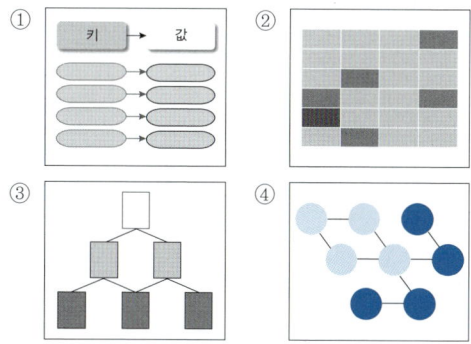

해설
데이터를 특정한 문서 형태로 저장하는 NoSQL 데이터베이스는 문서 지향 데이터베이스이다. 대표적인 문서로는 JSON, XML, BSON 등이 있고, 문서의 유형이 서로 다르므로 유연성이 좋으며, MongoDB, CouchDB 등이 해당된다.

기출유형 12 ▶ 데이터베이스의 이해

수치형 데이터와 범주형 데이터에 대한 설명으로 적절하지 않은 것은?

① 범주형 데이터는 도수분포표 또는 막대그래프로 표현하기 쉽다.
② 일정 기간의 교통사고 발생 횟수와 같은 데이터는 이산형 데이터이다.
③ 범주형 데이터에서 명목형 데이터란 범주 간 순서에 의미가 있는 데이터이다.
④ 체중, 혈압과 같은 데이터는 수치형의 연속형 데이터이다.

해설
명목형 데이터(변수)는 특정한 기준을 설정하기 위해 부여된 변수를 의미한다. 명목적인 라벨이나 카테고리를 가지며 상호 배타적인 범주로 분류되며, 순서, 계층구조가 없다.

| 정답 | ③

족집게 과외

❶ 데이터베이스 구성 요소

㉠ 테이블(Table)
- 데이터베이스에서 데이터를 행과 열의 구조로 저장하는 가장 기본적인 단위
- 엔터티(Entity) 또는 릴레이션(Relation)이라고도 함
  - 엔터티(Entity)는 개체를 의미하며 데이터베이스 모델링 단계에서 등장하는 용어
- 행과 열로 구성된 2차원의 구조로, 데이터의 집합을 나타냄
- 각 테이블은 고유한 이름을 가지며, 특정 유형의 데이터를 저장하는 역할을 함

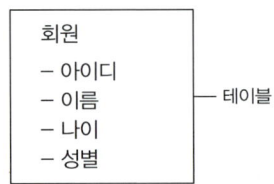

  - 회원이라는 테이블은 가입자, 현실에 실체하는 사람들의 정보를 저장할 수 있음
  - 회원 테이블은 해당 정보가 무엇을 의미하고 대변하는지 명확히 가능한 변별력이 충분히 부여됨
  - 회원 테이블에 저장되는 현실 세계의 실체인 사람들을 레코드(Record)라고 함
- 일반적으로 관련된 데이터를 그룹화하여 효율적인 데이터 관리를 가능하게 함

㉡ 속성(Attribute)
- 테이블의 열을 나타내며, 특정 데이터 유형에 대한 정보를 기술
- 필드(Field) 또는 변수(Variable)라고도 함
- 물리적 데이터베이스의 Column을 의미

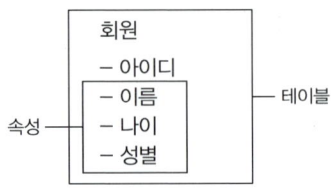

- 각 속성은 고유한 이름을 가지며, 해당 속성에 저장되는 데이터의 유형을 정의
  - 이름, 나이, 성별 등 회원 테이블에 저장되는 데이터가 가지는 공통적인 특성
  - 속성은 데이터의 유형과 크기, 제약사항 등에 대해 지정하며 이를 도메인(Domain)이라고 함
- 테이블의 구조를 설명하고 데이터의 특징을 정의하는 데 사용

속성의 원자성	속성은 분할할 수 없고 NULL 값도 원래의 값으로 가질 수 있음
속성의 무순서성	특정 테이블을 구성하는 모든 속성은 순서가 없음

ⓒ 레코드(Record)
- 테이블의 행을 나타내며 속성에 따라 실제 입력되는 값
- 튜플(Tuple)이라고도 함
- 각 레코드는 테이블의 속성에 해당하는 값들의 집합으로 구성됨

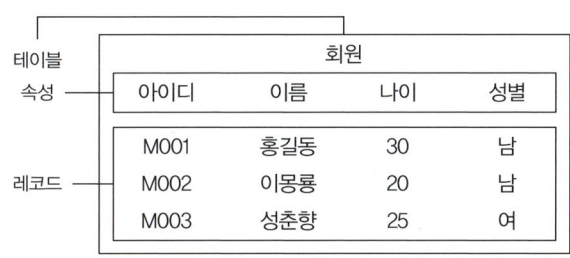

- 개별 데이터 항목을 표현하고 행 단위의 작업을 수행하는 데 사용
- 특징
  - 유일성 : 모든 테이블에는 중복되는 값이 존재할 수 없음
  - 무순서성 : 모든 테이블에 포함된 레코드는 순서가 정해져 있지 않음

ⓓ 뷰(View)
- 뷰(View)는 테이블의 형태를 가진 가상의 객체
- 테이블과 동일한 역할을 담당하고 SQL로 모두 활용 가능
- 실제의 테이블에서 필요한 정보만 취하여 임시로 생성해 사용하는 가상의 테이블
  - 뷰(View)에 저장된 데이터는 실제 데이터에 영향을 줌
  - 뷰(View)의 데이터를 수정 혹은 삭제하게 되면 원본 데이터의 내용도 함께 변경됨

ⓔ 인덱스(Index)
- 인덱스는 테이블 내의 정보를 빠르게 찾을 수 있도록 처리된 임의의 접근 객체
- 인덱스를 활용하여 데이터를 검색하면 빠른 응답을 기대할 수 있음
  - 인덱스가 지정되지 않은 열로 탐색할 경우 전체 영역을 모두 찾아야 하므로 시간이 많이 소요됨
- 일반적으로 기본키를 지정하게 되면 자동으로 기본 인덱스 파일 객체가 생성되고, 오름차순 정렬이 이루어 짐
- 인덱스를 사용하면 탐색의 효율성은 높아지지만 새로운 데이터의 저장, 기존 데이터의 수정, 삭제 시에는 인덱스 객체에도 동일한 작업이 수행되어야 하므로 다소의 성능이 저하됨
  - 탐색은 효율적이지만 수정, 삭제, 삽입은 비효율적
- 수정, 삭제, 삽입이 되는 데이터에 대한 인덱스 객체의 변경 소요 시간보다 인덱스 객체를 활용하지 않은 탐색에 걸리는 시간이 훨씬 더 많이 소요되므로 인덱스 객체를 생성하여 활용하는 것이 전반적으로 유리

ⓑ 메타데이터(Metadata)
  - 데이터에 대한 데이터로 데이터를 설명해 주는 데이터를 의미
    - 데이터가 가지는 특성, 구조, 의미 등을 설명하는 정보
    - 속성정보라고도 함
    - 테이블의 속성 이름, 데이터 유형, 제약조건, 관계 등의 정보를 포함하며, 이를 통해 데이터의 의미를 이해하고 구조를 설명함

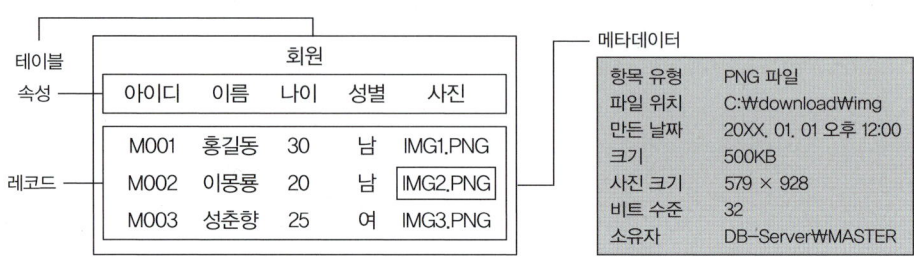

  - 데이터베이스 시스템에서 데이터를 관리하고 사용하는 데 필요한 정보 제공
  - 원하는 데이터를 식별하고 검색하는 데 활용
  - 테이블 간의 관계, 제약조건, 외래키 등을 정의하여 데이터의 일관성과 무결성을 보장
  - 데이터의 유형, 형식, 크기, 통계 정보 등을 포함하여 데이터 분석 및 가공 작업에 필요한 정보를 제공
  - 접근 권한, 사용자 권한, 보안 제약조건의 정보를 포함하여 데이터의 보안과 접근 제어를 관리

ⓢ 데이터 딕셔너리(Data Dictionary)
  - 데이터베이스 시스템에서 사용되는 데이터 구조와 메타데이터에 대한 정보를 저장하고 관리하는 역할을 함
  - 데이터베이스 객체(테이블, 속성, 제약조건 등)의 정의, 구조, 속성, 통계 등의 데이터에 대한 설명과 정보 포함
  - 데이터 딕셔너리에 저장되는 주요 정보
    - 스키마 객체 정보(테이블, 인덱스, 뷰 등)
    - 사용자 정보(이름, 권한 등)
    - 테이블, 속성 정보(사용 가능한 디스크 용량, 컬럼 타입, 기본값 등)
    - 무결성 제약조건 정보(기본 키, 외래 키, NULL 값 허용 여부 등)
    - 디스크 구조 정보(데이터 파일, 세그먼트, 사용자, 테이블 등)
  - 데이터베이스 관리시스템(DBMS)에서 중요한 역할을 하며, 데이터의 정확성과 일관성을 유지

ⓞ 트랜잭션 관리자(Transaction Manager)
  - 데이터베이스에서 트랜잭션의 관리와 제어를 담당하는 역할
  - 트랜잭션은 데이터베이스에서 원자와 같은 작업 단위로 간주되며, 여러 개의 데이터 조작 작업을 하나의 논리적인 단위로 묶어 일관성과 안전성을 보장함
  - 트랜잭션의 시작, 종료, 병합, 롤백 등의 작업을 처리하여 데이터의 일관성과 동시성 제어를 관리함

ⓒ 저장 데이터 관리자
- 데이터베이스의 저장 구조와 데이터의 물리적인 저장, 접근, 관리를 담당
- 데이터베이스의 블록 할당, 파일시스템, 인덱스 구조, 버퍼 관리 등을 관리하여 데이터의 효율적인 저장과 검색을 지원
- 데이터의 저장 방법과 구조에 관한 결정, 디스크 공간 관리, 인덱스 생성과 유지, 데이터베이스 파일 관리 등의 작업을 수행

ⓒ 질의 처리기(Query Processor)
- 사용자의 질의(SQL)를 처리하고 데이터베이스로부터 원하는 정보를 추출
- 사용자가 요청한 질의를 해석하고, 최적의 실행 계획을 생성하여 데이터베이스로부터 데이터를 검색하거나 조작

❷ 데이터베이스의 구조

㉠ 스키마(Schema)
- 데이터베이스의 구조(관계, 개체, 속성)와 제약조건 등에 대해 포괄적인 내용을 설명하는 것을 의미
  - 데이터베이스 내의 모든 데이터에 대한 논리적 명칭을 부여하고 그 의미를 기술
  - 정수, 실수, 문자열 등 속성의 유형과 항목을 정의
  - 테이블 간의 논리적 관계성을 표현
  - 기본키, 외래키 등 데이터의 무결성을 보장하는 규칙을 정의
  - 데이터에 대한 엑세스를 제한하는 보안성이나 무결성 유지 문제를 표현
- 논리적 단위인 데이터를 물리적 기억장치에 사상(Mapping)하는 것
- 데이터베이스 관리의 관점에서 스키마는 외부 단계, 개념 단계, 내부 단계로 구분
  - 각 단계의 스키마는 외부 스키마, 개념 스키마, 내부 스키마로 알려져 있으며, 이를 3단계 데이터베이스 구조라고 함
- 데이터베이스 시스템에서 데이터의 정확성과 일관성을 유지하기 위한 역할
  - 외부 스키마, 개념 스키마, 내부 스키마는 서로 다른 관점에서 데이터의 구조를 정의하며, 데이터베이스 시스템의 사용자 및 관리자가 데이터에 접근하고 조작할 수 있도록 함

㉡ 스키마의 종류

외부 스키마	• 실제 데이터베이스에 저장된 데이터를 사용자에게 어떤 방법으로 전달하는지가 명시됨 • 사용자나 응용 프로그램의 관점에서 데이터베이스 정의 • 특정 사용자 그룹이나 응용 프로그램에 필요한 데이터의 논리적 구조와 접근 방법을 정의 • 데이터베이스는 하나이지만 사용자는 다수이므로 외부 스키마는 1개 이상을 정의 • 데이터베이스 시스템에서 개별적으로 정의되며, 다수의 외부 스키마가 존재할 수 있음 • 각각의 외부 스키마는 해당 사용자나 응용 프로그램이 필요로 하는 데이터의 부분집합에 대한 뷰(View)로서 동작
개념 스키마	• 데이터베이스의 전체적인 논리적 구조를 설명 • 데이터의 속성과 관계의 정의, 제약조건 등을 명시 • 모든 외부 스키마의 통합된 뷰(View)로서, 데이터베이스의 전체적인 구조와 데이터 간의 관계를 표현 • 데이터베이스 시스템의 관리 및 조작을 위한 기반을 제공하며, 데이터의 일관성과 무결성을 유지하는 역할
내부 스키마	• 실제의 물리적 공간에 데이터를 어떤 방식으로 저장할지 설명 • 물리적 공간의 크기와 할당, 저장 방법 등을 명시 • 데이터가 디스크에 저장되는 방식, 인덱스 구조, 저장 위치 등과 같은 물리적 세부 사항 정의 • 데이터베이스 시스템의 성능 향상을 위해 최적화된 구조로 데이터를 관리함

❸ 데이터베이스 언어

㉠ 데이터베이스를 정의하고 접근하기 위한 시스템과의 통신을 위해 사용되는 언어
㉡ 양질의 언어를 사용하여 저장된 데이터를 조회, 입력, 수정, 삭제하는 등의 조작을 수행하고, 테이블을 비롯한 다양한 객체를 생성하고 제어함
㉢ SQL(Structured Query Language)
  - 대표적인 질의 언어
  - SQL은 사용자가 정확히 원하는 작업만을 명시하고 작업의 방법이나 절차를 따로 명시하지 않은 비절차적 언어
  - 실제 데이터가 저장된 물리적 공간과는 별개의 단말기를 통해서도 작업이 가능
  - 데이터베이스에 접속 가능한 도구를 활용하여 어떤 공간과 상황에서도 조작 가능
  - 특정한 언어에 국한되지 않고 어떤 응용 프로그램에도 자유롭게 이식되어 사용
  - 현재 대부분의 RDBMS에서 활용하는 질의어
㉣ SQL의 구분
  - DDL(Data Definition Language) : 개체 관리
  - DCL(Data Control Language) : 접근 권한 및 사용자 관리
  - DML(Data Manipulation Language) : 데이터 조작 관리
  - TCL(Transaction Control Language) : 데이터 변경 관리
㉤ 데이터 정의어(DDL ; Data Definition Language)
  - 데이터베이스의 스키마를 정의하고 관리하는 데 사용
  - 데이터베이스(DB), 테이블(Table), 인덱스(Index) 등의 각종 객체의 생성, 수정, 삭제 등의 관리를 위한 명령어
  - 대표적인 DDL 명령어로는 CREATE(생성), ALTER(수정), DROP(삭제) 구문이 있음
  - 데이터베이스의 논리적 구조를 설계하고 데이터베이스 객체의 속성, 유형, 제약조건을 정의함
  - 주요 명령어

구분	DDL	내용
CREATE	DATABASE	데이터베이스 생성
	DOMAIN	도메인 생성
	TABLE	테이블 생성
	INDEX	인덱스 생성
	VIEW	뷰 생성
ALTER	TABLE	테이블 수정
	DOMAIN	도메인 수정
	COLUMN	컬럼 수정
DROP	DATABASE	데이터베이스 제거
	DOMAIN	도메인 제거
	TABLE	테이블 제거
	INDEX	인덱스 제거
	CONSTRAINT	제약조건 제거
	VIEW	뷰 제거

ⓑ 데이터 조작어(DML ; Data Manipulation Language)
- 데이터베이스에서 데이터를 조작하는 데 사용
- 데이터의 삽입(INSERT), 수정(UPDATE), 삭제(DELETE), 조회(SELECT) 등의 작업을 수행
- SQL은 대부분 DML이 주를 이루며, 실무에서 가장 많이 활용됨

ⓢ 데이터 제어어(DCL ; Data Control Language)
- 데이터베이스와 정확성과 안정성을 관리하기 위한 SQL
- 관리되는 객체, 정보를 이용하는 사용자, 정보 사용 내역 등의 작업 수행을 관리하기 위한 언어
- 데이터베이스에 접근하는 사용자나 응용 프로그램에 대한 권한을 담당
- 데이터베이스의 보안과 무결성을 유지하기 위한 제약조건을 설정하거나 해제함
- 대표적인 구문으로는 권한을 부여하는 GRANT와 권한을 회수하는 REVOKE가 있음
- GRANT 주요 명령어

객체 권한	내용
CREATE SESSION	세션 생성 권한
CREATE TABLE	테이블 생성 권한
ALTER	테이블, 속성 수정 권한
SELECT	테이블 정보의 검색 권한
UPDATE	테이블 정보의 수정 권한
ALL	모든 권한 부여

ⓞ 트랜잭션 제어어(TCL ; Transaction Control Language)
- 사용자의 작업 내역을 관리하기 위한 구문
- 대표적인 TCL 구문으로는 정상적인 작업만 허용하여 반영시키는 COMMIT, 작업 이전 상태로 복원시키는 ROLLBACK 등이 있음
- TCL의 작업 관리 대상은 주로 DML 중에서도 UPDATE, DELETE, INSERT 등과 같이 데이터베이스의 정보 변화와 관련된 SQL 구문임

❹ 데이터 모델링
㉠ 데이터 모델링이란 제한된 공간에 다양한 데이터를 효과적으로 담아내는 방법을 고민하는 과정
㉡ 데이터 모델링의 가장 기본적인 개념은 현실 세계의 모든 데이터를 컴퓨터라는 제한된 공간에 가장 효과적으로 저장하는 방법을 설계해 가는 활동을 의미
㉢ 데이터 모델링의 3가지 관점

데이터 관점	어떤 목적으로 활용될 데이터이며, 데이터 간 어떤 관계를 형성하고 있는지 고민하는 관점
프로세스 관점	데이터를 통해 어떤 일을 처리할 것인지 고민하는 관점
연계 관점	특정한 프로세스를 처리할 때 데이터가 어떤 영향을 받고 영향을 주는지 고민하는 관점

ⓔ 데이터 모델링의 단계
- 개념적 모델링, 논리적 모델링, 물리적 모델링의 순으로 진행
- 개념적 모델링
  - 엔티티 간의 관계를 정의하는 모델
  - 현실 세계의 엔티티를 개념적으로 파악하여 개체 타입, 속성 등을 데이터 중심으로 모델링
  - 엔티티, 속성, 식별자, 관계가 정의됨
- 논리적 모델링
  - 개념적 모델링을 통해 정의된 내용을 바탕으로 실제의 스키마로 변환(Mapping, 매핑)하는 과정
  - 개념적 모델링에서 정의한 엔티티는 실제의 테이블이 되고, 속성은 컬럼(Column)이 됨
  - 식별자는 기본키(Primary Key), 관계는 외래키(Foreign Key)로 매핑(Mapping)
  - 이 단계에서는 매핑 과정상에 나타날 수 있는 이상 현상(Anomaly, 중복 등)을 제거해 가는 정규화 과정이 포함

> 이상 현상은 정보의 손실이 발생하는 삭제이상, 원하는 정보를 삽입할 수 없는 삽입이상, 데이터 불일치를 발생시키는 갱신이상을 말함. 이러한 이상 현상을 최소화하기 위한 작업을 정규화라고 하며, 제1정규화부터 제5정규화까지 있음

- 물리적 모델링
  - 논리적 모델링 단계에서 정의된 다양한 스키마 정보를 물리적 공간인 DBMS(Database Management System)의 특성 정보로 변환 및 정의하는 것을 의미
  - DBMS의 종류를 확인 및 결정하고 테이블 및 컬럼의 제약조건 등을 설정하며, 각 컬럼의 데이터 유형과 크기를 결정
  - 사용자의 사용량과 프로세스 분석을 통해 DBMS의 성능을 충분히 고려하여 진행

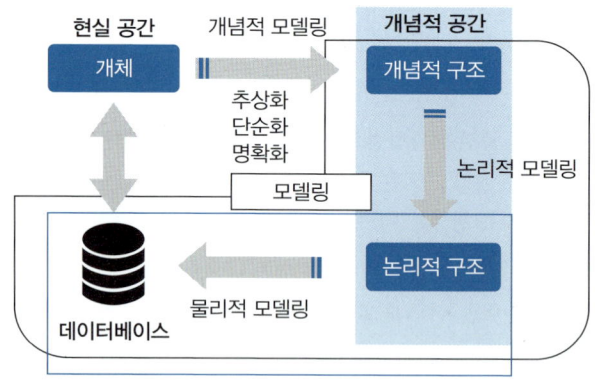

❺ 키(Key, 식별자), 변수의 개념
㉠ 키(Key)
- 테이블에 저장된 레코드를 유일하게 식별해 주는 속성 또는 속성의 집합
- 관계형 데이터베이스(RDB ; Relationship Database)에서 핵심은 개체(Table) 간 관계 설정이고, 관계에 핵심적인 역할을 담당하는 것이 키(Key)라 불리는 식별자
- 데이터의 고유성과 무결성을 보장하며, 데이터의 식별 및 검색에 사용

- 기본키(PK ; Primary Key)
    - 테이블 내의 각각의 레코드를 고유하게 식별할 수 있는 속성 또는 속성의 집합
    - 중복된 값과 NULL 값은 기본키로 활용할 수 없음
    - NULL은 아직 어떤 값이 들어올지 모르는 상태를 나타낼 때 사용되는 값으로 공백이 아님
    - 기본키를 참조하는 외래키와 함께 테이블 간의 관계(식별 관계)를 설정
    - 특징
        ⓐ 유일성 : 테이블의 모든 레코드는 주 식별자에 의해 유일하게 구분됨
        ⓑ 최소성 : 주 식별자로 구성된 속성은 유일성을 만족할 수 있는 최소의 수
        ⓒ 불변성 : 테이블 내에서 주 식별자가 지정되면 주 식별자의 값은 변하지 않음
        ⓓ 존재성 : 주 식별자로 지정되면 반드시 값을 가져야 함
- 외래키(FK ; Foreign Key)
    - 특정 테이블의 기본키를 참조하는 키
    - 기본키를 포함한 테이블을 부모 테이블이라 하며 외래키로 참조한 테이블은 자식 테이블이 됨
    - 부모 테이블의 식별자가 자식 테이블로 상속되어 식별자 되는 경우를 식별 관계라 하고, 부모 테이블의 식별자가 자식 테이블의 일반 속성으로 상속되는 경우를 비식별 관계라 함
    - 부모 테이블과 자식 테이블은 관계를 정의하고 일대일 또는 일대다의 관계를 맺음
    - 참조무결성을 유지하고 데이터의 일관성을 유지하는 데 사용됨

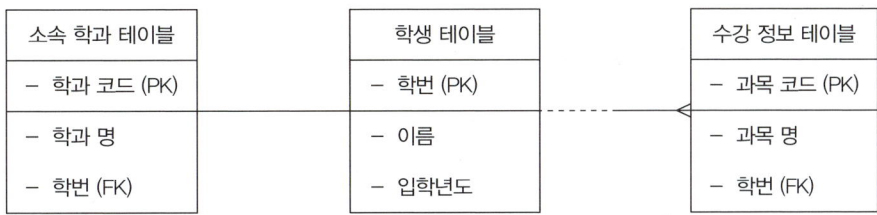

- 후보키(Candidate Key)
    - 기본키로 활용될 수 있는 모든 키로 테이블 내 각각의 레코드를 유일하게 식별할 수 있는 속성 혹은 속성의 집합을 의미
    - 후보키에서 기본키를 선택하여 활용할 수 있으므로 기본키와 같이 중복이나 NULL 값을 가질 수 없음
- 복합키(Composite Key)
    - 테이블 내에서 레코드를 고유하게 식별하기 위해 두 개 이상의 속성을 결합한 키
    - 기본키 구성 시 하나의 속성으로 레코드를 유일하게 식별할 수 없을 때 활용
- 슈퍼키(Super Key)
    - 테이블 내에서 레코드를 고유하게 식별할 수 있는 속성 또는 속성들의 조합
    - 테이블의 레코드를 식별할 수 있는 잠재적인 키 집합
    - 복합키와 다른 점은 복합키의 경우 레코드를 식별하는 최소의 속성을 조합하여 생성되지만, 슈퍼키의 경우 그 이상의 속성을 포함
- 대체키(Alternate Key)
    - 후보키 중에서 기본키로 활용되지 않는 키
    - 기본키로 활용되지 않지만, 레코드를 유일하게 식별 가능함

ⓛ 변수(Variable)
- 측정, 관찰, 관측, 실험 등을 통해 수집되고 속성에 저장되는 요소 혹은 값
- 데이터 분석에서 변수는 데이터의 특성(속성)을 기록하고 분석에 활용됨
- 변수는 특별한 이름이 부여되며 고유의 자료 유형을 가짐
- 주어진 이름으로 변수에 접근하며 자료 유형에 따라 저장이 가능한 값을 구분하고 연산을 제어
- 값을 저장하고 필요에 따라 값을 수정할 수 있음
- 주요 변수의 특징

독립변수	• 결과에 영향을 주는 원인이 되는 변수 • 독립변수의 변화에 따라 종속변수의 변화를 확인 • 종속변수의 변화를 보기 위해서 분석가가 값을 임의로 조정 가능	
종속변수	• 원인의 결과를 나타내는 변수 • 독립변수의 변화에 따라 값이 변함 • 독립변수는 결과 확인을 위해 임의 조정이 가능하지만, 결과인 종속변수는 임의 조정이 불가 예 '연봉이 높으면 삶의 만족도가 높다.'라고 가정할 때 연봉은 삶의 만족도에 영향을 주는 독립변수이고 삶의 만족도는 연봉에 따라 변하는 종속변수임	
양적 변수 (Quantitative Variable)	이산변수 (Discrete Variable)	• 정수 또는 유한한 값 중 하나를 가지는 변수 • 주사위, 사건, 사고 등 연속되지 않는 특정 값을 가짐 예 주사위를 한 번 던져 1이 나오고 다음번에 2가 나온 것은 서로 독립적인 값이며, 1과 2 사이에 어떤 값도 존재하지 않은 셀 수 있는 값으로 개수, 빈도 등의 계수치
	연속변수 (Continuous Variable)	• 수가 끊김이 없이 연속하여 발생하는 실수형 변수로, 무한대의 값을 가질 수 있음 • 측정 혹은 관찰에 따른 관측치 • 연속확률분포를 따름 예 몸무게, 키, 온도
질적 변수 (Qualitative Variable)	질적 변수 (Qualitative Variable)	• 특정한 기준을 설정하기 위해 부여된 변수 • 명목적인 라벨이나 카테고리를 가짐 • 상호 배타적인 범주로 분류되며, 순서, 계층구조가 없음 예 혈액형(A, B, AB, O) : 혈액형은 구분을 위한 기준일 뿐 높고 낮음의 계측과 순서가 지정되지 않음
	서열(순서형)변수 (Continuous Variable)	• 순서에 따라 범주를 구분하는 변수 • 상대적인 크기나 순서를 가지는 경우 • 상대적인 순서를 가지며, 범주 간에 순서, 계층구조가 있음 예 학점(A, B, C, D, F) : 학점은 순서가 있으며 높고 낮음의 구분이 명확함

- 그 밖의 변수

파생변수 (Derived Variable)	기존 변수를 이용하여 계산, 변형, 조합하여 생성된 변수 예 키와 몸무게 각각의 변수를 결합하여 체질량이라는 변수를 새롭게 파생한 것
요약변수 (Summary Variable)	• 데이터의 특성을 요약하여 표현한 변수 • 여러 개의 관측치를 대표하는 값으로 축약된 형태 • 데이터의 집계나 통계 계산에 사용 예 연간 매출을 정리하고 월별, 일별 평균값, 최대 매출액 등의 부차적인 요약 데이터를 변수로 생성
시계열 변수 (Time Series Variable)	• 시간에 흐름에 따라 변화하는 값을 갖는 변수 • 일정한 간격으로 측정되거나 관찰되는 시간 데이터를 기반으로 함 • 시간 경과에 따른 패턴, 추세, 계절성 등을 파악하거나 예측하는 데 사용 예 연간 매출, 주식 흐름 등

⑥ 분산 데이터베이스(Distributed Database)

- ㉠ 의의
  - 여러 물리적 공간에 배치된 데이터베이스를 하나의 가상 시스템을 통하여 통제하고 활용할 수 있도록 구성된 데이터베이스를 의미
  - 물리적인 공간은 분리되어 네트워크로 연결된 2개 이상의 데이터베이스들의 집합체로 구성되지만 하나의 논리적 구성으로 사용자를 통합하고 정보를 공유

- ㉡ 시스템의 주요 구성 요소
  - 분산 처리기(Distributed Processor) : 지역별로 필요한 데이터를 처리할 수 있는 지역 컴퓨터(Local Computer)로, 각 지역의 데이터베이스를 자체적으로 관리하는 DBMS를 별도로 가지고 있음
  - 분산 데이터베이스(Distributed Database) : 물리적으로 분산된 지역 데이터베이스(Local Database)로 해당 지역에서 가장 많이 사용하는 데이터를 저장
  - 통신 네트워크 : 분산 처리기는 통신 네트워크를 통해 자원을 공유하며 특정 통신 규약에 따라 데이터를 전송함

- ㉢ 특징
  - 대량의 정보를 기능별로 정보의 저장과 공간 확보를 위해 물리적으로 데이터베이스를 분할하여 우선적으로 정보의 처리 성능을 고려하여 설계
  - 네트워크의 부하 및 속도를 충분히 고려하고 사용자의 정보 활용에 따른 성능 저하 문제를 최소화하도록 구성

- ㉣ 장점
  - 물리적으로 여러 데이터베이스를 구성
  - 처리속도에 따른 빠른 응답 성능
  - 사용자의 요구에 따른 시스템 구성
  - 추후 시스템의 용량 확장에 매우 유리
  - 정보의 신뢰성이 높고 가용성이 확보됨

- ㉤ 단점
  - 공간 확보와 비용적 측면에서 불리
  - 불규칙한 응답 속도와 반응
  - 데이터 무결성 확보의 어려움
  - 관리의 어려움
  - 신뢰성의 하락

- ㉥ 시스템의 적용 기법
  - 테이블 위치 분산 : 각각의 테이블을 용도와 활용 범위 등을 고려하여 서로 다른 물리적 공간에 분산 배치하는 것을 의미
  - 테이블 분할 : 단순히 테이블의 물리적 위치를 달리하는 것이 아닌 테이블의 담기는 정보를 서로 다른 공간에 배치하는 것을 의미
  - 테이블 복제 분산 : 동일한 테이블을 여러 물리적 공간에 동일하게 생성하고 관리하는 것을 의미
  - 테이블 요약 분산 : 서로 다른 물리적 공간의 테이블 정보를 또 다른 물리적 공간에서 요약하여 통합 관리하는 것을 의미

- ㉦ 분산 데이터베이스 시스템의 투명성 유형
  - 분할 투명성 : 하나의 논리적 관계가 여러 단편으로 분할되어 각 단편의 사본이 여러 사이트에 저장됨
  - 위치 투명성 : 사용하는 데이터의 저장 장소는 명시할 필요가 없으며, 위치정보는 시스템 카탈로그에 유지됨
  - 지역사상 투명성 : 지역 DBMS와 물리적 DB 사이에 연계(Mapping)를 보장함
  - 중복 투명성 : 데이터베이스 객체가 여러 사이트에 중복되어 있는지 알 필요가 없음
  - 장애 투명성 : 구성 요소의 장애에 무관한 트랜잭션(Transaction)의 원자성 유지
  - 병행 투명성 : 다수의 트랜잭션을 동시에 수행해도 트랜잭션의 결과는 영향을 받지 않음

기출유형 완성하기

정답 01 ② 02 ② 03 ④ 04 ③

01 데이터베이스 구성 요소 중 속성에 대한 설명으로 가장 적절한 것은?

① 데이터베이스에서 데이터를 행과 열의 구조로 저장하는 가장 기본적인 단위이다.
② 데이터의 유형과 크기, 제약사항 등에 대해 지정한다.
③ 개별 데이터 항목을 표현하고 행 단위의 작업을 수행하는 데 사용한다.
④ 데이터에 대한 데이터로 데이터를 설명해 주는 데이터를 의미한다.

해설
① 테이블(Table)에 대한 내용이다.
③ 레코드(Record)에 대한 내용이다.
④ 메타데이터(Metadata)에 대한 내용이다.

02 다음 설명이 의미하는 스키마의 종류로 적절한 것은?

- 실제의 물리적 공간에 데이터를 어떤 방식으로 저장할지 설명
- 물리적 공간의 크기와 할당, 저장 방법 등을 명시

① 개념 스키마
② 내부 스키마
③ 외부 스키마
④ 논리 스키마

해설
내부 스키마는 실제의 물리적 공간에 데이터를 어떤 방식으로 저장할지 설명하고 물리적 공간의 크기와 할당, 저장 방법 등을 명시한다. 또한 데이터가 디스크에 저장되는 방식, 인덱스 구조, 저장 위치 등과 같은 물리적 세부 사항을 정의하고, 데이터베이스 시스템의 성능 향상을 위해 최적화된 구조로 데이터를 관리한다.

03 데이터 정의어(Data Definition Language)에 대한 설명으로 적절하지 않은 것은?

① 데이터베이스의 스키마를 정의하고 관리하는 데 사용된다.
② 데이터베이스 객체의 속성, 유형, 제약조건을 정의한다.
③ 각종 객체의 생성, 수정, 삭제 등의 관리를 위한 명령어이다.
④ 삽입(INSERT), 수정(UPDATE), 삭제(DELETE), 조회(SELECT) 등이 대표적이다.

해설
데이터 정의어(DDL ; Data Definition Language)의 대표적인 명령어는 CREATE(생성), ALTER(수정), DROP(삭제) 구문이다. 삽입(INSERT), 수정(UPDATE), 삭제(DELETE), 조회(SELECT)는 대표적인 데이터 조작어(DML ; Data Manipulation Language)이다.

04 기본키(PK ; Primary Key) 특성에 대한 설명으로 적절하지 않은 것은?

① 테이블의 모든 레코드는 주 식별자에 의해 유일하게 구분된다.
② 주 식별자로 구성된 속성은 유일성을 만족할 수 있는 최소의 수이다.
③ 테이블 내에서 주 식별자가 지정되면 주 식별자의 값은 변할 수 있다.
④ 주 식별자로 지정되면 반드시 값을 가져야 한다.

해설
기본키(주 식별자)의 특성
- 유일성 : 테이블의 모든 레코드는 주 식별자에 의해 유일하게 구분할 수 있다.
- 최소성 : 주 식별자로 구성된 속성은 유일성을 만족할 수 있는 최소의 수를 가진다.
- 불변성 : 테이블 내에서 주 식별자가 지정되면 주 식별자의 값은 변하지 않는다.
- 존재성 : 주 식별자로 지정되면 반드시 값을 가져야 한다.

단원 최종 점검하기

정답 01 ④ 02 ① 03 ②

01 다음 설명이 의미하는 파일시스템의 종류로 가장 적절한 것은?

- 현재 윈도우 기반의 운영체제에서 사용되는 기본 파일 시스템
- 견고한 보안 및 접근 권한 기능을 제공하여 파일 및 폴더에 대한 접근 권한을 제어
- 윈도우 기반으로 다른 운영체제와의 호환성이 제한적

① FAT ② Ext4
③ APFS ④ NTFS

해설
NTFS는 대표적인 윈도우 기반의 운영체제에서 사용되는 파일시스템으로 다른 운영체제와의 호환성이 제한적이라는 약점이 있으나, 견고한 보안 및 접근 권한 기능을 제공하여 파일 및 폴더에 대한 접근 권한을 제어할 수 있는 장점이 있다. 또한 호환성과 더불어 디스크 오류가 종종 발생하며 복구가 까다롭고 여전히 단편화 문제를 가진다.

해설
파일시스템의 단점
- 데이터 중복 및 일관성 문제 : 여러 파일에 동일한 데이터를 중복해서 저장하는 경우 데이터의 일관성이 깨질 수 있다.
- 데이터 무결성 유지 문제 : 데이터에 대한 일관된 제약조건과 규칙을 적용하기 어려우므로 잘못된 데이터 입력, 데이터의 손상, 데이터 일관성 오류 등으로 인해 데이터의 정확성이 보장되지 않을 수 있다.
- 데이터 검색 문제 : 기본적인 검색 기능만을 제공하고, 복잡한 데이터 검색 작업을 수행하기에는 제한적이다.
- 확장성 문제 : 데이터의 양이 증가하거나 데이터베이스 요구사항이 변경될 경우 파일시스템은 데이터 처리에 제한적이다.
- 동시성 및 병행 처리문제 : 여러 사용자가 동시에 데이터에 액세스하거나 동시에 수정하는 것이 어렵다.

02 파일시스템의 단점에 대한 설명으로 적절하지 않은 것은?

① 여러 파일에 동일한 데이터를 중복해서 저장할 수 없으므로 데이터의 일관성이 깨질 수 있다.
② 파일시스템은 데이터에 대한 일관된 제약조건과 규칙을 적용하기 어렵다.
③ 기본적인 검색 기능만을 제공하고, 복잡한 데이터 검색 작업을 수행하기에는 제한적이다.
④ 여러 사용자가 동시에 데이터에 액세스하거나 동시에 수정하기가 어렵다.

03 데이터베이스의 데이터 모델에 따른 분류에 대한 설명으로 적절하지 않은 것은?

① 망 데이터베이스는 논리적 구조가 네트워크 형태의 구조 그래프이다.
② 관계 데이터베이스는 계층, 망 모델과 같이 방향성을 고려하는 접근성을 갖는다.
③ 계층 데이터베이스는 루트(Root)를 가지며 관계의 유형은 일대다의 관계만 존재한다.
④ 데이터베이스의 논리적 구조가 트리(Tree) 형태를 가지는 모델은 계층형이다.

해설
관계 데이터베이스 모델은 개체 사이의 관계(Relation)를 테이블의 형태로 표현한 대표적인 모델로 현재 가장 많이 활용되는 모델이다. 계층, 망 모델과 달리 방향성을 고려하지 않는 접근성을 가진다.

단원 최종 점검하기

04 다음 중 데이터베이스 관리시스템(DBMS ; Database Management System)의 역할로 적절하지 않은 것은?

① 데이터의 삽입, 삭제, 수정, 조회 등의 조작
② 개체, 인덱스, 트리거, 프로시저 등의 생성
③ 데이터베이스의 백업과 복원
④ 데이터 중복허용과 트랜잭션 최소화

해설
데이터베이스 관리시스템의 기본적인 역할
- 개체, 인덱스, 트리거, 프로시저 등의 생성
- 데이터의 삽입, 삭제, 수정, 조회 등의 조작
- 스키마, 사용자, 트랜잭션 등의 관리
- 데이터베이스의 백업과 복원

05 다음이 설명하는 트랜잭션의 ACID 원칙으로 적절한 것은?

> 트랜잭션은 명령의 순서에 따라 순차적으로 진행되므로 특정 트랜잭션이 수행 중 다른 트랜잭션이 영향을 주거나 이미 실행된 트랜잭션이 이후 진행될 트랜잭션에 영향을 주거나 비정상적인 결과를 만들 수 없다.

① 고립성(Isolation)
② 일관성(Consistency)
③ 지속성(Durability)
④ 원자성(Atomicity)

해설
트랜잭션 간의 간섭과 영향력에 따른 결과를 의미하는 ACID 원칙은 고립성이다.

06 연속변수(Continuous Variable)에 대한 설명으로 적절한 것은?

① 셀 수 있는 값으로 개수, 빈도 등의 계수치 등이 있다.
② 측정 혹은 관찰에 따른 관측치이며 대표적으로 몸무게, 키, 온도 등이 있다.
③ 연속되지 않는 특정 값을 가진다.
④ 정수 또는 유한한 값 중 하나를 가진다.

해설
연속변수(Continuous Variable)는 수가 끊김이 없이 연속하여 발생하는 실수형 변수로서 무한대의 값을 가질 수 있다. 대표적으로 몸무게, 키, 온도 등이 포함되며 측정 혹은 관찰에 따른 관측치이다.

07 분산 데이터베이스 시스템의 투명성 유형과 설명으로 적절하지 않은 것은?

① 지역 DBMS와 물리적 DB 사이에 연계를 보장하는 것이 지역사상 투명성이다.
② 하나의 논리적 관계가 여러 단편으로 분할되어 각 단편의 사본이 여러 사이트에 저장되는 것은 분할 투명성이다.
③ 사용하는 데이터의 저장 장소는 명시할 필요가 없으며, 위치정보는 시스템 카탈로그(System Catalog)에 유지되는 것이 중복 투명성이다.
④ 다수의 트랜잭션을 동시에 수행해도 트랜잭션의 결과는 영향을 받지 않는 것이 병행 투명성이다.

해설
사용하는 데이터의 저장 장소는 명시할 필요가 없다. 위치 투명성은 위치정보가 시스템 카탈로그(System Catalog)에 유지되는 것이고 중복 투명성은 데이터베이스 객체가 여러 사이트에 중복되어 있는지 알 필요가 없는 것이다.

정답 04 ④ 05 ① 06 ② 07 ③ 08 ③ 09 ② 10 ①

08 데이터 딕셔너리에 저장되는 주요 정보로 보기 어려운 것은?

① 테이블, 인덱스, 뷰 등의 스키마 객체 정보
② 기본 키, 외래 키, NULL 값 허용 여부 등의 무결성 제약조건 정보
③ 디스크, 서버 등의 물리적 저장장치 정보
④ 이름, 권한 등의 사용자 정보

해설

데이터 딕셔너리에 저장되는 주요 정보
- 테이블, 인덱스, 뷰 등의 스키마 객체 정보
- 이름, 권한 등의 사용자 정보
- 사용 가능한 디스크 용량, 컬럼 타입, 기본값 등의 테이블
- 속성 정보, 기본키, 외래키, NULL 값 허용 여부 등의 무결성 제약조건 정보
- 데이터 파일, 세그먼트, 사용자, 테이블 등의 디스크 구조 정보

09 다음 설명이 의미하는 용어로 가장 적절한 것은?

> 특정 테이블의 기본키를 참조하는 키를 의미하며 참조무결성을 유지하고 데이터의 일관성을 유지하는 데 사용된다.

① 후보키(Candidate Key)
② 외래키(Foreign Key)
③ 슈퍼키(Super Key)
④ 대체키(Alternate Key)

해설

외래키(FK ; Foreign Key)는 특정 테이블의 기본키를 참조하는 키로서 기본키를 포함한 테이블을 부모 테이블이라 하고 외래키로 참조한 테이블은 자식 테이블이라고 한다. 참조무결성을 유지하고 데이터의 일관성을 유지하는 데 사용된다.

10 독립변수와 종속변수에 대한 설명으로 적절하지 않은 것은?

① 독립변수는 임의 조정이 불가하다.
② 원인의 결과를 나타내는 변수를 종속변수라 한다.
③ 결과에 영향을 주는 원인이 되는 변수를 독립변수라 한다.
④ 독립변수의 변화에 따라 종속변수의 변화를 확인할 수 있다.

해설

독립변수는 결과에 영향을 주는 원인이 되는 변수로서 종속변수의 변화를 보기 위해서 분석가가 값을 임의로 조정 가능한 변수이다. 종속변수는 원인의 결과를 나타내는 변수로서 독립변수의 변화에 따라 값이 변하게 되어 임의 조정이 불가하다.

CHAPTER 03 데이터 활용

PART 2 데이터 해석 및 활용

기출유형 13 ▶ 데이터 가공

다음 글 상자에서 설명하는 데이터 변환 과정으로 적절한 것은?

> 데이터의 단위나 분포가 다른 경우 데이터의 척도를 맞추기 위해 숫자 데이터를 평균 0, 표준편차 1이 되도록 변환하는 작업

① 정규화
② 인코딩
③ 표준화
④ 차원 축소

해설
① 정규화는 폭넓게 분포된 데이터의 스케일을 일정한 범위 혹은 구간으로 정리하는 작업이다.
② 인코딩은 연속형 변수나 범주형 변수를 유연하게 처리하도록 하는 데이터 전처리 과정이다.
④ 차원 축소는 데이터의 분포를 최대한 보전하면서 고차원 데이터를 저차원 데이터로 변환하는 과정이다.

| 정답 | ③

족집게 과외

❶ 데이터 오류

㉠ 의의
- 데이터 집합 내에 부정확하거나 불완전한 또는 잘못된 정보가 포함된 것
- 입력 실수, 기술적 결함, 하드웨어 오작동, 데이터의 수집, 저장, 전송 과정 등 다양한 원인으로 인해 발생

㉡ 오류
- 데이터의 생성, 입력, 수집, 변경, 통합 등의 과정에서 발생
- 데이터 관리 및 분석에 심각한 오류를 초래하므로 데이터의 정확성과 신뢰성을 보장하기 위해 유효성 검사와 검증 프로세스가 필수적임
- 데이터 오류의 탐지, 수정, 예방, 모니터링, 보고 및 대응 체계의 수립
- 오류의 종류
    - 오타 오류 : 데이터를 수동으로 입력할 때 실수로 발생하는 오류
    - 중복 오류 : 동일한 데이터를 데이터 집합에 두 번 이상 입력할 때 발생
    - 누락 오류 : 불완전한 데이터 수집 또는 입력 중 특정 데이터 포인트가 누락되는 경우에 발생
    - 서식 오류 : 데이터가 필요한 표준에 따라 올바르게 포맷되지 않았을 때 발생
    - 이상 오류 : 데이터 범위를 크게 벗어나는 데이터 포인트로 측정 오류, 데이터 손상 또는 기타 이상 징후로 인해 발생
    - 정렬 오류 : 데이터베이스나 스프레드시트에서 데이터가 잘못 정렬되어 값이 잘못된 범주나 레이블에 연결될 수 있음
    - 계산 오류 : 데이터에 대한 수학적 또는 통계적 계산이 잘못 수행될 때 발생

❷ 데이터 정제

㉠ 데이터 품질과 분석의 정확도를 높이는 과정

㉡ 오류 데이터를 그대로 활용하면 그 결과가 전혀 다른 방향으로 도출되므로 데이터 정제 작업은 데이터 활용(분석)에 있어 매우 중요한 과정임

㉢ 데이터 품질의 특징
- 정확성 : 현실 세계의 데이터를 그대로 반영해야 함
- 완전성 : 필요 요소에 따라 모든 항목을 누락 없이 포함해야 함
- 일관성 : 기존의 데이터 형식과 체계를 그대로 유지해야 함
- 신뢰성 : 무작위 추출, 반복 수행의 결과가 동일해야 함
- 적시성 : 항상 최신의 상태를 유지하고 필요시 사용할 수 있는 상태이어야 함
- 유일성 : 데이터가 중복 없이 유지되어야 함
- 유효성 : 수립된 제약조건과 규칙을 벗어나지 않도록 유지해야 함

㉣ 결측치(값)의 처리
- 결측치는 오류로 인해 입력이나 저장이 되지 않은 값을 의미함
- 결측치 처리 시 주의사항
  - 결측 자체가 오류에 의한 것이 아닌 하나의 값일 경우를 고려
  - 데이터의 특성과 분석 목적을 명확히 하고 결측치 처리의 방법을 선택
  - 결측치 처리 후의 문제점을 사전에 검토
  - 결측치 발생의 원인과 유형을 파악하고 재발 방지
- 결측치 처리 방법

제거	• 누락된 결측치가 데이터 활용 목적에 크게 영향을 주지 않다고 판단될 때 시행 • 행 삭제는 결측치가 포함된 모든 행(레코드)을 삭제하는 방법 • 열 삭제는 결측치가 포함된 모든 열(속성)을 삭제하는 방법 • 행 삭제의 경우 해당 속성 내에서 결측이 아닌 다른 값들은 그대로 활용할 수 있지만 열 삭제의 경우 해당 속성의 결측이 아닌 다른 값들도 모두 배제하는 경우임
값 대체	• 결측치를 특정한 값으로 대체해서 활용하는 방법 • 값 대체의 방법은 크게 단순 대체와 정밀 대체의 두 가지로 구분 • 단순 대체의 경우 결측치가 포함된 해당 속성의 평균, 중앙값, 최빈값 등의 단순 집계 값을 활용하는 방법과 임의로 설정한 특정 값으로 일괄 대체하는 방법이 있음 • 정밀 대체의 경우는 결측치가 포함된 해당 속성값의 흐름을 분석하여 값을 예측하고 대체하는 방법임

ⓜ 이상치(값)의 처리
- 이상치는 속성 내 기존 값들과 범위, 유형 등이 다른 값을 의미
- 결측치와 마찬가지로 값을 대체하거나 제거하여 데이터 활용의 신뢰성과 정확도를 높임
- 결측치와 달리 데이터가 누락된 것이 아니기 때문에 식별하고 판단하는 과정이 필요함
  - 우선적으로 도메인 지식을 활용하여 데이터를 검수하고 이상치를 판별
  - 전체 데이터 세트(모집단)에서 복수의 표본을 임의추출하고 표본의 평균(분산 및 표준편차)과 모집단의 평균 값을 비교하여 확인하며, 산점도 등의 그래프를 통해 가시적으로 확인

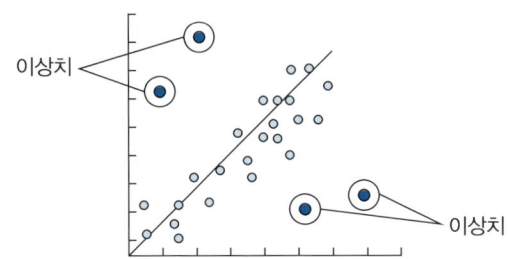

ⓗ 중복값의 처리
- 단순 중복이 아닌 중요한 정보를 포함한 값인지를 선행 판단하는 것이 중요
- 중복값은 속성 내 값이 중복되는 경우보다 입력 및 저장 시점의 주변 속성값이 하나의 값으로 처리되는 경우가 발생함
  - 입력 및 저장 시점의 문제로 인한 경우 행 삭제가 유리하며 해당 구간의 데이터를 재수집 및 입력, 저장하는 방법을 선택
  - 동일 속성 내 중복값이 발생한 경우는 해당 값이 실제 수집되고 입력된 중요 정보인지를 파악하고 행 삭제 및 열 삭제 방법을 통해 제거
- 중복값이 발생한 구간은 재수집 및 입력을 통해 기존 중복값이 포함된 데이터와 비교 검증하여 데이터 활용의 정확도를 높임

ⓢ 불일치 데이터의 처리
- 데이터가 특정한 기준(형식, 유형, 단위, 표현 방식 등)을 벗어나 다양한 요인으로 제각각 입력된 값을 의미
  예 20XX0101, 20XX-01-01, 20XX년01월01일
- 불일치 데이터의 경우 표준화를 통해 하나의 통일된 기준(표현)으로 처리

데이터 정제 과정은 데이터의 활용 목적, 환경, 방법 등 다양한 요인에 따라 다르게 적용되므로 상황에 맞게 정제 방법을 찾아 활용해야 함

❸ 데이터 변환
㉠ 의미
데이터 정제 과정과 함께 데이터 전처리 과정의 일환으로 데이터의 분석, 모델링, 학습에 적합한 형식으로 변환하는 작업
㉡ 데이터 정규화(Normalization)
- 데이터의 분포 범위가 넓으면 데이터 활용 시 극단적으로 높거나 낮은 값에 많은 영향을 받게 됨
- 폭넓게 분포된 데이터의 스케일(Scale)을 일정한 범위 혹은 구간으로 정리하는 작업이 데이터 정규화 과정
- 정규화는 모든 데이터의 범위를 0과 1 또는 −1과 1 사이의 실수값으로 재조정하는 작업을 의미
- 유사한 개념의 데이터 표준화는 데이터의 단위나 분포가 다른 경우 데이터의 척도를 맞추기 위해 숫자 데이터를 평균 0, 표준편차 1이 되도록 변환하는 작업을 의미
- 정규화의 목적
  - 특성의 영향력 : 데이터가 가지는 특성들의 범위를 조절하여, 각 특성이 데이터 활용에 미치는 영향을 동등하게 만들어 줌
  - 데이터 활용의 효율성 : 데이터의 특성들이 같은 범위를 가짐으로써, 데이터 활용에 있어 더 빠르고 효과적으로 데이터를 수렴할 수 있음
  - 계산의 효율성 : 데이터 활용, 특히 예측 모델 활용 시 좀 더 효율적으로 예측이 진행될 수 있도록 도움을 줌
- 정규화를 통해 데이터의 범위를 일정하게 조정하여도 이상치를 감소시키지 않음
  - 정규화 진행 시 이상치가 있을 경우 큰 영향을 미칠 수 있음
  - 정규화 진행 전에 이상치를 먼저 처리해 주는 것이 효과적임
- 최근 데이터를 활용한 머신러닝, 딥러닝 모델들은 데이터의 범위가 불규칙할수록 모델의 성능과 학습이 불안정하여 대부분 정규화 작업이 필요함
- 정규화 과정을 진행할 때는 필요에 따라 원래 데이터로 복원하는 계획을 수립
- 대표적인 정규화 기법

최대−최소 (Max−Min) 정규화	• 모든 데이터를 정확하게 0과 1 사이에 위치하도록 변경 • 최대−최소 정규화는 간단하고 계산이 빠르지만, 이상치에 매우 민감함 • 이상치가 있는 경우 데이터의 대부분이 매우 좁은 범위 내에 집중될 수 있음 • $Z = \dfrac{X - Min(X)}{Max(X) - Min(X)}$
Z−점수 (Score) 표준화	• 모든 데이터의 분포를 정규분포 형태로 변경 • 데이터 포인트가 세트의 평균으로부터 얼마나 멀리 떨어져 있는지 표준편차 단위로 나타내 줌 • 최대−최소 정규화에 비해 이상치의 영향을 덜 받음 • 현재 대부분의 머신러닝 알고리즘에서 좋은 성능을 발휘 • 처음의 데이터가 정규분포가 아닐 경우 최적의 성능을 보장하지는 않음 • $Z = \dfrac{X - \mu}{\sigma}$, $Z \sim N(0,1)$
로버스트 (Robust) 정규화	• 데이터의 중앙값과 사분위 범위(IQR)를 사용하여 이상치의 영향을 최소화하고, 각각의 속성값을 대입하여 데이터를 조정하는 방법 • 이상치의 영향을 크게 받지 않고 데이터가 중앙에 집중됨 • 계산이 복잡하고 사분위를 구해야 하는 단점을 가짐 • X는 데이터 값, $Median(X)$는 해당 속성의 중앙값, IQR은 사분위 범위 • $IQR = \dfrac{X - Median(X)}{Q_3(X) - Q_1(X)}$

최대 절댓값 (Maximum Modulus) 정규화	• 각 데이터를 최댓값의 절댓값으로 나누어 모든 데이터를 −1과 1 사이의 범위로 조정하는 방법 • 데이터의 크기를 균일하게 조정할 수 있어 큰 범위의 데이터 분포에 적합 • 데이터가 원점에서 동일하게 떨어져 0을 중심으로 대칭이 되지만, 간혹 정보의 손실이 발생함 • $Z = X - Max(|X|)$

ⓒ 로그 변환
- 데이터 스케일(범위) 변환 작업의 하나임
- 데이터 분포가 왜곡된 경우 데이터의 분포를 대칭적으로 만들어 극단적인 값의 영향을 줄이기 위해 데이터에 로그 함수를 적용하는 작업
  - 데이터의 정규성을 높임(정규분포)
  - 분석 결과의 정확성을 높임
- 로그 변환에서는 왜도(Skewness)와 첨도(Kurtosis)의 개념을 활용
  - 왜도는 정규분포의 좌우를 의미하고, 첨도는 상하를 의미

ⓓ 변수 구간화(Binning)
- 연속형 변수를 구간별로 나누어 범주형 변수로 변환하는 것을 범주화라 함
- 변수 구간화는 연속형 변수를 특정 구간으로 나누어 범주형 또는 순위형으로 변환하는 작업을 의미
  - 이상치를 완화하고 결측치를 처리
  - 과적합 문제를 완화하는 효과를 가짐
  - 분석 결과의 해석이 용이함
  - 목적 변수와 비선형 관계일 때도 설명이 가능

ⓔ 변수 인코딩(Encoding)
- 연속형 변수나 범주형 변수를 유연하게 처리하도록 하는 데이터 전처리 과정
- 데이터 인코딩의 방법
  - Label Encoding : 범주형 변수에 숫자를 부여하여 수치형 변수로 변환하는 작업(예 red → 0, yellow → 1, blue → 2)
  - One-hot Encoding : 범주형 변수를 이진의 0과 1의 벡터로 변환하는 작업
  - Ordinal Encoding : 범주형 변수에 숫자를 부여하여 수치형 변수로 변환하는 부분에서 Label Encoding과 유사하지만 변환된 숫자의 순서를 유지하는 방식이 다름

ⓕ 차원 축소
- 차원 축소의 대표적인 기법은 주성분 분석(PCA ; Principle Component Analysis)
  - 데이터의 분포를 최대한 보전하면서 고차원 데이터를 저차원 데이터로 변환하는 기법
  - 서로 연관 가능성이 있는 고차원 공간의 표본들을 선형 연관성이 없는 저차원 공간(주성분)의 표본으로 변환하기 위해 직교 변환을 사용
  - 표본의 차이를 가장 잘 나타내는 성분들로 분해함으로써 데이터 분석에 여러 가지 이점을 제공

ⓖ 그 외 데이터 변환

날짜 및 시간 처리	• 분할 : 날짜/시간 데이터를 년, 월, 일, 시, 분 등으로 분할 • 파생 : 날짜/시간 데이터로부터 시간대(오전, 오후, 저녁), 요일 또는 계절 등의 파생 변수를 생성
데이터 집계 및 형태 변환	• 데이터 집계 : 특정 변수의 합계, 평균, 최댓값, 최솟값 등을 계산하여 특정 기준에 따라 여러 행 또는 레코드를 단일 요약 행으로 집계 • 데이터 형태 변환 : 데이터 세트를 와이드(Wide) 또는 롱(Long) 포맷으로 변환하는 것

❹ 데이터 분리
 ㉠ 데이터 처리, 분석, 모델링, 학습 또는 유효성 검사를 목적으로 특정 기준에 따라 데이터를 분할하는 작업
 ㉡ 데이터 세트(Data Set) 분리
  • 모델의 성능을 보다 정교하게 만들기 위한 작업
  • 반복 학습을 통해 가장 훌륭한 모델을 찾아가는 과정
  • 모델의 정확도를 높이기 위해 반복적인 훈련과 최종 테스트를 거치는 과정
  • 분리 모델의 종류

훈련 모델(Training Set)	실제 모델 훈련(학습)에 활용되는 데이터 집합
검증 모델(Validation Set)	모델을 조정하고 평가하기 위한 데이터 집합
평가 모델(Test Set)	학습한 모델의 성능을 테스트하는 데이터 집합

  • 분리 작업에서 훈련 모델과 평가 모델은 전체 데이터 세트에서 8:2 혹은 7:3의 비율로 분리하는 것이 일반적이며, 훈련 모델은 다시 8:2 정도의 비율로 훈련 모델과 검증 모델로 분리
   – Step 1. 훈련 모델(Training Set)과 평가 모델(Test Set)로 분리
   – Step 2. 훈련 모델(Training Set)과 검증 모델(Validation Set)로 분리
   – Step 3. 훈련 모델을 통해 학습하고 검증 모델로 확인 후 훈련 모델과 검증 모델을 다시 결합하여 최종 학습
   – Step 4. 평가 모델을 통해 최종 평가 진행

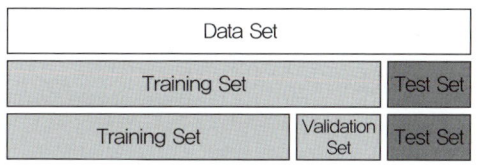

 ㉢ 데이터 분리 방법
  • 계층적 분리는 분포가 불균형하거나 계층화된 데이터 세트에서 클래스 또는 그룹의 상대적 비율을 유지하는 방식으로 데이터를 추출하는 방법
  • 계층적 분리의 장점
   – 클래스의 비율을 유지하므로 모델이 전체 데이터를 충분히 대변함
   – 데이터가 편향되어 분리되는 현상이 감소
  • 계층적 분리의 단점
   – 분리 수행할 클래스의 정의가 어려움
   – 무작위 분리보다 샘플링 과정이 다소 복잡함
  • 무작위 분리는 데이터 세트에서 무작위로 데이터를 추출하는 방법
  • 시계열 분리는 시계열 또는 순차적 데이터를 처리하기 위해 특정 시점 또는 기간을 기준으로 데이터 세트를 분리하는 방법

ⓛ 교차 검증(Cross Validation)
- 모델 성능의 추정과 일반화 성능을 평가하기 위하여 데이터 세트를 여러 하위 집합(Fold, 폴드)으로 분리한 후 일부 폴드는 테스트 세트로 사용하고 나머지 폴드는 훈련 세트로 사용하는 방법
- 교차 검증은 레이블의 순서에 따라 진행되는 순차적 교차 검증과 클래스의 분포 비율에 따라 폴드를 생성하는 계층적 교차 검증으로 구분

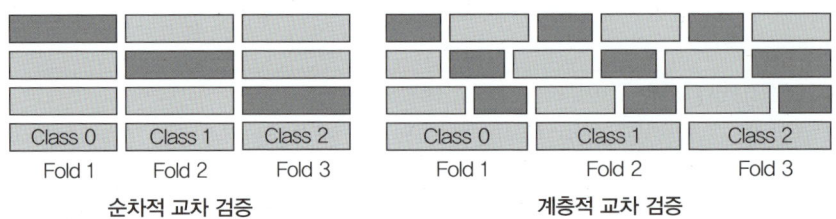

순차적 교차 검증 　　계층적 교차 검증

- K-fold 교차 검증
  - 대표적인 교차 검증 방법
  - K개의 폴드 집합(Set)을 만들고 K번의 학습과 검증을 진행 후 각 단계의 검증 결과를 평균하여 최종 검증 결과를 도출하는 방식

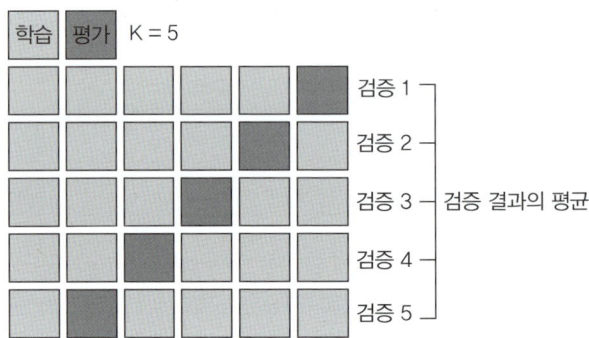

- K-fold 교차 검증의 장점
  - 성능을 일반화하여 평가
  - 데이터를 충분히 활용하여 검증 수행
  - 여러 번 검증이 이루어지므로 성능 평가의 신뢰성 확보
- K-fold 교차 검증의 단점
  - 데이터 세트의 분할 방법에 따라 결과가 확연히 달라짐
  - 검증이 여러 번 반복되어 평가 시간과 비용이 증가
- LOOCV(Leave-one-out Cross-validation) 교차 검증
  - K-fold 교차 검증을 변형한 것으로 폴드 하나에 데이터 샘플 하나를 담아 검증을 수행
  - 만약 데이터 세트의 크기가 N이라면 N번의 훈련을 수행하고 검증
- 홀드 아웃(Hold Out) 검증
  데이터 세트에 일정한 비율(6:2:2 혹은 7:1.5:1.5)을 적용하여 훈련, 검증, 테스트 세트로 분리하고 교차 검증 하는 기법

❺ 데이터 결합

㉠ 다수의 데이터 세트를 하나의 통합된 데이터 세트로 병합하거나 통합하는 작업

㉡ 크로스(Cross)
- 두 데이터 세트의 데이터가 순서쌍으로 개수를 곱하여 결합
- 두 데이터 세트를 연결하는 키와 조건이 특별히 필요하지 않은 결합

> D01 = {1, 2, 3}
> D02 = {a, b, c}
> CROSS D01, D02 = {(1, a), (1, b), (1, c), (2, a), (2, b), (2, c), (3, a), (3, b), (3, c)}

㉢ 유니온(Union)
- 복수의 데이터 세트를 합쳐 하나의 데이터 세트처럼 인식할 때 매우 유용하게 활용
- 결합되는 두 데이터 세트의 컬럼의 개수가 동일해야 함
- 복수의 데이터 세트를 수직으로 연결하여 결합
- 두 데이터 세트의 열의 개수가 동일할 때 유니온은 결국 합집합을 의미
  - 교집합은 인터섹트(Intersect) 결합, 차집합은 마이너스(Minus) 결합
  - 인터섹트(Intersect) 결합은 두 데이터 세트에서 공통적으로 포함된 내용으로 결합
  - 마이너스(Minus) 결합은 두 데이터 세트에서 포함되지 않은 내용으로 결합
- 유니온 역시 두 데이터 세트를 연결하는 키와 조건이 특별히 필요하지 않은 결합

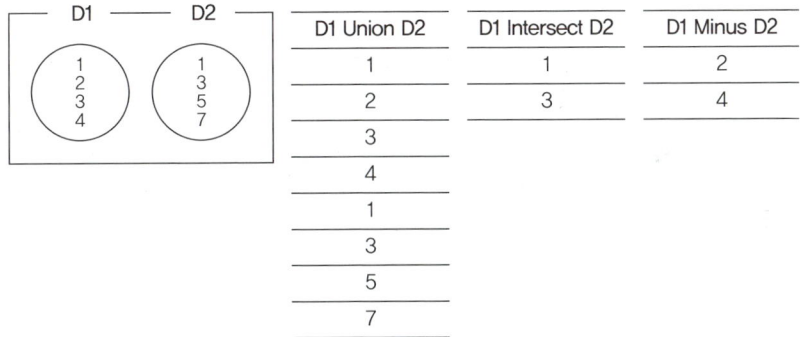

㉣ 내부 병합(Inner Join)
- 연결된 복수의 데이터 세트에서 키와 조건으로 연결되어 공통적으로 포함된 내용을 처리할 때 활용
  - 내부 병합은 키와 조건으로 연결된 교집합이고 인터섹트는 키와 조건이 필요 없는 교집합
  - 내부 병합은 키와 조건이 반드시 포함되어야 함

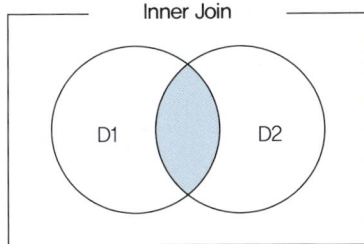

D01	D02
V1	V1
V2	V2
V3	V4
V5	V6
	V7

D01 Inner Join D02	
V1	V1
V2	V2

㉢ 외부 병합(Outer Join)
- 외부 병합은 두 데이터 세트에서 공통으로 포함되지 않은 데이터를 확인할 때 활용
  - 외부 병합도 키와 조건이 반드시 포함되어야 함
  - Left, Right, Full의 세 가지 외부 병합이 존재
- Left일 경우 왼쪽 데이터 세트, RIGHT일 경우 오른쪽 데이터 세트의 레코드(행)를 기준으로 관계가 있는 공통 값을 출력하고 연결된 값이 없으면 NULL로 표기
- Full의 경우 모든 레코드가 출력되며 관계가 없는 값은 NULL로 표기

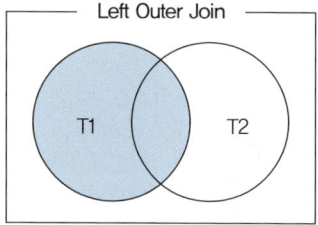
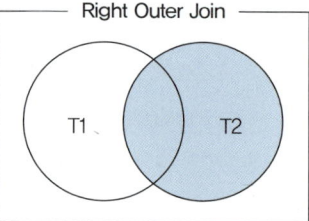
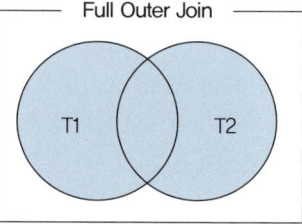

D01	D02	D01 Left Outer Join D02		D01 Right Outer Join D02		D01 Full Outer Join D02	
V1	V1	V1	V1	V1	V1	V1	V1
V2	V2	V2	V2	V2	V2	V2	V2
V3	V4	V3	NULL	NULL	V4	V3	NULL
V5	V6	V5	NULL	NULL	V6	V5	NULL
	V7				V7	NULL	V4
						NULL	V6
						NULL	V7

데이터 결합 시에는 데이터의 일관성을 유지하고 데이터 무결성을 해지지 않도록 주의하여 처리해야 함

기출유형 완성하기

정답 01 ① 02 ③ 03 ② 04 ④

01 데이터 정규화 과정에 대한 설명으로 적절하지 않은 것은?

① 데이터의 특성이 같은 범위를 가지지만 변환된 데이터이므로 빠른 처리는 불가하다.
② 데이터의 특성이 데이터 활용에 미치는 영향을 동등하게 한다.
③ 예측 모델을 활용 시 좀 더 효율적으로 예측이 진행될 수 있도록 한다.
④ 데이터의 범위를 일정하게 조정하여도 이상치를 감소시키지 않는다.

해설

정규화 작업은 데이터가 가지는 특성들의 범위를 조절하여, 각 특성이 데이터 활용에 미치는 영향을 동등하게 만들어 줌으로써 데이터 활용에 있어 더 빠르고 효과적으로 데이터를 수렴할 수 있도록 한다. 또한, 예측 모델 활용 시 좀 더 효율적으로 예측이 진행될 수 있도록 도움을 주며, 정규화를 통해 데이터의 범위를 일정하게 조정하여도 이상치를 감소시키지 않는다.

02 다음 설명에 해당하는 데이터 변환 작업으로 가장 적절한 것은?

- 데이터의 분포를 최대한 보전하면서 고차원 데이터를 저차원 데이터로 변환
- 서로 연관 가능성이 있는 고차원 공간의 표본들을 선형 연관성이 없는 저차원 공간의 표본으로 변환하기 위해 직교 변환을 사용

① 데이터 정규화   ② 로그 변환
③ 주성분 분석   ④ 변수 인코딩

해설

차원 축소 기법의 하나인 주성분 분석(PCA ; Principle Component Analysis)은 데이터의 분포를 최대한 보전하면서 고차원 데이터를 저차원 데이터로 변환한다. 서로 연관 가능성이 있는 고차원 공간의 표본들을 선형 연관성이 없는 저차원 공간(주성분)의 표본으로 변환하기 위해 직교 변환을 사용하며, 표본의 차이를 가장 잘 나타내는 성분들로 분해함으로써 데이터 분석에 여러 가지 이점을 제공한다.

03 모델 성능 평가를 위해 데이터 세트를 여러 하위 집합으로 분리하는 기법으로 적절한 것은?

① 계층적 분리 기법
② K-fold 교차 검증
③ 홀드 아웃(Hold Out) 기법
④ 무작위 분리 기법

해설

교차 검증 기법의 하나인 K-fold 교차 검증은 모델 성능의 추정과 일반화 성능을 평가하기 위하여 데이터 세트를 여러 하위 집합(Fold, 폴드)으로 분리한 후, 일부 폴드는 테스트 세트로 사용하고 나머지 폴드는 훈련 세트로 사용하는 방법이다.

04 복수의 데이터 세트에서 키와 조건으로 연결되어 공통으로 포함된 내용을 결합하는 방법으로 적절한 것은?

① 외부 병합
② 크로스 병합
③ 유니온 병합
④ 내부 병합

해설

내부 병합은 키와 조건으로 연결된 교집합으로 연결된 복수의 데이터 세트에서 공통으로 포함된 내용을 결합하여 처리할 때 활용되는 기법이다.

기출유형 14 ▶ 데이터 관리

데이터 백업의 방법 중 마지막 전체 백업 수행 후 변경된 데이터만을 복사하여 백업하는 방법은?

① 전체 백업
② 증분 백업
③ 차등 백업
④ 부분 백업

해설
차등 백업은 마지막 전체 백업 수행 후 변경된 데이터만을 복사하여 백업하는 방법으로, 백업 속도가 증분 백업보다 느리고 전체 백업보다는 빠르며 증분 백업보다 복구의 속도가 빠르다.

| 정답 | ①

족집게 과외

❶ 데이터 수집 및 변환

㉠ 데이터 수집 절차
- 수집해야 하는 구체적인 데이터와 수집 목적을 결정하고 목표를 달성하는 데 필요한 데이터 속성, 형식 및 구조를 명확하게 정의해야 함
- 내부 데이터와 외부 데이터를 정확히 구분하고 상황에 맞게 절차를 수립하여 수집을 진행
- 데이터 수집 절차 설계

> 데이터 수집 대상 결정 → 수집 대상 리스트 작성 → 데이터 소유자 파악 및 협의 → 보안 사항 점검 → 데이터 형식 및 상태 파악 → 수집 기술의 선정 → 수집 계획서의 작성 → 수집 유형 결정 및 실행

- 데이터 수집 대상 결정 : 활용 목적에 부합하고 수집해야 하는 구체적인 데이터와 수집 목적을 결정하여 대상을 설정
- 수집 대상 리스트 작성 : 수집 가능성을 진단하고, 수집 시간, 보안, 세부 항목 및 품질, 수집 비용 등을 충분히 검토하여 리스트를 작성
- 데이터 소유자 파악 및 협의 : 데이터 소유 기관, 기기 등을 파악하여 협의 진행
- 보안 사항 점검 : 보안 및 개인정보보호 문제 등을 점검
- 데이터 형식 및 상태 파악 : 수집 대상 데이터의 자료 유형, 위치 규모, 통신 등의 다양한 데이터 환경 상태를 점검
- 수집 기술의 선정 : 데이터 형식 및 환경을 고려한 수집 기술을 선정하며 확장성, 안정성, 유연성을 확보
- 수집 계획서의 작성 : 대상 데이터를 명시하고 수집 기술, 수집 주기, 데이터 담당자, 수집 담당자 등을 작성
- 수집 유형 결정 및 실행 : 배치(Batch) 작업 혹은 실시간 수집 기술 적용 등을 결정하고 충분한 테스트를 시행한 후 수집 진행

ⓒ 데이터 수집 방식과 기술
- 수집 대상이 되는 데이터의 구조적 분류(정형, 반정형, 비정형)에 따라 적절한 기술을 적용
- 정형 데이터의 수집

기술	설명
ETL(Extract Transform Load)	• 수집 대상 데이터를 데이터 저장소에 이동시키는 기술로 데이터를 추출(Extract), 변환(Transform), 적재(Load)하는 기법 • 데이터 웨어하우스 및 데이터레이크에서 폭넓게 활용되며, 적재 전 정제를 통한 품질 개선 효과를 가짐
FTP(File Transfer Protocol)	TCP/IP 기반의 서버와 클라이언트 간의 파일 송수신 기술을 이용한 수집 기법
스쿱(Sqoop)	특정 연결자(Connector)를 활용한 RDBMS와 파일시스템(Hadoop, 하둡) 간의 데이터 송수신 처리 기술로, 정형 데이터 수집의 전 과정이 자동화되어 처리됨
API(Application Programming Interface)	시스템 간의 연동을 통해 데이터를 수집·처리하는 인터페이스 기술
Rsync(Remote Sync)	서버와 클라이언트 간 일대일로 파일과 디렉토리를 동기화하는 기술
DBtoDB	데이터베이스 시스템을 서로 연동하여 데이터를 전송하는 기술

- 반정형 데이터의 수집

기술	설명
센싱 처리	센서와 네트워크 기술을 활용한 데이터 수집 기술
플럼(Flume)	센서 데이터, 오디오/비디오 등의 스트리밍 데이터를 비동기 방식으로 처리하는 분산형 로그 수집 기술
스크라이브(Scribe)	실시간으로 스트리밍 로그 데이터를 분산 시스템에 저장하는 대용량 로그 수집 기술
척와(Chukwa)	대규모 분산 시스템을 에이전트(Agent)와 컬렉터(Collector)를 연결해 수집하고 다시 하둡 등의 파일시스템으로 저장하는 기술

- 비정형 데이터의 수집

기술	설명
크롤링(Crawling)	웹사이트에서 제공되는 웹 문서 및 컨텐츠를 수집하는 기술
RSS(Rich Site Summary)	SNS, 블로그, 뉴스 등의 웹사이트 정보 공유를 위해 XML 형식으로 데이터를 수집하는 기술
Open API	실시간 데이터 수집을 위해 공개된 API를 이용한 기술
스크래파이(Scrapy)	웹 정보를 크롤링하여 구조화된 데이터로 변환하고 처리하기 위한 파이썬(Python) 언어에서 제공하는 기술

ⓒ 수집 데이터의 유형과 속성
- **구조적 형태에 따라** 정형, 반정형, 비정형 데이터로 구분
- **형태에 따라** 정성적 데이터와 정량적 데이터로 구분
- **생성 주기에 따라** 실시간 데이터와 비실시간 데이터로 구분
  - 대표적인 실시간 데이터는 센서 데이터
  - 통계 데이터, 웹 로그 등이 비실시간 데이터
- **저장 방식에 따른 분류**
  - 파일 데이터 : 로그 데이터, 텍스트 파일, 엑셀 등
  - DB 데이터 : RDBMS, NoSQL, In-memory에 저장된 데이터
  - 컨텐츠 데이터 : 텍스트 문서, 이미지, 오디오, 비디오 등의 미디어 데이터
  - 스트림 데이터 : 센서 데이터 등

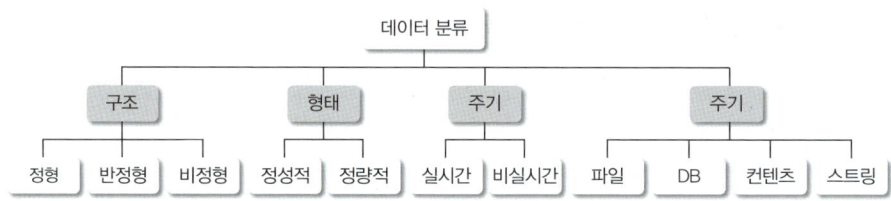

- 수집 데이터의 속성은 범주형 데이터(명목형, 순서형)와 수치형 데이터(이산형, 연속형)로 구분

ⓓ 데이터의 변환
- 수집된 데이터는 활용 목적에 따라 전처리, 후처리 과정을 거침

데이터 정리	데이터 세트의 불일치, 오류 또는 중복을 제거 및 수정
데이터 서식	데이터를 분석 또는 저장에 적합한 일관된 형식으로 변환
데이터 집계	특정 속성별로 데이터를 집계하여 요약 데이터를 생성
데이터 보강	외부 소스에서 관련 데이터를 추가하여 데이터 세트를 보강

- 데이터 변환 방법

평활(Smoothing)	시계열 등의 추세 데이터에서 일반적이지 않은 데이터를 변환하는 방법으로 구간화, 군집화 등을 수행
집계(Aggregation)	다양한 속성의 데이터를 정리하고 요약하는 기법
표준화(Generalization)	구간 분포 값의 스케일을 일정하게 변화시키는 기법
정규화(Normalization)	데이터를 정해진 구간의 값으로 변경하여 처리하는 기법
속성의 추가	데이터 활용 목적에 따라 새로운 속성을 생성하는 기법

⑩ 데이터 검증 및 품질 보증
- 데이터 품질검사 및 활용성, 유효성 검사 규칙을 구현하여 이상 징후, 이상값 또는 데이터 품질 문제를 식별하고 해결할 수 있음
- 데이터 활용성

유용성	충분성	데이터는 사용자의 요구를 충분히 반영하고 충족해야 함
	유연성	사용자의 다양한 요구를 수용하는 유연한 구조여야 함
	사용성	데이터는 충분히 활용 가치가 있어야 함
	추적성	데이터의 변경 내역은 관리되어야 함
접근성		사용자가 원할 때 데이터가 제공되며 검색과 접근이 수월해야 함
적시성		데이터 요청에 대한 빠른 응답과 최신의 상태를 유지해야 함
보안성	보호성	여러 위협 요인으로부터 데이터를 안전하게 보호해야 함
	책임성	접근과 활용 등의 권한과 책임을 명확히 부여해야 함
	안정성	에러나 장애 시 빠른 조치와 복구를 통해 지연 요소를 최소화해야 함

- 데이터 유효성

정확성	정확성	모든 데이터는 오류가 없이 저장되어야 함
	사실성	저장된 데이터는 사실과 다르지 않아야 함
	적합성	데이터는 정해진 구간과 범위를 충족해야 함
	필수성	데이터의 필수 항목은 누락 없이 저장되어야 함
	연관성	관계가 성립된 데이터 항목 간의 오류가 없어야 함
일관성	정합성	서로 다른 위치라도 동일 데이터는 불일치가 없어야 함
	일치성	의미와 성격이 같은 데이터는 용어와 형태도 같아야 함
	무결성	데이터는 수집, 저장, 활용 전후 동일하게 유지되어야 함

❷ 데이터 적재 및 저장
  ㉠ 데이터 적재의 의미
    • 수집된 데이터를 다양한 저장소에 저장하는 과정
    • 적재할 데이터의 유형과 실시간 처리 여부에 따라 다양한 저장소에 데이터를 적재
  ㉡ 데이터 적재의 방법
    • 일괄 적재
      – 주기적 혹은 일시에 데이터를 적재하는 방식
      – 대량의 데이터를 적재하는 방식으로 활용
      – 일, 주, 월 단위의 배치 작업을 통해 진행
    • 실시간 적재
      – 데이터 발생 시마다 실시간으로 데이터를 적재하는 방식
      – 데이터 실시간 분석 및 모니터링에 활용
      – 인터페이스 기능 등을 통해 실시간 처리
  ㉢ 데이터 저장의 의미
    데이터를 장기적으로 보존하여 무결성, 접근성 및 효율성을 유지하는 것
  ㉣ 데이터 저장의 특징
    • 데이터 저장소는 충분한 저장공간, 빠른 처리 성능, 확장성, 데이터의 신뢰성, 가용성을 보장해야 함
    • 데이터 저장 기술

분산 파일시스템	네트워크로 연결된 여러 시스템 파일에 접근할 수 있도록 하는 기술 예 구글 파일시스템(GFS ; Google File System), 하둡 파일시스템(HDFS ; Hadoop File System) 등
데이터베이스 관리시스템	정형화된 데이터를 구조화하고 저장하는 기술로 주로 관계형 데이터베이스를 활용 예 ORACLE, MS-SQL, MYSQL 등
NoSQL	비정형화된 데이터를 저장하는 기술로 수평적 확장이 가능한 구조 예 MongoDB, HBase, Cassandra 등
클라우드 저장시스템	클라우드 컴퓨팅 환경에서 가상화 기술을 활용한 분산 파일시스템 기술 예 Amazon S3, Google Cloud Storage 등

    • 데이터 저장 기술을 선택할 때는 요구사항을 정확히 분석하고 데이터 저장의 안정성과 신뢰성 확보 방안을 수립하고 성능과 비용을 충분히 검토하여 선택
  ㉤ 데이터 저장 및 저장 프로세스 추적, 이상 징후 감지, 데이터 스토리지 인프라의 상태와 성능을 정기적으로 모니터링하고 관리하여 데이터 스토리지의 환경을 효율적이고 안정적으로 유지

❸ 데이터 백업 및 복구
  ㉠ 데이터 백업의 의미
    • 예상치 못한 상황에 대비해 데이터의 손실 위험을 줄이는 중요한 데이터 보호 기능
    • 인적 오류, 시스템 장애, 소프트웨어의 오류, 자연재해, 사고, 악성 코드의 침입 등 다양한 장애를 대비하는 데 매우 중요한 작업
    • 장애 발생 시 데이터의 손실을 최소화하고 보호하는 기능
    • 예기치 못한 상황에 서비스의 연속성을 보장하는 데 도움을 줌
    • 데이터 백업 절차가 잘 수립되면 복구 비용도 감소됨
  ㉡ 데이터 백업의 종류와 방법
    • 전체 백업
      - 모든 데이터를 복사하여 백업하는 방법
      - 백업 속도가 느리며 시간과 공간이 많이 소요됨
      - 데이터 양이 적을 때 유리하며 복구 시 속도는 증분 및 차등 백업보다 유리함
    • 증분 백업
      - 마지막 백업을 수행한 이후 변경된 데이터만을 복사하여 백업하는 방법
      - 백업의 속도는 가장 빠르지만 복구의 속도는 가장 느림
    • 차등 백업
      - 마지막 전체 백업 수행 후 변경된 데이터만을 복사하여 백업하는 방법
      - 백업 속도가 증분 백업보다 느리고 전체 백업보다는 빠름
      - 증분 백업보다 복구의 속도가 빠름
  ㉢ 데이터 백업 진행 시 고려사항
    백업 시간, 복구 시간, 용량, 시스템 크기, 보관 기간, 확장성, 백업 위치, 보안 규정 등
  ㉣ 데이터 백업의 위치
    • 로컬 백업
      - 원본 데이터가 위치한 동일한 시스템과 장비에 백업
      - 동일한 장비에 백업이 진행되므로 복구에 유리하지만, 장비의 장애 발생 시 데이터 손실 위험이 큼
    • 이동식 백업
      - 이동식 스토리지를 원본 데이터가 저장된 시스템 혹은 장비에 연결하여 백업
      - 이동식 스토리지의 성능에 따라 복구 및 백업 속도가 영향을 받음
    • 네트워크 백업
      - NAS(Network Attached Storage) 장비와 같은 네트워크 연결 스토리지를 이용한 백업
      - 장비의 장애와 데이터 보호에 강점을 가짐
    • 클라우드 백업
      - 원격에 위치한 오프사이트(Off Site) 스토리지 백업
      - 분산 데이터 센터를 활용한 백업으로 장비의 관리, 구성, 유지 등의 부담을 최소화하고 가용성과 확장성에 유리함
  ㉤ 데이터 복구 시에는 서비스 중지 시간을 최소화하는 정책을 수립하고 진행
    • 복구 시점, 현재 시스템의 상태 및 조건, 복구 후 시스템의 상태, 백업 기술 등을 충분히 고려하여 복구 진행
    • 복구 계획을 수립하고 가능한 최단 시간 내 전체 또는 부분 복구를 수행

❹ 데이터 보안 및 개인정보보호

㉠ 데이터 보안 : 무단 접근, 공개, 변경, 파기로부터 데이터를 보호하기 위한 기술적, 관리적, 물리적 제어 포함

사용자	• 사용자 인증, 계정 관리, 접근 제어 등 • 외부 침입으로 인한 데이터 유출 방지 • 내부 인력, 이동식 저장매체, 이메일 등의 데이터 유출 방지 • 접근 통제, 접근 기록 및 사용자 로그 관리 • 사용자 역할과 권한에 따라 세분된 접근 제어 설정
장비	• 장비 암호화, 보안 모니터링, 방화벽, 접근 제어, 보안 장비 등 • 네트워크 장비의 보안, 통신 상태의 점검 • 보안관리를 위한 모니터링 시스템 • 시스템 접속 로그 데이터 관리
프로그램	• 데이터 연동 프로그램의 보안 강화 • 데이터 수집 프로세스의 보안 설정 • 데이터 유실에 대한 안정성 점검 • 정기적인 보안 업데이트 및 패치 관리
개인정보	• 수집 동의, 정보 암호화, 비식별화 등 • 정보의 활용 목적, 보유기간 • 개인정보보호 규정 준수

㉡ 데이터 비식별화
- 데이터 내의 개인정보 일부 또는 전부를 삭제하거나 다른 정보로 대체하며, 특정 개인을 식별하기 어렵게 조치하는 작업
- 개인정보보호를 위한 비식별화 적용 대상 데이터
  - 자체로 개인을 식별하는 데이터

개인식별 정보	이름, 전화번호, 주소, 생년월일, 사진 등
고유식별 정보	주민등록번호, 여권번호, 운전면허 번호 등
생체 정보	지문, 홍채, DNA 정보 등
기관 제공 정보	계좌번호, 이메일 주소 등

  - 다른 데이터와 연계하여 개인을 식별하는 데이터

개인 특성 정보	성별, 생일, 나이, 국적, 고향, 거주지 등
신체 특성 정보	혈액형, 키, 몸무게, 병명, 장애 유형 등
신용 정보	세금, 신용 등급, 기부금, 소득 분위 등
경력 정보	학교, 학과, 성적, 직장, 직업, 소속기관 등
가족 정보	배우자, 자녀, 부모, 형제 등
위치 정보	내비게이션 사용 정보, GPS 데이터 등
IT 정보	PC 활용 정보, 로그인 기록, 스마트폰 사용 정보 등

ⓒ 데이터 비식별화 처리 기법
- 가명 처리(Pseudonymization) 기법
  - 식별할 수 없는 대체 데이터로 처리하는 기법
  - 완전 비식별화가 가능하며 변형되거나 변질의 위험성 감소
  - 이름, 직장, 출신 학교 등에 처리
- 가명 처리 기법의 종류
  - 휴리스틱 익명화 : 약속된 규칙을 적용하여 개인정보를 익명화하는 기법
  - K-익명화 : 개인정보 속성을 K개 이상 나타나도록 처리하는 기법
  - 암호화 : 일정한 규칙의 암호화와 알고리즘을 적용하여 처리하는 기법
- 총계 처리(Aggregation) 기법
  - 통계값을 적용하여 식별할 수 없도록 하는 기법
  - 민감 정보(생일, 졸업 일자, 입사 및 퇴사 일자, 수입 및 지출 내역, 신체정보, 진료 정보 등)에 대한 비식별화
- 총계 처리 기법의 종류
  - 부분 집계 : 데이터 활용 목적에 따라 일부 영역만 비식별 처리하는 기법
  - 라운딩 : 집계 처리된 결과 데이터에 올림 혹은 내림 처리하는 기법
  - 재배열 : 개인정보와 연결되지 않도록 데이터를 재배열하는 기법
- 데이터 삭제(Data Reduction) 기법
  - 식별 가능한 개인정보를 삭제 처리하는 기법
  - 민감한 개인 식별 데이터에 대한 완전한 삭제
- 데이터 삭제 기법의 종류
  - 속성값 삭제 : 민감 정보를 다루는 속성값을 단순 제거하는 기법
  - 속성값 부분 삭제 : 민감 정보에 대한 속성값 전체가 아닌 일부를 삭제하는 기법
  - 행 삭제 : 민감 정보를 정확히 식별하는 레코드 전체를 삭제하는 기법
- 데이터 범주화(Data Suppression) 기법
  - 개인정보를 데이터 세트의 대푯값 혹은 구간값으로 변환 처리하는 기법
  - 주소, 생년월일, 주민등록번호, 운전면허 번호 등에 적용
- 데이터 범주화 기법의 종류
  - 랜덤 올림 : 개인정보 중 수치 데이터를 임의의 수를 기준으로 올림 처리하는 기법
  - 범위 지정 : 개인정보 중 수치 데이터를 임의의 범위를 설정하여 분포로 표현하는 기법
- 데이터 마스킹(Data Masking) 기법
  - 개인정보 전체 혹은 일부를 대체 값으로 변환 처리하는 기법
  - 완전 비식별화가 가능하고 데이터의 구조적 변형이 적음
  - 대부분의 민감한 개인 식별 정보에 적용
- 데이터 마스킹 기법의 종류
  - 임의 데이터 추가 : 개인 식별 데이터에 임의의 값을 추가하는 기법
  - 공백 및 대체 : 개인 식별 데이터에 공백 혹은 대체값으로 변환하는 기법

기출유형 완성하기

정답 01 ④ 02 ④ 03 ④ 04 ① 05 ③

01 SNS, 블로그, 뉴스 등의 웹사이트 정보 공유를 위해 XML 형식으로 데이터를 수집하는 기술은?

① Open API
② 크롤링
③ ETL
④ RSS

해설
RSS(Rich Site Summary)는 비정형 데이터의 수집에 활용되는 기술로 SNS, 블로그, 뉴스 등의 웹사이트 정보 공유를 위해 XML 형식으로 데이터를 수집할 때 활용한다.

02 개인정보보호를 위한 비식별화 적용 대상 데이터의 성격이 다른 하나는?

① 지문
② 홍채
③ DNA
④ 혈액형

해설
개인정보보호를 위한 비식별화 적용 대상 데이터 중 생체 정보는 지문, 홍채, DNA 정보 등이다.

03 수집 데이터의 저장 방식과 그 예로 적절하지 않은 것은?

① 파일 데이터 - 로그 파일
② DB 데이터 - JSON 파일
③ 컨텐츠 데이터 - 이미지 파일
④ 스트림 데이터 - 계측 파일

해설
수집 데이터는 파일 데이터, DB 데이터, 컨텐츠 데이터, 스트림 데이터로 구분하며 스트림 데이터에서는 주로 센서 데이터를 수집한다.

04 다음이 설명하는 수집 데이터의 변환 기법으로 적절한 것은?

> 시계열 등의 추세 데이터에서 일반적이지 않은 데이터를 변환하는 방법으로 구간화, 군집화 등을 수행하는 기법

① 평활(Smoothing)
② 표준화(Generalization)
③ 정규화(Normalization)
④ 집계(Aggregation)

해설
② 구간 분포 값의 스케일을 일정하게 변화시키는 기법이다.
③ 데이터를 정해진 구간의 값으로 변경하여 처리하는 기법이다.
④ 다양한 속성의 데이터를 정리하고 요약하는 기법이다.

05 데이터 백업의 방법으로 증분 백업에 대한 설명으로 적절하지 않은 것은?

① 마지막 백업을 수행한 이후 변경된 데이터만을 복사하여 백업하는 방법이다.
② 백업의 속도는 가장 빠르지만 복구의 속도는 가장 느리다.
③ 데이터의 양이 적은 시스템에 유리하다.
④ 변경된 데이터만을 복사하므로 백업 속도가 가장 빠르다.

해설
데이터 양이 적은 경우에는 증분 백업보다 전체 백업이 유리하다.

> **기출유형 15 ▶ 비즈니스 인텔리전스**
>
> 다음 중 일반적으로 사용되는 비즈니스 인텔리전스 도구에 해당하지 않는 것은?
> ① QlikView ② Tableau
> ③ Google Chrome ④ Power BI
>
> **해설**
> Tableau, Power BI, QlikView는 대표적인 비즈니스 인텔리전스 시각화 도구이다.
>
> | 정답 | ③

족집게 과외

❶ 비즈니스 인텔리전스(BI ; Business Intelligence)의 개념

㉠ 비즈니스 인텔리전스는 기업 혹은 조직 내 데이터를 분석하여 가치로 연결하고 통찰(Insight)을 도출하여 합리적인 의사결정과 전략을 수립하는 프로세스를 의미

㉡ 데이터를 분석해 상황을 진단하고 미래에 일어날 일을 예측하여 최상의 결과를 위한 의사결정을 수립하는 것이 비즈니스 인텔리전스의 핵심

❷ 비즈니스 인텔리전스 관련 개념

㉠ 데이터 통합

데이터베이스, 스프레드시트, 엔터프라이즈 시스템, 외부 API(Application Programming Interface) 등과 같은 여러 소스 데이터를 통합하여 데이터 정제 및 변환 과정을 거친 후 분석

㉡ 데이터 웨어하우징(Data Warehousing)
- 기업 내/외부의 데이터를 통합하여 저장하고 관리하는 시스템
- 데이터의 중복을 최소화하고 구성원과 조직 내부의 모든 업무에 공유되고 활용할 수 있도록 함
- 데이터의 정합성과 일관된 구조를 가지므로 표준화와 통일성을 확보
- 구성 요소

ETT	데이터의 추출(Extraction), 변형(Transformation), 이동(Transportation) 작업을 지원하는 기술
DS(Data Store)	개별 시스템 내 데이터를 통합 관리하고 공유하는 통합 데이터베이스
DM(Data Mart)	의사결정을 위한 지원 목적별 데이터 웨어하우징
OLAP (Online Analytical Processing)	• 사용자 요건에 따라 분석하고 활용하도록 지원하는 도구 • 복잡한 분석 쿼리를 통한 빠른 처리 • 다차원 데이터 모델을 활용하여 분석하는 기능을 제공
메타데이터	데이터의 관리와 성능을 위한 데이터에 대한 데이터

㉢ 데이터 모델링
- 다양한 데이터를 제한된 공간에 효과적으로 담아내는 방법을 고민하는 과정
- 데이터 모델링의 핵심적인 3가지 특징은 추상화, 단순화, 명확화
- 어떤 목적으로 활용될 데이터인지, 데이터 간 어떤 관계를 형성하고 있는지, 데이터를 통해 어떤 일을 처리할 것인지 고민하며 특정한 프로세스를 처리할 때 데이터가 어떤 영향을 받고 영향을 주는지 고민
- 데이터 모델링은 크게 3가지로 구분하고 순차적으로 개념적 모델링, 논리적 모델링, 물리적 모델링으로 진행

ⓔ 데이터 분석
- 과거에 발생한 사건의 원인을 발견하는 진단적 분석
- 현재 발생하고 있는 사건을 확인하는 설명적 분석
- 미래에 발생할 사건을 판단하는 예측적 분석
- 만족스러운 결과를 위해 필요한 의사결정을 정하는 처방적 분석

ⓜ 데이터 시각화
- 데이터 분석의 결과를 시각적으로 표현하고 탐색
- 대시보드, 차트, 그래프 등을 이용하여 데이터를 시각적으로 표현

ⓗ 데이터 마이닝
통계분석, 머신러닝, 인공지능 등을 활용하여 대규모의 데이터에서 규칙을 찾고 분류 및 군집화하여 예측을 수행

ⓢ 셀프서비스 비즈니스 인텔리전스(Self-service Business Intelligence)
비즈니스 사용자가 IT팀 또는 기술팀에 의존하지 않고 독립적으로 데이터에 접근하여 데이터를 탐색하고 분석하며 의사결정에 필요한 인사이트를 발견하는 것

ⓞ 데이터 거버넌스
- 다양한 정책과 표준을 통해 데이터의 보안, 개인정보보호, 정확성, 가용성, 사용성을 보장하기 위해 수행하는 모든 작업을 의미
- 데이터 거버넌스의 목표는 안전한 방식으로 손쉽게 접근할 수 있도록 고품질 데이터를 유지하고 관리하는 것

ⓩ 지속적인 개선
- 비즈니스 인텔리전스는 지속적인 모니터링, 분석 및 개선이 수반되는 반복적인 프로세스
- 조직은 비즈니스 상황을 추적하고 전략의 효과를 측정하며 성과를 개선하기 위해 필요한 조정을 지속해서 수행

❸ 비즈니스 인텔리전스의 과정

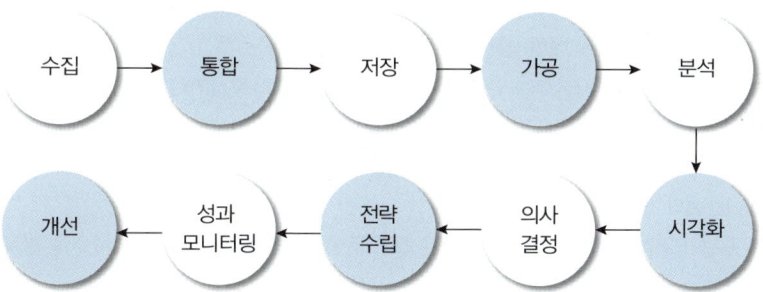

❹ 비즈니스 인텔리전스 도구

❺ 비즈니스 인텔리전스와 데이터 기반 의사결정
  ㉠ 비즈니스 인텔리전스
    • 데이터 기반 의사결정에 필요한 프레임워크, 도구 및 통찰을 제공하며, 이를 통해 조직은 데이터를 효과적으로 활용하여 의미 있는 통찰을 얻고 정보에 입각한 의사결정을 내림으로써 비즈니스의 성공과 경쟁력을 높일 수 있음
  ㉡ 데이터 기반 의사결정
    • 관련 데이터의 분석과 해석을 기반으로 정보에 입각한 선택과 전략적 계획을 세우는 접근 방식
    • 데이터를 수집, 정리, 분석, 해석하여 통찰을 얻고 의사결정 프로세스를 추진하는 것을 포함
    • 정확하고 신뢰할 수 있는 데이터를 사용하여 의사결정을 수행함으로써 편견을 줄이고 객관성을 제고
  ㉢ 비즈니스 인텔리전스는 데이터 기반 의사결정의 토대가 되며, 비즈니스 인텔리전스가 제공한 통찰을 통해 의사결정자는 비즈니스의 현재 상태를 이해하고 기회를 파악하며 문제를 진단할 수 있음
  ㉣ 비즈니스 인텔리전스는 의사결정자에게 시의적절하고 정확한 정보를 제공하며 이를 뒷받침하기 위한 데이터 수집 및 통합이 보장되어야 함
  ㉤ 비즈니스 인텔리전스는 의사결정 프로세스에 증거에 기반한 접근방식을 제공하여 조직의 목표와 목적에 부합하는 의사결정을 내릴 가능성을 제고함

❻ 비즈니스 인텔리전스의 이점과 활용
  ㉠ 객관적 자료에 기반한 합리적 의사결정
    비즈니스 인텔리전스를 효과적으로 사용하려면 기술, 데이터 거버넌스, 데이터 기반 사고방식이 필수적이며 이를 위한 단계와 고려사항이 필요
  ㉡ 흐름과 기회를 빠르게 식별하고 조치하여 조직의 역량, 강점, 단점을 평가하고 경쟁력을 유지
    • 비즈니스 인텔리전스 도구를 사용하여 데이터의 추세, 패턴, 상관관계, 이상 징후 등을 탐색
      - 통계 기법, 데이터 마이닝, 데이터 시각화 등의 데이터 분석 방법 사용
      - 데이터 분석은 비즈니스에 대한 깊은 이해와 통찰을 발견하는 것
    • 분석을 기반으로 보고서와 시각화를 생성하여 분석 결과를 의사결정자에 효과적으로 전달
      - 명확하고 간결하며 시각적으로 매력적인 방식으로 정보를 제시해야 함
      - 차트, 그래프, 표, 설명을 사용하여 주요 결과를 강조하고 스토리텔링 기법을 사용
  ㉢ 핵심성과지표(KPI)의 설정
    • 핵심성과지표란 조직의 성과를 모니터링하고 목표에 대한 진행 상황을 추적하는 데 도움이 되는 측정 가능한 지표
    • 비즈니스 목표와 일치하고 비즈니스 운영 및 성과에 대한 의미 있는 통찰을 제공하는 핵심성과지표를 설정함
  ㉣ 개선이 필요한 영역을 진단하고 개선하며 목표 대비 진척 현황을 모니터링
    • 해결하고자 하는 구체적인 질문 또는 과제를 명확하게 정의
    • 비즈니스 인텔리전스 솔루션을 사용하여 비즈니스 성과를 지속적으로 모니터링하고 추적
      - 경고 및 알림을 설정하여 지표의 편차 또는 이상 징후를 사전에 식별하고 확인할 수 있도록 함
      - 대시보드와 보고서를 정기적으로 검토하여 변경 사항에 대한 정보를 파악하고 필요한 경우 적시에 조치 시행
  ㉤ 병목 지점, 이탈 고객의 증가, 인건비 증가 등 재무 실적에 영향을 줄 수 있는 잠재적인 비즈니스 문제를 사전에 발견

ⓑ 중복되는 영역이나 비효율적인 부분을 찾아 운영을 합리화하고 효율적으로 관리
- 협업 및 인사이트 공유를 통해 팀과 부서 간에 협업을 장려하고 통찰을 공유하여 데이터 기반 의사결정 문화를 조성하고 정착하도록 노력
- 반복적인 프로세스로 구현 효과를 지속적으로 평가하고 피드백을 수집하여 데이터, 핵심성과지표, 데이터 시각화 등을 지속적으로 개선하는 것이 중요

ⓐ 기회 영역과 리스크 영역을 더 깊이 있게 이해하고 수익성을 높이는 방향으로 조정

ⓞ 구성원 모두가 사용할 수 있는 직관적인 인터페이스, 리포트, 역할 기준 대시보드를 제공하여 누구나 인사이트를 도출할 수 있도록 함
- 사용자의 요구사항을 충족하는 적합한 비즈니스 인텔리전스 도구, 플랫폼 선택
- 비즈니스 인텔리전스 도구 선택 시 사용 편의성, 확장성, 데이터 시각화 기능, 보고 옵션, 기존 시스템과의 통합과 같은 요소들을 고려함
- 비즈니스에 의미가 있고 사용자가 이해하기 쉬운 형식으로 데이터를 표현하고, 직관적이며 시각적으로 매력적인 대시보드를 디자인하고 개발해야 함
  - 주요 지표, 차트 및 시각화를 적절히 배치하여 비즈니스 성과에 대한 포괄적인 개요를 제공
  - 대시보드 디자인 시 대상 고객의 구체적인 요구사항에 대한 면밀한 수집 및 분석이 중요

ⓩ 구성원 모두가 활용할 수 있는 통합 데이터시스템
- 데이터베이스, 스프레드시트, 엔터프라이즈 시스템, API 등과 같은 다양한 소스에서 데이터를 수집, 통합하고 정리하여 정확하고 일관성 있는 데이터를 준비
- 중복값 제거, 이상값 처리, 결측값 처리 등의 데이터 정제와 정규화, 표준화, 인코딩 등의 데이터 변환 작업 포함
- 비즈니스 인텔리전스를 효과적으로 활용할 수 있도록 조직 내 사용자에게 교육 및 훈련 프로그램 제공
  - 사용자가 독립적으로 데이터를 탐색하고 정보에 기반한 의사결정을 내릴 수 있도록 장려하여 데이터 기반 문화 조성

❼ **비즈니스 인텔리전스 적용 사례**
㉠ 마케팅 담당자는 비즈니스 인텔리전스를 통해 전자메일 오픈율, 클릭률, 랜딩 페이지 전환과 같은 캠페인 성과를 추적한 다음, 성과 향상을 위해 향후 프로모션을 맞춤화
㉡ 재무 부서는 재무 데이터를 통합하고 현금 흐름, 마진, 비용, 매출 흐름 등을 실시간으로 모니터링하여, 수익성을 주의 깊게 관찰하고 수익을 개선하는 의사결정 수립
㉢ 인사 부서는 근태, 생산성 비율, 직원 이직률, 몰입도 같은 지표를 모니터링하여, 보다 합리적인 채용 결정, 교육 니즈 파악, 직원 일정 최적화 등의 작업이 가능

기출유형 완성하기

정답 01 ③　02 ②　03 ②　04 ③

01 다음 글 상자가 설명하는 비즈니스 인텔리전스 구성 요소로 가장 적절한 것은?

> 복잡한 분석 쿼리를 통한 빠른 처리를 도와주며 다차원 데이터 모델을 활용하여 분석하는 기능을 제공한다.

① Data Store
② Data Mart
③ Online Analytical Processing
④ Meta Data

해설
OLAP(Online Analytical Processing)은 비즈니스 인텔리전스 구성 요소로 사용자 요건에 따라 분석하고 활용하도록 지원하는 도구이다. 복잡한 분석 쿼리를 통해 빠른 처리가 가능해지도록 하며, 다차원 데이터 모델을 활용하여 분석하는 기능을 제공한다.

02 다음 중 비즈니스 인텔리전스와 가장 관련이 없는 용어는?

① 의사결정
② 데이터 생성
③ 데이터 통합과 저장
④ 시각화 처리

해설
비즈니스 인텔리전스는 기업 혹은 조직 내 데이터를 분석, 통합 및 저장하고 시각화하여 합리적인 의사결정과 전략을 수립하는 프로세스이다. 데이터 생성은 비즈니스 인텔리전스에서 일어나지 않는다.

03 다음 중 비즈니스 인텔리전스의 활용에 대한 이점으로 보기 어려운 것은?

① 객관적 자료에 기반한 합리적 의사결정
② 핵심성과지표(KPI)의 문제점 개선
③ 조직의 역량, 강점, 단점을 평가하고 경쟁력을 유지
④ 시각화를 활용한 성과의 개요 제공

해설
핵심성과지표는 조직의 성과를 모니터링하고 목표에 대한 진행 상황을 추적하는 데 도움이 되는 측정 가능한 지표로, 비즈니스 인텔리전스에서는 이를 활용하여 비즈니스 운영 및 성과에 의미 있는 통찰을 제공한다. 따라서 핵심성과지표의 문제점을 개선하는 것은 이점으로 보기 어렵다.

04 다음 중 비즈니스 인텔리전스의 사례로 적절하지 않은 것은?

① 마케팅 부서는 캠페인 성과를 추적하여 향후 프로모션을 맞춤화한다.
② 재무 부서는 수익성을 주의 깊게 관찰하고 수익을 개선하는 의사결정을 수립한다.
③ 구매 부서는 벤더사의 물류 흐름을 파악하여 최적의 경로로 개선한다.
④ 인사 부서는 합리적인 채용 결정을 유도한다.

해설
① 마케팅 담당자는 비즈니스 인텔리전스를 통해 캠페인 성과를 추적한 다음, 성과 향상을 위해 향후 프로모션을 맞춤화할 수 있다.
② 재무 부서는 재무 데이터를 통합하고 실시간으로 모니터링하여 수익성을 주의 깊게 관찰하고 수익을 개선하는 의사결정을 수립할 수 있다.
④ 인사 부서는 다양한 인적자원 지표를 모니터링하며, 보다 합리적인 채용 결정, 교육 니즈 파악, 직원 일정 최적화 등의 작업이 가능하다.

단원 최종 점검하기

정답 01 ③ 02 ② 03 ① 04 ① 05 ②

01 다음 중 중복값의 처리 방법으로 가장 적절한 것은?

① 표준화를 통해 하나의 통일된 기준(표현)으로 처리
② 특정한 값으로 대체하여 처리
③ 동일 속성 내 중복값이 발생한 경우 행 삭제 및 열 삭제 방법을 통해 제거
④ 특별한 문제가 없다면 무시하고 분석 진행

해설
중복값을 처리할 때는 단순 중복이 아닌 중요한 정보를 포함한 값인지를 선행 판단하는 것이 중요하다. 동일 속성 내 중복값이 발생한 경우는 해당 값이 실제 수집되고 입력된 중요 정보인지를 파악하고 행 삭제 및 열 삭제 방법을 통해 제거하고 분석을 수행한다.

02 데이터 분석 방식 중 클래스 또는 그룹의 상대적 비율을 유지하는 방식으로 적절한 것은?

① 시계열 분리 ② 계층적 분리
③ 무작위 분리 ④ 교차 검증 분리

해설
계층적 분리는 분포가 불균형하거나 계층화된 데이터 세트에서 클래스 또는 그룹의 상대적 비율을 유지하는 방식으로 데이터를 추출하는 방법이다. 클래스의 비율을 유지하므로 모델이 전체 데이터를 충분히 대변하고 데이터가 편향되어 분리되는 현상이 감소된다.

03 다음 중 데이터 정규화에 대한 설명으로 가장 옳은 것은?

① 데이터의 스케일(Scale)을 일정한 범위 혹은 구간으로 정리하는 작업
② 데이터 세트의 결측치를 확인하고 제거하는 작업
③ 값을 대체하거나 제거하여 데이터 활용의 신뢰성과 정확도를 높이는 작업
④ 하나의 통일된 기준(표현)으로 처리하는 작업

해설
데이터 정규화는 데이터가 가지는 특성들의 범위를 조절하여, 각 특성이 데이터 활용에 미치는 영향을 동등하게 만들어 주는 작업을 의미한다.

04 다음의 글 상자에서 설명하는 데이터 저장 기술로 가장 적절한 것은?

> 네트워크로 연결된 여러 시스템 파일에 접근할 수 있도록 하는 기술로 구글 파일시스템(GFS ; Google File System), 하둡 파일시스템(HDFS ; Hadoop File System) 등이 해당되는 기술이다.

① 분산 파일시스템
② 데이터베이스 관리시스템
③ NoSQL
④ 클라우드 저장시스템

해설
② 데이터베이스 관리시스템은 정형화된 데이터를 구조화하고 저장하는 기술이다.
③ NoSQL은 비정형화된 데이터를 저장하는 기술이다.
④ 클라우드 저장시스템은 클라우드 컴퓨팅 환경에서 가상화 기술을 활용한 분산 파일시스템 기술이다.

05 기업 내/외부의 데이터를 통합하여 저장하고 관리하는 비즈니스 인텔리전스의 기술은?

① 데이터 통합관리
② 데이터 웨어하우징
③ 데이터 마이닝
④ 데이터 학습

해설
데이터 웨어하우징(Data Warehousing)은 기업 내/외부의 데이터를 통합하여 저장하고 관리하는 시스템을 의미하는 것으로, 데이터의 중복을 최소화하며 구성원과 조직 내부의 모든 업무에 공유되고 활용할 수 있도록 한다.

PART 2 적중예상문제

데이터 해석 및 활용

01 다음 중 정보(Information)에 대한 설명으로 가장 적절한 것은?

① 의사결정을 위한 모든 사실을 의미
② 가치를 창의적인 아이디어로 발전시키는 과정
③ 원하는 결과를 얻기 위해 증명, 판단, 결정하는 과정에 필요한 자료
④ 의사결정에 유용하게 활용할 수 있도록 데이터를 처리한 결과물

해설
정보(Information)란 데이터의 가공, 처리와 데이터 간의 연관관계 속에서 의미가 도출된 것을 의미한다. 정보에 포함된 의미는 유의미성을 담보하지 않으며 의사결정에 유용하게 활용할 수 있도록 데이터를 처리한 결과물이다.

02 다음 수치형 데이터에서 성격이 다른 하나는?

① 몸무게
② 판매 수량
③ 온도
④ 자동차의 속도

해설
수치형 데이터는 연속형 데이터와 이산형 데이터로 구분된다. 연속형 데이터는 값이 끊기지 않고 증가, 감소하는 데이터로 몸무게, 키, 온도, 자동차의 속도 등이 해당된다. 이산형 데이터는 단절되어 나타나는 데이터로 나이, 타율, 판매 수량, 세대 수 등이 해당된다.

03 다음 중 비정형 데이터에 대한 설명으로 가장 적절한 것은?

① 특정한 스키마가 지정되지 않는 NoSQL DB를 활용한다.
② HTML, XML, JSON 문서나 웹 로그 등이 해당된다.
③ 데이터 종류 중 가장 빠르게 데이터 분석이 가능하다.
④ 주로 행(Row)과 열(Column)의 구조(Table, 표)를 가진다.

해설
비정형 데이터는 하나의 속성에 다양한 값이 복합적으로 내포된 데이터로서 텍스트, 이미지, 영상, 음성 등 다양한 형태로 생성된다. 특정한 스키마가 지정되지 않는 NoSQL(Non SQL) DB를 활용하고 데이터 분석에 가장 불리하고 어렵다.

04 다음 제시된 자료에서 최빈값으로 가장 옳은 것은?

10, 20, 30, 10, NULL, NULL

① 10 ② 20
③ 30 ④ NULL

해설
최빈값은 전체 데이터 중 가장 높은 빈도로 등장하는 데이터를 의미하며, 아직 어떤 데이터인지 확인할 수 없는 NULL은 포함하지 않는다. 즉, 최빈값은 10이다.

01 ④ 02 ② 03 ① 04 ① **정답**

05 데이터의 반복적인 패턴을 찾아 특정 사건이 동시에 일어나는 규칙을 탐색하는 데이터 마이닝 기법은?

① 분류분석
② 군집분석
③ 연관분석
④ 회귀분석

해설

연관규칙(Association Rule, 연관분석)은 반복적인 패턴을 찾아 특정 사건이 동시에 일어나는 규칙을 탐색하는 방법이다. 특정한 사건 A가 발생하면 동시에 사건 B가 발생하는 확률을 구하는 것으로, 일명 장바구니 분석(Market Basket Analysis)이라고도 부르며 마케팅 분야에서 활용도가 매우 높다.

06 다음 중 교차 검증에 대한 설명으로 적절하지 않은 것은?

① 성능 추정과 평가를 위해 데이터 세트를 여러 하위 집합으로 분리하는 것이다.
② 순차적 데이터를 처리하기 위해 특정 시점 또는 기간을 기준으로 데이터 세트를 분리한다.
③ 레이블의 순서에 따라 순차적 교차 검증과 계층적 교차 검증으로 구분한다.
④ 여러 번 검증이 이루어지므로 성능 평가의 신뢰성이 확보된다.

해설

② 시계열 분리는 시계열 또는 순차적 데이터를 처리하기 위해 특정 시점 또는 기간을 기준으로 데이터 세트를 분리하는 방법을 의미한다.
① 교차 검증(Cross Validation)은 모델 성능의 추정과 일반화 성능을 평가하기 위하여 데이터 세트를 여러 하위 집합(Fold, 폴드)으로 분리한 후 일부 폴드는 테스트 세트로 사용하고 나머지 폴드는 훈련 세트로 사용하는 방법이다.
③ 교차 검증은 레이블의 순서에 따라 진행되는 순차적 교차 검증과 클래스의 분포 비율에 따라 폴드를 생성하는 계층적 교차 검증으로 구분된다.
④ 검증이 여러 번 반복되어 신뢰성이 확보되지만 평가 시간과 비용이 증가한다는 단점이 있다.

07 데이터는 수집, 저장, 활용 전후 동일하게 유지되어야 한다는 데이터베이스 관리시스템의 특징으로 가장 옳은 것은?

① 데이터 일관성
② 데이터 무결성
③ 데이터 독립성
④ 데이터 정합성

해설

데이터는 수집, 저장, 활용 전후 동일하게 유지되어야 함을 의미하는 용어는 데이터 무결성이다.

08 다음 비식별화 기술 중 데이터 범위 지정에 대한 설명으로 가장 옳은 것은?

① 실제 데이터의 일부를 가려서 익명화한다.
② 개인을 식별할 수 있는 모든 정보를 제거한다.
③ 식별 가능한 데이터를 대체 식별자로 대체한다.
④ 개인 식별 데이터 중 수치 데이터를 분포로 표현한다.

해설

데이터 비식별화 기법 중 범주화 기법에 해당하는 범위 지정은 개인정보 중 수치 데이터를 임의의 범위를 설정하여 분포로 표현하는 기법을 의미한다.

09 다음 중 개념 스키마에 대한 설명으로 적절하지 않은 것은?

① 데이터베이스의 전체적인 구조와 데이터 간의 관계를 표현한다.
② 데이터의 속성과 관계의 정의, 그리고 제약조건 등을 명시한다.
③ 데이터의 일관성과 무결성을 유지하는 역할을 한다.
④ 공간의 크기와 할당 저장 방법 등을 명시한다.

해설
물리적 공간의 크기와 할당, 저장 방법 등을 명시하는 스키마는 내부 스키마로, 데이터가 디스크에 저장되는 방식, 인덱스 구조, 저장 위치 등과 같은 물리적 세부 사항을 정의한다.

10 다음 글상자에서 설명하는 백업 방법으로 가장 옳은 것은?

- 마지막 백업을 수행한 이후 변경된 데이터만을 복사하여 백업하는 방법
- 변경된 데이터만을 복사하므로 백업 속도가 가장 빠름
- 백업의 속도는 가장 빠르지만 복구의 속도는 가장 느림

① 부분 백업
② 차등 백업
③ 증분 백업
④ 변경 백업

해설
증분 백업은 마지막 백업 이후 변경된 데이터만을 백업하므로 훨씬 작고 빠른 백업이 가능하다. 그러나 전체 백업과 이후 백업을 재구성해야 하는 문제로 복원 시 가장 시간이 오래 걸린다는 단점이 있다.

11 다음 중 주성분 분석에 대한 설명으로 가장 옳은 것은?

① 데이터 세트에서 결측값을 제거하는 것이다.
② 비교를 위해 데이터를 일관된 단위로 변환하는 것이다.
③ 효율적인 저장을 위해 데이터를 압축하는 것이다.
④ 데이터의 분포를 최대한 보전하면서 고차원 데이터를 저차원 데이터로 변환하는 것이다.

해설
차원 축소의 대표적인 기법인 주성분 분석(PCA ; Principle Component Analysis)은 데이터의 분포를 최대한 보전하면서 고차원 데이터를 저차원 데이터로 변환하는 작업이다. 서로 연관 가능성이 있는 고차원 공간의 표본들을 선형 연관성이 없는 저차원 공간(주성분)의 표본으로 변환하기 위해 직교 변환을 사용한다.

12 다음 중 기본 키(Key)에 대한 설명으로 옳지 않은 것은?

① 기본 키로 지정되면 반드시 값을 가질 필요는 없음
② 외래키와 함께 테이블 간의 관계(식별 관계)를 설정
③ 중복된 값과 NULL 값은 기본 키로 활용할 수 없음
④ 테이블 내의 각각의 레코드를 고유하게 식별할 수 있는 속성 또는 속성의 집합

해설
기본 키(PK ; Primary Key)는 테이블 내의 각각의 레코드를 고유하게 식별할 수 있는 속성 또는 속성의 집합을 말하며 중복된 값과 NULL 값은 기본 키로 활용할 수 없다. 기본 키로 지정되면 반드시 값을 가져야 한다.

정답 09 ④ 10 ③ 11 ④ 12 ①

13 데이터 해석의 오류로 일부의 분석 결과를 확정하고 전체로 결론을 내리는 오류를 의미하는 용어로 가장 적절한 것은?

① 확증편향 ② 일반화 오류
③ 표본편향 ④ 과대 적합

해설
데이터 분석의 결과는 상황별로 다른 결과를 도출하며 다른 뜻을 가진다. 이런 결과를 해석할 때 범하는 오류 중 일반화 오류는 일부의 분석 결과를 확정하고 전체로 일반화하여 결론을 내리는 경우를 말한다.

14 아래 글상자에서 설명하는 데이터베이스 언어로 가장 옳은 것은?

> 데이터베이스와 정확성과 안정성을 관리하기 위한 SQL로, 관리되는 객체, 정보를 이용하는 사용자, 정보 사용 내역 등의 작업 수행을 관리하기 위한 언어이다. 대표적인 구문으로는 권한을 부여하는 GRANT와 권한을 회수하는 REVOKE가 있다.

① 데이터 정의어(DDL ; Data Definition Language)
② 데이터 조작어(DML ; Data Manipulation Language)
③ 데이터 제어어(DCL ; Data Control Language)
④ 트랜잭션 제어어(TCL ; Transaction Control Language)

해설
① 데이터 정의어는 데이터베이스의 스키마를 정의하고 관리하는 데 사용하는 언어이다.
② 데이터 조작어는 데이터베이스에서 데이터를 조작하는 데 사용하는 언어이다.
④ 트랜잭션 제어어는 사용자의 작업 내역을 관리하기 위한 구문이다.

15 데이터베이스의 구성 요소에 대한 설명으로 가장 적절하지 않은 것은?

① 인덱스는 개별 데이터 항목을 표현하고 행 단위의 작업을 수행하는 데 사용된다.
② 릴레이션은 데이터베이스에서 행과 열의 구조로 저장하는 가장 기본적인 단위이다.
③ 각 레코드는 테이블의 속성에 해당하는 값들의 집합으로 구성된다.
④ 속성은 고유한 이름을 가지며, 해당 속성에 저장되는 데이터의 유형을 정의한다.

해설
인덱스(Index)는 테이블 내의 정보를 빠르게 찾을 수 있도록 처리된 임의의 접근 객체를 의미한다. 인덱스를 사용하면 탐색의 효율성은 높아지지만 새로운 데이터의 저장, 기존 데이터의 수정, 삭제 시에 인덱스 객체에도 동일한 작업이 수행되어야 하므로 다소의 성능이 저하된다. 개별 데이터 항목을 표현하고 행 단위의 작업을 수행하는 데 사용되는 요소는 레코드이다.

16 공분산과 상관분석에 대한 설명으로 가장 적절한 것은?

① 공분산은 두 변수의 인과관계를 측정한다.
② 상관관계는 1에 가까울수록 강하고 -1에 가까울수록 약하다.
③ 공분산과 상관분석은 모두 두 변수 간의 관계를 직접 비교할 수 있다.
④ 공분산은 방향성을, 상관계수는 방향성과 관계의 강도를 파악한다.

해설
상관계수는 공분산을 기반으로 하며, 변수 간의 관계를 표준화된 형태로 나타내어 더 많은 응용을 가능하게 한다. 공분산의 크기는 변수의 측정 단위에 따라 달라지기 때문에 두 변수 간의 관계의 강도를 직접 비교하긴 어렵다.

17 스트리밍 데이터를 수집하는 방식으로 가장 적절하지 않은 것은?

① 센서와 네트워크 기술을 활용하여 수집한다.
② 스트리밍 데이터를 비동기 방식으로 처리하는 분산형 로그 수집 기술을 활용한다.
③ 시스템 간의 연동을 통해 데이터를 수집·처리한다.
④ 에이전트(Agent)와 컬렉터(Collector)를 연결해 수집한다.

해설

③ 스트리밍 데이터는 반정형 데이터로, 시스템 간의 연동을 통해 데이터를 수집·처리하는 것은 API이다. API는 정형 데이터를 수집하는 기술이다.
① 센싱 처리에 관한 설명이다.
② 플럼(Flume)에 관한 설명이다.
④ 척와(Chukwa)에 관한 설명이다.

18 다음 중 확률분포의 성격이 다른 한 가지는?

① 베르누이 분포
② 지수분포
③ 이항분포
④ 포아송 분포

해설

이산확률분포는 값의 개수를 셀 수 있는 이산확률변수의 확률분포를 의미하며 주로 서로 다른 독립된 환경에서 수집된 데이터를 말한다. 대표적으로 베르누이 분포, 이항분포, 기하분포, 음이항 분포, 다항분포, 포아송 분포 등이 해당된다.

19 다음 글상자의 설명에서 괄호에 들어갈 용어로 가장 적절한 것은?

> 파일시스템의 가장 낮은 계층으로, (　　)은/는 일정한 크기의 데이터 조각으로 파일시스템에 저장한다. 각 (　　)은/는 고유한 주소를 가지고 있으며, 파일시스템은 이러한 (　　)들을 조직화하여 파일이나 폴더에 할당함

① 블록(Block)
② 파일(File)
③ 디렉토리(Directory)
④ 폴더(Folder)

해설

블록(Block)은 장치에 출력되거나 장치로부터 입력되는 실제 정보의 단위로 파일시스템의 가장 낮은 계층을 의미한다. 블록에는 고정 길이의 블록과 가변 길이의 블록이 있으며, 이러한 블록들을 집합으로 구성하면 파일이 된다.

20 다음 중 셀프서비스 비즈니스 인텔리전스의 설명으로 가장 적절한 것은?

① 데이터 사용자는 데이터 관리자에게 부탁하여 필요한 데이터를 확보한다.
② 비전문가의 데이터 접근을 원천적으로 봉쇄한다.
③ 데이터 전문가가 스스로 데이터를 수집하고 처리하여 인사이트를 발견한다.
④ 비즈니스 담당자가 데이터를 탐색하고 분석하여 의사결정을 유도한다.

해설

셀프서비스 비즈니스 인텔리전스(Self-service Business Intelligence)는 비즈니스 사용자가 IT팀 또는 기술팀에 의존하지 않고 독립적으로 데이터에 접근하여, 데이터를 탐색하고 분석하며 의사결정에 필요한 인사이트를 발견하는 것을 말한다.

PART 3
경영정보 시각화 디자인

CHAPTER 01 시각화 디자인 기본원리 이해

CHAPTER 02 시각화 도구 활용

CHAPTER 03 시각화요소 디자인

적중예상문제

CHAPTER 01 시각화 디자인 기본원리 이해

PART 3 경영정보시각화 디자인

기출유형 16 ▶ 경영정보 시각화 개요

시각 이해 위계의 피라미드 각 단계의 순서가 정확히 나열된 것은?

① 지혜 → 데이터 → 정보 → 지식
② 지혜 → 지식 → 데이터 → 정보
③ 데이터 → 정보 → 지식 → 지혜
④ 데이터 → 정보 → 지혜 → 지식

해설
각각의 데이터는 데이터 간의 연결고리를 찾아서 관계가 형성되어 정보가 되고, 다양한 정보가 보다 상위 개념에서 관계를 맺고 조직화되었을 때 지식이 된다. 지식은 개인의 경험, 사고, 감정과 연결되고, 결합되어 관계를 맺을 때 구조화된 지혜로 승화될 수 있다.

| 정답 | ③

족집게 과외

❶ 정보 시각화
- ㉠ 개념
  - 데이터 분석의 결과를 쉽게 이해할 수 있도록 시각적으로 표현하여 전달하는 과정
  - 인간의 시지각 능력을 토대로 데이터에 대한 이해와 설득에 도움을 주기 위해 그림이나 도형 등의 그래픽 요소들을 이용하여 표현하는 것을 의미
  - 데이터로부터 유용한 정보와 인사이트를 얻어내기 위한 과정
  - 데이터 분석의 과학적인 영역과 표현의 심미적인 영역이 동시에 존재
  - 색상, 도형, 텍스트, 선 유형 등의 미적 속성을 활용하여 상호적(Interactive)으로 데이터를 표현 및 전환하여 정보를 나타내는 것
- ㉡ 방법
  - 시간 시각화
    - 시계열, 트렌드 등의 시간 변화에 따른 추이를 나타냄
    - 막대, 점과 선 등의 차트를 활용함
  - 관계 시각화
    - 상관관계, 인과관계, 연관관계 등 두 개 이상의 정량적 변수의 관계를 시각화함
    - 버블차트, 히스토그램 등의 디자인을 활용함
  - 분포 시각화
    - 데이터의 분포와 분류, 군집 등의 통계량을 시각화함
    - 파이, 트리맵 등의 차트를 활용함

- 비교 시각화
  - 차이점, 유사성 등 데이터들의 성질을 활용해 시각화함
  - 히트맵, 다차원 등의 차트를 활용함
- 공간 시각화
  - 지역, 영역, 좌표 등을 지도로 표현하여 시각화함
  - 지도 마킹 등을 활용함
- 이 외에도 자료 시각화(Data Visualization), 과학적 시각화(Scientific Visualization), 인포그래픽(Information Graphics) 등이 있음

ⓒ 기능
- 설명 : 데이터로부터 발견된 가치와 메시지를 사용자에게 효과적으로 설명
- 탐색 : 데이터에 숨겨진 가치(흐름, 관계, 유사함, 패턴, 차이, 영역)를 시각적으로 확인하고 분석
- 표현 : 이해하기 어려운 데이터와 정보를 시각적으로 표현하여 메시지를 전달하고 사용자의 공감을 유도

ⓓ 목적
- 정보의 이해를 높이고 인사이트를 탐색하여 효율적인 의사결정을 유도하는 것
- 데이터로부터 발견된 유용한 정보를 사용자에게 효과적으로 전달하고, 전달하고자 하는 메시지의 공감과 설득을 유도하는 작업
  - 정보전달 : 데이터의 진실을 간단하고 정확하게 전달하고 분석할 수 있는 실용적이고 과학적인 측면의 목적
  - 설득 : 창의적이고 심미적인 표현을 통해 전달하고자 하는 메시지에 대한 공감, 설득 등의 감정적 반응을 유도하는 추상적이고 심미적인 목적

ⓔ 데이비드 맥캔들레스(David McCandless)의 시각 이해의 위계도(Hierarchy of Visual Understanding)

- 각각의 데이터는 데이터 간의 연결고리를 찾아서 관계(상관관계, 인과관계)가 형성될 때 정보가 됨
- 다양한 정보가 보다 상위 개념에서 관계를 맺고 조직화되었을 때 지식이 됨
  - 정보가 인간의 삶과 어떤 형태로 연결되어 관계를 형성하는지가 중요
  - 인간의 삶과 연결된 정보가 재구성되어 새로운 의미가 도출됨
- 지식은 개인의 경험, 사고, 감정과 연결되고 결합되어 관계를 맺을 때 구조화된 지혜로 승화

> **Tip** ✓
>
> 데이터, 정보, 지식, 지혜, 인간 사이의 관계
>
>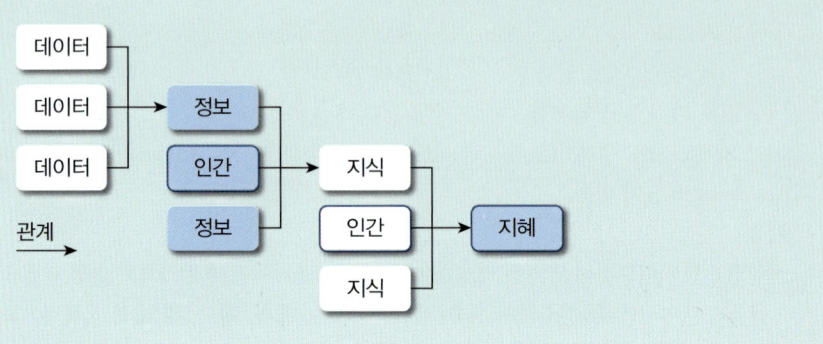

❷ **경영정보시각화의 프로세스**

　㉠ 목표설정
　　• 시각화의 목적을 수립하는 과정
　　• 시각화 진행에 앞서 무엇을, 어떤 방법으로 누구에게 전달할 것인가를 명확히 함
　　• 무엇을 전달하고자 했는지를 명확히 설정하는 것이 시각화의 시작
　㉡ 데이터 수집
　　• 시각화에 필요한 데이터를 수집하는 과정
　　• 데이터 수집은 내/외부 시스템은 물론 개인 업무에 활용된 OA 데이터도 포함
　　• 시각화 처리를 위한 데이터는 일관된 형식으로 수집하고 정확성을 유지
　㉢ 데이터 전처리
　　• 시각화를 위해 수집된 데이터를 분석에 적합한 형태로 가공해 처리하는 과정
　　• 결측치, 이상치 등의 오류 데이터 처리 및 형식, 유형 등의 변환과 필터링
　㉣ 시각화 디자인
　　• 시각화 도구를 활용하여 수집된 데이터의 시각화 방향성과 디자인을 결정
　　• 전달하고자 하는 내용과 설득하고자 하는 메시지를 구체화
　　• 시각화 유형, 색상의 선택, 화면의 구성 등을 통해 데이터를 가시화
　㉤ 시각화 구현
　　• 선택된 시각화 도구를 활용하여 시각화를 구현하는 과정
　　• 다양한 시각화 도구와 라이브러리를 활용
　　• 데이터를 그래프, 차트, 대시보드 등으로 변환

- ⓗ 시각화 분석
  - 구현된 시각화 결과를 바탕으로 가치를 발견
  - 시각화를 통해 데이터의 관계, 패턴, 추이 등을 파악하고 인사이트 도출
  - 시각화 결과를 비교하고 다양한 관점에서 해석하며 분석을 수행
- ⓢ 결과 전달
  - 시각화 결과가 포함된 보고자료 등을 작성하여 수용자에게 전달
  - 보고서, PT, 대시보드, 웹 및 앱을 통해 효과적으로 전달
  - 목표에 따라 내용을 수용자가 이해하기 쉬운 형태로 정확히 전달
  - 수용자는 필요에 따라 효과적인 의사결정 도구로 활용

❸ **시각화 인사이트 프로세스(Insight Process)**
- ㉠ 시각화 인사이트는 눈에 보이는 구체적인 것으로, 쉽게 발견되지 못한 가치를 발굴
- ㉡ 인사이트는 데이터, 정보, 지식 사이의 관계를 찾아 지혜로 승화시키는 것
- ㉢ 관찰하고, 성찰하고, 통찰하는 과정

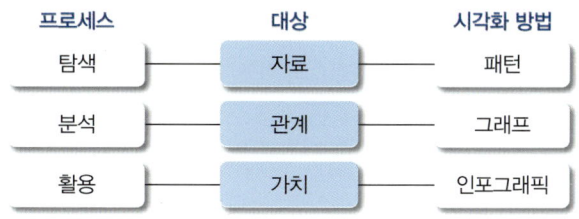

❹ **경영정보시각화의 원칙과 시각적 속성**
- ㉠ 효과적인 정보전달과 설득을 위해 시각화의 목적과 원칙을 명확히 하고 구체화
  - 수용자의 이해를 돕기 위해 시각화 구성 전 목적과 대상, 영향력 등에 대해 충분한 고민이 필요
  - 어떤 데이터를 활용하여 무엇을 전달할 것인지를 명확히 함
  - 시각화 자료를 필요로 하는 수용자가 누구인지 파악해야 함
  - 어떤 시각화 요소를 활용하고 수용자의 관심과 참여를 유도하는 방법을 고민해야 함
- ㉡ 시각적 속성
  - 시각적 속성은 시각화를 구성하는 차트 혹은 그래프의 요소를 의미함
  - 위치, 형태, 크기, 색, 명도, 채도, 선 굵기, 선 유형, 제목, 범례, 축, 글꼴, 글자 크기, 투명 값 등 매우 다양하게 활용 가능

- 경영정보 시각화에서 자주 사용되는 시각적 속성

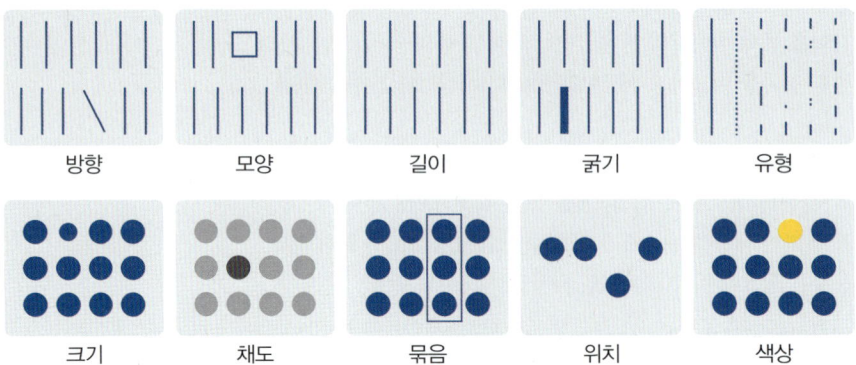

- 색상은 적절히 사용하고 절제하여 표현할 때 시각화에서 매우 중요한 요소를 차지
  - 일관된 색상의 사용은 전체적인 통일성을 유지하는 데 도움을 줌
    - 예 범주형 데이터를 표현할 때 성인은 검은색, 유아는 노란색으로 표현할 수 있음. 수치형 데이터를 표현할 때 낮은 수익률은 빨간색, 높은 수익률은 파란색으로 표현할 수 있음
  - 같은 색상을 활용하여 같은 목적에 반복적으로 적용하면 시각화 자료의 전달력이 높아지고 수용자의 이해가 빠름
  - 긍정에 활용되는 색과 부정적 의미를 담을 때의 색을 구분하여 사용

기출유형 완성하기

정답 01 ② 02 ④ 03 ① 04 ④

01 다음 중 정보 시각화의 방법으로 적절하지 않은 것은?

① 시간 시각화
② 구조 시각화
③ 관계 시각화
④ 공간 시각화

해설
정보 시각화의 방법은 크게 시간, 관계, 분포, 비교, 공간 시각화가 있다.

02 다음 중 정보 시각화에 대한 설명으로 적절하지 않은 것은?

① 데이터에 숨겨진 가치를 시각적으로 확인하고 분석하는 과정을 탐색이라고 한다.
② 정보 시각의 목적은 유용한 정보를 사용자에게 효과적으로 전달하고 전달하고자 하는 메시지의 공감과 설득을 유도하는 것이다.
③ 시각적 속성은 위치, 형태, 크기, 색, 채도, 선 굵기 등 매우 다양하게 활용할 수 있다.
④ 정보 시각화 프로세스에서 가장 먼저 수행되는 작업은 데이터 수집이다.

해설
정보 시각화 프로세스의 순서는 '목표설정 → 데이터 수집 → 데이터 전처리 → 시각화 디자인 → 시각화 구현 → 시각화 분석 → 결과 전달'의 순으로 진행된다. 가장 먼저 수행되는 작업은 목표설정이다.

03 다음 글상자의 괄호에 들어갈 용어로 가장 적절한 것은?

> 각각의 데이터는 데이터 간의 연결고리를 찾아서 관계(상관관계, 인과관계)가 형성될 때 (　　)이/가 되며, 다양한 (　　)이/가 보다 상위 개념에서 관계를 맺고 조직화 되었을 때 지식이 된다. 지식은 개인의 경험, 사고, 감정과 연결되고, 결합되어 관계를 맺을 때 구조화된 지혜로 승화된다.

① 정보
② 패턴
③ 가치
④ 군집

해설
데이비드 맥캔들리스(David McCandless)의 시각 이해 계층도(Hierarchy of Visual Understanding) 피라미드는 데이터, 정보, 지식, 지혜 순으로 구성되므로 두 번째 위치한 단계는 정보이다.

04 다음 중 정보 시각화의 속성으로 적절하지 않은 것은?

① 방향
② 굵기
③ 색상
④ 관점

해설
정보 시각화에서 자주 사용되는 시각적 속성으로는 방향, 모양, 길이, 굵기, 유형, 크기, 채도, 묶음, 위치, 색상 등이 있다. 관점은 시각적 속성에 포함되지 않는다.

기출유형 17 ▶ 디자인의 기본원리

다음 제시된 이미지가 의미하는 게슈탈트의 법칙 중 하나는?

VISUAL

① 연속성의 법칙   ② 폐쇄성의 법칙
③ 연결성의 법칙   ④ 유사성의 법칙

해설
연속성의 법칙은 폐쇄성의 법칙과 유사하며, 글자에 단절된 부분이 존재해도 단어를 충분히 인지할 수 있다.

| 정답 | ①

족집게 과외

❶ 지각(Perception)과 인지(Cognition)
  ㉠ 지각이란 감각적 정보를 의미하며 인간이 감각을 느껴서 알게 되는 것
      예 시각, 청각, 촉각 등
  ㉡ 인지란 지각한 정보에 대해 인식하고 이해 및 판단하는 과정
      예 시각적 인지요소 – 게슈탈트 법칙(Gestalt Laws of Grouping)
  ㉢ 게슈탈트의 7가지 법칙
    • 근접성(Proximity)
      – 멀리 떨어진 두 사물보다 서로 근접한 사물들을 밀접하게 연관시킴
      – 물리적으로 함께 있는 사물을 하나의 그룹으로 인식하는 경향
      – 흩어진 점들의 상대적 거리에 따라 3개의 개별 그룹으로 인지

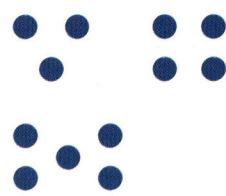

    • 유사성(Similarity)
      – 유사한 크기, 색상, 모양 등의 성질을 갖는 사물을 하나의 그룹으로 인지하는 경향
      – 각각의 사물 그룹 내에서 주황색 점을 하나의 그룹으로 인지

- 폐쇄성(Closure)
  - 불완전한 형태가 아닌 완전한 형태를 선호하여 인지하는 경향
  - 이미 뇌에 지각된 내용을 바탕으로 개별 요소의 집합을 하나의 그룹으로 인지하여 상자를 발견

- 연속성(Continuity)
  - 급격한 변화보다 부드럽게 이어지는 흐름을 선호하여 인지하는 경향
  - 연속성은 폐쇄성의 원리와 유사함
  - 글자에 단절된 부분이 존재해도 단어를 충분히 인지 가능

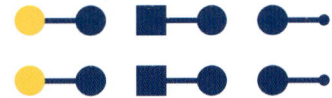

- 연결성(Connection)
  - 선에 의해 물리적으로 연결된 사물을 하나로 인식하는 경향
  - 유사한 색상, 모양, 크기 등보다 연결된 선을 더 강하게 인지
  - 색상, 모양, 크기가 다른 사물도 선으로 연결하여 하나로 인식

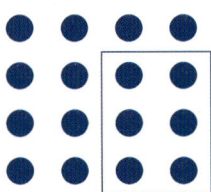

- 공통성(Enclosure)
  - 의도적으로 그룹화된 사물들을 하나로 인지하는 경향
  - 같은 색상, 크기, 모양을 가진 사물도 의도적으로 그룹화된 사물들보다 강하게 인지되지 못함

- 공동 운명(Common Fate)
  - 같은 속도와 방향으로 움직이는 사물을 하나의 그룹으로 인지
  - 모양과 색상의 집합보다 화살표 방향으로 연관된 사물을 더 빠르게 인지

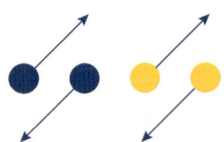

❷ **색의 3속성**
- ㉠ 정의와 특징
  - 색이 가지는 기본적인 세 가지 지각 성질로 색상(Hue), 명도(Value), 채도(Saturation, Chroma)를 의미함
  - 인간의 눈은 명도, 색상, 채도의 순으로 지각하고 인지
- ㉡ 색상(Hue)
  - 색의 3속성 중 하나로 색깔의 성질을 의미하며 무채색은 제외
  - 어떤 '색'인지를 나타내는 요소
  - 일반적으로 다른 두 색의 차이는 색상의 차이를 의미
  - 무지개 스펙트럼의 다양한 색상을 포함
  - 10색 상환
    - 가시광선의 스펙트럼을 고리형태로 연결하여 색을 배열한 것이 색상환
    - 색상환에서 반대편에 있는 색을 보색이라고 함

- ㉢ 명도(Value)
  - 색의 밝기에 대한 성질로 색의 밝고 어두운 정도
  - 색이 밝을수록 명도가 높아지고, 어두울수록 명도가 낮아짐
  - 흰색과 검은색 사이의 차이로 표현되며, 색상이 얼마나 밝거나 어두운지를 결정
  - 명도가 높을수록 흰색에 근접하고 어두울수록 검은색에 근접함

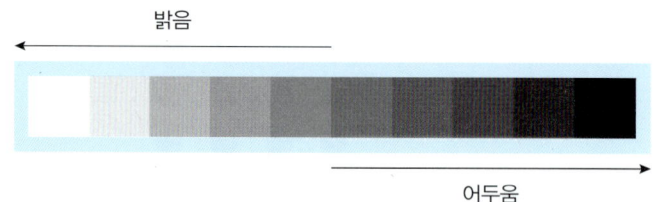

- ㉣ 채도(Saturation, Chorma)
  - 색의 선명함(명료함), 맑고 탁한 정도를 나타내는 성질로 색의 순수성이나 강도
  - 채도가 가장 선명하고 강한 색을 순색이라 함
  - 순색에 무채색을 혼합하면 채도가 점차 낮아짐
  - 채도가 낮을수록 회색이나 흰색에 가까워지고 탁한 느낌
  - 채도 0%가 회색이 되고, 100%가 순색이 됨

❸ **색의 대비**
- ㉠ 색상 대비는 색상 간의 차이를 느끼게 하는 가장 기본적인 대비로 가장 크게 인지할 수 있는 색은 삼원색(빨강, 초록, 파랑)
- ㉡ 명도 대비는 명도가 다른 두 색이 대조되어 명도 차가 생기는 대비
  - 예 동일한 회색 사각형도 검은색 바탕의 회색 사각형이 더 밝아 보이는 현상
- ㉢ 채도 대비는 동일한 색상도 바탕색의 채도에 따라 채도가 다르게 인지되는 대비이며, 유채색과 무채색 사이에서 더 강한 대비효과를 얻을 수 있음
  - 예 바탕의 채도가 낮으면 해당 색상의 채도가 높게 보이는 현상

❹ **리듬**
- ㉠ 디자인 원리에서 움직임과 조화 형성
- ㉡ 요소의 패턴, 도형, 이미지, 색상 등이 일정한 간격이나 규칙에 따라 반복하여 배치됨으로써 리듬이 만들어짐. 이는 디자인에 일관성과 조화를 부여하며, 크기, 비율, 간격, 움직임, 방향 등을 조절하여 조화로운 리듬을 조성할 수 있음
- ㉢ 리듬은 기본적으로 반복과 흐름을 기반으로 구성
  - 유사한 요소들의 반복적이고 일정한 규칙 혹은 질서를 유지할 때 나타나는 시각적 효과
  - 반복, 점이, 흐름의 세 가지 방법을 주로 활용

반복	요소들의 주기적인 규칙을 반복적으로 구현하여 리듬을 형성
점이	요소들의 크기, 형태, 색 등의 단계적인 변화를 통한 리듬
흐름	요소들의 방향성을 활용하여 연결된 선으로 리듬감을 구현

  - 시선을 이끌어 디자인 요소들이 상호작용하며 조화를 이루도록 함
  - 반복적인 움직임과 패턴을 통해 디자인에 일관성을 부여
  - 디자인에 생동감을 불어넣고 시각적인 흥미를 제공
  - 시각적으로 조화로운 느낌을 형성

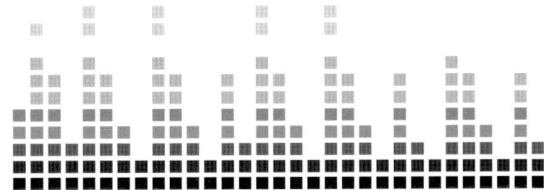

⑤ 강조

- ㉠ 특정 요소 또는 내용을 기존과 다르게 표현하여 중요성을 높이고 돋보이게 하는 시각적 효과
  - 수용자는 가장 먼저 눈에 띄는 요소에 시선을 두고 인식함
  - 강조는 구성의 시각적 무게를 결정하고, 공간과 관점을 설정함
- ㉡ 크기, 색상, 형태, 위치, 명암 등의 다양한 요소 활용 가능

크기 색상 형태 위치 명암

⑥ 대비

- ㉠ 요소 간 서로 대립, 대조하는 상태를 활용한 디자인 원리
  - 상반된 요소를 활용하여 차이를 주고 조화를 이끌어 내 동적으로 표현함
  - 디자인 요소 간의 조화와 균형을 조절하는 중요한 원리
- ㉡ 형태, 크기, 명암, 질감, 색상 등의 다양한 요소 활용 가능

형태 크기 명암 질감 색상

> **Tip**
> 강조는 요소 간의 시각적 중요도를 표현하고, 대비는 요소 간의 시각적 차이를 표현한다.

⑦ 대칭

- ㉠ 디자인에서 요소들이 중심을 기준으로 좌우 또는 상하로 똑같은 모습을 갖는 것으로 암시적 기준을 중심으로 디자인 요소가 반전된 형태
- ㉡ 요소 간의 질서, 통일감, 안정감을 통한 조화로움을 전달함. 즉, 요소 간의 연결성과 일관성을 유지하고 시각적 균형으로 시선의 집중을 유도함
- ㉢ 디자인의 형태, 배치, 패턴 등 다양한 측면에서 활용될 수 있고, 대칭을 조절하여 강조하고자 하는 요소를 강조하거나 특정 분위기나 느낌을 전달할 수 있음

ⓔ 비대칭의 경우 암시적인 기준이 없이 전개되는 형태로, 대칭이 안정감과 조화를 유도한다면 비대칭의 경우 역동적이고 자유로움을 유도

❽ 변화

㉠ 디자인 요소들의 변동과 차이를 의미하며, 통일과 상반된 개념
㉡ 디자인에 다양성과 차별성을 부여하고, 시각적인 흥미와 독특성을 제공함
㉢ 새로움과 혁신을 나타내며, 관찰자의 시선을 끌고 디자인에 생동감을 부여할 수 있음
㉣ 종류

모양 변화	요소의 기하학적 형태 변화 예 사각형 → 원, 각진 모서리 → 부드러운 곡선 등
색상 변화	색상의 밝기, 채도, 톤 등을 조절하거나 다른 색상으로 변화시킴으로써 디자인에 다양성과 감각적 효과 부여
크기 변화	크기를 확대하거나 축소함으로써 디자인에 균형, 강조 또는 조화 등의 시각적인 효과 부여
배치 변화	요소의 위치, 간격, 방향 등을 조절하여 디자인의 구조나 조화 변경
패턴 변화	패턴의 반복, 회전, 대칭 등을 조절하여 디자인에 독특한 시각적인 효과 부여
텍스처 변화	요소의 질감이나 표면의 변화로, 텍스처의 부드러움, 거칠기, 광택 등을 조절하여 디자인에 색다른 시각적인 경험을 줄 수 있음

❾ 통일

㉠ 디자인에서 요소들이 일관성을 유지하고 조화롭게 어우러지는 것을 의미하며, 변화와 상반된 개념
㉡ 통일성은 모든 디자인 원리를 포괄하는 개념으로, 개별적 원리로 활용할 수 있지만 모든 디자인 요소들이 일정한 형식과 질서를 유지하여 조화롭게 구성될 수 있도록 시각화 작업 시 통일성 원리를 지속적으로 고려함
㉢ 통일성 원리

일관된 스타일	• 디자인 요소들이 동일한 디자인 스타일을 공유 • 디자인의 시각적 표현에 일관성을 제공하며, 하나의 통일된 표현으로 전달될 수 있도록 함
일관된 색상 팔레트	• 디자인에 사용되는 색상들이 조화롭게 조합되고, 색상 팔레트가 일관되는 경우 통일성을 나타냄 • 디자인의 분위기와 감정을 일관되게 전달하고, 시각적인 조화를 형성하는 데 도움을 줌
일관된 폰트	디자인에서 사용되는 폰트가 일관되고 조화를 이루는 것으로, 가독성과 일관성을 유지할 수 있도록 도와줌
일관된 그래픽 요소	디자인에서 사용되는 그래픽 요소들이 일관된 디자인 원칙과 스타일에 따라 표현됨 예 선의 굵기, 형태, 스타일 등이 일관되면 디자인 전체가 통일성을 가짐

❿ 조화

㉠ 각 요소가 서로 어우러져 일관성 있고 균형 잡힌 시각적인 효과를 만드는 것
㉡ 통일된 요소 간의 일관성과 변화를 조화롭게 조합하는 개념으로 통일을 통해 디자인 요소들의 일관성을 유지하고, 변화를 통해 다양성과 차별성을 부여함으로써 조화로운 느낌과 시각적인 흥미를 동시에 제공할 수 있음

> **Tip**
> • 다양성과 차별성은 크기, 질감, 형태 및 색상의 통일된 디자인 요소 속에서 변화를 통해 활용됨
> • 디자인 요소 간의 일관성과 변화의 조화를 통해 디자인의 품격과 독창성을 높일 수 있음

⓫ 균형

　㉠ 디자인 요소의 배치와 무게를 조절하여 시각적인 안정감을 형성
　㉡ 대칭적 균형
　　중심을 기준으로 요소들이 대칭적으로 배치되는 형태로, 안정적이고 고전적인 느낌을 전달

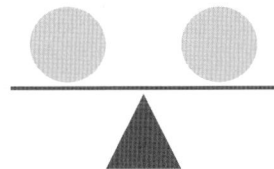

　㉢ 비대칭적 균형
　　요소들이 서로 다른 크기, 무게, 색상 등을 가지며, 중심축을 기준으로 대칭되지 않는 형태로, 동적이고 흥미로운 느낌을 전달

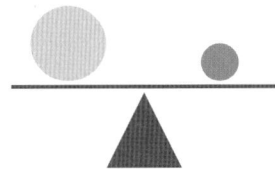

　㉣ 불균형적 균형
　　요소들이 무게나 크기 등의 측면에서 균형을 갖지 않고 조화롭게 배치되는 형태로, 강조나 움직임을 표현하는 데 사용

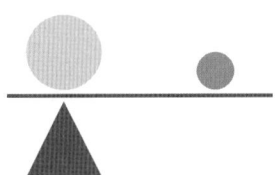

⓬ 형태

　㉠ 요소의 외부적인 형상, 모양, 윤곽 등을 의미
　㉡ 디자인의 전체적인 시각적 효과와 인식을 결정짓고, 디자인의 분위기, 스타일, 특징 등을 전달
　㉢ 형태에 따라 다른 시각적인 경험을 제공할 수 있음
　　예 간단하고 깔끔한 형태는 현대적이고 간결한 느낌을 주며, 곡선과 복잡한 형태는 우아하고 복잡한 느낌을 전달함
　㉣ 디자인 요소 간의 관계와 상호작용을 형성
　㉤ 요소의 형태가 조화롭게 어우러지면 디자인에 일관성과 조화를 부여할 수 있으며, 변화를 통해 디자인 요소의 구분과 강조에 사용될 수 있음
　㉥ 특정한 형태를 가진 요소는 시선을 끌어 디자인에 강조 효과를 부여할 수 있음

⑬ 공간
- ㉠ 평면, 부피 등과 같은 개념으로 물리적 측면과 연관됨
- ㉡ 디자인 요소의 크기, 위치, 간격 등이 물리적 공간을 형성하며, 이를 조절하여 디자인의 시각적인 조화와 균형을 이룰 수 있음
- ㉢ 디자인 요소의 배치와 관련되며, 디자인 요소 간 관계와 상호작용을 형성

⑭ 규모
- ㉠ 디자인 요소의 크기와 비율을 나타내는 것으로, 요소가 차지하는 실제 크기를 의미
- ㉡ 주요 요소와 그 주변 요소 간의 크기 차이에 따라 다른 느낌을 줄 수 있음
  - 예 큰 규모의 요소는 힘과 강도를 나타낼 수 있고, 작은 규모의 요소는 섬세함과 부드러움을 표현할 수 있음
- ㉢ 규모의 조절은 디자인의 시각적인 효과와 감정 전달에 영향을 미침
  - 예 큰 규모의 요소를 중심으로 배치하면 시선을 집중시키고 강조할 수 있으며, 작은 규모의 요소를 조화롭게 배치하면 디자인에 균형과 조화를 부여할 수 있음

⑮ 비례
- ㉠ 디자인 요소 간의 상대적인 크기와 배치의 조합을 의미
  - 예 인접한 요소와의 차이를 비교할 수 있어야 한다는 점에서 대비의 원리와 유사
- ㉡ 요소 간의 크기 차이와 상대적인 배치에 중점을 둠
- ㉢ 요소들이 조화롭게 어우러지거나 주목을 받도록 할 수 있음

기출유형 완성하기

정답 01 ③ 02 ③ 03 ② 04 ④

01 다음 중 색의 3속성에 대한 설명으로 가장 옳지 않은 것은?

① 색상환에서 반대편에 있는 색을 보색이라고 한다.
② 명도가 높을수록 흰색에 근접하고 어두울수록 검은색에 근접한다.
③ 채도 100%가 회색이 되고, 0%가 순색이 된다.
④ 색이 밝을수록 명도가 높아지고, 어두울수록 명도가 낮아진다.

해설
채도(Saturation)는 색의 선명함(명료함), 맑고 탁한 정도를 나타내는 성질로 색의 순수성이나 강도를 의미한다. 채도가 가장 선명하고 강한 색을 순색이라 하며, 채도가 낮을수록 회색이나 흰색에 가까워지고 탁한 느낌이다. 따라서 채도 0%가 회색이 되고, 100%가 순색이 된다.

02 두 개 이상의 요소가 반복적인 움직임과 패턴을 통해 디자인에 일관성을 부여한 디자인 원리로 가장 적절한 것은?

① 대비 ② 대칭
③ 리듬 ④ 대조

해설
디자인 기본원리 중 리듬은 움직임과 조화 형성에 도움을 준다. 요소의 패턴, 도형, 이미지, 색상 등이 일정한 간격이나 규칙에 따라 반복하여 배치됨으로써 리듬이 만들어진다. 반복적인 움직임과 패턴을 통해 디자인에 일관성을 부여하고 생동감을 불어넣으며 시각적인 흥미를 제공한다. 또한 시각적으로 조화로운 느낌을 형성한다.

03 다음 이미지와 같이 불완전한 형태가 아닌 완전한 형태를 선호하여 인지하는 경향을 보이는 게슈탈트의 법칙에 해당하는 것은?

① 연속성의 법칙
② 폐쇄성의 법칙
③ 전경과 배경의 법칙
④ 단순 충만의 법칙

해설
폐쇄성의 법칙은 불완전한 형태가 아닌 완전한 형태를 선호하여 인지하는 경향을 의미하며 이미 뇌에 지각된 내용을 바탕으로 개별 요소의 집합을 하나의 그룹으로 인지하는 것이다.

04 다음 중 색의 3속성에서 대비에 대한 설명으로 적절하지 않은 것은?

① 색상 대비는 색상 간의 차이를 느끼게 하는 가장 기본적인 대비이다.
② 가장 크게 대비를 인지할 수 있는 색은 삼원색(빨강, 초록, 파랑)이다.
③ 명도 대비는 명도가 다른 두 색이 대조되어 명도 차가 생기는 대비이다.
④ 채도 대비는 서로 다른 색상이 바탕색의 채도에 따라 동일하게 인지되는 대비이다.

해설
채도 대비는 동일한 색상이 바탕색의 채도에 따라 채도가 다르게 인지되는 대비를 의미한다. 바탕의 채도가 낮으면 해당 색상의 채도가 높게 보이는 현상으로 채도 대비는 유채색과 무채색 사이에서 더 강한 대비효과를 얻을 수 있다.

기출유형 18 ▶ 인포그래픽 디자인

다음 중 인포그래픽 디자인 구성요소 중 범례에 대한 설명으로 적절한 것은?

① 다양한 주제나 개념을 시각적으로 표현하는 데 사용된다.
② 그래프나 차트의 구조를 명확하게 나타내는 데 사용된다.
③ 정보 제시, 사용자의 주의집중, 특정 부분 강조, 정보의 계층구조에 대한 표현이다.
④ 그래프, 차트에서 사용된 색상, 패턴, 기호 등에 대응하는 항목을 설명하는 요소이다.

해설
범례는 그래프나 차트에서 사용된 색상, 패턴, 기호 등에 대응하는 항목을 설명하는 요소로서 각 항목이나 카테고리를 시각적 요소와 함께 텍스트로 설명하여 사용자에게 정보를 제공하는 역할을 담당한다.

| 정답 | ④

족집게 과외

❶ 인포그래픽의 유형과 원리

㉠ 인포그래픽(Infographic)
- 정보(Information)와 그래픽(Graphic)의 합성어로 복잡한 데이터나 추상적인 개념을 이해하기 쉽게 시각적인 표현으로 전달하는 도구
- 시각적 요소를 활용하여 데이터와 정보의 패턴, 추세, 비교, 관계 등을 빠르고 명확하게 제시
- 그래프, 차트, 지도, 아이콘 등 다양한 형식으로 정보를 표현
- 텍스트, 숫자, 그림, 색상, 크기 등 다양한 시각적 요소를 조합하여 데이터를 시각적으로 해석하고 전달
- 보고서, 프레젠테이션, 웹사이트, 광고 등 다양한 매체와 데이터 분석, 비즈니스, 교육, 과학, 마케팅 등 다양한 분야에서 활용

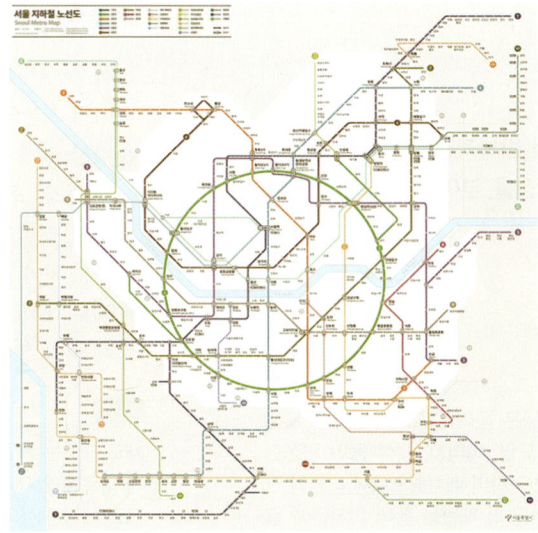

출처 : 서울시

ⓛ 인포그래픽의 유형
- 그래프 및 차트
  - 선, 막대, 원 그래프 등과 같은 차트 형식을 사용한 데이터 시각화
  - 데이터의 비교, 추세 파악, 관계 등을 시각적으로 표현

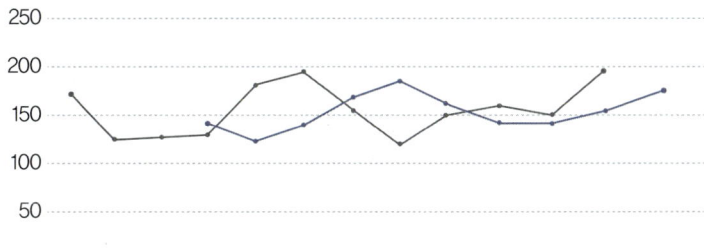
선 그래프

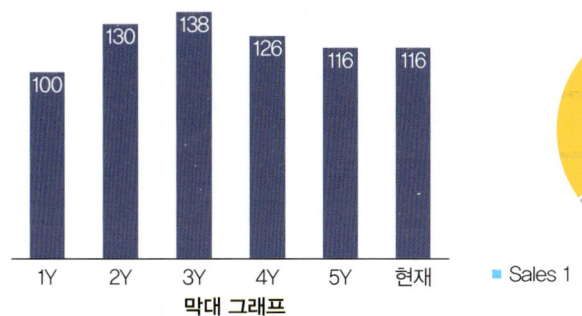
막대 그래프

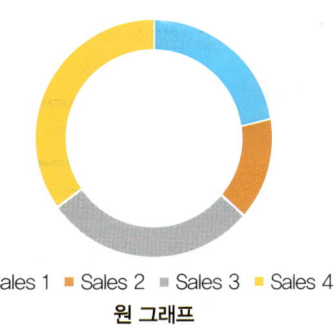
원 그래프

- 지도 및 지리적 인포그래픽
  - 지역, 국가, 대륙 등의 지리적 특성을 반영
  - 지도, 도표, 지리적 요소 등을 통해 지리적 정보 시각화

출처 : 서울시

- 프로세스 및 플로우차트
  - 화살표, 상자, 다이어그램을 사용해 데이터 흐름과 상호작용을 표현
  - 과정이나 절차를 단계별로 시각화

- 인포그래픽 아이콘
  - 아이콘, 그림, 이미지를 활용하여 정보를 시각적으로 전달
  - 개념, 객체, 통계 등을 그림이나 아이콘 형태로 표현하여 쉬운 이해 유도

- 타임라인 및 역사적 인포그래픽
  - 연표, 시간 축 등을 사용하여 시간에 따른 변화나 역사적 이벤트를 시각화
  - 특정 기간 동안의 데이터 변화나 발전 과정을 나타냄

- 비교 및 대조 인포그래픽
  - 막대 차트, 원형(파이) 차트 등을 사용하여 데이터의 차이나 비율 비교
  - 다양한 항목 또는 데이터를 비교하거나 대조하여 시각적으로 표현

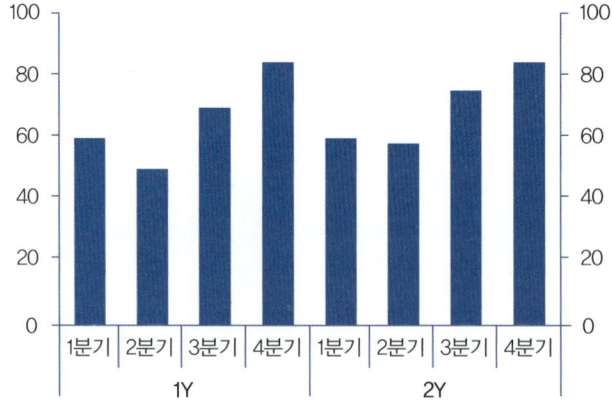

- 설명적 인포그래픽
  - 주제나 개념에 대한 설명과 함께 그림, 그래프, 텍스트 등을 조합하여 전체적인 이해를 돕는 인포그래픽

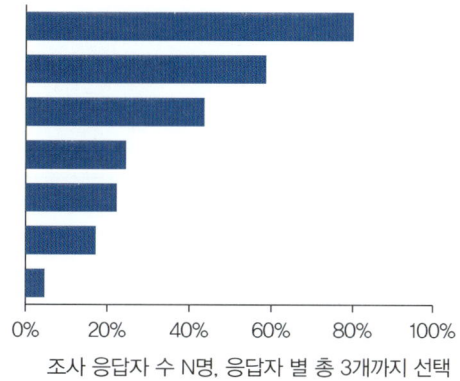

조사 응답자 수 N명, 응답자 별 총 3개까지 선택

ⓒ 인포그래픽의 원리
- 단순성(Simplicity)
  - 단순하고 명확해야 함
  - 복잡한 요소를 최소화하고 필요한 정보만을 간결하게 전달해야 함
- 명확성(Clarity)
  - 명확한 메시지를 전달해야 함
  - 그래프, 차트, 아이콘 등의 시각적 요소는 데이터와 목적에 맞게 명확하게 표현해야 함
- 중요성(Importance)
  - 핵심적인 정보를 강조해야 함
  - 중요한 데이터나 핵심 메시지를 시각적으로 부각시키고, 사용자의 주목을 끌 수 있도록 해야 함
- 일관성(Consistency)
  - 디자인의 일관성을 유지해야 함
  - 서체, 색상, 아이콘 스타일 등의 요소를 일관되게 사용해야 하며, 전체적인 디자인 톤과 맞아야 함
- 가독성(Readability)
  - 가독성이 높아야 함
  - 텍스트의 크기, 텍스트와 배경 간의 대비, 그래프나 차트의 축 레이블 등은 사용자가 정보를 쉽게 읽고 이해할 수 있도록 디자인되어야 함
- 효과성(Effectiveness)
  - 정보를 효과적으로 전달해야 함
  - 시각적인 요소는 데이터와 목적에 맞게 선택되고 배치되어 사용자가 데이터를 이해하고 해석할 수 있도록 해야 함
- 대상 독자(Target Audience)
  - 대상 독자를 고려하여 디자인되어야 함
  - 대상 독자의 관심사, 수준, 문화적 배경 등을 고려하여 정보를 전달하는 스타일과 톤을 조절해야 함

ⓔ 오컴의 면도날(Occam's Razor)
- 과학적 추론과 이론 구축에 사용되는 원칙 중 하나로, 단순한 설명이 복잡한 설명보다 선호되어야 한다는 원칙(Principle of Economy, 경제성의 원리)
  - 어떤 현상을 설명하기 위해, 필요 이상의 가정을 지양해야 한다는 관점
  - 가정이나 개념을 최소화하여 문제를 설명하는 것이 좋다는 의미
  - 같은 현상을 설명하는 두 개의 주장이 있다면, 간단한 쪽을 선택
- 오컴의 면도날과 인포그래픽

단순한 시각화	• 필요한 만큼의 시각화 요소만 사용 • 과도한 세부 정보나 복잡한 그래프를 배제 • 인포그래픽을 더 직관적으로 만들 수 있음
명확한 구조화	• 정보를 단순화 • 주제와 하위 주제 간의 계층구조를 정의
최소한의 텍스트	• 간결하고 명료한 문구를 사용 • 필요한 경우 그래픽 요소를 활용하여 텍스트를 대체

❷ 인포그래픽 디자인 시 고려해야 할 요소

㉠ 제목
- 주요 메시지를 강조하고 전반적인 주제를 파악할 수 있도록 함
- 사용자의 주의를 끌고 정보의 중요성을 강조하는 역할
- 정보의 카테고리화 및 구조화
- 목적과 목표를 명확하게 제시해 사용자에게 가치 있는 정보를 제공
- 디자인 요소와 일관성을 유지하여 전체적인 통일감을 제공
- 사용자가 디자인 요소를 선택하거나 참고할 때 적절한 정보를 신속하게 파악
- 수용자의 시선은 일반적으로 좌측 상단에서 Z모양을 그리며 이동하므로 제시된 인포그래픽 디자인이 무엇을 의미하는지 알리기 위해 제목은 좌측 상단에 배치하는 것이 효과적임

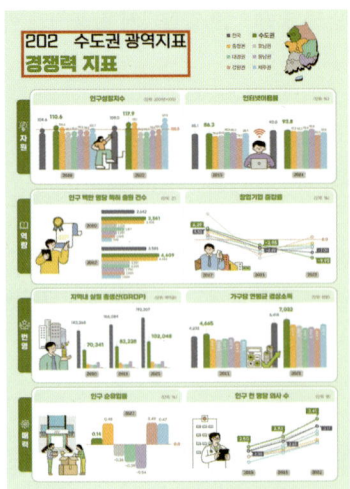

출처 : 통계청

ⓒ 서체
- 사용되는 텍스트의 외관을 의미하며, 가독성과 사용자 경험에 직접적인 영향을 줌
- 서체는 가장 일반적이며 보편적인 것을 활용하여 가독성을 높임

> **가독성이 높은 서체**
> 서체의 선택은 일반적이고 보편적인 것으로 가독성을 높임

> *가독성이 떨어지는 서체*
> *서체의 선택은 일반적이고 보편적인 것으로 가독성을 높임*

- 서체의 선택은 스타일과 톤을 설정하는 데에 중요한 역할을 함
- 서체의 크기와 스타일을 통해 중요한 내용과 부가적인 내용을 구분

서체의 크기와 스타일을 통해
중요한 내용과 부가적인 내용을 구분

- 정보 제시, 사용자의 주의집중, 특정 부분 강조, 정보의 계층구조에 대한 표현
- 일관성 유지가 중요하며, 대상 독자의 특성과 내용을 고려하여 선택

ⓒ 주석
- 특정 부분에 대한 설명이나 추가 정보를 제공하여 사용자가 정보를 이해하고 해석하는 데 도움을 줌
- 주로 텍스트 형태로 제시되며 그래픽 요소와 함께 사용
- 중요한 세부 정보, 통계 데이터의 해석, 용어 정의 등을 제공할 수 있고, 사용자의 이해를 돕는 데 필요한 추가적인 문맥이나 배경 정보를 제공하기도 함
- 정보의 정확성과 신뢰성을 강화하기 위해 사용
- 그래픽 요소와의 관계를 명확하게 표시하여 정보를 명확하게 전달
- 디자인과 일관성을 유지하기 위해 적절한 서체, 크기, 스타일 등이 사용되어야 하며, 사용자의 주의를 끌기 위해 시각적인 강조나 텍스트 스타일의 변화를 사용
- 목적과 대상 독자를 고려하여 작성

출처 : 부산영상위원회

ⓔ 격자선
- 그래프나 차트의 구조를 명확하게 나타내는 데 사용되며, 데이터의 비교, 패턴 파악, 정확한 위치 파악 등에 사용
- 가로선과 세로선의 조합으로 이루어진 격자선은 그래프의 영역을 구분하고 정보의 배치를 정렬
- 그래프의 데이터 비교를 용이하게 하며, 데이터 값의 상대적인 크기나 위치를 시각적으로 인식
- 패턴이나 추세를 파악하는 데 도움을 주고, 데이터의 변화를 더욱 명확하게 인식
- 데이터 요소들이 정렬되어 시선 이동과 정보의 해석이 용이하며 가독성이 높아짐
- 디자인과 일관성을 유지하기 위해 격자선의 색상, 두께, 스타일 등은 조절
- 시각화의 목적과 대상 독자를 고려하여 적용하고 필요한 경우에만 적절하게 사용

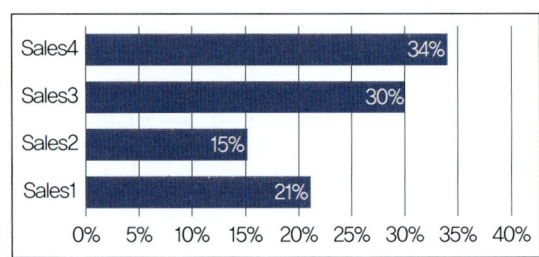

ⓜ 클립아트
- 다양한 주제나 개념을 시각적으로 표현하는 데 사용되며, 다양한 주제를 컬러풀하고 친근한 이미지로 나타내어 사용자의 시각적 이해를 도움
- 단순하고 명확한 형상으로 구성되어, 빠르고 쉽게 정보를 전달하는 데 유용
- 특정 개념이나 사물을 시각화하여 정보를 생동감 있게 전달
- 복잡한 데이터나 추상적인 개념을 쉽게 이해할 수 있는 그림으로 변환
- 디자인 스타일과 일관성을 유지하기 위해 선택된 적절한 스타일과 색상으로 구성
- 저작권에 주의해야 하며, 무료 또는 라이선스가 부여된 클립아트를 사용

ⓑ 두 번째 축(이중 그래프)
- 그래프나 차트에서 추가적인 정보를 나타내는 데 사용되는 보조적인 축
- 기존의 축과는 다른 데이터 요소를 나타내며, 다른 척도, 차원의 데이터를 보여줌
- 서로 다른 단위의 데이터를 동시에 표현하고, 이들 데이터 간의 상대적인 크기와 관계, 상호작용을 시각화하는 데 활용
- 두 번째 축을 사용할 때 데이터의 비교가 용이하며, 서로 다른 데이터의 추이, 패턴, 상관관계를 동시에 비교하고 분석
- 그래프 또는 차트의 가독성과 이해를 향상시키는 역할
- 시각화의 목적과 대상 독자를 고려하여 적용하고 필요한 경우에만 적절하게 사용

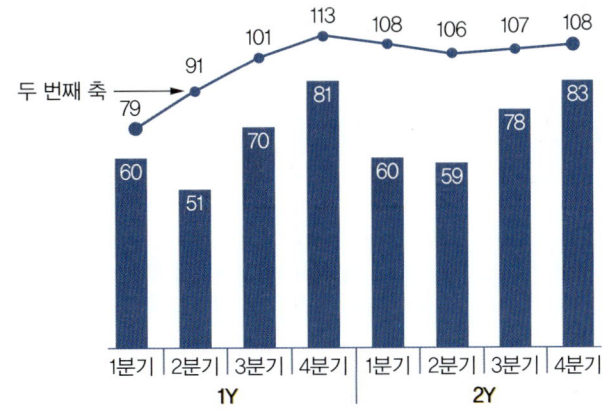

ⓢ 범례
- 그래프나 차트에서 사용된 색상, 패턴, 기호 등에 대응하는 항목을 설명하는 요소
- 각 항목이나 카테고리를 시각적 요소와 함께 텍스트로 설명하여 사용자에게 정보를 제공
- 데이터 요소의 의미를 명확하게 전달하고, 그래프의 해석을 돕는 역할
- 그래프나 차트의 가독성을 향상시켜 사용자가 데이터를 이해하고 비교할 수 있도록 함
- 디자인과 일관성을 유지하며, 가독성과 시각적인 조화를 고려하여 작성

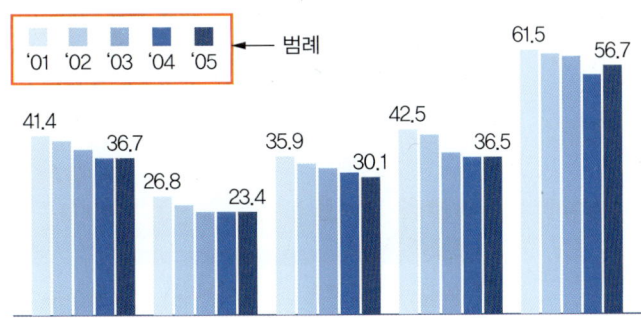

◎ 질감
- 실제 객체나 재료의 표면의 느낌 및 특성을 시각적으로 나타내는 것을 의미
- 감정이나 분위기 전달에도 사용될 수 있음
- 서로 다른 질감을 사용하여 구분되는 요소나 부분을 시각적으로 강조할 수 있으며 시각적 계층성 부여에도 사용
- 다양한 질감을 사용하거나 특정 요소에 흥미로운 질감 효과를 적용하여 사용자의 주의를 이끔
- 차트의 경우에는 데이터의 특성을 나타내는 것이 더 중요하므로 질감의 활용이 상대적으로 적은 편
- 질감 사용 시 주의가 필요하며, 과도하게 사용할 경우 가독성이 저하되거나 데이터의 해석이 어려워짐

 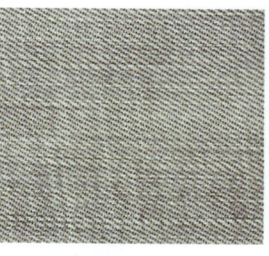 

금속 질감   섬유 질감   나무 질감

ⓩ 배경
- 그래프, 차트, 표 등의 주요 요소를 감싸는 영역이며, 전반적인 시각적인 톤과 미적 요소를 형성하는 역할
- 배경은 주변과의 구분을 제공하여 주요 내용을 독립적으로 인식할 수 있도록 함
- 색상, 패턴, 이미지 등을 사용하여 분위기나 주제에 맞는 시각적인 요소를 추가
- 주요 내용을 강조하기 위해 중요한 텍스트나 그래픽 요소들에 대한 대비를 제공
- 목적과 대상 독자를 고려하여 선택하고 일관성과 가독성을 유지하는 것이 중요

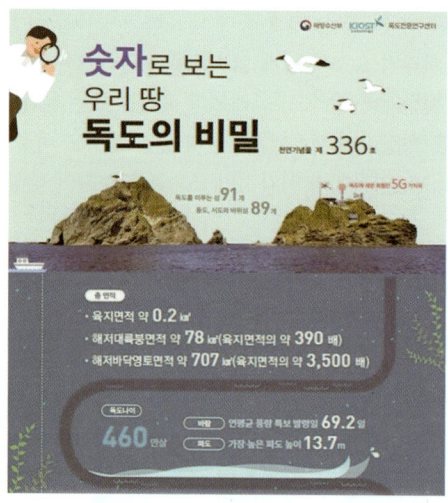

출처 : 해양수산부

전체적인 배경에 독도 이미지를 추가함으로써 어떤 내용을 설명하는지 한눈에 들어올 수 있게 함

기출유형 완성하기

정답 01 ② 02 ③ 03 ② 04 ①

01 화살표, 상자, 다이어그램을 사용해 데이터 흐름과 상호작용을 표현하는 인포그래픽의 유형으로 적절한 것은?

① 지도 및 지리적 인포그래픽
② 프로세스 및 플로우차트
③ 타임라인 및 역사적 인포그래픽
④ 그래프 및 차트

해설
인포그래픽의 유형 중 프로세스 및 플로우차트는 화살표, 상자, 다이어그램을 사용해 데이터 흐름과 상호작용을 표현하며, 과정이나 절차를 단계별로 시각화하여 표현한다.

02 다음 글상자에서 설명하는 인포그래픽 원리로 적절한 것은?

> 텍스트의 크기, 텍스트와 배경 간의 대비, 그래프나 차트의 축 레이블 등은 사용자가 정보를 쉽게 읽고 이해할 수 있도록 디자인되어야 한다.

① 단순성   ② 명확성
③ 가독성   ④ 효과성

해설
① 단순성은 복잡한 요소를 최소화하고 필요한 정보만을 간결하게 전달해야 한다는 원리이다.
② 명확성은 그래프, 차트, 아이콘 등의 시각적 요소는 데이터와 목적에 맞게 명확하게 표현해야 한다는 원리이다.
④ 효과성은 시각적인 요소는 데이터와 목적에 맞게 선택되고 배치되어 사용자가 데이터를 이해하고 해석할 수 있도록 해야 한다는 원리이다.

03 인포그래픽 디자인에서 활용할 수 있는 오컴의 면도날(Occam's Razor) 원리에 대한 설명으로 적절하지 않은 것은?

① 과학적 추론과 이론 구축에 사용되는 원칙 중 하나이다.
② 복잡한 설명이 단순한 설명보다 선호되어야 한다는 원칙이다.
③ 어떤 현상을 설명하기 위해, 필요 이상의 가정을 지양해야 한다는 관점이다.
④ 인포그래픽 디자인에서 단순한 시각화, 명확한 구조화, 최소한의 텍스트로 활용한다.

해설
오컴의 면도날(Occam's Razor) 원리는 과학적 추론과 이론 구축에 사용되는 원칙 중 하나이다. 단순한 설명이 복잡한 설명보다 선호되어야 한다는 원칙(Principle of Economy, 경제성의 원리)으로, 가정이나 개념을 최소화하여 문제를 설명하는 것이 좋다는 것을 의미한다.

04 인포그래픽 디자인 요소 중 서체에 대한 설명으로 적절하지 않은 것은?

① 서체는 되도록 화려하고 특별한 것을 선택하여 사용한다.
② 사용되는 텍스트의 외관을 의미하며, 가독성과 사용자 경험에 직접적인 영향을 준다.
③ 서체의 선택은 스타일과 톤을 설정하는 데에 중요한 역할을 담당한다.
④ 일관성 유지가 중요하며, 대상 독자의 특성과 내용을 고려하여 선택한다.

해설
서체는 사용되는 텍스트의 외관을 의미하며, 가독성과 사용자 경험에 직접적인 영향을 준다. 서체는 가장 일반적이며 보편적인 것을 활용하여 가독성을 높이고, 서체의 크기와 스타일을 통해 중요한 내용과 부가적인 내용을 구분해야 한다.

CHAPTER 01 | 시각화 디자인 기본원리 이해

단원 최종 점검하기

01 색의 3속성에 대한 설명으로 가장 적절한 것은?

① 명도는 색의 밝기에 대한 성질로 색의 밝고 어두운 정도를 의미한다.
② 일반적으로 다른 두 색의 차이는 색상의 차이를 의미한다.
③ 채도가 가장 선명하고 강한 색은 순색이라 한다.
④ 명도는 색이 밝을수록 명도가 낮아지고, 어두울수록 명도가 높아진다.

해설

명도(Value)는 색의 밝기에 대한 성질로 색의 밝고 어두운 정도를 의미하며, 색이 밝을수록 명도가 높아지고 어두울수록 명도가 낮아진다. 흰색과 검은색 사이의 차이로 표현되며, 색상이 얼마나 밝거나 어두운지를 결정하게 된다. 명도가 높을수록 흰색에 근접하고 어두울수록 검은색에 근접한다.

02 인포그래픽의 원리에 대한 설명으로 가장 적절한 것은?

① 인포그래픽에서 색상은 중요하지 않다.
② 인포그래픽에서 최대한의 텍스트를 사용하여 정보를 전달하는 것은 오컴의 면도날 원리에 해당한다.
③ 인포그래픽은 주제와 목적에 맞게 중요한 정보를 강조하고 단순하고 명확하게 전달하는 것이 원칙이다.
④ 인포그래픽은 정보를 복잡하게 구성하여 상세한 내용을 담는 것이 원칙이다.

해설

① 인포그래픽에서는 서체, 색상, 아이콘 스타일 등의 요소를 일관되게 사용해야 하며, 전체적인 디자인 톤과 맞아야 한다.
② 오컴의 면도날 원리를 인포그래픽 디자인에 적용 시 필요한 만큼의 시각화 요소만 사용하고, 정보를 단순화하며, 간결하고 명료한 문구를 사용하여 최소한의 텍스트로 구성해야 한다.
④ 인포그래픽의 원리에서 단순성은 복잡한 요소를 최소화하고 필요한 정보만을 간결하게 전달해야 한다.

03 다음 차트에 반영되지 않은 인포그래픽 디자인 요소는?

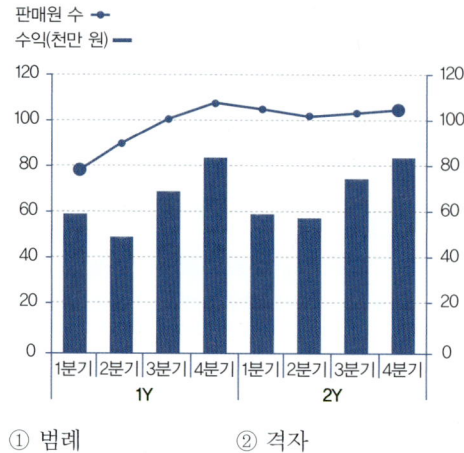

① 범례　② 격자
③ 주석　④ 두 번째 축

해설

주석은 특정 부분에 대한 설명이나 추가 정보를 제공하여 사용자가 정보를 이해하고 해석하는 데 도움을 주는 요소로 텍스트 형태로 제시되며 그래픽 요소와 함께 사용된다. 중요한 세부 정보, 통계 데이터의 해석, 용어 정의 등을 제공할 수 있고, 사용자의 이해를 돕는 데 필요한 추가적인 문맥이나 배경 정보를 제공하기도 한다.

04 크기, 색상, 모양 등의 성질을 갖는 사물을 하나의 그룹으로 인지하는 경향을 보이는 게슈탈트의 법칙으로 적절한 것은?

① 유사성　② 근접성
③ 연속성　④ 공통성

해설

② 근접성은 멀리 떨어진 두 사물보다 서로 근접한 사물들을 밀접하게 연관시켜야 한다는 법칙이다.
③ 연속성은 급격한 변화보다 부드럽게 이어지는 흐름을 선호하여 인지하는 경향을 설명하는 법칙이다.
④ 공통성은 의도적으로 그룹화된 사물들을 하나로 인지하는 경향을 설명하는 법칙이다.

정답 01 ① 02 ③ 03 ③ 04 ① 05 ② 06 ④

05 다음 글상자가 설명하는 시각화 인지 방법으로 적절한 것은?

> - 디자인 원리에서 움직임과 조화 형성
> - 요소의 패턴, 도형, 이미지, 색상 등이 일정한 간격이나 규칙에 따라 반복하여 배치됨으로써 만들어짐
> - 기본적으로 반복과 흐름을 기반으로 구성

① 강조 ② 리듬
③ 대비 ④ 변화

해설

② 리듬은 디자인 원리에서 움직임과 조화를 형성하며, 디자인에 생동감을 불어넣고 시각적인 흥미를 제공한다.
① 강조는 특정 요소 또는 내용을 기존과 다르게 표현하려 중요성을 높이고 돋보이게 하는 시각적인 효과를 말한다.
③ 대비는 요소 간 서로 대립, 대조하는 상태를 활용한 디자인 원리이다.
④ 변화는 디자인 요소들의 변동과 차이를 의미한다.

06 다음 중 인포그래픽 원리에 대한 설명으로 적절하지 않은 것은?

① 복잡한 요소를 최소화하고 필요한 정보만을 간결하게 전달해야 한다.
② 그래프, 차트, 아이콘 등의 시각적 요소는 데이터와 목적에 맞게 명확하게 표현한다.
③ 서체, 색상, 아이콘 스타일 등의 요소를 일관되게 사용해야 한다.
④ 텍스트의 크기, 대비, 그래프나 차트의 축 레이블 등은 되도록 화려하게 구성한다.

해설

텍스트의 크기, 텍스트와 배경 간의 대비, 그래프나 차트의 축 레이블 등은 사용자가 정보를 쉽게 읽고 이해할 수 있도록 디자인되어야 한다.

CHAPTER 02 시각화 도구 활용

PART 3 경영정보시각화 디자인

기출유형 19 ▶ 사무자동화 프로그램을 활용한 시각화

엑셀의 조건부 서식 기능을 이용한 데이터 시각화에 대한 설명으로 적절하지 않은 것은?

① 조건부 서식은 데이터의 특정 조건에 따라 셀 서식을 변경하여 시각적 효과를 준다.
② 아이콘 세트는 조건부 서식의 한 종류로서 숫자나 퍼센트 값의 상대적인 크기를 시각화하는 기능이다.
③ 스파크라인을 활용하면 셀 내에서 데이터의 추세를 한눈에 파악할 수 있다.
④ 데이터 막대는 시간에 따라 변화하는 내용을 시각화하기에 좋은 기능이다.

해설
데이터 막대는 조건부 서식의 한 종류로, 숫자나 퍼센트 값의 상대적인 크기를 시각화하는 기능이다. 데이터의 크기에 따라 막대 크기나 색상이 변화하며 시각적으로 비교하고 분석할 수 있다. 시간에 따라 변화하는 내용을 시각화하기에 좋은 기능은 스파크라인이다.

| 정답 | ④

족집게 과외

❶ 사무자동화 프로그램의 시각화 관련 주요 기능

㉠ 차트
- 사무자동화 프로그램으로 가장 많이 활용하는 엑셀에서 가장 일반적으로 사용되는 시각화 기능이며, 막대, 선, 원, 맵 등 다양한 차트를 생성하고 활용
- 기본 차트를 활용하여 데이터의 패턴, 비교, 추세 등을 시각화

  - 세로 막대형   ★ 방사형
  - 꺾은선형   트리맵
  - 원형   선버스트
  - 가로 막대형   히스토그램
  - 영역형   상자 수염 그림
  - 분산형   폭포
  - 주식형   콤보
  - 표면형

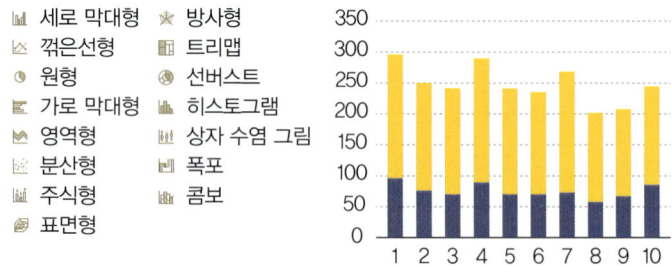

㉡ 조건부 서식
- 데이터를 특정 조건에 따라 서식을 변경하여 시각적으로 표현
- 특정 범위의 데이터의 중요도를 강조하고, 데이터의 크기에 따른 서식에 변화가 있음
- 조건부 서식을 통해 데이터의 패턴이나 예외(추세, 이상치, 중요정보)를 빠르게 식별

- 데이터의 비교를 위해 규칙 혹은 기준을 설정하고 서식에 적용

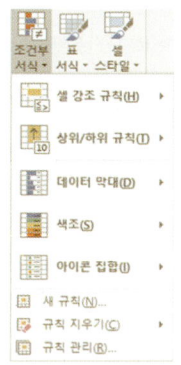

ⓒ 데이터 막대
- 조건부 서식의 한 종류로, 숫자나 퍼센트 값의 상대적인 크기를 시각화하는 기능
- 데이터의 크기에 따라 막대 크기나 색상이 변화하며 시각적으로 비교하고 분석
  - 데이터 막대를 통해 범위, 값을 시각적으로 빠르게 인지하고 확인 가능
  - 데이터 간의 상대적 크기를 쉽게 평가

회사명	영업이익
A사	94%
B사	11%
C사	9%
D사	98%
E사	82%
F사	31%
G사	59%
H사	86%
I사	23%
J사	62%

ⓓ 아이콘 세트
- 조건부 서식의 한 종류로, 숫자나 퍼센트 값의 상대적인 크기를 시각화하는 기능
- 데이터의 크기에 따라 아이콘 크기나 색상이 변화하여 시각적으로 비교하고 분석
  - 기호적 표현으로 정보를 쉽게 파악하고 한 번에 확인하는 시각화
  - 데이터를 카테고리로 분류하여 이해와 해석이 빠름

회사명		영업이익
A사	▲	94%
B사	▼	11%
C사	▼	9%
D사	▲	98%
E사	▲	82%
F사	▼	31%
G사	＝	59%
H사	▲	86%
I사	▼	23%
J사	＝	62%

ⓜ 스파크라인
- 엑셀의 셀 내에 표현하여 각각의 데이터 변화를 시각화하는 추세 그래프
- 각 데이터의 추세, 패턴을 한눈에 파악하고 시간에 따라 변화하는 데이터를 시각화하는 기능

회사명	1Y	2Y	3Y	4Y	5Y	추세
A사	19,200	23,100	27,000	30,900	34,800	
B사	7,400	10,700	14,000	17,300	20,600	
C사	31,700	31,900	32,100	32,300	32,500	
D사	9,800	8,210	6,620	5,030	3,440	
E사	5,200	4,810	4,420	4,030	3,640	
F사	84,464	92,822	101,180	109,538	117,896	
G사	2,369	3,969	5,569	7,169	8,769	
H사	65,583	92,357	119,131	145,905	172,679	
I사	7,340	11,070	14,800	18,530	22,260	
J사	7,491	4,930	2,369	192	2,753	

❷ 사무자동화 프로그램을 활용한 시각화의 장단점
㉠ 장점
- 다양한 시각화 옵션을 제공하여 데이터의 특성에 따라 다양한 요소를 적용함으로써 효과적인 시각화를 가능케 함
- 익숙한 툴과 사용법으로 빠르고 간편한 시각화가 가능
  - 간단한 데이터 시각화 작업을 수행하기 편리함
  - 인터페이스가 직관적이며, 시각화 요소의 생성 및 데이터 조작이 용이함
- 엑셀에서 기본적으로 제공하는 다양한 함수와 데이터 분석 기능, 필터링, 피벗 테이블 등을 활용하여 분석과 시각화를 동시에 구현 가능
  - 데이터를 집계하고 분석할 수 있으며, 데이터 처리 후 다른 기능과 통합하여 보고서를 작성하는 데에도 유용함
㉡ 단점
- 시각화 전문 도구가 아니므로 유연성의 한계가 있음
  - 간단한 시각화 작업에는 유용하지만, 대규모 또는 복잡한 데이터를 다룰 때 한계가 있음
  - 특정 시각화 유형, 고급 기능을 구현하지 못한다는 점에서 기능과 유연성에 제한
- 데이터 활용의 불편함
  - 데이터를 수작업으로 입력하고 수정해야 하는 한계가 있음
  - 대량의 데이터를 다루는 경우, 수작업으로 데이터를 입력하면 시간이 많이 소요됨
- 제한된 대시보드와 기능
  - 복잡한 대시보드를 만들기 위해 수작업과 수식을 통해 시각화 요소와 데이터를 조합해야 함
- 협업 및 내용 공유의 제한성
  - 개인 작업에 최적화되어 개인 활용은 유용하지만, 여러 사람과 협업하거나 데이터를 실시간으로 공유하는 데 한계가 있음
  - 동시 편집이 어렵고 파일 공유 및 업데이트 관리가 어려움

기출유형 완성하기

정답 01 ② 02 ④ 03 ① 04 ③

01 다음 중 사무자동화 프로그램에서 제공되는 차트의 종류로 적절하지 않은 것은?

① 세로 막대 차트
② 클라우드 차트
③ 분산 차트
④ 꺾은선 차트

해설
사무자동화 프로그램에서는 기본적인 차트를 제공하며, 워드 클라우드와 같은 전문적인 시각화 차트는 제공되지 않는다.

02 다음 중 조건부 서식에 대한 설명으로 가장 적절한 것은?

① 데이터를 정해진 조건에 따라 단순하게 서식만을 변경한다.
② 조건부 서식을 활용하면 데이터를 빠르게 집계할 수 있다.
③ 데이터 필터링을 통해 데이터를 정렬하고 시각화한다.
④ 특정 범위의 데이터를 강조하고 데이터 크기에 따른 서식을 변화시킨다.

해설
조건부 서식은 데이터를 특정 조건에 따라 서식을 변경하여 시각적으로 표현하는 기능으로 특정 범위의 데이터 강조, 데이터 크기에 따른 서식의 변화 기능을 제공하며, 데이터의 패턴이나 예외를 빠르게 식별할 수 있도록 도움을 준다.

03 다음 글상자가 설명하는 사무자동화 프로그램의 시각화 기능으로 적절한 것은?

- 조건부 서식의 한 종류로, 숫자나 퍼센트 값의 상대적인 크기를 시각화
- 기호적 표현으로 정보를 쉽게 파악하고 한 번에 확인하는 시각화 기능
- 데이터를 카테고리로 분류하여 이해와 해석이 빠름

① 아이콘 세트
② 데이터 막대
③ 스파크라인
④ 피벗 테이블

해설
② 데이터 막대는 숫자나 퍼센트 값의 상대적인 크기를 시각화하는 기능이다.
③ 스파크라인은 엑셀의 셀 내에 표현하여 각각의 데이터 변화를 시각화하는 추세 그래프이다.
④ 피벗 테이블은 테이블 디자인에서 큰 테이블을 요약하는 통계표로, 개수, 합계, 평균 등의 통계를 포함한다.

04 사무자동화 프로그램을 활용한 시각화의 장단점에 대한 설명으로 적절하지 않은 것은?

① 익숙한 툴과 사용법으로 빠르고 간편한 시각화가 가능하다.
② 엑셀에서 제공하는 분석 기능을 결합하여 분석과 시각화를 동시에 구현할 수 있다.
③ 대규모 또는 복잡한 데이터를 다룰 때 충분히 활용할 수 있다.
④ 여러 사람과 협업하거나 데이터를 실시간으로 공유하는 데 한계가 있다.

해설
사무자동화 프로그램 활용 시각화는 전문 도구가 아니므로 유연성의 한계를 가진다. 간단한 시각화 작업에는 유용하지만, 대규모 또는 복잡한 데이터를 다룰 때 한계가 있으며 특정 시각화 유형, 고급 기능을 구현하지 못한다는 점에서 기능과 유연성이 제한된다.

기출유형 20 ▶ 시각화 도구(BI 소프트웨어)

다음 중 시각화 도구(BI 소프트웨어)에 대한 설명으로 가장 적절하지 않은 것은?

① 시각화 도구는 동일한 데이터에 대해 다양한 시각화 방법을 빠르게 적용할 수 있게 한다.
② BI 소프트웨어는 데이터 시각화를 위한 전용 도구로서 데이터 추출 및 변환 기능은 제공하지 않는다.
③ 시각화 도구를 사용한다면 재현 가능성을 구현하기 어려울 수 있다.
④ 무작위한 요소가 포함된다면 반복 가능성을 구현하기 어려울 수 있다.

해설

시각화 도구(BI 소프트웨어)는 데이터 분석, 다음 상황 예측, 과정과 결과의 시각화, 협업 등의 기능을 제공한다. 사용자는 BI 도구를 활용하여 다양한 데이터를 추출, 변환, 로드하여 활용하고, 가공된 데이터를 활용하여 차트, 그래프, 대시보드, 테이블 등의 시각화 요소를 활용하여 시각적으로 표현한다.

| 정답 | ②

족집게 과외

❶ 시각화 도구(BI 소프트웨어)

㉠ 개념
- 비즈니스 인텔리전스(BI, Business Intelligence)를 지원하는 소프트웨어를 의미
- 비즈니스 인텔리전스는 조직에서 데이터를 분석하여 실행 가능한 통찰과 의미 있는 정보를 생성하기 위해 사용하는 기술, 전략, 프로세스를 의미
- 기업에서 의미 있는 가치를 발견할 수 있는 데이터를 수집, 저장, 분석에 활용
  - 분석 결과를 토대로 이용자가 쉽게 이해할 수 있는 차트, 그래프, 대시보드, 보고서 등의 시각화 기능을 포함

㉡ 특징
- BI는 데이터 분석, 다음 상황 예측, 과정과 결과의 시각화, 협업 등의 기능을 제공
  - 기업 내 구성원이 편리하게 데이터를 최대한 활용할 수 있는 환경을 제공
- 사용자는 BI 도구를 활용하여 다양한 데이터를 추출, 변환, 로드하여 활용
  - BI 도구는 엑셀, 데이터베이스, 클라우드 시스템 등의 여러 매체와 연결되어 데이터를 불러오고, 정제, 모델링하여 활용
- 가공된 데이터를 활용하여 차트, 그래프, 대시보드, 테이블 등의 시각화 요소를 활용하여 시각적으로 표현
- 최종적으로 사용자는 가공된 데이터와 시각화 기능을 통해 정보에 대한 통찰력을 얻을 수 있음

㉢ 장점
- 시각화 도구는 데이터의 탐색적 분석을 위해 동일한 데이터를 활용하여 다양한 방법의 시각화를 빠르게 구현할 수 있는 기능을 제공
  - 데이터의 탐색적 분석은 데이터를 탐구하고 이해하기 위해 수행되는 분석 방법
  - 데이터의 탐색적 분석을 통해 데이터의 구조, 특성, 패턴 등의 통찰력을 확보
- 기술 통계(데이터의 구조와 통계적 특성 요약)와 시각화 기법을 통해 데이터의 분포, 상관관계, 이상치 등을 시각적으로 파악하며, 데이터 간의 상호작용과 패턴을 탐색
  - 동일한 데이터라 할지라도 다양한 방식의 시각화 속성을 적용하여 여러 형태로 표현하고 실험, 관찰이 가능

ㄹ 단점
- 데이터를 시각화 도구로 표현할 때는 시각화의 과정(데이터의 분석 과정과 다름)을 상세히 표현하는 것이 아닌 결과만을 표현함
  - 따라서 시각화 도구를 사용하여 도표를 재현하거나 다른 데이터로 비슷한 도표를 생성하고자 할 때는 새롭게 재작업하는 어려움이 따름
  - 다른 데이터를 통해 시각화를 재현하고자 할 때는 프로그래밍 기술에 따라 상세히 추적하고 재작성하는 것이 유리함
- 시각화 도구를 사용하면 재현 가능성과 반복 가능성을 구현하기 어려울 수 있음

재현 가능성과 반복 가능성

재현 가능성	• 시각화 결과를 다시 동일하게 재현할 수 있는 능력 • 재현 가능성은 신뢰성과 투명성을 높이는 데 중요한 역할을 하므로 이를 위해 코드, 데이터, 분석 방법 등을 충분히 기술하여 다른 사람이 시각화를 재현할 수 있도록 해야 함 • 구현된 시각화 결과의 데이터가 유효하고 표현 방식이 정확하게 기술되어 있다면 재현 가능성을 확보할 수 있으므로 누구나 기술된 내용을 바탕으로 유사한 시각화 결과를 생성할 수 있게 됨 • 시각화 표현의 차이(글꼴, 색상, 크기 등)가 사람마다 조금의 차이가 있기 때문에 완전히 동일한 결과로 볼 수는 없지만 메시지 전달은 동일하므로 재현의 범주로 인식
반복 가능성	• 동일 조건에서 동일한 시각화 결과를 얻을 수 있는 능력 • 원본 데이터가 똑같고 화소 하나까지 완벽하게 재현 가능한 시각화 결과는 반복 가능성을 갖는다고 표현 • 시각화 결과에 무작위적인 요소가 포함되어도 해당 요소가 추후 재현 가능한 방식으로 정의되고 이후 언제나 동일한 시각화 결과를 재생성할 수 있다는 것을 의미 • 따라서, 복잡하고 무작위적인 데이터와 요소를 다룰 때 반복 가능성을 보장하기 위해 원본값 설정과 함께 사용된 난수 생성의 기록을 명시해야 함

ㅁ 시각화 도구의 예시
- 파워 BI(Power BI) : 마이크로소프트에서 개발한 비즈니스 인텔리전스 도구로, 데이터 시각화와 인사이트 도출을 지원하는 플랫폼

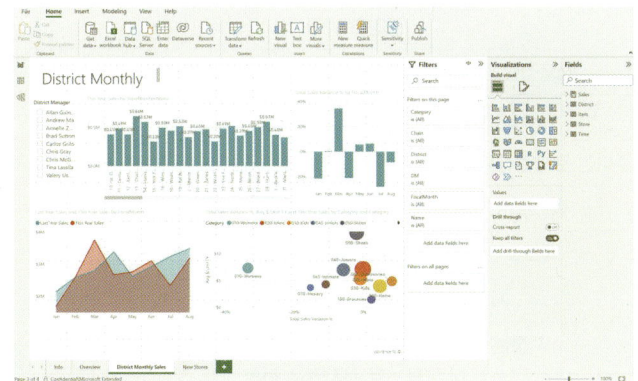

출처 : MicroSoft

- 태블로(Tableau) : 세일즈포스에서 제공하는 비즈니스 인텔리전스 도구로, 데이터 시각화와 인사이트 도출을 지원하는 플랫폼

출처 : Tableau

ⓑ 시각화 도구에서 활용되는 기본함수
- BI소프트웨어별로 활용되는 함수명과 구체적인 내용은 상이하나 공통적으로 다음의 기능을 구현하는 함수를 제공

구분	설명(기능)	파워 BI	태블로
숫자 / 집계 / 통계함수	절댓값 반환	ABS	
	나누기	DIVIDE	DIV
	반올림	ROUND	
	모든 값의 평균 반환	AVERAGE	AVG
	열에서 비어 있지 않은 행의 수 반환	COUNT	
	최댓값 반환	MAX	
	최솟값 반환	MIN	
	합계 반환	SUM	
	중앙값 반환	MEDIAN	
	샘플집단을 기준으로 모든 값의 통계적 표준편차 반환	STDEV.S	STDEV
	샘플집단을 기준으로 모든 값의 통계적 분산 반환	VAR.S	VAR
문자열 함수	주어진 문자열에 지정한 부분 문자열이 포함되어 있으면 TRUE 반환	CONTAINS	
	텍스트 문자열의 시작 부분부터 지정된 문자 수 반환	LEFT	
	텍스트 문자열의 끝 부분부터 지정된 문자 수 반환	RIGHT	
	지정한 위치에서 지정된 문자 수 반환	MID	
	지정한 문자 수에 따라 텍스트 문자열의 일부를 다른 텍스트 문자열로 전환	SUBSTITUTE	REPLACE
	텍스트 문자열의 문자 수 반환	LEN	
	소문자를 모두 대문자로 변환	UPPER	

논리함수	조건을 확인하여 TRUE면 첫 번째 값, 그렇지 않으면 두 번째 값 반환	IF	
	두 인수 중 하나 이상 TRUE인지 확인	OR	
날짜함수	지정된 간격 수만큼 정방향 또는 뒤로 이동한 날짜 열이 포함된 테이블을 반환	DATEADD	
	두 날짜 사이의 간격(월, 일 등) 반환	DATEDIFF	
	날짜에 대한 반올림(가까운 월, 일, 주, 요일 등)	–	DATETRUNC
	주어진 날짜의 연도를 정수로 반환	YEAR	
	주어진 날짜의 분기를 정수로 반환	QUARTER	
	주어진 날짜의 월을 정수로 반환	MONTH	
	주어진 날짜의 주를 정수로 반환	WEEKNUM	WEEK
	주어진 날짜의 일자(1~31)를 정수로 반환	DAY	
	지정된 년, 월, 일로 구성된 날짜 값을 반환	DATE	MAKEDATE
	현재 로컬 시스템 날짜 반환	TODAY	
테이블 계산 함수	테이블 인수의 각 행에 대한 숫자 목록의 숫자 순위	RANKX	RANK
	지정된 테이블 또는 테이블 식에 계산 열 추가	ADDCOLUMNS	–
	다른 테이블에서 관련 값을 반환	RELATED	–

기출유형 완성하기

정답 01 ③ 02 ④ 03 ③ 04 ②

01 다음 중 시각화 도구의 장단점에 대한 설명으로 적절하지 않은 것은?

① 동일한 데이터라 할지라도 다양한 방식의 시각화 속성을 적용하여 여러 형태로 표현하고 실험, 관찰이 가능하다.
② 시각화 도구는 데이터의 탐색적 분석을 위해 동일한 데이터를 활용하여 다양한 방법의 시각화를 빠르게 구현할 수 있는 기능을 제공한다.
③ 시각화 도구를 사용하여 도표를 재현하거나 다른 데이터로 비슷한 도표를 생성하고자 할 때는 이전 작업 내용을 참고할 수 있다.
④ 시각화 도구를 사용하면 재현 가능성과 반복 가능성을 구현하기 어려울 수 있다는 단점을 가진다.

해설
데이터를 시각화 도구로 표현할 때는 시각화의 과정(데이터의 분석 과정과 다름)을 상세히 표현하는 것이 아닌 결과만을 표현하므로, 도표를 재현하거나 다른 데이터로 비슷한 도표를 생성하고자 할 때는 새롭게 재작업해야 하는 어려움이 따른다.

02 다음 중 시각화 도구로 보기 어려운 것은?

① Power BI
② Tableau
③ Excel
④ Power Point

해설
Power Point는 시각화 도구보다는 프레젠테이션(Presentation) 도구에 가깝다.

03 시각화 도구의 재현 가능성과 반복 가능성에 대한 설명으로 가장 적절한 것은?

① 동일 조건에서 동일한 시각화 결과를 얻을 수 있는 능력이 재현 가능성이다.
② 시각화 결과를 다시 동일하게 재현할 수 있는 능력이 반복 가능성이다.
③ 시각화 결과에 무작위적인 요소가 많이 포함될수록 반복 가능성이 어렵다.
④ 반복 가능성은 신뢰성과 투명성을 높이는 데 중요한 역할을 한다.

해설
③ 반복 가능성은 시각화 결과에 무작위적인 요소가 포함되어도 해당 요소가 추후 재현 가능한 방식으로 정의되고 이후 언제나 동일한 시각화 결과를 재생성할 수 있다는 것을 의미한다.
① 반복 가능성은 동일 조건에서 동일한 시각화 결과를 얻을 수 있는 능력이다.
② 재현 가능성은 시각화 결과를 다시 동일하게 재현할 수 있는 능력을 말한다.
④ 재현 가능성은 신뢰성과 투명성을 높이는 데 중요한 역할을 하므로 이를 위해 코드, 데이터, 분석 방법 등을 충분히 기술하여 다른 사람이 시각화를 재현할 수 있도록 해야 한다.

04 다음 중 대표적인 시각화 도구인 파워 BI에서 제공되는 함수와 설명으로 적절하지 않은 것은?

① MEDIAN - 모든 데이터의 중앙값을 반환
② CONTAINS - 지정한 위치에서 지정된 문자 수 반환
③ UPPER - 소문자를 모두 대문자로 변환
④ IF - 조건을 확인하여 TRUE면 첫 번째 값, 그렇지 않으면 두 번째 값 반환

해설
CONTAINS 함수는 주어진 문자열에 지정한 부분 문자열이 포함되어 있으면 TRUE를 반환하는 함수이다.

기출유형 21 ▶ 시각화 도구(BI소프트웨어)의 주요 기능

다음 중 대시보드의 효율적인 시각화와 관련된 설명으로 괄호에 들어갈 내용으로 가장 적절한 것은?

- ( )는 대시보드상에 간결하게 표현하여 사용자가 비즈니스의 주요 성과를 빠르게 확인할 수 있도록 한다.
- 중요한 지표를 즉각적으로 평가하고 의사결정에 활용할 수 있도록 돕는다.

① Filter
② Query
③ CSV
④ KPI

해설

대시보드의 주요 활용 목적에는 KPI 관리가 포함되며, KPI를 대시보드에 간결하게 표현하여 비즈니스의 주요 성과를 빠르게 확인한다. 중요한 지표를 빠르게 확인하고 평가하여 의사결정에 활용할 수 있도록 도움을 주고, 성과의 평가 및 측정이 가능하다. 또한, 비즈니스의 운영 및 목표를 확인할 수 있으며, 데이터를 통한 실행 가능한 통찰력을 확보할 수 있다.

| 정답 | ④

족집게 과외

❶ 대시보드의 구현

㉠ 대시보드의 정의
- 데이터의 시각적 구현을 통해 현재 상황을 모니터링하고 이해하는 도구
- 하나의 화면에 여러 시각화 요소를 배치하여 데이터를 쉽게 탐색하도록 도움을 주는 디자인
    - 대시보드에 표현되는 데이터를 확인하고 이해해야 하는 사용자 맞춤형 디자인 제공 필수
    - 모든 사용자에게 유용한 도움을 줄 수 있도록 제작

㉡ 대시보드의 역할
- 대시보드의 핵심적인 역할은 비즈니스 지표와 경영정보의 정확한 전달
- 대시보드는 하나의 단일화된 시각화 요소가 아닌 여러 시각화 요소를 복합적으로 사용하여 표현하므로 전달력은 물론 빠르게 이해할 수 있는 디자인적 요소가 중요
- 대시보드는 목표 혹은 비즈니스 프로세스와 관련한 KPI(핵심성과지표)를 다룸

㉢ 대시보드의 목적
- 시각화를 통한 성과의 측정
- 프로세스의 효율성 측정
- 데이터 간의 관계 및 이상 징후 판단
- 상태 및 동향 파악
- 데이터를 기반으로 한 빠른 의사결정

㉣ 대시보드의 활용
비즈니스를 모니터링하고 중요한 정보를 한눈에 확인하는 방법을 제공

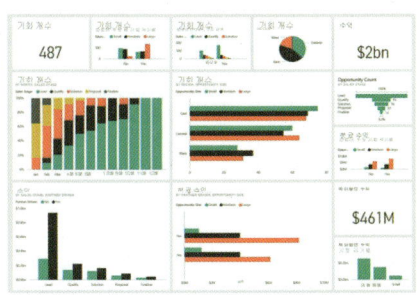

출처 : MicroSoft

- ⓗ 대시보드의 예시
    - 임원진에게 정기적으로 보고되는 핵심 주요 지표를 담은 PDF
    - 실시간 상황을 파악하고 이상유무를 감지하는 현황판
    - 지역별, 기간별, 팀별, 개인별 영업성과를 종합하여 제공하는 어플리케이션
        - 영업 관리자는 영업성과를 다양한 관점에서 검토하고 비교 가능
    - 지역, 산업, 인력의 상호보완적 정보를 제공하는 도면

❷ **대시보드의 주요 활용**

- ㉠ KPI 관리
    - KPI를 대시보드에 간결하게 표현하여 비즈니스의 주요 성과를 빠르게 확인하고 평가하여 의사결정에 활용
    - 성과의 평가 및 측정
    - 비즈니스의 운영 및 목표 확인
    - 데이터를 통한 실행 가능한 통찰력의 확보
- ㉡ 프로젝트 관리
    - 프로젝트 핵심 지표의 관리 및 작업 현황 모니터링
    - 인력, 예산, 위험 요인, 협업에 대한 판단
    - 진행상황 및 프로세스의 실시간 추적
    - 팀별, 개인별 활동의 모니터링
- ㉢ 마케팅 관리
    - 마케팅 목표 달성을 위한 정보의 모니터링
    - 마케팅 성과의 측정, 평가
    - 마케팅 방향성 및 목표 수준의 조정
- ㉣ 대시보드 활용의 주요 장점

효율성 증대	중요한 정보를 한눈에 확인할 수 있어 빠르게 이해하고 신속한 의사결정이 가능
프로세스 개선	비즈니스의 목표 달성을 위한 방향성을 검토하고 프로세스를 분석하여 최적화
인사이트 도출	목표와 성과를 확인하고 목표의 수정, 새로운 기회의 포착, 동기 부여 등의 인사이트를 도출
수익 증대	투자 우선순위를 결정하고 개선하여 수익성을 증대
생산성 향상	실시간 모니터링으로 위험을 감지하고 작업의 흐름을 개선하여 생산성이 증가

ⓒ 대시보드의 핵심 요소
- 모니터링(Monitoring)
  - 중요한 핵심 지표를 실시간으로 모니터링
  - 다양한 차트, 그래프를 활용하여 데이터를 시각화
- 분석(Analyze)
  - 데이터를 다양한 각도에서 해석하고 분석하여 제공
  - 데이터를 여러 특성에 따라 차원화하고 카테고리화함
  - 사용자의 요구와 특정 조건에 부합한 데이터 세트를 선별하고 분석
- 보고(Reporting)
  - 데이터를 통해 분석된 내용과 정보를 바탕으로 상세하게 보고서 작성
  - 데이터 분석 내용을 사용자에 맞춰 내용을 보완
  - 특정 요구에 대한 상세정보를 구체적인 내용을 포함하여 제공

❸ **대시보드의 특징**
  ㉠ 좋은 대시보드를 만들기 위해서는 사용자의 요구를 명확히 파악하고 알고 싶어 하는 정보를 제공해야 함. 즉, 사용 목적을 파악하고 요구사항을 분석하여 대시보드를 설계함
  ㉡ 전체 상황을 파악하고 보고내용을 공유할 수 있는 기능을 가짐. 즉, 사용자가 원하는 정보를 한눈에 이해하고 파악할 수 있는 보고서 및 시각화 기능을 제공함
  ㉢ 데이터 중심의 신속한 의사결정이 이루어질 수 있도록 구성함. 즉, 사용자가 데이터를 통해 쉽게 통찰을 얻을 수 있도록 함
  ㉣ 직관적인 시각화 디자인을 통해 사용자가 쉽게 접근하고 원하는 정보를 검색할 수 있도록 설계하고 구성함. 즉, 상호작용이 용이하도록 사용자 중심의 직관적인 구성이 필요함

❹ **시각적 요소의 상호작용**
  ㉠ 대시보드의 추적
    - 대시보드가 사용자에게 지속적으로 활용되고 있는지 추적
    - 대시보드의 활용도가 낮아지는 이유는 일반적으로 기존 대시보드에 대한 변화 요구의 발생을 의미
      - 장기적인 대시보드 사용횟수에 대한 지표 수집
      - 비사용자의 요구사항을 파악하고 분석하여 보완
  ㉡ 사용자와의 상호작용
    - 대시보드를 구성하기 위해 실사용자와의 충분한 대화와 요구사항 분석이 필요
      - 활용의 목적, 방법, 범위, 필요성 등을 충분히 고려
      - 대시보드 구성 항목의 정확한 필요 사유를 파악
    - 비즈니스의 목표의 변화, 사용자의 교체, 요구 사항의 변화, 시장 상황 등을 반영하여 대시보드를 주기적으로 보완하고 업그레이드
      - 오래된 대시보드의 폐기, 기존 대시보드의 수정, 새로운 대시보드의 개발 등
    - 대시보드가 조직의 목표를 달성하기 위한 도구로 구성되었다 할지라도 사용자의 역할, 선호도, 관심사 등에 맞춰 개인화
      - 각 사용자는 자신에게 필요한 정보와 지표를 선택하고 구성할 수 있어야 하며, 이를 통해 자신의 요구에 맞게 사용하여 효과적인 의사결정을 내릴 수 있도록 함
      - 개인화된 대시보드는 사용자의 편의성과 생산성을 향상시키며, 관련된 데이터를 더욱 효과적으로 분석할 수 있는 기회를 제공

❺ 기본 기능

ㄱ) 데이터 시각화 기능
- 막대 그래프, 선 그래프, 원 그래프, 히스토그램 등 다양한 그래프와 차트를 생성

ㄴ) 다양한 시각화 요소를 묶은 대시보드를 생성 및 관리

ㄷ) 대화형 요소를 활용한 사용자 중심의 데이터 분석
- 사용자는 대시보드에서 제공되는 다양한 대화형 요소(필터, 드롭다운, 라디오 및 옵션 버튼 등) 등을 통해 데이터를 원하는 형태로 변경, 조작하여 분석

ㄹ) 데이터를 필터링하여 원하는 범위의 데이터만 표시
- 필터를 적용하여 데이터를 세분화하거나 조건에 맞는 데이터에 대해서만 시각화 결과 표시

ㅁ) 주요성과지표(KPI)를 시각화하고 효율적인 관리를 유도
- 중요한 지표 및 성과를 실시간으로 확인하고 평가하여 의사결정에 활용

ㅂ) 시각화 결과와 상호작용하여 데이터 탐색

ㅅ) 데이터베이스, 엑셀 파일, CSV 파일 등 다양한 형식의 데이터를 연결 및 통합하여 시각화

ㅇ) 정의된 조건에 따라 알림과 경고 표시

ㅈ) 통계 지표, 추세 분석, 예측 등의 데이터 분석 수행

기출유형 완성하기

정답 01 ② 02 ④ 03 ① 04 ③

01 다음 중 대시보드에 대한 설명으로 적절하지 않은 것은?

① 대시보드는 데이터의 시각화를 통해 현재 상황을 모니터링하고 이해하는 도구이다.
② 대시보드는 하나의 단일화된 시각화 요소를 사용하여 표현한다.
③ 대시보드의 핵심적인 역할은 비즈니스 지표와 경영정보의 정확한 전달이다.
④ 대시보드를 활용하여 비즈니스를 모니터링하고 중요한 정보를 한눈에 확인한다.

해설
대시보드는 하나의 단일화된 시각화 요소가 아닌 여러 시각화 요소를 복합적으로 사용하여 표현하므로 전달력은 물론 빠르게 이해할 수 있는 디자인적 요소가 중요하다.

02 다음 중 대시보드의 중요한 기능으로 KPI 관리와 관련한 설명으로 적절하지 않은 것은?

① 중요한 지표를 빠르게 확인하고 평가하여 의사결정에 활용한다.
② 대시보드의 시각화 기능을 통해 성과의 평가 및 측정을 할 수 있다.
③ 데이터를 통한 실행 가능한 통찰력의 확보가 가능하다.
④ 최대한 복잡한 표현으로 누구나 공감하는 성과 및 결과를 표현한다.

해설
KPI를 대시보드에 간결하게 표현하여 비즈니스의 주요 성과를 빠르게 확인하고 평가하여 의사결정에 활용하고 성과의 평가 및 측정을 할 수 있다. 최대한 복잡한 표현을 하는 것은 잘못된 설명이다.

03 다음 중 대시보드 활용의 주요 장점으로 보기 어려운 것은?

① 업무 시간의 단축
② 효율성 증대
③ 프로세스 개선
④ 인사이트 도출

해설
대시보드 활용의 주요 장점은 효율성 증대, 프로세스 개선, 인사이트 도출, 수익 증대, 생산성 향상 등이 있다.

04 다음 중 대시보드의 특징으로 가장 적절한 것은?

① 모든 사람이 같은 기능으로 활용할 수 있는 내용을 설계한다.
② 중요한 정보를 확인하기 위해 접근 및 보안성을 높여 정보를 검색하도록 한다.
③ 사용자의 요구를 명확히 파악하고 알고 싶어 하는 정보를 제공한다.
④ 의사결정에 보조적 수단으로 구성한다.

해설
좋은 대시보드를 만들기 위해서는 사용자의 요구를 명확히 파악하고 알고 싶어 하는 정보를 제공해야 한다. 전체 상황을 파악하고 보고내용을 공유할 수 있는 기능으로 데이터 중심의 신속한 의사결정이 이루어질 수 있도록 구성하며, 직관적인 시각화 디자인을 통해 사용자가 쉽게 접근하고 원하는 정보를 검색할 수 있도록 설계하고 구성한다.

단원 최종 점검하기

정답 01 ④ 02 ② 03 ③ 04 ②

01 다음이 설명하는 사무자동화 프로그램의 기능으로 적절한 것은?

- 엑셀의 셀 내에 표현되는 추세 그래프
- 셀 내에 표현하여 각각의 데이터 변화를 시각화
- 각 데이터의 추세, 패턴을 한눈에 파악하고 시간에 따라 변화하는 데이터를 시각화

① 필터링 ② 데이터 막대
③ 아이콘 세트 ④ 스파크라인

해설
① 필터링은 데이터를 세분화하거나 조건에 맞는 데이터에 대해서만 시각화 결과를 표시하는 기능이다.
② 데이터 막대는 숫자나 퍼센트 값의 상대적인 크기를 시각화하는 기능이다.
③ 아이콘 세트는 조건부 서식의 한 종류로, 숫자나 퍼센트 값의 상대적인 크기를 시각화하는 기능이다.

03 다음 글상자가 설명하는 용어로 가장 적절한 것은?

- 동일 조건에서 동일한 시각화 결과를 얻을 수 있는 능력
- 시각화 결과에 무작위적인 요소가 포함되어도 해당 요소가 추후 재현 가능한 방식으로 정의되고, 이후 언제나 동일한 시각화 결과를 재생성할 수 있다는 것을 의미

① 재현 가능성 ② 재생산 가능성
③ 반복 가능성 ④ 동일 가능성

해설
반복 가능성은 동일 조건에서 동일한 시각화 결과를 얻을 수 있는 능력을 말한다. 원본 데이터가 똑같고 화소 하나까지 완벽하게 재현 가능한 시각화 결과는 반복 가능성을 갖는다.

02 시각화 도구(BI 소프트웨어)의 설명으로 적절하지 않은 것은?

① 의미가 있는 가치를 발견할 수 있는 데이터를 수집, 저장, 분석에 활용
② 시각화 도구를 사용하여 다른 데이터로 비슷한 도표를 생성할 때는 유용
③ 기업 내 구성원이 편리하게 데이터를 최대한 활용할 수 있는 환경을 제공
④ 여러 매체와 연결되어 데이터를 불러오고, 정제, 모델링하여 활용

해설
시각화 도구(BI 소프트웨어)의 단점은 데이터를 시각화 도구로 표현할 때 시각화의 과정(데이터의 분석 과정과 다름)을 상세히 표현하는 것이 아닌 결과만을 표현하기 때문에, 시각화 도구를 사용하여 도표를 재현하거나 다른 데이터로 비슷한 도표를 생성하고자 할 때는 유용하지 않으며, 새롭게 재작업하는 어려움이 따른다.

04 다음 중 대시보드 활용의 주요 기능 설명으로 적절하지 않은 것은?

① 막대 그래프, 선 그래프, 원 그래프, 히스토그램 등 다양한 그래프와 차트를 생성
② 데이터를 무작위로 선별하고 혼합하여 새로운 데이터를 생성
③ 대화형 요소를 활용한 사용자 중심의 데이터 분석
④ 주요 성과지표(KPI)를 시각화하고 효율적인 관리를 유도

해설
대시보드의 기본 기능은 데이터 시각화 기능, 대화형 요소를 활용한 사용자 중심의 데이터 분석, 주요 성과지표(KPI)를 시각화하고 효율적인 관리를 유도, 시각화 결과와 상호작용하여 데이터 탐색, 정의된 조건에 따라 알림과 경고 표시 그리고 통계 지표, 추세 분석, 예측 등의 데이터 분석 수행 등이 있다.

CHAPTER 03 시각화요소 디자인

PART 3 경영정보시각화 디자인

기출유형 22 ▶ 차트 디자인

다음 중 폭포수 차트에 대한 설명으로 적절하지 않은 것은?

① 최종 이익에 기여하는 세그먼트와 그 기여의 정도를 쉽게 판단할 수 있다.
② 음의 측정값이 존재하면 누적효과를 확인할 수 없다.
③ 누적효과를 보기 위해 많이 사용하는 플롯이다.
④ 측정값의 총합계를 같이 표현하면 더 효과적이다.

해설
폭포수 차트는 누적효과를 보기 위해 많이 사용하는 플롯으로 최종이익에 기여하는 세그먼트와 그 기여의 정도를 쉽게 판단할 수 있다. 측정값의 총합계를 같이 표현하면 더욱 효과적이며 음의 측정값이 존재해도 누적효과를 확인할 수 있다.

| 정답 | ②

족집게 과외

❶ 수량 시각화

㉠ 수량 시각화의 개념
- 대상 데이터 간의 비교, 양의 많고 적음을 표현하는 일반적인 방법
- 정량적 데이터(변수, 수량 혹은 숫자)의 시각화
- 브랜드별 총 판매량, 지역별 관광객 수, 출전 선수들의 나이 평균 등에 사용

㉡ 수량 시각화에 유용한 차트

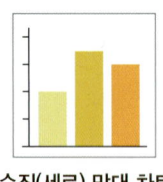 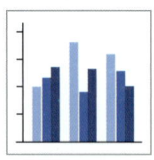 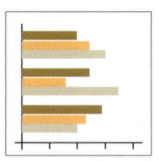 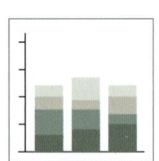

수직(세로) 막대 차트   수평(가로) 막대 차트   묶은 수직 막대 차트   묶은 수평 막대 차트   누적 수직 막대 차트

 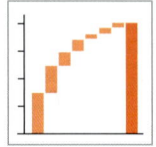 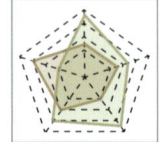 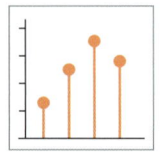

누적 수평 막대 차트   히트맵 차트   폭포수(워터폴) 차트   레이더 차트   롤리팝 차트

ⓒ 막대 차트
- 그룹 혹은 범주형 데이터의 시각화를 통한 수량 비교가 가능한 차트
- 특정 기준선을 중심으로 가로(수평) 혹은 세로(수직) 막대로 구성
- 막대의 길이를 표현하는 값에 비례하여 표현
- 막대로 정렬된 각 데이터 항목 간의 길이를 비교하여 해석
- 수직(세로) 막대 차트의 경우 X축, 수평(가로) 막대 차트의 경우 Y축에 시간을 표현하여 흐름에 따른 추이도 표현 가능
- 범주(차원)별 이름(레이블)을 가진 경우, 수직(세로) 막대 차트는 불편할 수 있음
- 반대로 수평(가로) 막대 차트의 경우, 범주(차원) 이름이 길 때 편리하게 사용 가능
- Y축을 0부터 시작해야 정확한 정보를 전달할 수 있음
- 특정한 순서가 없을 때는 막대 순서를 오름차순 혹은 내림차순으로 정렬

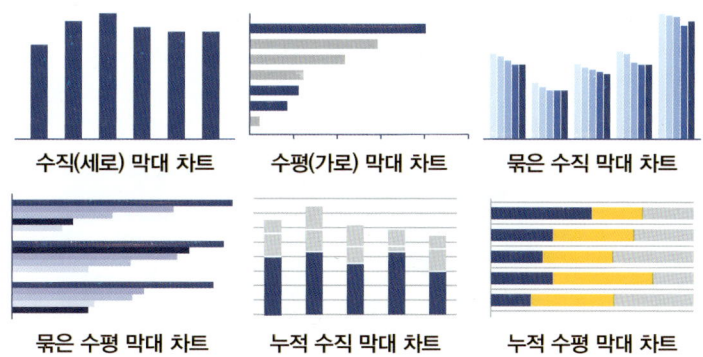

ⓔ 폭포수(워터폴) 차트
- 시작과 결과의 값은 막대로 표현하고 값의 변화(증가, 감소)만을 나타내 구현하는 차트
- 각 요소의 상승 또는 하락을 표현하는 데 유리

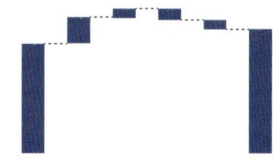

ⓕ 롤리팝 차트
- 막대의 끝부분을 작은 원을 사용하여 표현하는 차트
- 끝부분에 원이 활용된다는 점을 제외하고는 막대 차트와 유사하지만, 막대가 많아 수량을 정확히 파악하기 곤란할 때 유용함

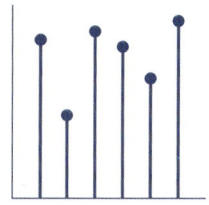

ⓑ 레이더(방사형/스파이더/거미줄) 차트
- 여러 요소와 범주 간의 상대적 관계를 동시에 표현하는 차트
- 요소 간의 상대적 크기나 중요도를 직접 비교 가능
- 상대적 비교에서 유리하지만 정확한 숫자를 파악하기에는 어려움

ⓢ 히트맵 차트
- 트리맵과 유사한 형태를 가지나 이미지 위에 색상을 달리 표현(데이터 값을 색상으로 표현, 열분포 등)하여 시각화하는 차트
- 주로 데이터가 많은 공간은 붉은색 계열을 사용하고 데이터가 적은 공간은 푸른색 계열을 활용

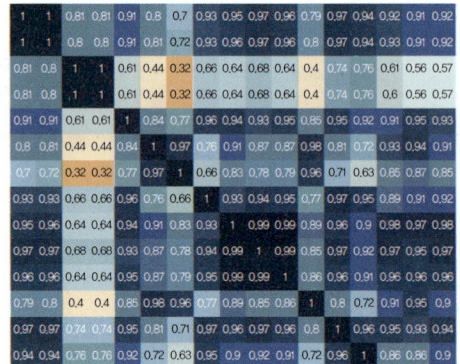

❷ **비율 시각화**
  ㉠ 비율 시각화의 개념
    • 전체 대비 각 요소(항목)가 차지하는 비율을 시각화하는 방법
    • 각 요소의 전체 합은 1 또는 100%가 됨
    • 전체의 관점에서 각 부분별 상대적 비율을 확인
    • 집단에서의 성비, 연령대별 비율 표현, 기업별·상품별 시장 점유율 등에 사용
  ㉡ 비율 시각화에 유용한 차트

ⓒ 원형(파이) 차트
- 원의 크기가 전체를 표현하고 각 요소 혹은 범주가 차지하는 상대적 비율을 부채꼴 모양으로 표현하는 차트
  - 원 전체의 크기는 총합이 100%가 되며 데이터 전체의 수량(비율)을 의미
  - 각 파이 조각은 데이터의 부분이며 각각의 비율을 의미
- 비율로 시각화된 요소의 크고 작음을 이해하여 판단
- 각 요소 및 범주, 데이터의 상대적 비율을 직관적으로 판단하여 중요성을 인지할 수 있으나 표현되는 요소나 범주가 많을 시 이해가 어려움
- 원형 차트 사용 시에는 색상을 신중히 고려해 선택하며, 이해를 돕기 위한 레이블을 추가하여 비율을 확인해 도움을 주도록 유도

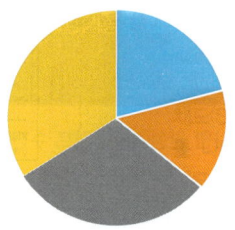

ⓔ 모자이크 차트
- 다중의 범주(항목) 내 크기를 비교하는 차트로 누적 막대 차트의 변형
- 누적 막대 차트와의 차이점은 막대의 너비가 범주(항목)별로 다르게 표현된다는 점임
- 음수의 표현이 어렵고 다중의 항목을 비교하므로 상대 비교가 어려움

㉥ 트리맵
- 모자이크 차트와 유사하지만 하나의 범주(항목)에 너비가 일정하지 않다는 차이점이 있는 차트
- 모자이크 차트와 트리맵은 모두 비율 데이터를 범주의 내포 형태로 표현할 수 있어 2개 이상의 범주가 계층구조를 가질 때 적합함
- 음수의 표현과 상대 비교가 어려움

㉦ 도넛 차트
- 원형 차트와 유사한 형태와 기능을 가지는 차트
- 원형 차트와의 차이점은 원 중앙을 비우고 원의 둘레에 비율을 표현
- 원의 중앙을 비우게 되므로 도넛을 누적하여 표현 가능

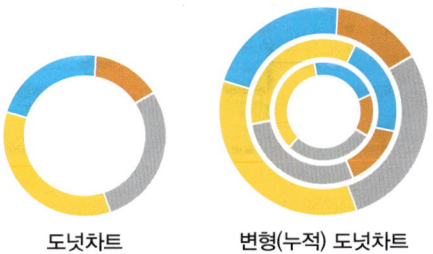

도넛차트   변형(누적) 도넛차트

㉧ 와플 차트(그리드 플롯)
작은 사각형을 쌓아 각 요소의 비율 혹은 크기를 표현하는 차트

❸ 분포 시각화
　㉠ 분포 시각화의 개념
　　• 데이터의 분포와 통계량을 시각화하는 방법
　　• 관심 있는 각 요소의 데이터가 어떤 형태로 분포되어 있는지 확인
　　• 슈퍼마켓 데이터에서 제품을 구매한 소비자의 연령(나이) 분포를 파악하는 등에 사용
　㉡ 분포 시각화에 유용한 차트

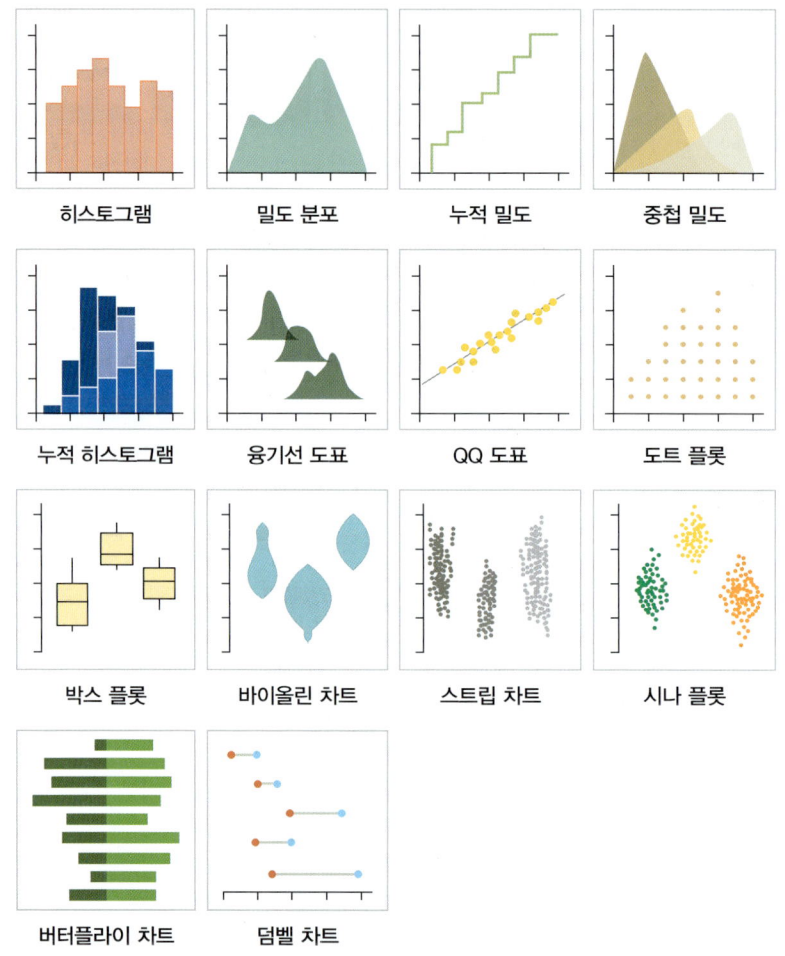

ⓒ 히스토그램
- 가로축에 범주 혹은 구간을 표현하고 세로축에 데이터의 실제 값을 표현하는 차트
- 구간(범주 혹은 항목)별 데이터의 많고 적음을 한눈에 확인
- 데이터를 표현하는 막대가 연결되어 간격이 없이 표현
- 분포(도수분포, 빈도분포 등) 및 중앙값, 평균, 최솟값, 최댓값, 백분위 등의 통계적 데이터를 시각화
- 주로 각 구간의 연속형 데이터에 활용되며 분포의 비교가 용이
- 다중의 구간값을 확인하므로 상대적 비교에 불편함

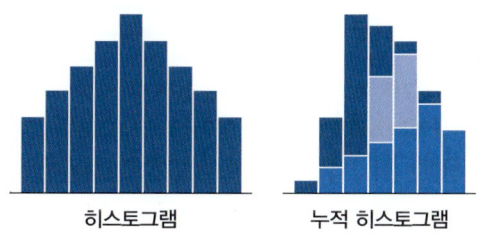

히스토그램   누적 히스토그램

ⓔ 박스 플롯
- 여러 구간(범주)의 범위 혹은 분포를 박스형으로 시각화하는 플롯
- 서로 다른 데이터 세트를 쉽게 비교하는 시각화 기법
- 데이터를 사분위로 표시하여 최솟값, 1사분위값, 2사분위값(중앙값), 3사분위값, 최댓값 등을 표현
- 평균을 나타내지는 않지만, 이상치(데이터 분포 중 다른 측정값에서 크게 벗어난 값)의 발견이 쉬워 데이터의 대략적인 분포와 개별적인 이상치를 동시에 확인할 수 있음

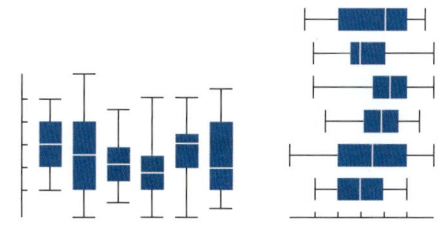

ⓜ 도트 플롯
- 데이터의 분포를 점으로 표현하는 시각화 방법
- 데이터의 양이 많지 않을 때 사용하면 최빈값 확인에 용이

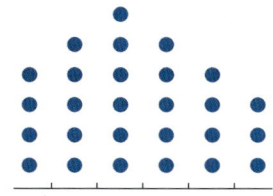

ⓗ 덤벨 차트
- 선 그래프의 한 유형으로 특정 기준의 크기를 비교하기 위한 시각화 방법
- 각 항목(범주)별로 2개의 수치 데이터를 원으로 구성하고 선으로 연결
- 선 혹은 막대의 양 끝에 원을 구성

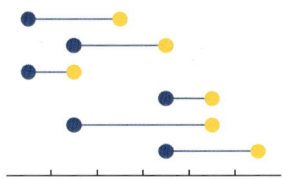

ⓢ 버터플라이 차트
- 동일 기준에 대한 상대 비교를 위한 시각화 방법
- 막대나 곡선 등의 시각화 요소를 좌우대칭이 되도록 구성
- 구성된 범주나 항목을 좌우로 상대 비교하는 데 용이

❹ 관계 시각화
㉠ 관계 시각화의 개념
  - 두 개 이상의 정량적 데이터의 관계(상관성 등)를 시각화하는 방법
  - 특정 데이터의 움직임에 따른 비교 대상 데이터의 변화를 확인
  - 매출과 수익과의 관계, 광고 투자와 판매량의 관계 등에 사용
㉡ 관계 시각화에 유용한 차트

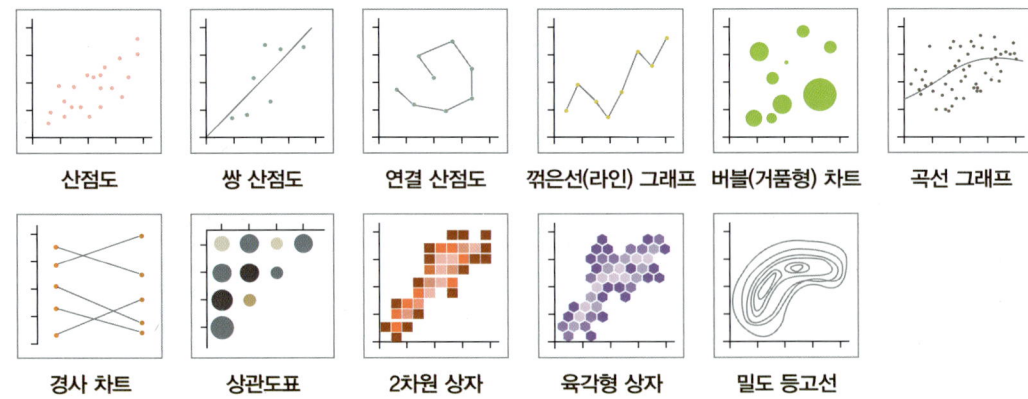

ⓒ 산점도(분산형 차트)
- 가로, 세로의 축을 기준으로 데이터를 점으로 표시하는 시각화 방법
- 데이터가 가로축과 세로축에서 만나는 지점을 점으로 표시해 표현
- 산점도는 데이터 간의 연관성(관계)을 파악하는 가장 기본적인 방법
- 상관성을 파악할 때 2차원 좌표상에서 데이터가 왼쪽 하단에서 오른쪽 상단으로 분포하면 양의 상관을 의미하고 반대의 경우 음의 상관을 의미함
- 데이터를 점으로 표시하고 점과 점 사이를 선으로 연결한 것을 꺾은선 그래프라고 함

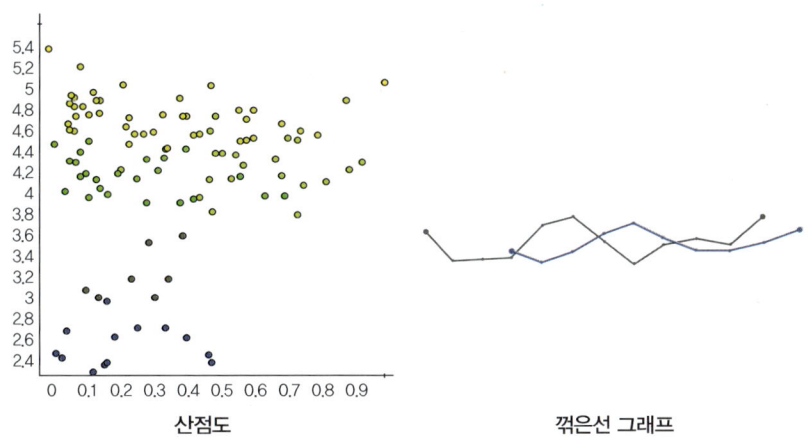

산점도   꺾은선 그래프

ⓔ 버블(거품형) 차트
- 가로, 세로의 축을 기준으로 점으로 표현한 산점도에서 각 점의 크기(버블)를 달리하여 또 다른 정보를 제공하는 시각화 방법
- 버블의 크기, 색상, 모양 등을 달리하여 값을 반영
- 데이터의 관계, 크기 및 분포를 한눈에 확인
- 버블의 크기로 표현할 때 대량의 데이터를 좁은 공간에 표현할 수 있음
- 데이터의 값이 너무 복잡하게 겹치면 이해가 어렵다는 단점을 가짐
- 버블은 반드시 원이 아니며 사각형, 삼각형 등의 도형 혹은 기호로 대체할 수 있음

버블 차트   사각형   육각형

ⓜ 경사 차트
- 점과 점 사이를 선으로 연결하여 비교 대상 데이터 간의 관계를 표현하는 차트
- 한쪽이 높고, 한쪽은 낮음을 표현하여 경사를 줌으로써 시각화함
- 비교 대상 데이터 간의 상대 비교가 수월함

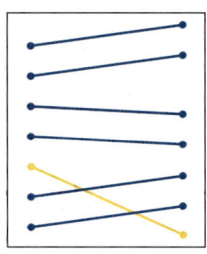

❺ 공간 시각화

㉠ 공간 시각화의 개념
- 지리적 공간을 데이터를 활용하여 지도에 표현하는 시각화 방법
- 데이터에 위도, 경도 정보가 포함되어야 함
- 지도의 위치와 배치, 색상의 구분, 라벨의 위치를 고려하고 정확한 위치 정보를 제공하는 것이 중요함
- 특정 지역의 거주 인구 비율, 지역별 강우량, 국가별 지수 등에 사용

㉡ 공간 시각화에 유용한 차트

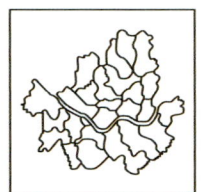
지도맵

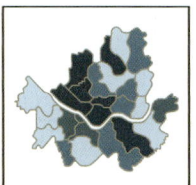
단계구분도(등치맵)

카토그램 히트맵

ⓒ 단계구분도
- 영역별로 색의 채도(진하기)를 달리하여 수치형 자료의 측정값을 구분한 지도
- 쉽게는 음영 처리를 하거나 혹은 패턴을 다르게 하여 표현하는 지도
- 직관적인 정보를 전달하면서 위치 관계도 쉽게 파악할 수 있음
- 계급으로 데이터를 집단화
- 지도에 각 계급을 단계적으로 표현함으로써 지역을 집단으로 하여 단순한 개수가 아닌 숫자 데이터를 보여줌

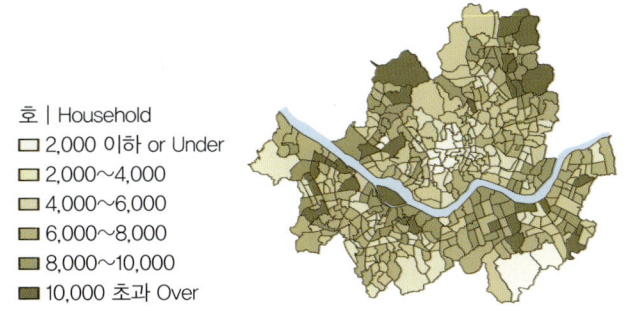

ⓔ 카토그램(왜상 통계지도)
- 특정 데이터 값의 변화에 따라 지도의 면적이 다르게 표현되는 시각화 방법
- 면적을 수치형 자료의 측정값에 맞춰 변형한 지도를 의미
- 핵심 데이터를 강조하기 위해 지도의 한 측면을 왜곡함
- 카토그램 히트맵의 경우 같은 면적의 배경을 병렬적으로 사용하고 색(채도 등)을 이용하여 데이터 값을 표현

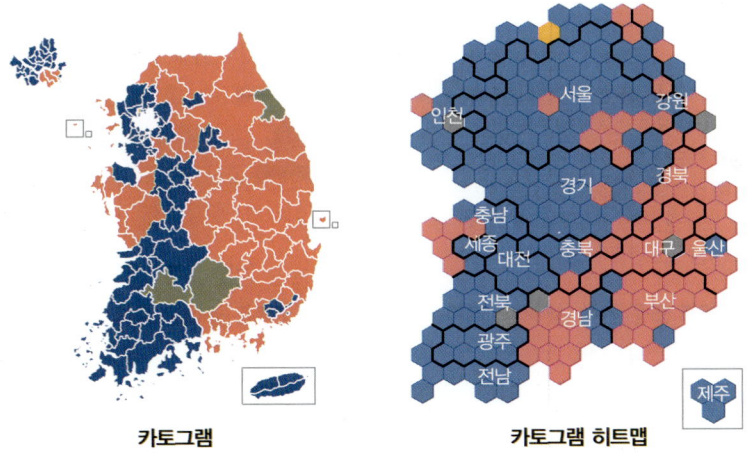

카토그램 **카토그램 히트맵**

ⓜ 그 밖의 공간 시각화 차트로는 비례기호맵, 지형도, 등치선/등고선 등이 해당

❻ **시간 시각화**
　㉠ 시간 시각화의 개념
　　• 시간의 변화(추이)를 나타내는 시각화 방법
　　• 변화, 트렌드(경향), 계절성, 장기간 진행되는 변화를 추적
　　• 시간 데이터는 분절형 데이터와 연속형 데이터로 구분
　　　- 분절형 데이터는 특정 시점, 기간 및 구간의 값 등을 의미함
　　　- 연속형 데이터는 기온의 변화 등을 의미함
　　• 연도/분기/월별 매출액 변화, 작년 동일 시점 대비 매출이익 변화, 방문자 수 등에 사용
　㉡ 시간 시각화에 유용한 차트
　　막대 차트, 선 그래프, 영역(누적) 차트, 간트 차트, 폴라 그래프, 산점도, 캘린더 맵, 스파크라인 등
　㉢ 선 그래프
　　• 시간의 변화(추이)나 경향을 강조할 때 활용하는 차트
　　• X축은 주로 시간의 흐름(주, 월, 분기, 년 등)을 나타내는 시간 축으로 활용
　　• 시계열 데이터를 활용하고 추세적(경향변동), 계절적(계절변동), 순환적(순환변동), 불규칙 요인(우연변동)의 4가지 요인으로 구성

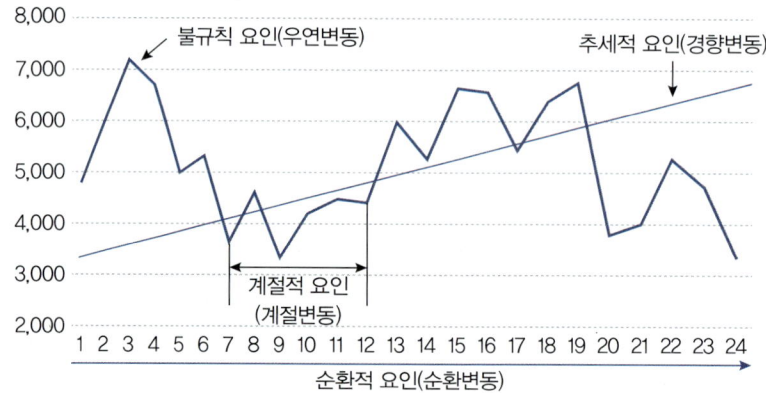

　㉣ 경사 차트
　　• 관계 시각화는 물론 두 시간 사이의 변화에도 활용되는 차트
　　• 시간 추이 중 특별히 두 점 사이의 추이를 비교함
　　• 두 날짜 사이의 정량적 데이터의 변화를 비교함
　　• 추이 외에도 두 범주 간 정량적 변수의 차이를 비교할 수 있음

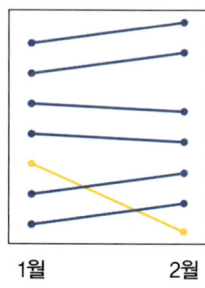

ⓜ 영역 차트(누적밀도)
- 시간이 지남에 따라 누적된 변화를 나타낼 때 사용하는 차트
- 누적 표현을 추가한 선 그래프의 확장형으로 선 그래프에 비해 전체적인 경향을 이해할 때 유용

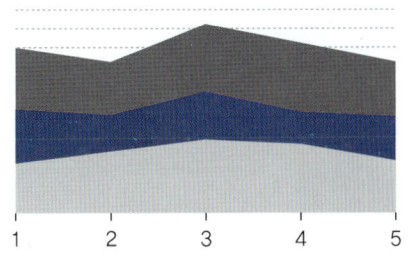

❼ 불확실성 시각화
㉠ 불확실성 시각화의 개념
- 오차 표현을 포함하는 시각화 방법
- 데이터의 불확실성이 존재할 때, 불확실성을 표시하는 시각화
- 모집단, 표본, 추정, 표본분포, 표준오차, 신뢰수준, 신뢰구간, 상관계수 등에 사용

㉡ 불확실성 시각화에 유용한 차트

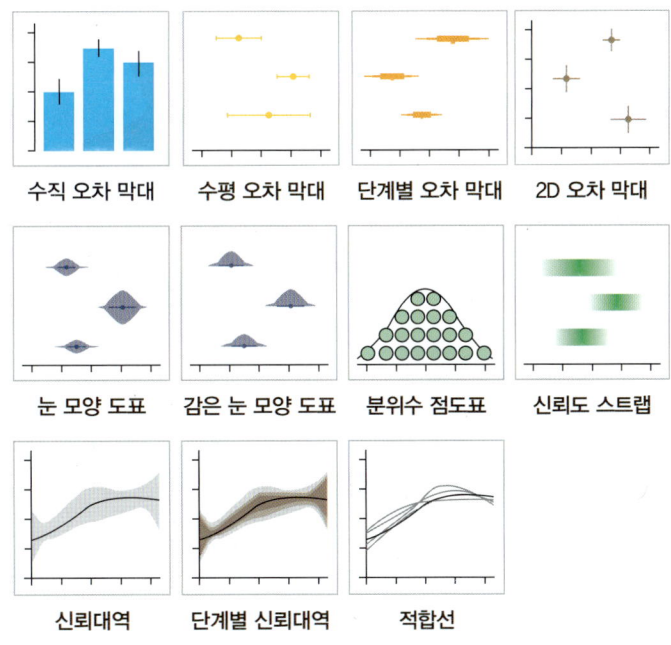

ⓒ 오차 막대
- 막대로 표현할 수 있는 수치형 자료(정량적 정보)에 기반(예 고객 만족도)하여 사용되는 차트
- 평균과 같은 통계량을 표현함
- 표준편차, 표본오차 등의 통계량이 필요함
- 90%, 95%, 99% 신뢰구간의 표시가 필요함

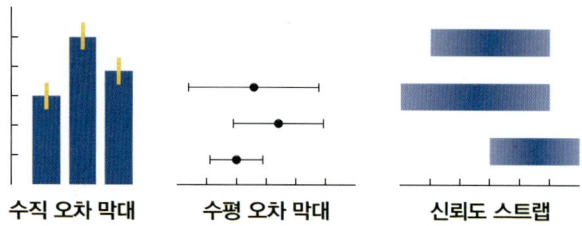

❽ 기타 시각화
ㄱ) 생키(Sankey) 차트
- 여러 대상의 흐름을 표현하는 시각화 방법
- 범주의 계층 간 관계를 표현하는 차트
- 화살표의 너비로 수치형 데이터의 측정값을 잘 표현함
- 자금과 비용, 원재료 등의 흐름, 사이트 이동 등에 활용됨

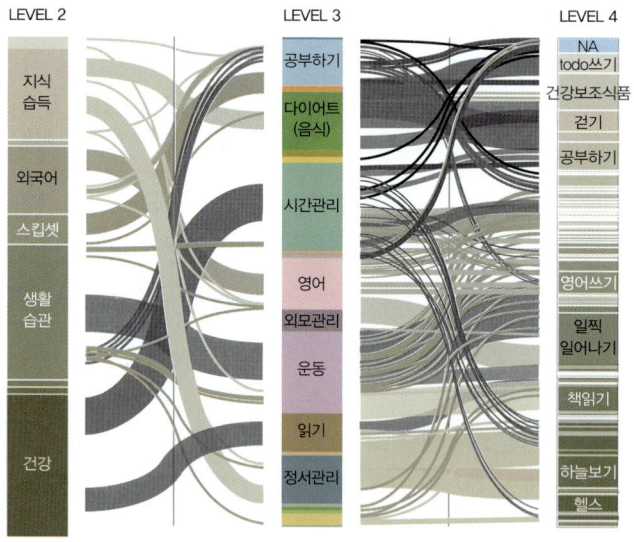

ⓒ 범프(혹) 차트
- 순위의 변동 상황을 명확하게 이해할 수 있는 차트
- 순위나 그룹 등 범주별로 색상 속성을 표현하여 구분하면 효과적임
- 순위를 나타내는 축은 차트의 좌측에 세로축(Y축)으로 표시하고, 시간은 차트의 하단에 가로축(X축)으로 표시함
- 추이 파악과 순위 파악이 동시에 가능함

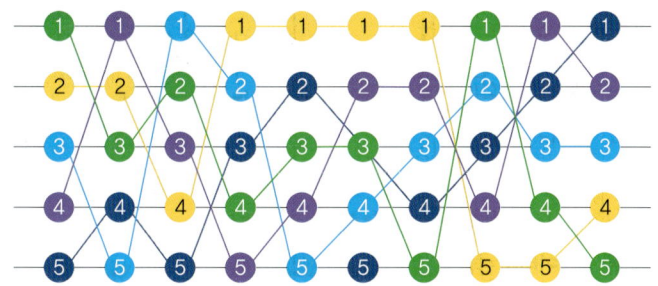

ⓒ 폭포수 차트
- 누적효과를 보기 위해 많이 사용하는 플롯
- 최종이익에 기여하는 세그먼트와 그 기여의 정도를 쉽게 판단할 수 있음
- 측정값의 총합계를 같이 표현하면 폭포수 차트는 더욱 효과적임
- 음의 측정값이 존재해도 누적효과를 확인할 수 있음

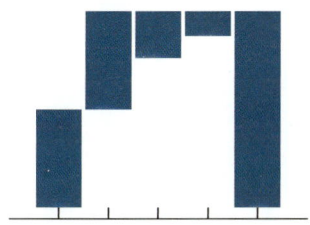

ⓔ 덴드로그램
- 분류를 목적으로 하는 차트
- 머신러닝 기법 중 군집화의 결과로 생성되는 그래프
- 각 단계에서 관측치의 군집화를 통해 형성된 그룹과 이들의 유사성 수준을 표시하는 트리 다이어그램

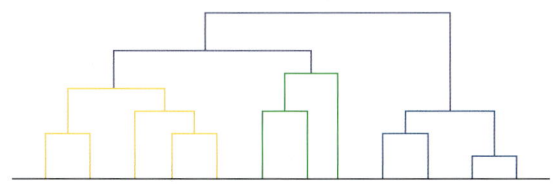

ⓜ 간트 차트
- 프로젝트가 진행되는 동안 프로젝트의 일정과 관련 작업 또는 이벤트를 표시하기 위해 사용하는 가로 막대 차트
- 시간의 추이에 따른 업무 배분을 목적으로 함
- 보통 프로젝트의 로드맵을 보여줌
- 프로젝트의 목표와 일정을 동시에 관리할 수 있음

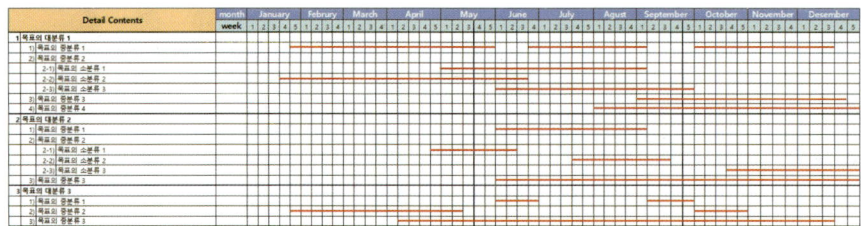

ⓗ 결합형 차트
- 두 개 종류의 차트를 결합하여 제시함으로써 다양한 정보를 제공하는 것이 가능한 차트
- 단일 축을 활용하기도 하나 두 번째 축(이중 그래프)을 활용할 경우 복합적인 정보를 제공할 수 있음

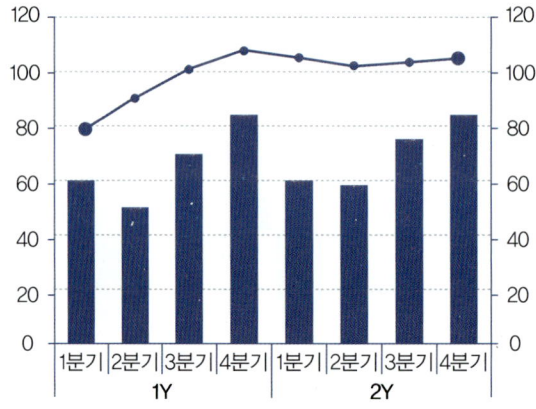

❾ 테이블 디자인

㉠ 테이블(Table, 표)
- 자료를 정렬하는 양식 중 하나로, 일반적으로 행과 열의 2차원 형태로 구성됨
- 행은 테이블의 가로 방향을 의미
  - 데이터베이스에서는 레코드(Record), 튜플(Tuple)이라고도 함
- 열은 테이블의 세로 방향을 의미
  - 데이터베이스에서는 속성(Attribute), 필드(Field), 변수(Variable) 등으로 불림
- 행과 열의 교차점은 셀(Cell) 또는 칸으로 표현
- 머리글(Header)이나 합계를 포함하는 행이 추가되기도 함
  - 데이터베이스 테이블의 필드명(Column명)
- 테이블 디자인에도 크기, 색상, 선 굵기, 선 유형 등의 시각적 속성을 적용할 수 있음

- 테이블 중 커다란 테이블을 요약하는 통계표를 피벗 테이블(Pivot Table)이라고 함
  - 피벗 테이블은 개수, 합계, 평균 등의 통계를 포함함

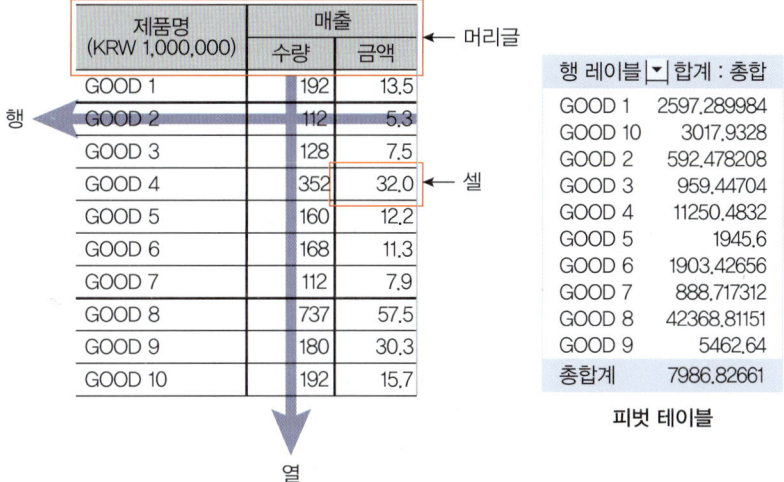

피벗 테이블

ⓒ 캘린더 차트
- 캘린더 차트는 BI 소프트웨어에 내장된 기본 차트는 아님
  - 날짜 데이터를 활용하여 구성할 수 있음
- 요일을 행, 주차를 열, 일을 칸에 포함하는 특수한 형태의 테이블
- 칸의 색상, 레이블을 통해 데이터에 대한 정보를 시각적으로 제공할 수 있음

	일요일	월요일	화요일	수요일	목요일	금요일	토요일
40주	1	2	3	4	5	6	7
41주	8	9	10	11	12	13	14
42주	15	16	17	18	19	20	21
43주	22	23	24	25	26	27	28
44주	29	30	31				

기출유형 완성하기

01 다음 중 데이터의 불확실성을 표현하기에 가장 적절하지 않은 차트 유형은?

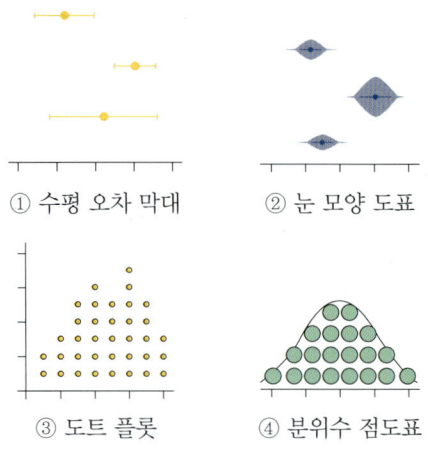

① 수평 오차 막대　② 눈 모양 도표
③ 도트 플롯　　　④ 분위수 점도표

해설
데이터의 불확실성을 표현하는 대표적인 시각화 차트 유형은 수직 오차 막대, 수평 오차 막대, 단계별 오차 막대, 2D 오차 막대, 눈 모양 도표, 감은 눈 모양 도표, 분위수 점도표, 신뢰도 스트랩, 신뢰대역, 단계별 신뢰대역, 적합선 등이 있다.

02 다음과 같은 파이 차트에 대한 설명으로 적절하지 않은 것은?

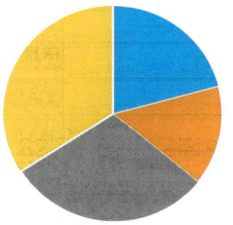

① 시간의 흐름에 따른 비율을 시각화할 때 효과적이다.
② 1/2, 1/3, 1/4과 같은 단순한 분수 비율 표현을 강조하기 좋다.
③ 데이터가 전체에서 차지하는 비율을 확실하게 보여준다.
④ 데이터 세트가 매우 적은 경우에도 시각적으로 보기 좋다.

해설
파이 차트는 전체에 대한 각 요소의 상대적 비율을 표현하는 시각화 방법으로 원의 크기가 전체를 표현하고 각 요소 혹은 범주가 차지하는 상대적 비율을 부채꼴 모양으로 표현한다. 시간의 흐름에 따른 비율을 시각화하는 방법은 시간 시각화로, 파이 차트는 비율 시각화에 유용한 차트이다.

정답 01 ③ 02 ① 03 ④ 04 ②

03 다음 상관도표(Correlogram)에 대한 설명으로 가장 적절하지 않은 것은?

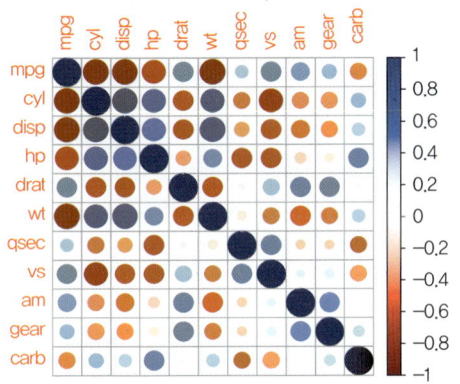

① 상관도표에서는 양의 상관관계와 음의 상관관계가 잘 나타나 있다.
② 산포도(산점도)에 너무 많은 변수가 존재할 경우 발생하는 문제점을 극복할 수 있다.
③ 상관관계가 통계적으로 유의하지 않은 경우를 확인할 수 있다.
④ 상관도표를 분석하면 각 변수 간의 원인-결과 관계를 밝힐 수 있다.

> **해설**
> 상관도표는 대표적인 데이터의 관계를 표현하는 차트 유형으로 변수 간의 관계성을 파악할 수 있으나 변수 간 원인과 결과의 인과관계는 파악할 수 없다.

04 광고 노출 이후 광고에 대한 호감도 변화를 분석하여 광고효과를 표현하기 가장 적합한 시각화 차트 유형은?

① 폭포수 차트
② 경사 차트
③ 박스 플롯
④ 히트맵

> **해설**
> 점과 점 사이를 선으로 연결하여 비교 대상 데이터 간의 관계를 표현하는 경사 차트는 한쪽이 높고, 낮음을 표현하여 경사를 줌으로써 시각화한다. 따라서 광고 노출 이후의 호감도를 비교·분석하기 위해서는 비교 대상 데이터 간의 상대 비교가 수월한 경사 차트를 사용하는 것이 유리하다.

PART 3 적중예상문제

경영정보시각화 디자인

01 다음은 어떤 그래프 유형에 대한 설명이다. 가장 옳은 것은?

- 서로 다른 데이터 세트를 쉽게 비교하는 시각화 기법
- 데이터를 사분위로 표시하여 표현
- 평균을 나타내지는 않지만, 이상치의 발견이 쉬움
- 데이터의 대략적인 분포와 개별적인 이상치를 동시에 확인

① 폭포수 차트
② 박스 플롯
③ 간트 차트
④ 히스토그램

해설
① 폭포수 차트는 시작과 결과의 값은 막대로 표현하고 값의 변화(증가, 감소)만을 나타내 구현하는 차트이다.
③ 간트 차트는 시간의 추이에 따른 업무 배분을 목적으로 하는 가로 막대 차트이다.
④ 히스토그램은 가로축에 범주 혹은 구간을 표현하고 세로축에 데이터의 실제 값을 표현하는 차트이다.

02 다음과 같은 차트 유형의 명칭으로 가장 옳은 것은?

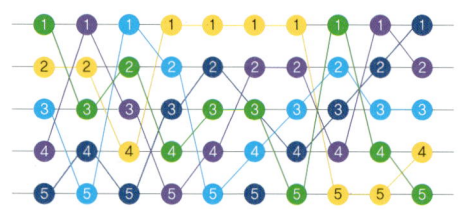

① 범프 차트
② 덴드로그램
③ 생키 차트
④ 경사 차트

해설
범프(훅) 차트는 순위의 변동 상황을 명확하게 이해할 수 있는 차트로 순위나 그룹 등 범주별로 색상 속성을 표현하여 구분하면 효과적이다. 순위를 나타내는 축은 차트의 좌측에 세로축(Y축)으로 표시하고, 시간은 차트의 하단에 가로축(X축)으로 표시한다. 또한, 추이 파악과 순위 파악이 동시에 가능하다.

03 다음 중 시각화 도구(BI 소프트웨어)의 장점으로 가장 옳지 않은 것은?

① 데이터의 탐색적 분석을 위해 동일한 데이터를 활용하여 다양한 방법의 시각화를 빠르게 구현할 수 있다.
② 기술 통계와 시각화 기법을 통해 데이터의 분포, 상관관계, 이상치 등을 시각적으로 파악한다.
③ 동일한 데이터라 할지라도 다양한 방식의 시각화 속성을 적용하여 여러 형태로 표현하고 실험, 관찰이 가능하다.
④ 시각화 도구를 사용하면 재현 가능성과 반복 가능성 구현에 유리하다.

해설
시각화 도구를 사용하면 시각화의 과정(데이터의 분석 과정과 다름)을 상세히 표현하는 것이 아닌 결과만이 표현된다. 또한, 재현 가능성과 반복 가능성을 구현하기 어려울 수 있으므로 다른 데이터를 통해 시각화를 재현하고자 할 때는 프로그래밍 기술에 따라 상세히 추적하고 재작성해야 한다는 단점이 있다.

정답 01 ② 02 ① 03 ④

04 다음 간트 차트와 관련된 설명 중 가장 옳지 않은 것은?

① X, Y, Z 3개의 축을 가진 입체형태의 차트이다.
② 프로젝트의 일정과 관련 작업 또는 이벤트를 표시하기 위해 사용하는 차트이다.
③ 보통 프로젝트의 로드맵을 보여준다.
④ 프로젝트의 목표와 일정을 동시에 관리 가능하다.

[해설]
시간의 추이에 따른 업무 배분을 목적으로 하는 간트 차트는 프로젝트가 진행되는 동안 프로젝트의 일정과 관련 작업 또는 이벤트를 표시하기 위해 사용하는 가로 막대 차트이다. 보통 프로젝트의 로드맵을 보여주며 프로젝트의 목표와 일정을 동시에 관리할 수 있다.

05 다음과 같은 차트 유형에 대한 설명으로 가장 옳지 않은 것은?

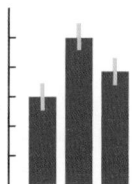

① 막대로 표현할 수 있는 수치형 자료(정량적 정보)에 기반한다.
② 표준편차, 표본오차 등 통계량이 필요하다.
③ 평균은 표시하지 않는다.
④ 신뢰구간을 표시하여 불확실성을 나타낼 수 있다.

[해설]
불확실성을 시각화하는 오차 막대는 막대로 표현할 수 있는 수치형 자료(정량적 정보)에 기반한다. 평균과 같은 통계량을 표현하고 표준편차, 표본오차 등의 통계량과 90%, 95%, 99% 신뢰구간의 표시가 필요하다.

06 다음 제시된 이미지는 게슈탈트의 7가지 법칙 중 하나의 예시이다. 관련이 있는 법칙으로 가장 옳은 것은?

① 연결성의 법칙
② 폐쇄성의 법칙
③ 연속성의 법칙
④ 전경과 배경의 법칙

[해설]
연속성의 법칙은 급격한 변화보다 부드럽게 이어지는 흐름을 선호하여 인지하는 경향으로 폐쇄성의 원리와 유사하다. 글자에 단절된 부분이 존재해도 단어를 충분히 인지할 수 있는 것은 연속성의 법칙이다.

07 다음 중 관계 시각화에 유용하지 않은 것은?

① 산점도
② 경사 차트
③ 카토그램
④ 밀도 등고선

[해설]
관계 시각화에 유용한 차트로는 산점도, 꺾은선 그래프, 버블 차트, 곡선 그래프, 경사 차트, 상관도표, 2차원 상자, 육각형 상자, 밀도 등고선 등이 있다.

정답 04 ① 05 ③ 06 ③ 07 ③

08 다음은 어떤 그래프 유형에 대한 설명이다. 가장 적절하게 표현된 것은?

- 데이터 간의 연관성(관계)을 파악하는 가장 기본적인 방법
- 데이터의 분포에 존재하는 패턴을 신속하게 식별할 수 있음
- 데이터가 얼마나 분포됐는지, 데이터 포인트들이 얼마나 밀접한 관련이 있는지 이해

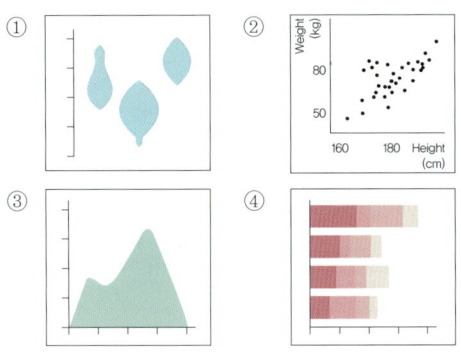

해설

산점도는 가로, 세로의 축을 기준으로 두 데이터 항목의 공통 변이를 나타내는 2차원 도표이다. 데이터 간의 연관성(관계)을 파악하는 가장 기본적인 방법으로 데이터의 분포에 존재하는 패턴을 신속하게 식별할 수 있다는 장점이 있다. 두 정량적 변수 간의 관계는 점들이 촘촘한 패턴으로 떨어지면 강한 관계가 있다고 해석되며, 점들이 흩어지면 약한 관계가 있다고 해석된다.

09 다음 색의 3속성 중 채도에 대한 설명 중 가장 옳지 않은 것은?

① 선명함(명료함), 맑고 탁한 정도를 나타내는 성질이다.
② 색이 밝을수록 채도가 높아지고, 어두울수록 채도가 낮아진다.
③ 채도가 가장 선명하고 강한 색을 순색이라 한다.
④ 순색에 무채색을 혼합하면 채도가 점차 낮아진다.

해설

채도(Saturation)는 색의 선명함(명료함), 맑고 탁한 정도를 나타내는 성질로 색의 순수성이나 강도를 의미한다. 채도가 가장 선명하고 강한 색을 순색이라 하고 순색에 무채색을 혼합하면 채도가 점차 낮아지게 된다. 채도가 낮을수록 회색이나 흰색에 가까워지고 탁한 느낌이며 채도 0%는 회색이 되고, 100%는 순색이 된다.

10 다음 인포그래픽에 활용되는 오컴의 면도날 이론에 대한 설명으로 옳지 않은 것은?

① 필요한 만큼의 시각화 요소만 사용
② 주제와 하위 주제 간의 계층구조를 정의
③ 필요한 경우 그래픽 요소를 활용하여 텍스트를 대체
④ 인포그래픽 구성 시 시각화 요소로 부족할 경우 세세한 정보를 담아 설명

해설

오컴의 면도날(Occam's Razor) 이론은 단순한 설명이 복잡한 설명보다 선호되어야 한다는 원칙으로, 인포그래픽에 적용 시 필요한 만큼의 시각화 요소만 사용하고 과도한 세부 정보나 복잡한 그래프를 배제하는 '단순한 시각화', 정보를 단순화하고 주제와 하위 주제 간의 계층구조를 정의하는 '명확한 구조화', 간결하고 명료한 문구를 사용하고 필요한 경우 그래픽 요소를 활용하여 텍스트를 대체하는 '최소한의 텍스트'로 활용된다.

08 ② 09 ② 10 ④ **정답**

11 다음 설명과 가장 관련이 있는 도표는?

> 단계구분도는 계급으로 데이터를 집단화하고, 지도에 각 계급을 단계적으로 표현함으로써 지역을 집단으로 하여 단순한 개수(Count)가 아닌 숫자 데이터를 보여준다.

①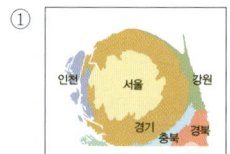
②
③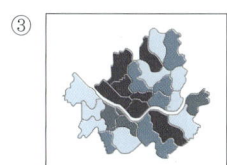
④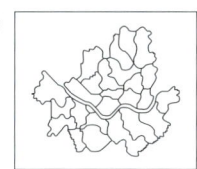

해설

단계구분도는 영역별로 색의 채도(진하기)를 달리하여 수치형 자료의 측정값을 구분한 지도이다. 음영 처리 혹은 패턴을 다르게 하여 표현하는 지도로서 직관적인 정보를 전달하며, 위치 관계도 쉽게 파악할 수 있다.

12 다음과 같은 차트 유형의 명칭으로 가장 옳은 것은?

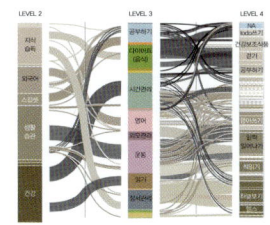

① 시나 플롯　　② 히스토그램
③ 생키 차트　　④ 곡선 그래프

해설

흐름을 표현하는 생키(Sankey) 차트는 여러 대상의 흐름을 표현한다. 범주의 계층 간 관계를 표현하는 차트로서 화살표의 너비로 수치형 데이터의 측정값을 잘 표현하고 자금과 비용, 원재료 등의 흐름, 사이트 이동 등에 활용된다.

13 다음은 대표적인 분포 시각화 차트에 대한 설명이다. 설명에 해당하는 차트 유형으로 가장 옳은 것은?

> - 동일 기준에 대한 상대 비교를 위한 시각화 방법
> - 막대나 곡선 등의 시각화 요소를 좌우 대칭이 되도록 구성
> - 구성된 범주나 항목을 좌우로 상대 비교하는 데 용이

① 버터플라이 차트
② 덤벨 차트
③ 박스 플롯
④ 히스토그램

해설

② 덤벨 차트는 선 그래프의 한 유형으로 특정 기준의 크기를 비교하기 위한 시각화 방법이다. 각 항목(범주)별로 2개의 수치 데이터를 원으로 구성하고 선으로 연결하여 나타낸다.
③ 박스 플롯은 여러 구간(범주)의 범위 혹은 분포를 박스형으로 시각화하는 플롯으로 데이터를 사분위로 표시한다.
④ 히스토그램은 가로축에 범주 혹은 구간을 표현하고 세로축에 데이터의 실제 값을 표현하는 차트로, 구간(범주 혹은 항목)별 데이터의 많고 적음을 한눈에 확인할 수 있다.

정답 11 ③　12 ③　13 ①

14 다음 중 데이터의 불확실성을 표현하기에 적절하지 않은 차트 유형은?

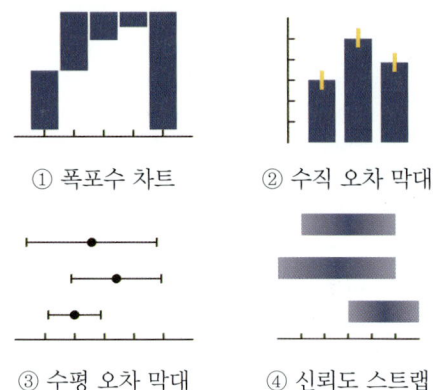

① 폭포수 차트
② 수직 오차 막대
③ 수평 오차 막대
④ 신뢰도 스트랩

해설
불확실성 시각화에 유용한 차트는 오차 막대, 눈 모양 도표, 분위수 점도표, 신뢰도 스트랩, 신뢰대역, 적합선 등이 있다.

15 다음 설명에 해당하는 사무자동화 프로그램의 주요 기능으로 가장 옳은 것은?

- 특정 범위의 데이터를 강조, 데이터 크기에 따른 서식의 변화
- 데이터의 중요도를 강조하는 기능으로 추세, 이상치 혹은 중요정보를 식별
- 데이터의 비교를 위해 규칙 혹은 기준을 설정하고 적용

① 아이콘 세트
② 조건부 서식
③ 데이터 막대
④ 스파크라인

해설
조건부 서식은 데이터를 특정 조건에 따라 서식을 변경하여 시각적으로 표현하는 기능으로, 특정 범위의 데이터를 강조하며, 데이터 크기에 따라 서식을 변화시킬 수 있다. 또한, 데이터의 패턴이나 예외를 빠르게 식별할 수 있으며 데이터의 중요도를 강조하는 기능으로 추세, 이상치 혹은 중요정보를 식별할 수 있다. 데이터의 비교를 위해 규칙 혹은 기준을 설정하고 서식에 적용해야 한다.

16 대시보드의 활용 시 목표와 성과를 확인하고 목표의 수정, 새로운 기회의 포착, 동기 부여 등의 장점으로 적절한 용어는?

① 효율성 증대
② 생산성 향상
③ 인사이트 도출
④ 프로세스 개선

해설
대시보드의 활용 시 주요 장점 중 인사이트 도출은 목표와 성과를 확인하고 목표의 수정, 새로운 기회의 포착, 동기 부여 등의 인사이트를 도출할 수 있다는 것이다.

17 다음 중 머신러닝 기법 중 군집화의 결과로 표현하는 데 가장 적합한 차트 유형은?

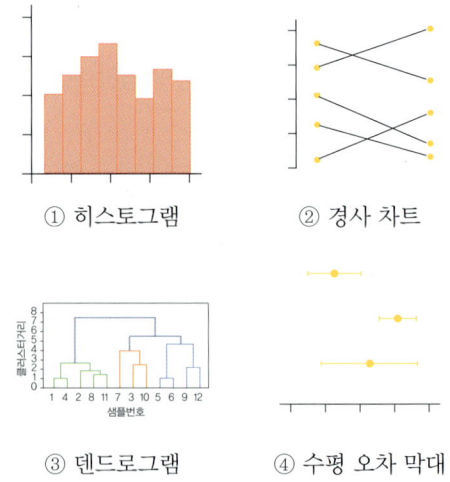

① 히스토그램
② 경사 차트
③ 덴드로그램
④ 수평 오차 막대

해설
분류를 목적으로 하는 덴드로그램은 머신러닝 기법 중 군집화의 결과로 생성되는 그래프이며, 각 단계에서 관측치의 군집화를 통해 형성된 그룹과 이들의 유사성 수준을 표시하는 트리 다이어그램이다.

정답 14 ① 15 ② 16 ③ 17 ③

18 다음 설명에 해당하는 인포그래픽 디자인 구성요소로 가장 옳은 것은?

> - 다양한 주제나 개념을 시각적으로 표현하는 데 사용
> - 단순하고 명확한 형상으로 구성되어, 빠르고 쉽게 정보를 전달
> - 디자인 스타일과 일관성을 유지하기 위해 선택된 적절한 스타일과 색상으로 구성

① 클립아트 ② 범례
③ 주석   ④ 배경

해설
인포그래픽 디자인의 구성요소 중 클립아트는 다양한 주제나 개념을 시각적으로 표현하는 데 사용되며, 다양한 주제를 컬러풀하고 친근한 이미지로 나타내어 사용자의 시각적 이해에 도움을 준다. 복잡한 데이터나 추상적인 개념을 쉽게 이해할 수 있는 그림으로 변환하고 디자인 스타일과 일관성을 유지하기 위해 선택된 적절한 스타일과 색상으로 구성한다.

19 시각 이해 위계의 피라미드의 각 단계에 들어갈 내용이다. 아래로부터 위까지의 순서로 가장 옳은 것은?

① 정보 → 데이터 → 지식 → 지혜
② 데이터 → 지식 → 정보 → 지혜
③ 지식 → 정보 → 데이터 → 지혜
④ 데이터 → 정보 → 지식 → 지혜

해설
각각의 데이터는 데이터 간의 연결고리를 찾아서 관계가 형성되어 정보가 되고, 다양한 정보가 보다 상위 개념에서 관계를 맺고 조직화되었을 때 지식이 된다. 지식은 개인의 경험, 사고, 감정과 연결되고, 결합되어 관계를 맺을 때 구조화된 지혜로 승화될 수 있다.

20 다음 중 대표적인 시각화 도구인 파워 BI에서 제공되는 함수와 설명으로 적절하지 않은 것은?

① MEDIAN – 모든 데이터의 중앙값을 반환
② CONTAINS – 지정한 위치에서 지정된 문자 수 반환
③ UPPER – 소문자를 모두 대문자로 변환
④ IF – 조건을 확인하여 TRUE면 첫 번째 값, 그렇지 않으면 두 번째 값 반환

해설
CONTAINS 함수는 주어진 문자열에 지정한 부분 문자열이 포함되어 있으면 TRUE를 반환하는 함수이다.

PART 4
모의고사 파헤치기

CHAPTER 01 실전 모의고사 1회

CHAPTER 02 실전 모의고사 2회

CHAPTER 03 실전 모의고사 3회

CHAPTER 01 실전 모의고사 1회

PART 4 모의고사 파헤치기

제1과목 경영정보 일반

01 다음 중 보상 제도에 대한 설명으로 가장 옳지 않은 것은?

① 베이스 업은 시장 상황이나 물가를 고려하여 조직의 전체적인 임금 수준을 상향 조정하는 것이다.
② 임금은 조직의 상황과 지불 가능 범위 및 능력, 구성원의 생계유지 및 만족도 등을 충분히 고려하여 설정한다.
③ 4대 보험, 유급휴가, 퇴직금, 출산휴가 등은 법정 외 복리후생에 해당한다.
④ 복리후생은 구성원의 복지를 향상시키며 동기부여의 긍정적 요인으로 작용한다.

해설
보상은 구성원이 기업과 조직을 위해 노동을 제공한 것에 대한 금전적 대가로 임금과 상여, 복리후생이 모두 포함된다. 4대 보험, 유급휴가, 퇴직금, 출산휴가 등은 법정 복리후생에 해당하며 법정 외 복리후생에는 자기계발, 근무 환경 개선, 경력 관리 지원, 복지 시설 확충 등이 있다.

02 다음 중 고객 행동 데이터로 가장 적절한 것은?

① 고객 인지도
② 구매 이력
③ 고객 만족도 조사
④ 고객 소득 수준

해설
고객 행동 데이터는 고객이 제품 혹은 서비스를 구매할 때 보이는 특정한 행동을 파악할 수 있는 데이터 집합을 의미한다. 고객 행동 데이터는 선호도, 관심사, 구매 성향을 파악할 수 있으며 효율적인 고객관리에 도움을 준다. 대표적으로 구매 이력, 방문기록, 리뷰 및 별점 등이 있다.

03 다음 중 생산 공정의 품질검사에 대한 설명으로 가장 옳지 않은 것은?

① 투입 자원의 구매 전 적합성 검사는 샘플링으로 진행한다.
② 투입 자원의 제품 적합성 검사는 샘플링으로 진행한다.
③ 투입 자원의 결과물 전환 과정의 적합성 검사는 샘플링으로 진행한다.
④ 제품이 고객에게 인도되기 전 최종 적합성 검사는 샘플링으로 진행한다.

해설
생산 공정의 품질검사는 크게 생산 전 검사, 생산 중 검사, 생산 후 검사가 시행된다. 모두 샘플링 검사를 수행하지만, 투입자원(원자재) 구매 전 품질검사는 생산 공정에 포함되지 않는 검사이다.

01 ③ 02 ② 03 ① **정답**

04 아래 글상자에서 공통으로 설명하는 감가상각방법으로 가장 옳은 것은?

> - 자산의 내용연수에 따라 매년 같은 감가상각 비용을 부과하는 방법이다.
> - 간단하고 직관적이라는 장점이 있다.
> - 자산의 경제적 가치 변동을 고려하지 않는다.
> - 실제 사용에 따른 감가상각 비용을 정확하게 나타내지 못하는 단점이 있다.

① 정액법
② 정률법
③ 생산량비례법
④ 연수합계법

해설
② 정률법은 매년 동일 비율을 적용하여 가속상각하는 방법이다.
③ 생산량비례법은 생산량 또는 사용량에 비례하여 가속상각하는 방법이다.
④ 연수합계법은 정액법과 정률법의 특징을 결합하여 가속상각하는 방법이다.

05 다음 중 공급사슬의 대표적인 이동 유형에 포함되지 않는 것은?

① 물리적 이동
② 현금흐름
③ 정보의 교환
④ 물류업체 공유

해설
공급사슬의 대표적인 이동 유형은 세 가지이다. 물리적인 이동(Physical Movement)은 자재, 제품, 서비스의 실질적 이동을 말하고, 현금흐름(Flow of Cash)은 자재, 제품, 서비스의 실질적 이동에 따른 현금의 흐름을 말한다. 정보의 교환(Exchange of Information)은 SCM으로 발생한 핵심 정보의 이동을 의미한다.

06 다음 중 일정 기간 기업이 보유한 자산, 부채, 자본의 정보를 제공하여 기업의 유동성, 재무적 탄력성, 수익성과 위험 등을 평가하는 데 활용되는 보고서로 가장 옳은 것은?

① 현금흐름표
② 재무비율표
③ 대차대조표
④ 자본변동표

해설
대차대조표는 재무상태표라고도 하며, 일정 시점에서의 기업의 재무적 상태를 나타낸 보고서이다. 기업의 유동성, 재무적 탄력성, 수익성과 위험 등을 평가하는 데 활용된다.

07 다음 중 행동 중심의 평가 방법으로 사전에 제시된 등급 또는 범주에 따라 점수를 부여하여 평가하는 인사 평가 방법으로 가장 옳은 것은?

① 평가센터법
② 다면평가법
③ 행태기준평정법
④ 행태관찰척도법

해설
① 평가센터법은 복수의 평가자가 관찰하고 평가하는 방법으로 집중적이고 전문적인 평가가 가능하다.
② 다면평가법은 조직 내 상급자, 동료, 하급자 및 고객과 거래처 등 다양한 관점에서 평가하는 방법이다.
③ 행태기준평정법은 행동 중심의 평가 방법으로 사전에 제시된 유형과 등급으로 평가하는 방법이다.

08 다음 중 정량적 데이터를 분석하는 방법으로 가장 적절하지 않은 것은?

① 델파이기법
② 회귀분석
③ 지수평활법
④ 이동평균

해설
정량적 방법은 수치화된 과거의 데이터를 바탕으로 데이터를 분석하는 방법으로 대표적으로 회귀분석, 이동평균, 지수평활법 등이 해당된다.

09 기업의 광고를 확인 후 클릭, 장바구니, 구매, 다운로드, 가입 등의 실제 행동으로 수행한 비율을 의미하는 디지털 마케팅 지표로 가장 적절한 것은?

① CPA
② CVR
③ CPI
④ CPM

해설

전환율(CVR ; Conversion Rate)은 기업의 광고를 확인 후 클릭, 장바구니, 구매, 다운로드, 가입 등의 실제 행동으로 수행한 비율을 의미한다. 광고가 고객의 실제 행동 욕구를 얼마나 자극할 수 있는지를 판단하는 지표로 활용된다.

10 다음 중 공급과 수요를 통합적으로 관리하는 것을 목적으로 하여 단일 조직이 아니라 독립적인 다수의 조직을 관리하는 방법으로 가장 옳은 것은?

① 구매관리
② 통합품질관리
③ 통합마케팅관리
④ 공급사슬관리

해설

공급사슬관리(SCM ; Supply Chain Management)는 공급자로부터 내부 생산과 유통과정을 거쳐, 최종 고객에게 전달하는 제품, 서비스 및 정보의 흐름을 시스템 과정에서 관리하는 것을 의미한다. 자재의 흐름을 효율적으로 관리하고 불확실성을 최소화하여 재고수준, 리드타임 및 고객 서비스 수준을 높이는 데 목적을 둔다.

11 다음 중 유동비율에 대한 설명으로 가장 적절하지 않은 것은?

① 기업의 자산을 현금화할 수 있는 능력치를 평가하는 지표이다.
② 안전성 비율로 기업의 채무 상환능력을 확인하는 대표적인 지표이다.
③ 자기자본에 대한 타인자본의 비율을 의미한다.
④ 유동비율이 클수록 지급 능력이 좋다.

해설

자기자본에 대한 타인자본의 비율은 부채비율이다. 자본 구성의 건전성을 평가하는 도구로, 부채비율이 높으면 채권 및 투자 위험이 크다.

12 다음 중 신규고객 판매에 대한 마케팅 전략으로 적절하지 않은 것은?

① 신제품 판매촉진을 위한 불특정 다수의 타기팅
② 해당 제품에 대한 흥미와 관심도를 유도
③ 기존 시장의 타제품과의 비교 우위 검토
④ 제품의 할인, 프로모션, 신제품 광고

해설

신규고객 판매는 기업이 판매하는 제품 혹은 서비스에 대해 기존에 구매나 관심이 없었던 새로운 고객을 대상으로 판매하는 행위를 말한다. 이때에는 제품의 인지도를 높이고, 해당 제품에 대한 흥미와 관심을 유도하여 구매를 촉진하며, 기존 시장의 타제품과 비교 우위를 선점할 수 있도록 해야 한다. 신규고객의 유치는 정확한 타기팅(Targeting)과 적절한 마케팅 캠페인을 통한 투자가 필요하며 제품의 할인, 프로모션, 신제품 광고 등을 진행한다.

09 ② 10 ④ 11 ③ 12 ①

13 다음 국가통계포털에서 제공하는 정보 중 주제별, 지역별, 테마별로 구분하여 경제, 사회, 환경에 대한 국가 승인 통계를 제공하는 지표로 적절한 것은?

① 문화/여가지표
② 소득/소비/자산지표
③ 국민계정지표
④ E-지방지표

해설
E-지방지표는 지역자치단체의 생활환경 및 경영상황을 알아볼 수 있는 주요 통계들을 선정하여 지역 간 평가 및 비교가 가능하도록 서비스한다. 지역별로는 서울특별시, 부산, 대구, 인천, 광주, 대전, 울산광역시, 세종특별자치시, 경기도, 강원특별자치도, 충청남/북도, 전라남/북도, 경상남/북도, 제주도의 통계를 제공한다.

14 다음 중 연구개발, 기술 전문직과 관리직을 선택하여 지원하는 과정으로 주로 연구개발, 기술 전문직을 대상으로 하는 경력개발 프로그램으로 가장 옳은 것은?

① 핵심인재육성
② 이중경력제도
③ 리스킬링
④ 업스킬링

해설
경력개발은 구성원 및 조직의 성장을 충분히 끌어낼 수 있는 전략과 계획이 필요한 과정이며, 연구개발, 기술 전문직과 관리직을 선택하여 지원하는 과정이다. 주로 연구개발, 기술 전문직을 대상으로 진행하는 프로그램은 이중경력제도이다.

15 다음 중 옵션거래에 대한 설명으로 가장 적절하지 않은 것은?

① 콜 옵션은 매도자가 매수자에게 프리미엄을 지급한다.
② 풋 옵션은 매수자가 매도자에게 프리미엄을 지급한다.
③ 풋 옵션에서 매도자는 매수자에게 자산을 사야 할 의무를 가진다.
④ 콜 옵션에서 미래 약속한 시점에 상품의 시장 가격이 상승하지 않았다면 살 권리를 포기한다.

해설
옵션은 미래에 상품가격이 상승 또는 하락할 것으로 예상하고 현재 시점에서 상품을 사고파는 권리만을 주고받는 계약거래를 말한다. 콜 옵션(Call Option)은 특정 자산을 사전에 약속한 가격으로 지정된 날짜 또는 그 이전에 매수할 수 있는 권리를 말하며 미래 약속한 시점에 상품의 시장 가격이 상승하지 않았다면 살 권리를 포기한다. 풋 옵션(Put Option)은 특정 자산을 사전에 약속한 가격으로 지정된 날짜 또는 그 이전에 매도할 수 있는 권리를 말하며 미래 약속한 시점에 상품의 시장 가격이 하락하지 않았다면 팔 권리를 포기한다.

16 다음 중 특정된 개별 마케팅 활동에 대한 투자 대비 수익률을 의미하는 지표로서 마케팅 개별 투자에 대한 항목별 수익률을 확인하는 용어로 적절한 것은?

① ROI
② ROA
③ ROAS
④ ROE

해설
① ROI는 투자 대비 수익을 나타내는 지표이다.
② ROA는 총자산 대비 당기순이익 지표이다.
③ ROE는 총자산에서 부채를 뺀 금액 대비 당기순이익 지표이다.

정답 13 ④ 14 ② 15 ④ 16 ③

17 다음 글상자에서 공통적으로 설명하는 지표로 가장 옳은 것은?

> - 기업의 매출, 판매 수량, 고객 수 등과 같은 수치로 산출된다.
> - 시장에서의 위치를 파악하여 기업의 경쟁력을 평가하고 성과를 측정한다.
> - 새로운 시장을 개척하거나 신규 고객 확보를 위한 전략 수립에 활용된다.

① 성장률
② 시장 점유율
③ 투자 수익률
④ 시장 포화도

해설

시장 점유율은 기업 제품이 시장에서 얼마나 영향력이 있는지를 확인하는, 즉 시장에서의 지위를 나타내는 상징적인 지표이다. 시장 점유율을 확인하는 목적은 여러 가지가 있으며, 해당 시장에서의 생존을 판단하는 기준 잣대로 활용된다.

18 다음 중 조직의 주요 경력개발 프로그램으로 가장 옳지 않은 것은?

① 경력지원 프로그램
② 리스킬링
③ 핵심인재육성
④ 이중경력제도

해설

조직의 대표적인 경력개발 프로그램은 새로운 업무를 수행하기 위한 기술을 습득하는 리스킬링, 현재의 업무에 추가적인 업무 수행 및 신기술을 습득하는 업스킬링, 조직의 리더 양성을 위한 핵심인재육성, 연구개발, 기술 전문직과 관리직을 선택하여 지원하는 이중경력제도가 있다.

19 다음 중 채권 투자에 따른 투자위험 요인으로 가장 옳지 않은 것은?

① 구매력위험
② 시장위험
③ 금융정책위험
④ 채무불이행위험

해설

채권 투자 위험 요인은 금리변동 위험으로, 금리 수준에 따라 채권수익률과 가격이 변동하는 시장 위험, 인플레이션의 변화는 이자율과 채권 가격의 변화를 유발하는 구매력 위험, 채권발행 물량이 적고 시장이 작아 생기는 유동성 위험, 발행 기업의 신용도, 재정 및 경영 상태를 반영하는 채무 불이행 위험이 있다.

20 다음 중 역할과 책임의 확장에 따라 임금을 인상하는 방법으로 가장 옳은 것은?

① 베이스업
② 성과급
③ 승급
④ 승격

해설

임금 조정 방법은 시장 상황이나 물가를 고려하여 조직의 전체적인 임금 수준을 상향 조정하는 베이스업, 직급 혹은 직책의 승진에 따른 승급, 조직 내 책임, 권한이 추가되는 승격, 개인과 조직의 성과 및 목표 달성 여부에 따른 임금 외 성과급이 있다.

제2과목 데이터 해석 및 활용

21 데이터가 가지는 패턴을 예측할 수 있는 규칙들의 조합으로 분류하여 찾아가는 분석 모델로 가장 옳은 것은?

① K-평균 군집화 분석
② 연관규칙 분석
③ 의사결정나무 분석
④ 회귀분석

해설
의사결정나무 분석(Decision Tree)은 설정된 체계와 규칙 또는 조건에 따라 데이터를 분리하는 작업을 수행한다. 데이터가 가지는 패턴을 예측할 수 있는 규칙들의 조합으로 분류하여 찾아가는 분석 모델로서, 최종 모형이 뒤집어 놓은 나무와 같다고 해서 의사결정나무라 한다.

22 다음 비식별화 기술 중 개인정보 전체 혹은 일부를 대체 값으로 변환 처리하는 기법으로 가장 옳은 것은?

① 데이터 마스킹 기법
② 데이터 삭제 기법
③ 총계 처리 기법
④ 가명 처리 기법

해설
데이터 마스킹(Data Masking)은 개인정보 전체 혹은 일부를 대체 값으로 변환 처리하는 기법이며, 완전 비식별화가 가능하고 데이터의 구조적 변형이 적다. 대부분의 민감한 개인식별 정보에 적용하고, 대표적인 방식으로는 개인 식별 데이터에 임의의 값을 추가하는 임의 데이터 추가, 개인식별 데이터에 공백 혹은 대체 값으로 변환하는 공백 및 대체가 있다.

23 다음 중 수치형 데이터 분석에 대한 설명으로 가장 옳지 않은 것은?

① 변수 간의 상관관계와 영향을 분석할 수 있다.
② 회귀모델을 사용하여 수치형 데이터를 예측할 수 있다.
③ 머신러닝을 사용하여 데이터를 분류할 수 있다.
④ 데이터 간의 종속성 또는 독립성을 확인하기 위해 카이제곱 검정을 사용할 수 있다.

해설
카이제곱 검정은 두 범주형 데이터를 분석하는 방법이며, 두 범주형 변수가 서로 독립적인지 확인하는 독립성 검정을 의미한다. 또한, 독립적으로 변화를 줄 수 있는 매개변수인 자유도(Degree of Freedom)를 활용한다.

24 다음 제시된 자료에 대한 최빈값으로 옳은 것은?

7, 7, NULL, NULL, 2, 6, NULL, 5, 7

① 2
② 7
③ NULL
④ 5

해설
최빈값은 전체 데이터 중 가장 높은 빈도로 등장하는 데이터를 의미한다. NULL은 아직 어떤 값이 들어올지 모르는 상태를 나타낼 때 사용되는 값으로 연산할 수 없다. 따라서 NULL을 제외하면 최빈값은 7이다.

정답 21 ③ 22 ① 23 ④ 24 ②

25 다음 마지막 전체 백업 수행 후 변경된 데이터만을 복사하여 백업하는 방법으로 가장 적절한 것은?

① 로컬 백업
② 차등 백업
③ 증분 백업
④ 이동식 백업

해설
차등 백업은 마지막 전체 백업 수행 후 변경된 데이터만을 복사하여 백업하는 방법을 말하며, 백업 속도가 증분 백업보다 느리고 전체 백업보다는 빠르다. 또한 증분 백업보다 복구의 속도가 빠르다.

26 다음 중 키(Key)에 대한 설명으로 가장 옳지 않은 것은?

① 복합키(Composite Key)는 두 개 이상의 속성을 결합한 키이다.
② 후보키는 NULL 값을 가질 수 있다.
③ 대체키(Alternate Key)는 후보키 중에서 기본키로 활용되지 않는 키이다.
④ 외래키(FK ; Foreign Key)는 특정 테이블의 기본키를 참조하는 키이다.

해설
후보키(Candidate Key)는 기본키로 활용될 수 있는 모든 키로, 테이블 내 각각의 레코드를 유일하게 식별할 수 있는 속성 혹은 속성의 집합을 의미한다. 후보키에서 기본키를 선택하여 활용할 수 있으므로 기본키와 같이 중복이나 NULL 값을 가질 수 없다.

27 다음 글상자에서 설명하는 비즈니스 인텔리전스 데이터 웨어하우스의 구성 요소 중 가장 옳은 것은?

- 사용자 요건에 따라 분석하고 활용하도록 지원하는 도구이다.
- 복잡한 분석 쿼리를 통한 빠른 처리가 가능하다.
- 다차원 데이터 모델을 활용하여 분석하는 기능을 제공한다.

① DS(Data Store)
② DM(Data Mart)
③ 메타데이터
④ OLAP(Online Analytical Processing)

해설
① DS는 개별 시스템 내 데이터를 통합 관리하고 공유하는 통합 데이터베이스이다.
② DM은 의사결정을 위한 지원 목적별 데이터 웨어하우스이다.
③ 메타데이터는 데이터의 관리와 성능을 위한 데이터에 대한 데이터이다.

28 아래 글상자에서 설명하는 데이터 해석 오류 중 가장 옳은 것은?

- 분석가 자신의 믿음과 사고에 부합되는 데이터만을 활용하는 경우에 사용된다.
- 데이터를 선택적으로 활용하여 해석의 오류를 유발한다.

① 일반화 오류   ② 표본편향
③ 확증편향   ④ 이상치 활용

해설
① 일반화 오류는 일부의 분석 결과를 확정하고 전체로 일반화하여 결론을 내리는 경우 발생하는 오류이다.
② 표본편향은 데이터 분석을 위해 선택된 표본이 모집단을 대표하지 못하는 경우 발생하는 오류이다.
④ 이상치 활용은 분석 대상 데이터의 정상 범위를 벗어나는 데이터를 활용하는 경우 발생하는 오류로, 이상치를 제거하지 않고 분석이 수행되면 전혀 다른 결과가 도출된다.

25 ② 26 ② 27 ④ 28 ③ **정답**

29 다음 중 데이터와 정보의 예시로 그 성격이 다른 하나는?

① 고객이 서비스를 사용하기 위해 로그인한 시간
② 지난달 판매된 베스트 상품
③ 대리점별 평균 매출액
④ 가입 고객의 연령별 분포도

해설

데이터(Data)란 현실 세계에서 단순히 관찰하거나 측정하여 수집한 사실이나 값으로, 객관적인 사실과 의사결정을 위한 모든 사실을 의미한다. 정보(Information)란 데이터의 가공, 처리와 데이터 간의 연관관계 속에서 의미가 도출된 것을 말하며, 모든 사실(데이터) 중에서 필요한 사실만을 수집해 정리한 데이터이다. 고객이 서비스를 사용하기 위해 로그인한 시간은 가공되지 않은 데이터에 가깝다.

30 다음 글상자에서 설명하는 데이터 분리 방법으로 가장 옳은 것은?

> ( )은/는 데이터 세트를 일정한 비율(6:2:2 혹은 7:1.5:1.5)로 훈련, 검증, 테스트 세트로 분리하여 교차 검증하는 기법이다.

① 홀드 아웃
② K-fold
③ LOOCV
④ 계층적 분리

해설

② K-fold 교차 검증 방법은 K개의 폴드 집합(Set)을 만들고 K번의 학습과 검증을 진행 후 각 단계의 검증 결과를 평균하여 최종 검증 결과를 도출하는 방식이다.
③ LOOCV 교차 검증 방법은 K-fold 교차 검증을 변형한 것으로 폴드 하나에 데이터 샘플 하나를 담아 검증을 수행하는 방식이다.
④ 계층적 분리는 분포가 불균형하거나 계층화된 데이터 세트에서 클래스 또는 그룹의 상대적 비율을 유지하는 방식으로 데이터를 추출하는 방법이다.

31 다음 글상자에서 설명하는 스키마로 가장 옳은 것은?

> • 실제 데이터베이스에 저장된 데이터를 사용자에게 어떤 방법으로 전달하는지 명시한다.
> • 사용자나 응용 프로그램의 관점에서 데이터베이스를 정의한다.
> • 특정 사용자 그룹이나 응용 프로그램에 필요한 데이터의 논리적 구조와 접근 방법을 정의한다.

① 내부 스키마
② 외부 스키마
③ 개념 스키마
④ 관계 스키마

해설

외부 스키마는 데이터베이스 시스템에서 개별적으로 정의되며, 다수의 외부 스키마가 존재할 수 있고 1개 이상을 정의해야 한다. 또한 실제 데이터베이스에 저장된 데이터의 논리적 구조와 접근 방법을 사용자나 응용 프로그램 관점에서 정의해야 한다.

32 비즈니스 사용자가 독립적으로 데이터에 접근하여 데이터를 탐색하고 분석하여 인사이트를 발견하는 것을 의미하는 용어로 가장 옳은 것은?

① 데이터 모델링
② 데이터 시각화
③ 셀프서비스 비즈니스 인텔리전스
④ 데이터 거버넌스

해설

① 데이터 모델링은 다양한 데이터를 제한된 공간에 효과적으로 담아내는 방법을 고민하는 과정이다.
② 데이터 시각화는 데이터 분석의 결과를 시각적으로 표현하고 탐색하는 것으로 대시보드, 차트, 그래프 등을 이용하여 시각화할 수 있다.
④ 데이터 거버넌스는 다양한 정책과 표준을 통해 데이터의 보안, 개인정보보호 등을 보장하기 위해 수행하는 모든 작업을 의미한다.

33 다음 글상자에서 설명하는 데이터베이스 관리 시스템의 특징으로 가장 옳은 것은?

> ( )은 다수의 사용자 접근 및 사용에도 트랜잭션 관리, 제약조건 등의 기능으로 데이터의 결합과 오류를 방지하는 특징을 의미한다.

① 데이터 독립성
② 데이터 일관성
③ 데이터 중복성
④ 데이터 무결성

해설
데이터베이스 관리시스템(DBMS ; Database Management System)은 데이터베이스와 사용자 또는 응용 프로그램 사이의 인터페이스를 담당하는 소프트웨어 시스템을 의미한다. 데이터 무결성의 특징은 다수의 사용자가 접근 및 사용함에도 트랜잭션 관리, 제약조건 등의 기능으로 데이터의 결합과 오류를 방지하고, 수집, 저장, 활용 전후 동일하게 유지되어야 한다.

34 다음 중 데이터 정규화에 대한 설명으로 가장 옳은 것은?

① 숫자 데이터를 평균 0, 표준편차 1이 되도록 변환하는 작업
② 데이터 세트의 범위를 0과 1 사이의 실수값으로 재조정하는 작업
③ 데이터 세트의 결측값을 제거하는 작업
④ 데이터의 분포를 최대한 보전하며 고차원 데이터를 저차원 데이터로 변화하는 작업

해설
데이터 정규화(Normalization)는 폭넓게 분포된 데이터의 스케일(Scale)을 일정한 범위 혹은 구간으로 정리하는 작업이다. 모든 데이터의 범위를 0과 1 또는 -1과 1 사이의 실수 값으로 재조정한다.

35 다음 중 반정형 데이터에 대한 설명으로 가장 옳지 않은 것은?

① 반정형 데이터의 저장을 위해 주로 관계형 데이터베이스를 활용한다.
② 값의 내부에 또 다른 속성과 값을 가질 수 있는 이중 구조의 데이터이다.
③ 구조를 파악하고 값을 인지하기 위한 구문분석 과정이 필요하다.
④ 문서 내 태그, 키-값의 조합, 메타 데이터 형태로 표현된다.

해설
반정형 데이터는 정형 데이터를 저장하는 RDB처럼 별도의 저장장치가 없어도 문서 형태로 자유롭게 저장하고 활용이 가능하다. 저장이 용이하고 전송 속도가 빠른 유연성으로 데이터를 활용하는 API(Application Programming Interface) 개발에 넓게 활용된다.

36 다음 중 파일시스템에 대한 설명으로 가장 옳지 않은 것은?

① 데이터 일관성 오류 등으로 인해 데이터의 정확성이 보장되지 않을 수 있다.
② 기본적인 검색 기능만을 제공하고, 복잡한 검색 작업을 수행하기에는 제한적이다.
③ 여러 사용자가 동시에 데이터에 액세스하거나 동시에 수정이 가능하다.
④ 동일한 데이터를 중복해서 저장하는 경우 데이터의 일관성이 깨질 수 있다.

해설
파일시스템은 여러 사용자가 동시에 데이터에 액세스하거나, 동시에 수정하는 것이 어려워 동시성 및 병행 처리 기능이 떨어진다.

37 아래 글상자에서 설명하는 데이터베이스 언어로 가장 옳은 것은?

> 데이터베이스와 정확성과 안정성을 관리하기 위한 SQL로, 관리되는 객체, 정보를 이용하는 사용자, 정보 사용 내역 등의 작업 수행을 관리하기 위한 언어이다.

① 데이터 제어어(DCL ; Data Control Language)
② 트랜잭션 제어어(TCL ; Transaction Control Language)
③ 데이터 조작어(DML ; Data Manipulation Language)
④ 데이터 정의어(DDL ; Data Definition Language)

해설

데이터 제어어(DCL ; Data Control Language)는 데이터베이스와 정확성과 안정성을 관리하기 위한 SQL이다. 데이터베이스에 접근하는 사용자나 응용 프로그램에 대한 권한을 부여하거나 제거하고, 데이터베이스의 보안과 무결성을 유지하기 위한 제약조건을 설정하거나 해제한다. 대표적인 구문으로는 권한을 부여하는 GRANT와 권한을 회수하는 REVOKE가 있다.

38 다음 중 통계용어에 대한 설명으로 가장 옳지 않은 것은?

① 주어진 사건이 일어났다는 가정하에 다른 한 사건이 일어날 확률을 조건부 확률이라 한다.
② 확률변수의 기댓값은 확률변수의 중심적 성향을 나타내는 수치이다.
③ 두 변수 간의 상관관계는 상관계수가 1에 가까울수록 강하고 -1에 가까울수록 약하다고 해석할 수 있다.
④ 공분산은 두 변수가 각자의 평균으로부터 얼마나 떨어져 있는지를 나타내는 값이다.

해설

상관분석은 두 변인 간의 관계를 확인하는 분석기법으로 상관계수를 확인하여 관계를 파악한다. 값이 0보다 작으면 음의 상관관계라고 하며 두 변인 간에 관계가 없음을 나타낸다. -1에 가까울수록 강한 음의 상관을, +1에 가까울수록 강한 양의 상관관계를 나타낸다.

39 아래 글상자에서 설명하는 데이터베이스의 구성요소로 가장 옳은 것은?

> • 테이블의 행을 나타내며 속성에 따라 실제 입력되는 값이다.
> • 튜플(Tuple)이라고도 한다.
> • 테이블의 속성에 해당하는 값들의 집합으로 구성된다.

① 속성(Attribute)
② 인덱스(Index)
③ 스키마(Schema)
④ 레코드(Record)

해설

레코드(Record)는 개별 데이터 항목을 표현하고 행 단위의 작업을 수행하는 데 사용한다. 모든 테이블에는 중복되는 값이 존재할 수 없다는 유일성과 모든 테이블에 포함된 레코드는 순서가 정해져 있지 않다는 무순서성을 특징으로 갖는다.

40 다음 NoSQL 데이터베이스에 대한 설명으로 가장 옳지 않은 것은?

① 그래프, 열 지향, 문서 지향 또는 키-값 저장소 등이 대표적인 유형이다.
② 비관계형 데이터베이스 유형으로 테이블 형식과 다른 형식으로 데이터를 저장한다.
③ 실시간 어플리케이션, 빅데이터 처리 및 AI 등 비정형 데이터 처리에 폭넓게 활용된다.
④ NoSQL 데이터베이스는 사전에 스키마가 정의되어야 데이터의 저장이 가능하다.

해설

NoSQL 데이터베이스 시스템(Not Only SQL Database System)은 비관계형 데이터베이스 유형으로 테이블 형식과 다른 형식으로 데이터를 저장한다. 실시간 어플리케이션, 빅데이터 처리 및 AI 등 비정형 데이터 처리에 폭넓게 활용되며 데이터를 관리하는 구문이 사용자의 요청에 따라 모두 상이하다. NoSQL 데이터베이스는 사전에 스키마가 정의되지 않아도 데이터의 저장이 가능하고 작업과 동시에 데이터를 정의하게 되므로 접근이 쉽고 빠른 작업이 가능하며, 대표적인 유형으로는 그래프, 열 지향, 문서 지향 또는 키-값 저장소 등이 있다.

제3과목 경영정보시각화 디자인

41 다음 시각 이해 위계의 피라미드의 설명에서 (A)에서 (D)까지 순서대로 들어갈 용어로 가장 옳은 것은?

> 각각의 (A)는 (A) 간의 연결고리를 찾아서 관계(상관관계, 인과관계)가 형성될 때 (B)가 되고, 다양한 (B)가 보다 상위 개념에서 관계를 맺고 조직화되었을 때 (C)이/가 된다. (C)은/는 개인의 경험, 사고, 감정과 연결되고, 결합되어 관계를 맺을 때 구조화된 (D)(으)로 승화된다.

① 정보 → 데이터 → 지혜 → 지식
② 데이터 → 정보 → 지식 → 지혜
③ 데이터 → 정보 → 지혜 → 지식
④ 정보 → 데이터 → 지식 → 지혜

해설
시각 이해 위계 피라미드의 단계
데이터 → 정보 → 지식 → 지혜

42 다음과 같은 차트 유형의 명칭으로 가장 옳은 것은?

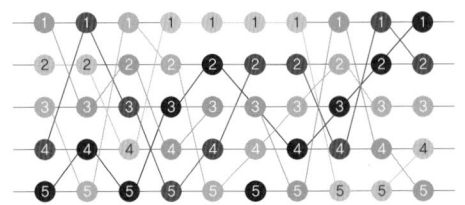

① 범프 차트
② 생키 차트
③ 경사 차트
④ 버블 차트

해설
순위 표시를 위한 범프(훅) 차트는 순위의 변동 상황을 명확하게 이해할 수 있는 차트로서, 순위나 그룹 등 범주별로 색상 속성을 표현하여 구분하면 효과적이다. 순위를 나타내는 축은 차트의 좌측에 세로축(Y축)으로 표시하고, 시간은 차트의 하단에 가로축(X축)으로 표시하며, 추이 파악과 순위 파악을 동시에 할 수 있다.

43 다음은 어떤 그래프 유형에 대한 설명이다. 가장 옳은 것은?

> - 가로축에 범주 혹은 구간을 표현하고 세로축에 데이터의 실제 값을 표현한다.
> - 구간(범주 혹은 항목)별 데이터의 많고 적음을 한눈에 확인할 수 있다.
> - 주로 각 구간의 연속형 데이터에 활용되며 분포의 비교가 용이하다.
> - 다중의 구간값을 확인하므로 상대적 비교에 불편하다.

① 박스 플롯
② 폭포수 차트
③ 히스토그램
④ 버터플라이 차트

해설
① 박스 플롯은 여러 구간(범주)의 범위 혹은 분포를 박스형으로 시각화하는 방법이다.
② 폭포수 차트는 시작과 결과의 값은 막대로 표현하고 값의 변화(증가, 감소)만을 나타내 구현하는 차트이다.
④ 버터플라이 차트는 동일 기준에 대한 상대 비교를 위한 시각화 방법이다.

41 ② 42 ① 43 ③

44 다음 중 기초 디자인 원리 중 색의 3속성에 대한 내용으로 가장 옳지 않은 것은?

① 색이 가지는 기본적인 세 가지 지각 성질로 색상, 명도, 채도를 의미한다.
② 색상은 색 지각의 3속성 중 하나로 색깔의 성질을 의미하며 무채색을 포함한다.
③ 색이 밝을수록 명도가 높아지고, 어두울수록 명도가 낮아진다.
④ 채도가 낮을수록 회색이나 흰색에 가까워지고 탁한 느낌이다.

해설
색상(Hue)은 색 지각의 3속성 중 하나로, 색깔의 성질을 의미하며 무채색은 제외한다. 일반적으로 다른 두 색의 차이는 색상의 차이를 의미하고 무지개 스펙트럼의 다양한 색상을 포함한다.

45 다음 중 시각화 도구(BI 소프트웨어)의 특징으로 가장 옳지 않은 것은?

① 데이터를 분석하고 다음 상황을 예측, 시각화, 협업 등의 기능을 제공한다.
② BI 도구를 활용하여 다양한 데이터를 추출, 변환, 로드하여 활용한다.
③ 가공된 데이터와 시각화 기능을 통해 정보에 대한 통찰력을 얻을 수 있다.
④ BI 도구 전문가를 통해 데이터를 최대한 활용할 수 있는 환경을 제공한다.

해설
BI는 데이터를 분석하고 다음 상황을 예측하며, 과정과 결과의 시각화, 협업 등의 기능을 제공한다. 사용자는 BI 도구를 활용하여 다양한 데이터를 추출, 변환, 로드하여 활용하고, 가공된 데이터를 활용하여 차트, 그래프, 대시보드, 테이블 등의 시각화 요소를 활용하여 시각적으로 표현한다. 최종적으로 사용자는 가공된 데이터와 시각화 기능을 통해 정보에 대한 통찰력을 얻을 수 있다.

46 다음 그래프와 관련된 설명 중 가장 옳지 않은 것은?

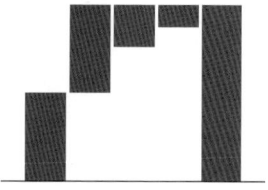

① 서로 다른 데이터 세트를 쉽게 비교하는 시각화 기법이다.
② 누적효과를 보기 위해 많이 사용하는 플롯이다.
③ 측정값의 총합계를 같이 표현하면 더욱 효과적이다.
④ 음의 측정값이 존재해도 누적효과를 확인할 수 있다.

해설
누적을 표현하는 폭포수 차트는 최종이익에 기여하는 세그먼트와 그 기여의 정도를 쉽게 판단할 수 있다. 측정값의 총합계를 같이 표현하면 폭포수 차트는 더욱 효과적이며, 음의 측정값이 존재해도 누적효과를 확인할 수 있다.

47 다음 테이블 디자인과 관련된 설명 중 가장 옳지 않은 것은?

① 일반적으로 행과 열의 2차원 형태로 구성된다.
② 머리글(Header)이나 합계를 포함하는 행이 추가되기도 한다.
③ 행은 데이터베이스에서는 속성(Attribute), 필드(Field), 변수(Variable) 등으로 불린다.
④ 테이블 중 커다란 테이블을 요약하는 통계표가 피벗 테이블(Pivot Table)이다.

해설
테이블은 자료를 정렬하는 양식 중 하나로, 일반적으로 행과 열의 2차원 형태로 구성된다. 행은 테이블의 가로 방향을 의미하고 데이터베이스에서는 레코드(Record), 튜플(Tuple)이라고도 하며, 열은 테이블의 세로 방향을 의미하고 데이터베이스에서는 속성(Attribute), 필드(Field), 변수(Variable) 등이라고 한다.

48 다음과 같은 차트 유형에 대한 설명으로 가장 옳지 않은 것은?

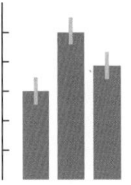

① 막대로 표현할 수 있는 범주형 자료에 기반한다.
② 평균과 같은 통계량을 표현한다.
③ 데이터의 불확실성이 존재할 때, 불확실성을 표시하는 시각화이다.
④ 90%, 95%, 99% 신뢰구간의 표시가 필요하다.

해설
불확실성 시각화를 표현하는 오차막대는 막대로 표현할 수 있는 수치형 자료(정량적 정보)에 기반한다. 평균과 같은 통계량을 표현하며 표준편차, 표본오차 등의 통계량과 90%, 95%, 99% 신뢰구간의 표시가 필요하다.

49 다음 중 시간 시각화 표현이 가능한 차트로 가장 옳은 것은?

① 버블 차트
② 버터플라이 차트
③ 덤벨 차트
④ 영역 차트(누적밀도)

해설
영역 차트(누적밀도)는 시간이 지남에 따라 누적된 변화를 나타낼 때 사용한다. 누적 표현을 추가한 선 그래프의 확장형으로 선 그래프에 비해 전체적인 경향을 이해할 때 유용하다.

50 다음 인포그래픽에 대한 설명 중 가장 옳지 않은 것은?

① 복잡한 데이터나 추상적인 개념을 시각적인 표현으로 전달하는 도구이다.
② 인포그래픽은 웹사이트와 광고에 한정하여 활용되는 도구이다.
③ 데이터와 정보의 패턴, 추세, 비교, 관계 등을 빠르고 명확하게 제시한다.
④ 다양한 시각적 요소를 조합하여 데이터를 시각적으로 해석하고 전달한다.

해설
인포그래픽(Infographic)은 정보(Information)와 그래픽(Graphic)의 합성어로 복잡한 데이터나 추상적인 개념을 이해하기 쉽게 시각적인 표현으로 전달하는 도구이다. 시각적 요소를 활용하여 데이터와 정보의 패턴, 추세, 비교, 관계 등을 빠르고 명확하게 제시하고 그래프, 차트, 지도, 아이콘 등 다양한 형식으로 정보를 표현한다. 보고서, 프레젠테이션, 웹사이트, 광고 등의 다양한 매체와 데이터 분석, 비즈니스, 교육, 과학, 마케팅 등 다양한 분야에서 활용된다.

51 게슈탈트의 7법칙에 대한 설명으로 가장 적절하지 않은 것은?

① 근접성은 멀리 떨어진 두 사물보다 근접한 사물들을 밀접하게 연관시키는 원리이다.
② 연속성은 급격한 변화보다 부드럽게 이어지는 흐름을 선호하여 인지하는 경향이다.
③ 폐쇄성은 완전한 형태보다 불완전한 형태를 선호하여 인지하는 경향이다.
④ 유사성은 유사한 크기, 색상, 모양 등의 성질을 갖는 사물을 하나의 그룹으로 인지하는 경향이다.

해설
폐쇄성은 불완전한 형태가 아닌 완전한 형태를 선호하여 인지하는 경향으로 이미 뇌에 지각된 내용을 바탕으로 개별 요소의 집합을 하나의 그룹으로 인지하여 발견하는 과정이다.

정답 48 ① 49 ④ 50 ② 51 ③

52 다음 중 데이터의 불확실성을 표현하기에 가장 적절하지 않은 차트 유형은?

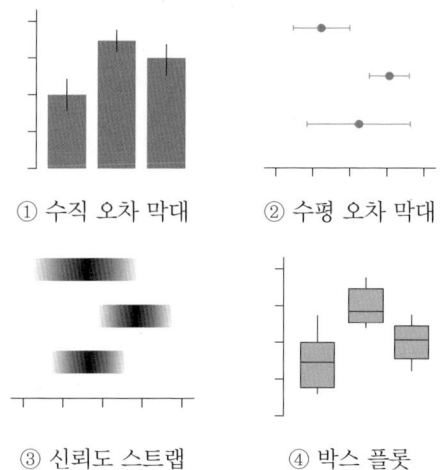

① 수직 오차 막대
② 수평 오차 막대
③ 신뢰도 스트랩
④ 박스 플롯

해설
불확실성 시각화에 활용되는 대표적인 차트 유형은 오차 막대, 신뢰도 스트랩, 눈 모양 도표, 신뢰대역 등이 있다.

53 다음은 대표적인 공간 시각화 차트에 대한 설명이다. 설명에 해당하는 차트 유형으로 가장 옳은 것은?

- 영역별로 색의 채도(진하기)를 달리하여 수치형 자료의 측정값을 구분한 지도이다.
- 쉽게 음영 처리 혹은 패턴을 다르게 하여 표현하는 지도이다.
- 직관적인 정보를 전달하면서, 위치 관계도 쉽게 파악할 수 있다.

① 카토그램
② 단계구분도
③ 지형도
④ 등치선

해설
① 카토그램은 특정 데이터 값의 변화에 따라 지도의 면적이 다르게 표현되는 시각화 방법이다.
③ 지형도는 지표의 형태 및 지표에 분포하는 사물을 정확하고 상세하게 그리는 시각화 방법이다.
④ 등치선은 사상의 연속적 분포를 표현하여 데이터의 점진적인 변화를 보여주는 데 적합하며, 단계구분도와는 달리 미리 정의된 단위로 데이터를 그룹화할 필요가 없다.

54 다음 설명과 가장 관련이 있는 차트는?

- 전체에 대한 각 요소의 상대적 비율을 표현한다.
- 크기는 총합이 100%가 되며 데이터 전체의 수량(비율)을 의미한다.
- 각 요소 및 범주의 상대적 크기를 비율로 표현하여 직관적으로 비교한다.
- 비율로 시각화된 요소의 크고 작음을 이해하여 판단한다.

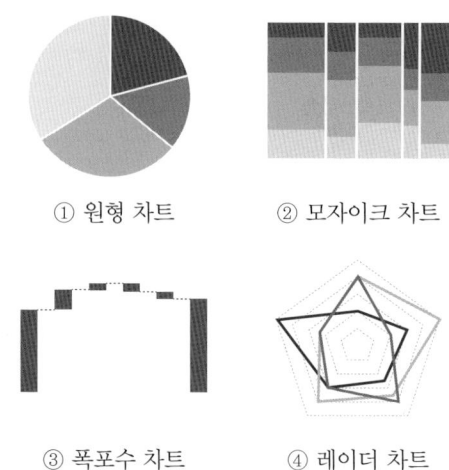

① 원형 차트
② 모자이크 차트
③ 폭포수 차트
④ 레이더 차트

해설
전체에 대한 각 요소의 상대적 비율을 표현하는 원형 차트는 원의 크기가 전체를 표현하고 각 요소 혹은 범주가 차지하는 상대적 비율을 부채꼴 모양으로 표현한다. 데이터의 상대적 비율을 직관적으로 판단하여 중요성을 인지할 수 있으나 표현되는 요소나 범주가 많을 시 이해가 어렵다.

55 다음 설명에 해당하는 인포그래픽 디자인 구성 요소로 가장 옳은 것은?

> • 특정 부분에 대한 설명이나 추가 정보를 제공하여 사용자가 정보를 이해하고 해석하는 데 도움을 준다.
> • 중요한 세부 정보, 통계 데이터의 해석, 용어 정의 등을 제공한다.
> • 그래픽 요소와의 관계를 명확하게 표시하여 정보를 명확하게 전달한다.

① 주석
② 범례
③ 서체
④ 제목

해설

② 범례는 그래프나 차트에서 사용된 색상, 패턴, 기호 등에 대응하는 항목을 설명하는 요소이다.
③ 서체는 사용되는 텍스트의 외관을 의미하며, 가독성과 사용자 경험에 직접적인 영향을 준다.
④ 제목은 주요 메시지를 강조하고 전반적인 주제를 파악할 수 있도록 하며, 목적과 목표를 명확하게 제시해 사용자에게 가치 있는 정보를 제공한다.

56 다음과 같은 차트 유형의 명칭으로 가장 옳은 것은?

① 생키 차트
② 간트 차트
③ 캘린더 차트
④ 테이블 차트

해설

시간의 추이에 따른 업무배분을 목적으로 하는 간트 차트는 프로젝트가 진행되는 동안 프로젝트의 일정과 관련 작업 또는 이벤트를 표시하기 위해 사용하는 가로 막대 차트이다. 보통 프로젝트의 로드맵을 보여주며 프로젝트의 목표와 일정을 동시에 관리할 수 있다.

57 다음 중 정량 데이터의 시간 전후 관계를 표현하는 데 가장 적합한 차트 유형은?

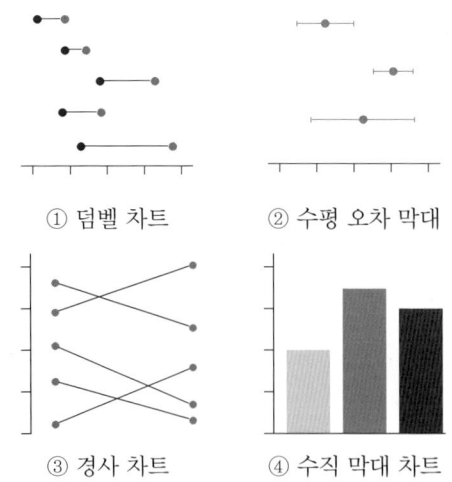

① 덤벨 차트
② 수평 오차 막대
③ 경사 차트
④ 수직 막대 차트

해설

경사 차트는 관계 시각화 및 두 시간 사이의 변화에도 활용된다. 시간 추이 중 두 점 사이의 추이를 비교하며, 두 날짜 사이의 정량적 데이터의 변화를 비교한다.

55 ① 56 ② 57 ③ **정답**

58 다음 그림의 차트와 관련된 설명으로 가장 옳지 않은 것은?

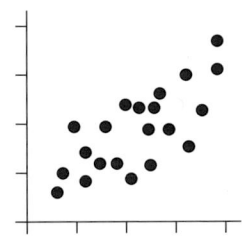

① 가로, 세로의 축을 기준으로 데이터를 점으로 표시하는 시각화 방법이다.
② 데이터를 점으로 표시하고 점과 점 사이를 선으로 연결한 것은 꺾은선 차트이다.
③ 데이터가 가로축과 세로축의 만나는 지점을 점으로 표시한다.
④ 데이터의 분류를 파악하는 가장 기본적인 방법이다.

해설

산점도(분산형 차트)는 가로, 세로의 축을 기준으로 데이터를 점으로 표시하는 시각화 방법으로 데이터 간의 연관성(관계)을 파악하는 가장 기본적인 방법이다. 상관성을 파악할 때 2차원 좌표상에서 데이터가 왼쪽 하단에서 오른쪽 상단으로 분포하면 양의 상관을 의미하고 반대의 경우에는 음의 상관을 의미한다. 또한 산점도를 응용하여 꺾은선 차트로 만들 수 있다.

59 대시보드에 간결하게 표현하여 비즈니스의 성과를 빠르게 확인할 수 있는 요소는?

① Goal
② CSV
③ KPI
④ Query

해설

KPI를 대시보드에 간결하게 표현하여 비즈니스의 주요 성과를 빠르게 확인할 수 있다. 중요한 지표를 빠르게 확인하고 평가하여 의사결정에 활용하고, 성과의 평가 및 측정, 비즈니스의 운영 및 목표 확인, 데이터를 통한 실행 가능한 통찰력의 확보 등이 가능하다.

60 다음 설명에 해당하는 시각화 기능으로 가장 옳은 것은?

- 조건부 서식의 한 종류로, 숫자나 퍼센트 값의 상대적인 크기를 시각화한다.
- 데이터의 크기에 따라 아이콘 크기나 색상이 변화하여 시각적으로 비교하고 분석한다.
- 데이터를 카테고리로 분류하여 이해와 해석이 빠르다.

① 아이콘 세트
② 스파크라인
③ 데이터 막대
④ 피벗 테이블

해설

② 스파크라인은 각 데이터의 추세, 패턴을 한눈에 파악하고 시간에 따라 변화는 데이터를 시각화하는 기능이다.
③ 데이터 막대는 숫자나 퍼센트 값의 상대적인 크기를 시각화하는 기능이다.
④ 피벗 테이블은 테이블 디자인에서 큰 테이블을 요약하는 통계표로 개수, 합계, 평균 등의 통계를 포함한다.

CHAPTER 02 실전 모의고사 2회

제1과목 경영정보 일반

01 다음 중 고객의 충성도를 높이고 고객 유지를 위한 다양한 고객 분석 활동으로 가장 옳지 않은 것은?

① 고객 성향 분석
② 고객 욕구 분석
③ 고객 수익 분석
④ 구매 패턴 분석

해설
고객의 충성도를 높이고 고객 유지를 위한 대표적인 고객 분석 활동으로는 고객 성향 분석, 고객 욕구 분석, 구매 패턴 분석, 고객 만족도 조사, 고객 행동 데이터, 고객 세그먼트 등이 있다.

02 다음 중 인적자원관리의 보상과 관련한 업무의 설명으로 적절하지 않은 것은?

① 임금 지불과 관련한 업무는 연봉 계약, 4대 보험, 세금, 연말정산 등이다.
② 임금은 조직의 상황과 지불 가능 범위 및 능력, 구성원의 생계유지 및 만족도 등을 충분히 고려하여 설정한다.
③ 4대 보험, 유급휴가, 퇴직금, 출산휴가 등은 법정 복리후생에 해당한다.
④ 보상의 개념에는 임금과 상여만을 의미한다.

해설
보상은 구성원이 기업과 조직을 위해 노동을 제공한 것에 대한 금전적 대가로 임금과 상여, 복리후생을 모두 포함한다. 임금은 조직의 상황과 지불 가능 범위 및 능력, 구성원의 생계유지 및 만족도 등을 충분히 고려하여 설정한다. 임금 지불과 관련한 업무는 연봉 계약, 4대 보험, 세금, 연말정산 등이 있고, 복리후생은 급여와 별개로 구성원에게 제공되는 추가적인 혜택을 의미한다.

03 다음 중 정량적 분석 방법에 대한 설명으로 가장 적절한 것은?

① 미래의 수요를 예측하는 방법으로 활용된다.
② 전문가의 의견을 반영하거나 의견을 직접 조사하는 방법이 대표적이다.
③ 과거의 데이터가 충분히 확보되지 않은 상황에서 유리하다.
④ 의견을 제시하는 응답자의 반응에 따라 그 결과가 달라질 수 있다.

해설
정성적 방법은 크게 전문가의 의견을 반영하는 것과 시장에서의 소비자 의견을 직접 조사하는 방법, 다수의 의견을 수렴해 가는 방법 등으로 구분한다. 과거의 데이터가 충분히 확보되지 않은 상황에서 정성적 방법을 사용하며, 정량적 방법은 수치화된 과거의 데이터를 바탕으로 미래의 수요를 예측하는 방법이다.

04 다음 인사 평가 방법 중 평가센터법에 대한 설명으로 가장 적절한 것은?

① 행동 중심의 평가 방법으로 사전에 제시된 등급 또는 범주에 따라 점수를 부여하여 평가한다.
② 복수의 평가자가 관찰하고 평가하는 방법으로 집중적이고 전문적인 평가가 가능하다.
③ 조직 내 상급자, 동료, 하급자 및 고객과 거래처 등 다양한 관점에서 평가한다.
④ 사전에 설정된 등급 또는 범주에 따라 배치하여 평가한다.

해설
평가센터법은 피평가자 집단의 다양한 활동들을 복수의 평가자가 관찰과 평가를 하기 위해 행동 시뮬레이션과 과제를 활용하는 방법이다. 피평가자에 대한 집중적이고 전문적인 평가가 가능하다.

정답 01 ③ 02 ④ 03 ① 04 ②

05 다음 재무비율 중 유동비율에 대한 설명으로 가장 옳은 것은?

① 자본 구성의 건전성을 평가하는 도구로 자기자본에 대한 타인자본의 비율이다.
② 기업이 단기부채를 단기자산으로 상환할 수 있는 능력을 측정하는 데 활용된다.
③ 영업이익을 이자 비용으로 나눈 비율로 이자지급에 필요한 수익을 창출할 수 있는 능력을 평가한다.
④ 총투자금액 대비 순이익의 비율로 자본의 운용 상태를 측정한다.

해설
① 부채비율에 관한 내용이다.
③ 이자보상비율에 관한 내용이다.
④ 총자본이익률에 관한 내용이다.

06 다음 감가상각방법 중 연수합계법에 대한 설명으로 가장 옳지 않은 것은?

① 정액과 정률의 특징을 결합한 방법이다.
② 자산의 내용연수에 따라 매년 같은 감가상각 비용을 부과하는 방법이다.
③ 자산의 경제적 가치 변동을 고려하지 않는다.
④ 연수합계법은 잔존가액이 존재하지 않는 가속상각이다.

해설
연수합계법은 정액과 정률의 특징을 결합한 방법으로 자산의 내용연수에 따라 매년 같은 감가상각 비용을 부과하는 방법이다. 정액과 정률의 특징을 결합한 가속상각으로 잔존가액이 존재한다. 간단하고 직관적이라는 장점이 있지만 자산의 경제적 가치 변동을 고려하지 않아 실제 사용에 따른 감가상각 비용을 정확하게 나타내지 못할 수 있다는 단점이 존재한다.

07 다음 중 공급자로부터 내부 생산과 유통과정을 거쳐 최종 고객에게 전달하는 제품, 서비스 및 정보의 흐름을 시스템 과정에서 관리하는 방법으로 가장 옳은 것은?

① 통합품질관리
② 구매관리
③ 공급사슬관리
④ 통합서비스관리

해설
공급사슬관리(SCM, Supply Chain Management)는 공급자로부터 내부 생산과 유통과정을 거쳐 최종 고객에게 전달하는 제품, 서비스 및 정보의 흐름을 시스템 과정에서 관리하는 것으로 자재의 흐름을 효율적으로 관리하고 불확실성을 최소화하여 재고수준, 리드타임 및 고객 서비스 수준을 높이는 데 목적을 둔다.

08 다음 중 디지털 마케팅의 CPI에 대한 설명으로 가장 옳은 것은?

① 앱을 설치(Install)하는 데에 지불하는 평균 비용을 의미한다.
② 특정한 액션(구독, 회원 가입, 구매 등)을 수행하는 데 지불하는 평균 비용이다.
③ 기업의 광고를 확인 후 클릭, 장바구니, 구매, 다운로드, 가입 등의 실제 행동으로 수행한 비율이다.
④ 기업의 광고 콘텐츠가 클릭할 때 들어가는 평균 비용이다.

해설
② 액션당 비용(CPA ; Cost Per Action)에 관한 내용이다.
③ 전환율(CVR ; Conversion Rate)에 관한 내용이다.
④ 클릭당 비용(CPC ; Cost Per Click)에 관한 내용이다.

09 다음 중 샘플 데이터를 추출하여 수행하는 검사로 가장 옳지 않은 것은?

① 생산 후 제품의 적합성 검사
② 고객 인도 전 제품의 적합성 검사
③ 생산 중 원자재 구매 적합성 검사
④ 생산 전 투입 자원의 적합성 검사

해설

③ 생산 중 검사는 투입 자원의 결과물 전환과정의 적합성을 판단하는 공정관리 검사이다.
① 생산 후 검사는 고객에게 인도되기 전에 샘플링을 통해 최종적으로 실시하는 검사이다.
② 고객 인도 전에 실시하는 적합성 검사는 샘플링 검사라고도 하며, 고객 후 검사와 동일한 의미를 지닌다.
④ 생산 전 검사는 샘플링을 통해 투입되는 자원의 적합성 검사이다.

10 공급사슬관리의 주요 데이터로 가장 적절하지 않은 것은?

① 수요/공급 예측 데이터
② 인사 정보 데이터
③ 재고 관련 데이터
④ 물류 및 배송 데이터

해설

공급사슬관리(SCM, Supply Chain Management)의 주요 데이터로는 수요 및 공급 예측 데이터, 재고 관련 데이터, 주문 관련 데이터, 공급처 관리 데이터, 물류 및 배송 데이터, 품질관리 데이터, 비용 및 가격 데이터, 고객만족 데이터, 프로세스와 기술 개선 데이터 등이 있다.

11 다음 중 일정 기간 현재 기업의 성과에 대한 정보를 기록한 재무 보고서로 가장 옳은 것은?

① 현금흐름표
② 손익계산서
③ 자본변동표
④ 대차대조표

해설

손익계산서는 일정 기간 현재 기업의 성과에 대한 정보를 기록한 재무 보고서로서 당해 회계기간의 경영성과를 제공하고 미래의 현금흐름과 수익 창출 능력 등의 예측이 가능하다.

12 다음 중 채권 투자에서 인플레이션의 변화가 이자율과 채권 가격의 변화를 유발하는 투자 위험으로 가장 옳은 것은?

① 구매력위험
② 유동성위험
③ 채무불이행위험
④ 시장위험

해설

채권 투자 위험 중 구매력위험은 인플레이션과의 관계를 의미하며, 인플레이션의 변화는 이자율과 채권 가격의 변화를 유발한다는 것이다.

13 다음 중 시장 상황이나 물가를 고려하여 조직의 전체적인 임금을 상향 조정하는 임금 조정 방법으로 가장 옳은 것은?

① 승급
② 승격
③ 베이스업
④ 성과급

해설

임금은 조직의 상황과 지불 가능 범위 및 능력, 구성원의 생계유지 및 만족도 등을 충분히 고려하여 설정해야 하며, 임금의 조정 방법 중 베이스업은 시장 상황이나 물가를 고려하여 조직의 전체적인 임금 수준을 상향 조정하는 것을 의미한다.

09 ③ 10 ② 11 ② 12 ① 13 ③

14 아래 글상자에서 공통적으로 설명하는 지표로 가장 옳은 것은?

> - 시장에서의 위치를 파악하여 기업의 경쟁력을 평가하고 성과를 측정한다.
> - 시장에서의 지위를 나타내는 상징적인 지표이다.
> - 기업의 매출, 판매 수량, 고객 수 등과 같은 수치로 산출된다.

① 성장률
② 매출신장율
③ 시장확대율
④ 시장점유율

해설

점유율은 우리 제품이 매출지점에서 얼마큼의 영향력이 있는지를 확인하는, 즉 시장에서의 지위를 나타내는 상징적인 지표로서 기업의 매출, 판매 수량, 고객 수 등과 같은 수치로 산출한다. 전체 시장 대비 당사가 차지하는 비율을 의미하는 절대적 점유율과, 경쟁사 대비 당사가 차지하는 비율을 의미하는 상대적 점유율로 구분한다. 점유율이 높을수록 기업의 성공 지표가 높다는 의미이다.

15 다음 중 특정 자산을 사전에 약속한 가격으로 지정된 날짜 또는 그 이전에 매수할 수 있는 권리를 갖는 옵션 거래 용어로 가장 적절한 것은?

① 콜 옵션
② 매수 옵션
③ 프리미엄 옵션
④ 풋 옵션

해설

콜 옵션(Call Option)은 특정 자산을 사전에 약속한 가격으로 지정된 날짜 또는 그 이전에 매수할 수 있는 권리로서 미래 약속한 시점에 상품의 시장 가격이 상승하지 않았다면 살 권리를 포기할 수 있다. 반대로 예상대로 가격이 상승하면 권리를 행사하여 이익을 실현한다.

16 다음 중 ROA에 대한 설명으로 가장 옳은 것은?

① 자산을 활용하여 어떤 수익을 창출했는지 확인하는 수익성 지표이다.
② 투자 대비 수익을 나타내는 효율성 지표이다.
③ 총자산에서 차입 금액을 제외한 순수 자기 자본에 대한 당기 순익 비율이다.
④ 특정된 개별 마케팅 활동에 대한 투자 대비 수익률이다.

해설

ROA(Return On Asset)는 자산 수익률로서 총자산에서 당기순이익이 차지하는 비율을 의미한다. 자산을 활용하여 어떤 수익을 창출했는지 확인하는 수익성 지표이며, 공식은 (당기순이익÷총자산)×100(%)이다.

17 다음 중 기존 고객 판매에 대한 설명으로 가장 적절하지 않은 것은?

① 충성도를 지속해서 높이고 재구매율을 유지한다.
② 충성도가 높고 재구매율이 높은 상품을 선별하여 분석한다.
③ 제품의 인지도를 높이고 해당 제품에 대한 흥미와 관심을 유도한다.
④ 멤버십, 개인화 서비스, 리워딩 프로그램을 제공한다.

해설

기존 고객에 의한 판매 마케팅 전략은 충성도를 지속해서 높이고 재구매율을 유지하는 것이다. 고객의 충성도가 높고, 재구매율이 높은 상품을 선별하여 분석하고 마케팅 계획과 전략을 개선하고 보완해야 하며, 기존 고객을 지속해서 유지하기 위한 홍보 활동, 멤버십, 개인화 서비스, 리워딩 프로그램을 제공해야 한다. 제품의 인지도를 높이고 해당 제품에 대한 흥미와 관심을 유도하는 것은 신규 고객의 구매를 유도하기 위한 마케팅 전략이다.

18 다음 중 조직의 주요 경력개발 프로그램으로 현재의 업무에 추가적인 업무 수행 및 신기술 습득 과정을 의미하는 용어로 가장 옳은 것은?

① 핵심인재육성
② 이중경력제도
③ 업스킬링
④ 리스킬링

해설
① 핵심인재육성은 조직의 리더 양성을 위한 지원 과정이다.
② 이중경력제도는 연구개발, 기술 전문직과 관리직을 선택하여 지원하는 과정으로 주로 연구개발, 기술 전문직을 대상으로 한다.
④ 리스킬링은 새로운 업무를 수행하기 위한 기술 습득 과정이다.

19 다음 중 데이터의 범위를 몇 개의 계급으로 나누고 각 계급의 발생 빈도수를 막대그래프로 나타낸 품질검사 방법으로 가장 옳은 것은?

① 파레토 기법
② 체크리스트 기법
③ 산점도 기법
④ 히스토그램 기법

해설
① 파레토 기법은 모든 결과의 80%는 20%의 원인에서 기인한다는 이론으로, 누적비율에 따라 얼마만큼의 영향력이 있는지를 파악하게 되는 기법이다.
② 체크리스트 기법은 어떤 부분에 초점을 두고 작성할지 선택하고 꾸준하게 인내심을 가지고 작성해야 하는 것으로, 고객 관점의 클레임, AS, 고객만족도 등을 추가하여 작성한다.
③ 산점도 기법은 두 변수의 특성 및 요인 관계를 시각적으로 나타내고 싶은 경우에 사용하며, 선정된 두 요인 간에 잠재적 관계를 규명하는 도구이다.

20 휴지나 비누와 같은 생필품은 수요가 일정한 평균을 중심으로 오르내린다. 수요의 변화로 적절한 것은?

① 순환적 수요
② 수평적 수요
③ 추세적 수요
④ 계절적 수요

해설
수평적 수요는 일상의 생필품과 같이 그 수요의 변화가 일정한 평균을 중심으로 증감하는 유형을 보인다.

제2과목 데이터 해석 및 활용

21 다음 중 수치형 데이터 분석에 대한 설명으로 가장 옳지 않은 것은?

① 변수 간의 상관관계와 영향을 분석할 수 있다.
② 회귀 모델을 사용하여 수치형 데이터를 예측할 수 있고 시계열 분석을 이용하여 미래를 예측할 수 있다.
③ 머신러닝을 사용하여 데이터를 분류하거나 유사한 데이터끼리 군집화하는 것이 가능하다.
④ 데이터 간의 종속성 또는 독립성을 확인하기 위해 카이제곱 검정을 사용할 수 있다.

해설
카이제곱 검정은 두 범주형 데이터를 분석하는 방법이며, 두 범주형 변수가 서로 독립적인지 확인하는 독립성 검정을 의미한다.

22 다음 중 마지막 전체 백업 수행 후 변경된 데이터만을 복사하여 백업하는 방법으로 가장 옳은 것은?

① 증분 백업
② 전체 백업
③ 차등 백업
④ 순차 백업

해설
차등 백업은 마지막 전체 백업 수행 후 변경된 데이터만을 복사하여 백업하는 방법이다. 백업 속도가 증분 백업보다 느리고 전체 백업보다는 빠르며, 증분 백업보다 복구의 속도가 빠르다.

23 다음 중 교차 검증의 장점에 대한 설명으로 가장 옳지 않은 것은?

① 성능을 일반화하여 평가할 수 있다.
② 분할 방법에 따라 결과를 동일하게 유지할 수 있다.
③ 데이터를 충분히 활용하여 검증을 수행한다.
④ 반복 검증이 이루어지므로 성능 평가의 신뢰성이 확보된다.

해설
교차 검증의 장점은 성능을 일반화하여 평가하고 데이터를 충분히 활용하여 검증을 수행한다는 것이다. 또한, 여러 번 검증이 이루어지므로 성능 평가의 신뢰성이 확보된다. 그러나 데이터 세트의 분할 방법에 따라 결과가 확연히 달라질 수 있는 단점을 가진다.

24 다음 중 데이터 정규화에 대한 설명으로 가장 옳은 것은?

① 데이터의 분포를 일정한 범위 혹은 구간으로 정리하는 작업이다.
② 데이터를 일관된 단위로 변환하는 작업이다.
③ 고차원 데이터를 저차원 데이터로 변환하는 작업이다.
④ 데이터의 분포를 대칭적으로 만드는 작업이다.

해설
폭넓게 분포된 데이터의 스케일(Scale)을 일정한 범위 혹은 구간으로 정리하는 작업이 데이터 정규화 과정이다. 유사한 개념의 데이터 표준화는 데이터의 단위나 분포가 다른 경우, 데이터의 척도를 맞추기 위해 숫자 데이터를 평균 0, 표준편차 1이 되도록 변환하는 작업을 의미한다.

정답 21 ④ 22 ③ 23 ② 24 ①

25 다음 비식별화 기술 중 부분 집계에 대한 설명으로 가장 옳은 것은?

① 개인정보 속성을 K개 이상 나타나도록 처리하는 기법이다.
② 개인정보 중 수치 데이터를 임의의 범위를 설정하여 분포로 표현하는 기법이다.
③ 개인 식별 데이터에 공백 혹은 대체 값으로 변환하는 기법이다.
④ 데이터 활용 목적에 따라 일부 영역만 비식별 처리하는 기법이다.

해설
부분 집계는 총계 처리 기법 중 하나로, 데이터 활용 목적에 따라 일부 영역만 비식별 처리하는 기법이다.

26 아래 글상자에서 설명하는 비즈니스 인텔리전스 기술 중 가장 옳은 것은?

> 다양한 데이터를 제한된 공간에 효과적으로 담아내는 방법을 고민하는 과정으로 추상화, 단순화, 명확화의 특성을 갖는다.

① 데이터 모델링
② 데이터 시각화
③ 데이터 마이닝
④ 데이터 거버넌스

해설
② 데이터 시각화는 데이터 분석의 결과를 시각적으로 표현하고 탐색하는 것으로, 대시보드, 차트, 그래프 등을 이용하여 데이터를 시각적으로 표현할 수 있다.
③ 데이터 마이닝은 통계분석, 머신러닝, 인공지능 등을 활용해 대규모의 데이터에서 규칙을 찾고 분류 및 군집화하여 예측을 수행하는 작업이다.
④ 데이터 거버넌스는 다양한 정책과 표준을 통해 데이터의 보안, 개인정보보호, 정확성, 가용성, 사용성을 보장하기 위해 수행하는 모든 작업을 의미한다.

27 다음 중 셀프서비스 비즈니스 인텔리전스에 대한 설명으로 가장 옳지 않은 것은?

① 독립적으로 데이터에 접근하여 데이터를 탐색하고 분석한다.
② 사용자가 의사결정에 필요한 인사이트를 발견할 수 있다.
③ 데이터 분석 시 기술팀에서 제공하는 알고리즘을 활용한다.
④ 자유롭게 분석 보고서를 생성하고 보고할 수 있다.

해설
셀프서비스 비즈니스 인텔리전스(Self-service Business Intelligence)는 비즈니스 사용자가 IT팀 또는 기술팀에 의존하지 않고 독립적으로 데이터에 접근하여 데이터를 탐색하고 분석하여 의사결정에 필요한 인사이트를 발견하는 것이다. 따라서, 기술팀에서 제공하는 알고리즘을 활용한다는 설명은 옳지 않다.

28 다음 중 K-평균 군집화 분석에 대한 설명으로 가장 옳은 것은?

① 사건 A와 사건 B에서 동시에 발생하는 사건의 확률을 발견하는 분석
② 데이터를 보고 유사한 성질과 특성 또는 규칙에 따라 데이터를 묶는 작업
③ 데이터가 가지는 패턴을 예측할 수 있는 규칙들의 조합으로 분류하여 찾아가는 분석
④ 인과관계를 파악해 연속형 변수 간의 적합도를 함수식으로 구하는 분석

해설
K-평균 군집화 분석은 군집화 알고리즘의 대표적인 분석기법으로, n개의 데이터를 K개의 군집으로 그룹화하는 것을 의미한다. 여기서 군집은 데이터를 보고 유사한 성질과 특성 또는 규칙에 따라 데이터를 묶는 작업으로, 기준을 탐사하고 대상을 나누는 것이 핵심이다.

정답 25 ④ 26 ① 27 ③ 28 ②

29 다음 글상자에서 설명하는 스키마로 가장 옳은 것은?

> - 실제의 공간에 데이터를 어떤 방식으로 저장할 지 설명한다.
> - 공간의 크기와 할당, 저장 방법 등을 명시한다.
> - 데이터베이스 시스템의 성능 향상을 위해 최적 화된 구조로 데이터를 관리한다.

① 내부 스키마
② 외부 스키마
③ 내용 스키마
④ 개념 스키마

해설
② 외부 스키마는 실제 데이터베이스에 저장된 데이터를 사용자에게 어떤 방법으로 전달하는지가 명시된다.
③ 데이터베이스에서 스키마는 DB의 구조와 제약조건에 관해 전반적인 명세를 기술한 것으로 데이터 사전(Data Dictionary)에 저장된다. 크게 개념, 내부, 외부 스키마를 의미하게 되며, 내용 스키마를 DB에서 활용하는 기본 스키마에 포함하지는 않는다.
④ 개념 스키마는 데이터베이스의 전체적인 논리 구조를 설명하는 스키마로, 데이터의 속성과 관계의 정의, 제약조건 등을 명시한다.

30 다음 중 데이터 학습 시 지나친 최적화 수행으로 발생하는 해석 오류로 가장 옳은 것은?

① 일반화 오류
② 이상치 활용
③ 과소 적합
④ 과대 적합

해설
데이터 모델 학습 시 지나치게 최적화를 수행하여 발생하는 데이터 해석 오류를 과대 적합(Overfitting)이라고 한다.

31 다음 중 최빈값에 대한 설명으로 가장 옳은 것은?

① 편차를 제곱하고 평균을 구한 값
② 전체 데이터를 나열했을 때 가운데에 있는 값
③ 전체 데이터 중 가장 높은 빈도로 등장하는 값
④ 전체 데이터 중 가장 낮은 값

해설
최빈값은 전체 데이터 중 가장 높은 빈도로 등장하는 데이터를 의미한다.

32 다음 글상자가 설명하는 키(Key)로 가장 옳은 것은?

> 기본키로 활용될 수 있는 모든 키로 테이블 내 각 각의 레코드를 유일하게 식별할 수 있는 속성 혹 은 속성의 집합을 의미하며, 기본키를 선택하여 활용할 수 있으므로 중복이나 NULL 값을 가질 수 없다.

① 슈퍼키
② 후보키
③ 대체키
④ 복합키

해설
① 슈퍼키는 테이블 내에서 레코드를 고유하게 식별할 수 있는 속성 또는 속성들의 조합을 의미하는 키이다.
③ 대체키는 후보키 중에서 기본키로 활용되지 않는 키이다.
④ 복합키는 테이블 내에서 레코드를 고유하게 식별하기 위해 두 개 이상의 속성을 결합한 키이다.

33 다음 중 반정형 데이터에 대한 설명으로 가장 옳지 않은 것은?

① 구조를 파악하고 값을 인지하기 위한 구문분석 과정이 필요
② 문서 내 태그, 키-값의 조합, 메타 데이터 형태로 표현
③ 값의 내부에 또 다른 속성과 값을 가질 수 있는 이중 구조의 데이터
④ 특정한 스키마가 지정되지 않는 NoSQL(Non SQL) DB를 활용

> **해설**
> 반정형 데이터는 크게 보면 정형 데이터와 같이 하나의 속성에 하나의 값을 갖고 있으나, 값의 내부에 또 다른 속성과 값을 가질 수 있는 이중 구조의 데이터이다. 정형 데이터의 경우 바로 값을 활용할 수 있지만 반정형 데이터의 경우 해당 구조를 파악하고 값을 인지하기 위한 구문분석(Parsing, 파싱) 과정이 필요하며, 저장장치가 없어도 문서 형태로 자유롭게 저장하고 활용이 가능하다. 특정한 스키마가 지정되지 않는 NoSQL(Non SQL) DB를 활용하는 것은 비정형 데이터이다.

34 다음 중 데이터베이스 언어와 대표 구문의 연결이 가장 옳지 않은 것은?

① 데이터 정의어(DDL ; Data Definition Language) - CREATE, ALTER
② 데이터 조작어(DML ; Data Manipulation Language) - UPDATE, DELETE
③ 데이터 제어어(DCL ; Data Control Language) - GRANT, DROP
④ 트랜잭션 제어어(TCL ; Transaction Control Language) - COMMIT, ROLLBACK

> **해설**
> 데이터 제어어(DCL ; Data Control Language)는 데이터베이스와 정확성과 안정성을 관리하기 위한 SQL이다. 관리되는 객체, 정보를 이용하는 사용자, 정보 사용내역 등의 작업 수행을 관리하기 위한 언어로서, 대표적인 구문으로는 권한을 부여하는 GRANT와 권한을 회수하는 REVOKE가 있다.

35 다음 중 상관관계에 대한 설명으로 가장 옳지 않은 것은?

① 두 변인 간의 관계를 확인하는 분석기법이다.
② 상관계수(Correlation Coefficient)를 확인하여 관계를 파악한다.
③ 상관계수는 +1과 -1 사이의 값을 가진다.
④ -1에 가까울수록 약한 관계를, +1에 가까울수록 강한 관계를 의미한다.

> **해설**
> ④ -1에 가까울수록 강한 음의 상관을, +1에 가까울수록 강한 양의 상관관계를 의미한다.
> ① · ② 상관분석(Correlation)은 두 변인 간의 관계를 확인하는 분석기법으로 상관계수(Correlation Coefficient)를 확인하여 관계를 파악한다.
> ③ 상관계수는 +1과 -1 사이의 값을 가지고, 값이 0보다 작으면 음의 상관관계라고 하며 두 변인 간에 관계가 없음을 나타내고, 값이 0보다 크면 양의 상관관계라고 하며 두 변인 간에 관계가 있음을 나타낸다.

36 아래 글상자에서 설명하는 데이터베이스의 구성 요소로 가장 옳은 것은?

- 데이터베이스에서 데이터를 행과 열의 구조로 저장하는 가장 기본적인 단위이다.
- 고유한 이름을 가지며, 특정 유형의 데이터를 저장하는 역할을 한다.
- 관련된 데이터를 그룹화하여 효율적인 데이터 관리를 가능하게 한다.

① 속성(Attribute)
② 릴레이션(Relation)
③ 레코드(Record)
④ 뷰(View)

> **해설**
> ① 속성(Attribute)은 테이블의 열을 나타내고 특정 데이터 유형에 대한 정보를 기술하며, 필드(Field) 또는 변수(Variable)라고도 한다.
> ③ 레코드(Record)는 테이블의 행을 나타내며 속성에 따라 실제 입력되는 값으로 튜플(Tuple)이라고도 한다.
> ④ 뷰(View)는 테이블의 형태를 가진 가상의 객체로, 테이블과 동일한 역할을 담당하고 SQL로 모두 활용 가능하다.

37 다음 중 NoSQL 데이터베이스의 특징에 대한 설명으로 가장 옳은 것은?

① 구조적 및 관계형 데이터를 처리하는 데 적합하다.
② 데이터 저장을 위한 정의된 스키마를 제공한다.
③ 유연한 스키마 설계를 제공하고 비정형 데이터를 처리한다.
④ 데이터 관리 및 조작을 위해 주로 SQL을 사용한다.

해설
① NoSQL 데이터베이스는 비관계형 데이터베이스 유형으로, 사전에 구조를 정의하지 않아도 자유로운 형식으로 저장이 가능하다.
② NoSQL 데이터베이스는 정의된 스키마를 제공하지 않는다. 정해진 스키마를 제공하는 데이터베이스 관리시스템은 RDBMS이다.
④ 데이터 관리 및 조작을 위해 주로 SQL을 사용하는 데이터베이스 관리시스템은 RDBMS이다.

38 다음 중 데이터베이스 관리시스템에 대한 설명으로 가장 옳지 않은 것은?

① 데이터를 계층적으로 구성하고 저장한다.
② 서로 다른 목적을 가진 사용자의 동시 접근이 가능하다.
③ 중복을 최소화하고 데이터의 불일치를 감소시킨다.
④ 트랜잭션 관리, 제약조건 등의 기능으로 데이터의 결함과 오류를 방지한다.

해설
① 데이터를 계층적으로 구성하고 저장하는 것은 파일시스템이다.
② 파일시스템에서는 원하는 작업을 마치고 해당 파일의 연결이 끝난 후 접속이 가능하지만 데이터베이스 관리시스템에서는 사용자의 동시 접근이 가능하다.
③ 데이터베이스 관리시스템에서는 데이터를 통합 관리하므로 중복을 최소화하고 데이터의 불일치를 감소시킨다.
④ 트랜잭션 관리를 통해 데이터의 무결성을 유지하며, 무결성은 데이터의 일관성과 정확성을 유지하는 것이다.

39 다음 글상자에서 설명하는 변수의 유형으로 가장 옳은 것은?

- 특정한 기준을 설정하기 위해 부여된 변수이다.
- 상호 배타적인 범주로 분류되며, 순서, 계층구조가 없다.
- 라벨이나 카테고리를 가진다.

① 파생변수
② 이산변수
③ 서열변수
④ 명목변수

해설
① 파생변수는 기존 변수를 이용하여 계산, 변형, 조합하여 생성된 변수이다.
② 이산변수는 정수 또는 유한한 값 중 하나를 가지는 변수로, 연속되지 않는 특정값을 가진다.
③ 서열변수는 순서에 따라 범주를 구분하는 변수로 상대적인 크기나 순서를 가지는 경우에 사용한다.

40 다음 중 데이터 세트의 기본적인 분리 유형으로 가장 옳지 않은 것은?

① 훈련 모델(Training Set)
② 검증 모델(Validation Set)
③ 실행 모델(Execution Set)
④ 평가 모델(Test Set)

해설
데이터 세트의 분리는 모델의 성능을 보다 정교하게 만들기 위한 작업으로 반복 학습을 통해 가장 훌륭한 모델을 찾아가는 과정이다. 가장 기본이 되는 분리 작업은 훈련 모델과 평가 모델로 나누는 것이며, 훈련 모델은 다시 훈련 모델과 검증 모델로 구분된다.

정답 37 ③ 38 ① 39 ④ 40 ③

제3과목 경영정보시각화 디자인

41 다음 중 시각 이해 위계의 피라미드에서 데이터 간의 연결고리를 찾아 관계가 형성되는 단계로 가장 옳은 것은?

① 데이터
② 정보
③ 지식
④ 지혜

해설
각각의 데이터는 데이터 간의 연결고리를 찾아서 관계(상관관계, 인과관계)가 형성될 때 정보가 된다.

42 다음과 같은 차트 유형의 명칭으로 가장 옳은 것은?

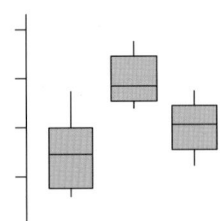

① 오차 막대
② 범프 차트
③ 덤벨 차트
④ 박스 플롯

해설
박스 플롯은 여러 구간(범주)의 범위 혹은 분포를 박스형으로 시각화한다. 서로 다른 데이터 세트를 쉽게 비교하는 시각화 기법으로 평균을 나타내지는 않지만, 이상치(데이터 분포 중 다른 측정값에서 크게 벗어난 값)의 발견이 쉬워 데이터의 대략적인 분포와 개별적인 이상치를 동시에 확인할 수 있다.

43 다음 글상자에서 설명하는 그래프 유형으로 가장 옳은 것은?

- 가로축에 범주 혹은 구간을 표현하고 세로축에 데이터의 실제 값을 표현한다.
- 구간(범주 혹은 항목)별 데이터의 많고 적음을 한눈에 확인할 수 있다.
- 주로 각 구간의 연속형 데이터에 활용되며 분포의 비교가 용이하다.
- 다중의 구간값을 확인하므로 상대적 비교에 불편하다.

① 폭포수 차트
② 히스토그램
③ 덴드로그램
④ 히트맵

해설
① 폭포수 차트는 시작과 결과의 값은 막대로 표현하고 값의 변화(증가, 감소)만을 나타내 구현하는 차트이다.
③ 덴드로그램은 분류를 목적으로 하는 그래프로 머신러닝 기법 중 군집화의 결과로 생성된다.
④ 히트맵은 트리맵과 유사한 형태를 가지나 이미지 위에 색상을 달리 표현하여 시각화하는 차트이다.

41 ② 42 ④ 43 ②

44 다음과 같은 차트 유형에 대한 설명으로 가장 옳지 않은 것은?

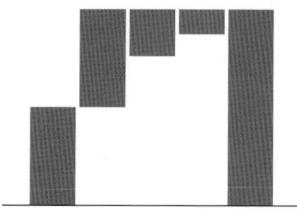

① 누적효과를 보기 위해 많이 사용하는 플롯이다.
② 최종이익에 기여하는 세그먼트와 그 기여의 정도를 쉽게 판단할 수 있다.
③ 측정값의 총합계를 같이 표현하면 더욱 효과적이다.
④ 음의 측정값이 존재하면 누적효과를 확인할 수 없다.

해설
폭포수 차트는 누적효과를 보기 위해 많이 사용하는 플롯으로 최종이익에 기여하는 세그먼트와 그 기여의 정도를 쉽게 판단할 수 있다. 측정값의 총합계를 같이 표현하면 폭포수 차트는 더욱 효과적이며 음의 측정값이 존재해도 누적효과를 확인할 수 있다.

45 다음 중 공간 시각화에 해당하는 것은?

① 카토그램 히트맵
② QQ도표
③ 덴드로그램
④ 융기선 도표

해설
카토그램(왜상 통계지도)은 특정 데이터 값의 변화에 따라 지도의 면적이 다르게 표현되는 부분을 시각화하는 기법으로, 면적을 수치형 자료의 측정값에 맞춰 변형한 지도를 의미한다. 핵심 데이터를 강조하기 위해 지도의 한 측면을 왜곡하며 카토그램 히트맵의 경우 같은 면적의 배경을 병렬적으로 사용하고 색(채도 등)을 이용하여 데이터 값을 표현한다.

46 다음 중 시각화 도구(BI 소프트웨어)의 특징으로 가장 옳은 것은?

① BI 소프트웨어는 데이터 시각화를 위한 데이터 추출, 변환 기능을 제공한다.
② 시각화 도구를 사용하면 재현 가능성을 구현하기 쉬워진다.
③ 시각화 도구는 동일한 데이터에 대해 동일한 시각화 방법만을 적용할 수 있다.
④ 시각화 도구를 사용하면 반복 가능성을 구현하기 쉬워진다.

해설
② · ④ 시각화 도구를 사용하면 재현 가능성과 반복 가능성의 구현이 어려울 수 있다.
③ 시각화 도구는 동일한 데이터에 대해 다양한 시각화 방법을 적용할 수 있다.

47 다음 그래프와 관련된 설명 중 가장 옳지 않은 것은?

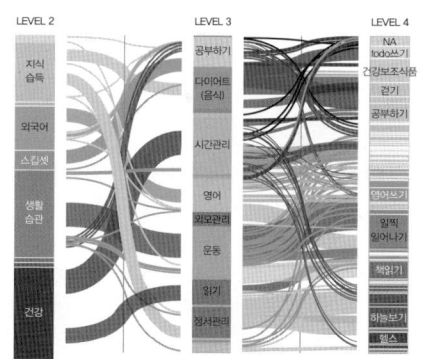

① 여러 대상의 흐름을 표현한다.
② 범주의 계층 간 관계를 표현하는 차트이다.
③ 막대의 너비로 수치형 데이터의 측정값을 표현한다.
④ 자금과 비용, 원재료 등의 흐름, 사이트 이동 등에 활용한다.

해설
흐름을 표현하는 생키(Sankey) 차트는 여러 대상의 흐름을 표현하고 범주의 계층 간 관계를 표현하는 차트이다. 화살표의 너비로 수치형 데이터의 측정값을 잘 표현하고 자금과 비용, 원재료 등의 흐름, 사이트 이동 등에 활용된다.

48 다음 인포그래픽에 해당하는 설명 중 가장 옳지 않은 것은?

① 복잡한 요소를 최소화하고 필요한 정보만을 간결하게 전달해야 한다.
② 그래프, 아이콘 등의 시각적 요소는 데이터와 목적에 맞게 명확하게 표현해야 한다.
③ 중요한 데이터나 핵심 메시지를 시각적으로 부각시키고, 사용자의 주목을 끌 수 있도록 해야 한다.
④ 서체, 색상, 아이콘 스타일 등의 요소를 다양하게 사용해야 한다.

해설

인포그래픽은 복잡한 데이터나 추상적인 개념을 이해하기 쉽게 시각적인 표현으로 전달하는 도구이다. 그래프, 차트, 아이콘 등의 시각적 요소는 데이터와 목적에 맞게 명확하게 표현하며, 중요한 데이터나 핵심 메시지를 시각적으로 부각시킨다. 또한, 사용자의 주목을 끌 수 있도록 해야 하고 서체, 색상, 아이콘 스타일 등의 요소를 일관되게 사용해야 하며, 전체적인 디자인 톤과 맞아야 한다.

49 다음 그래프와 관련된 설명 중 가장 옳지 않은 것은?

① 날짜 데이터를 활용하여 구성할 수 있다.
② X, Y, Z 3개의 축을 가진 입체 형태의 차트이다.
③ 원하는 일자에 프로젝트의 목표를 기록하여 관리할 수 있다.
④ 칸의 색상, 레이블을 통해 데이터에 대한 정보를 시각적으로 제공할 수 있다.

해설

캘린더차트는 날짜 데이터를 활용하여 구성할 수 있는 시각화 도구로 요일을 행, 주차를 열, 일을 칸에 포함하는 특수한 형태의 테이블이다. 테이블 형태를 가지므로 2차원 형태의 차트이다.

50 다음 중 기초 디자인 원리 중 색의 3속성에 대한 내용으로 가장 옳지 않은 것은?

① 색의 선명함(명료함), 맑고 탁한 정도를 나타내는 성질이다.
② 채도가 가장 선명하고 강한 색을 순색이라 한다.
③ 순색에 무채색을 혼합하면 채도가 점차 높아진다.
④ 채도 0%가 회색이 되고, 100%가 순색이 된다.

해설

채도(Saturation)는 색의 선명함(명료함), 맑고 탁한 정도를 나타내는 성질로 색의 순수성이나 강도를 의미한다. 채도가 가장 선명하고 강한 색을 순색이라 하며 순색에 무채색을 혼합하면 채도가 점차 낮아진다. 채도가 낮을수록 회색이나 흰색에 가까워지고 탁한 느낌이며, 채도 0%가 회색이 되고, 100%가 순색이 된다.

51 다음 이미지와 관련이 있는 게슈탈트 법칙으로 가장 옳은 것은?

① 연속성의 법칙
② 폐쇄성의 법칙
③ 단순 충만의 법칙
④ 전경과 배경의 법칙

해설

연속성의 법칙은 급격한 변화보다 부드럽게 이어지는 흐름을 선호하여 인지하는 경향이다.

48 ④ 49 ② 50 ③ 51 ① **정답**

52 다음과 같은 차트 유형의 명칭으로 가장 옳은 것은?

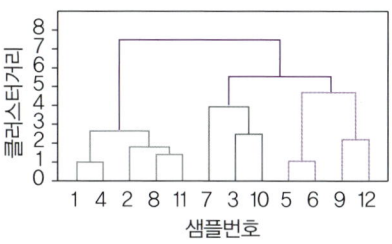

① 생키 차트
② 박스 플롯
③ 덴드로그램
④ 폭포수 차트

> **해설**
> 분류를 목적으로 하는 덴드로그램은 머신러닝 기법 중 군집화의 결과로 생성되는 그래프로, 각 단계에서 관측치의 군집화를 통해 형성된 그룹과 이들의 유사성 수준을 표시하는 트리 다이어그램이다.

53 다음 설명에 해당하는 인포그래픽 디자인 구성 요소로 가장 옳은 것은?

> • 그래프나 차트의 구조를 명확하게 나타내는 데 사용한다.
> • 패턴이나 추세를 파악하는 데 도움을 주고, 데이터의 변화를 더욱 명확하게 인식한다.
> • 데이터 요소들이 정렬되어 시선 이동과 정보의 해석이 용이하며 가독성이 높아진다.
> • 그래프의 데이터 비교를 용이하게 하며, 데이터 값의 상대적인 크기나 위치를 시각적으로 인식한다.

① 격자선
② 범례
③ 주석
④ 서체

> **해설**
> ② 범례는 그래프나 차트에서 사용된 색상, 패턴, 기호 등에 대응하는 항목을 설명하는 요소이다.
> ③ 주석은 특정 부분에 대한 설명이나 추가 정보를 제공하여 사용자가 정보를 이해하고 해석하는 데 도움을 준다.
> ④ 서체는 사용되는 텍스트의 외관을 의미하며, 가독성과 사용자 경험에 직접적인 영향을 준다.

54 다음 설명과 가장 관련이 있는 도표는?

> ( ) 유형의 차트는 직관적인 정보를 전달하면서 위치 관계도 쉽게 파악할 수 있고, 지도에 각 계급을 단계적으로 표현함으로써 지역을 집단으로 하여 단순한 개수가 아닌 숫자 데이터를 보여준다.

① 카토그램   ② 카토그램 히트맵

 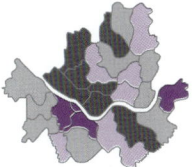
③ 지도맵   ④ 단계구분도

> **해설**
> 단계구분도는 영역별로 색의 채도(진하기)를 달리하여 수치형 자료의 측정값을 구분한 지도이다. 음영 처리 혹은 패턴을 다르게 하여 표현하는 지도로서 직관적인 정보를 전달하며, 계급으로 데이터를 집단화하여 지도에 각 계급을 단계적으로 표현함으로써 단순한 개수가 아닌 숫자 데이터를 보여준다.

정답 52 ③ 53 ① 54 ④

55 다음 설명에 해당하는 시각화 기능으로 가장 옳은 것은?

> • 엑셀의 셀 내에 표현되는 추세 그래프이다.
> • 셀 내에 표현하여 각각의 데이터 변화를 시각화한다.
> • 각 데이터의 추세, 패턴을 한눈에 파악하고 시간에 따라 변화하는 데이터를 시각화한다.

① 피벗 테이블　② 스파크라인
③ 데이터 막대　④ 아이콘 세트

해설
① 피벗 테이블은 테이블 디자인에서 큰 테이블을 요약하는 통계표로 개수, 합계, 평균 등의 통계를 포함한다.
③ 데이터 막대는 숫자나 퍼센트 값의 상대적인 크기를 시각화하는 기능이다.
④ 아이콘 세트는 조건부 서식의 한 종류로, 숫자나 퍼센트 값의 상대적인 크기를 시각화하는 기능이다.

56 다음 중 정량 데이터의 시간 전후 관계를 표현하는 데 가장 적합한 차트 유형은?

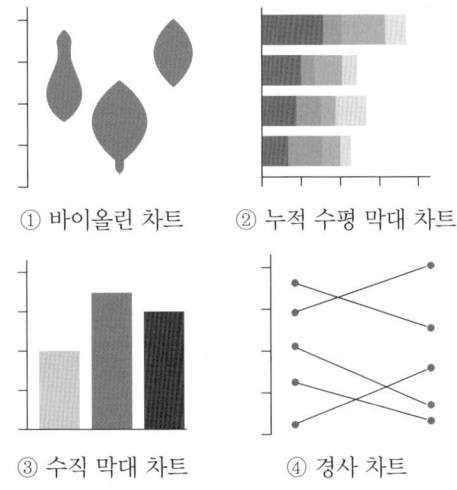

① 바이올린 차트　② 누적 수평 막대 차트
③ 수직 막대 차트　④ 경사 차트

해설
경사 차트는 점과 점 사이를 선으로 연결하여 비교 대상 데이터 간의 관계를 표현하고, 경사를 줌으로써 시각화하며 비교 대상 데이터 간의 상대 비교가 수월하다. 관계 시각화에서도 사용하지만 두 시간 사이의 변화에도 활용하여 시간 시각화에 유용한 차트로도 활용된다.

57 다음 중 대시보드의 주요 활용 예시로 가장 옳지 않은 것은?

① 개인정보 관리
② 프로젝트 관리
③ 마케팅 관리
④ KPI 관리

해설
대시보드의 주요 활용 예시
• KPI를 대시보드에 간결하게 표현하여 비즈니스의 주요 성과를 빠르게 확인
• 프로젝트 핵심 지표의 관리 및 작업 현황 모니터링
• 마케팅 목표 달성을 위한 정보의 모니터링

58 다음 그래프와 관련된 설명으로 가장 옳지 않은 것은?

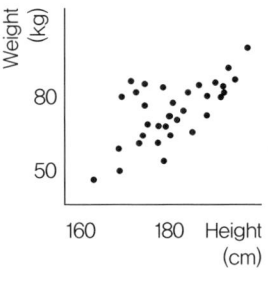

① 두 데이터 항목의 공통 변이를 나타내는 2차원 도표이다.
② 두 정량적 변수 간의 관계는 촘촘한 패턴으로 떨어지면 강한 관계로, 점들이 흩어지면 약한 관계로 해석된다.
③ 데이터 포인트가 적을 때 명확한 패턴을 해석하기 용이하다.
④ 데이터가 얼마나 분포됐는지, 데이터 포인트들이 얼마나 밀접한 관련이 있는지를 이해하는 데 도움을 주며, 데이터의 분포에 존재하는 패턴을 신속하게 식별할 수 있게 해준다.

55 ② 56 ④ 57 ① 58 ③ **정답**

해설

산점도(분산형 차트)는 데이터가 얼마나 분포됐는지 또는 데이터 포인트들이 얼마나 밀접한 관련이 있는지 이해하는 데 도움을 주는 2차원 도표이다. 변수 간의 관계는 촘촘한 패턴으로 떨어지면 강한 관계, 점들이 흩어지면 약한 관계로 해석되며, 데이터 포인트가 적으면 얼마나 관련이 있는지 이해하기 어렵다.

59 다음 인포그래픽에 해당하는 설명 중 가장 옳지 않은 것은?

① 인터넷 사이트에 게시되기 위해 좁고 긴 디자인이 일반적인 형태가 되었다.
② 에디토리얼 인포그래픽은 전통적인 정보 시각화 결과물보다 삽화와 장식을 많이 포함한다.
③ 연구나 조사, 발견, 수집의 결과인 일종의 기초자료로써 정보를 만들기 위한 일종의 원자재와 같은 것이다.
④ 사람이 사용할 수 있는 효과적인 정보와 복잡하고 구조적이지 않은 기술 데이터를 시각적으로 표현하는 방법이다.

해설

인포그래픽(Infographic)은 복잡한 데이터나 추상적인 개념을 이해하기 쉽게 시각적인 표현으로 전달하는 도구를 의미한다. 텍스트, 숫자, 그림, 색상, 크기 등 다양한 시각적 요소를 조합하여 데이터를 시각적으로 해석하고 전달한다. 정보를 만들기 위한 원자료는 데이터이다.

60 다음은 대표적인 비율 시각화 차트에 대한 설명이다. 설명에 해당하는 차트 유형으로 가장 옳은 것은?

- 전체에 대한 각 요소의 상대적 비율을 표현한다.
- 크기가 전체를 표현하고 각 요소 혹은 범주가 차지하는 상대적 비율이다.
- 각 요소 및 범주의 상대적 크기를 비율로 표현하여 직관적으로 비교한다.

① 파이 차트
② 히트맵 차트
③ 와플 차트
④ 히스토그램

해설

② 히트맵 차트는 트리맵과 유사한 형태를 가지나 이미지 위에 색상을 달리 표현하여 시각화하는 차트이다.
③ 와플 차트는 작은 사각형을 쌓아 각 요소의 비율 혹은 크기를 표현하는 방법을 사용하여 구현한 차트이다.
④ 히스토그램은 가로축에 범주 혹은 구간을 표현하고 세로축에는 데이터의 실제 값을 표현하는 차트로, 간격이 없이 표현되며 구간별 데이터의 많고 적음을 한 눈에 확인할 수 있다.

CHAPTER 03 실전 모의고사 3회

제1과목 경영정보 일반

01 기업 경영을 위한 하위 부문 및 주요 활동에 대한 설명으로 가장 적절하지 않은 것은?

① 마케팅 관리 : 시장 환경과 고객 분석 및 STP 전략 실행
② 운영 관리 : 제품 원가, 품질, 납품 관리 및 재고 관리
③ 회계 관리 : 투자 경제성 및 이자와 배당 등 자본비용 산정
④ 인적자원 관리 : 인력 운영 계획 수립 및 직무 분석과 평가

해설

제품 원가, 품질, 납품 관리 및 재고 관리 등의 업무는 구매, 자재, 생산 관리의 영역이다.

02 다음 중 CPA를 구하는 수식으로 가장 적절한 것은?

① (총클릭 수÷총노출 수)×100
② 총비용÷총설치 수
③ 총비용÷총노출 수
④ 총비용÷총구매 수

해설

액션당 비용(CPA ; Cost Per Action)은 특정한 액션(이메일 구독, 회원가입, 구매 등)을 수행하는 데 지불하는 평균 비용을 말한다. 예를 들어, 특정 마케팅 캠페인에서 100만 원을 소비하고 500번의 구매 액션을 얻었다면, CAP는 2,000원이 되므로 이를 수식으로 나타내면 (총비용÷총구매 수)이다.

03 다음 중 유동비율에 대한 설명으로 가장 적절하지 않은 것은?

① 기업의 단기부채 상환능력을 측정하는 지표이다.
② 기업의 자산을 현금화할 수 있는 능력치를 평가한다.
③ 자기자본에 대한 타인자본의 비율로 계산한다.
④ 유동비율이 클수록 지급 능력이 좋다.

해설

유동비율은 기업의 자산을 현금화할 수 있는 능력치를 평가하고 기업의 단기부채 상환 능력과 기업의 채무 지급 능력을 측정한다. 유동비율은 유동자산과 유동부채로 계산하며, 자기자본에 대한 타인자본의 비율은 부채비율이다.

04 보상 제도에 대한 설명으로 가장 적절한 것은?

① 임금 수준 결정에 있어 회사의 지불 능력보다 종업원의 최저생계비 보장을 우선 고려해야 한다.
② 근속연수에 연동하여 임금을 인상하는 베이스 업(Base Up)은 고성과자의 동기를 저하시키는 부작용을 초래할 수 있다.
③ 4대 보험, 유급휴가 및 퇴직금 제도는 종업원에게 반드시 제공되어야 하는 법정 외 복리후생이다.
④ 업무 관련 고충 처리와 스트레스 관리를 위한 종업원지원프로그램(EAP) 등을 법정 외 복리후생으로 운영할 수 있다.

01 ② 02 ④ 03 ③ 04 ④ **정답**

해설
① 임금 수준 결정에 있어 회사의 지불 능력과 종업원의 최저생계비 보장은 핵심 고려사항이다.
② 임금의 조정 방법 중 베이스업은 시장 상황이나 물가를 고려하여 조직의 전체적인 임금 수준을 상향 조정하는 것을 의미한다.
③ 법정 복리후생에는 4대 보험, 유급휴가 및 퇴직금 제도가 있다.

05 다음 중 일정 기간 현재 기업이 보유한 자산, 부채 그리고 자본의 정보를 제공하는 재무제표로 가장 적절한 것은?

① 대차대조표
② 손익계산서
③ 이익잉여금처분계산서
④ 현금흐름표

해설
대차대조표(재무상태표)는 일정 기간 현재 기업이 보유한 자산, 부채 그리고 자본의 정보를 제공한다. 기업의 유동성, 재무적 탄력성, 수익성과 위험 등을 평가하는 데 활용되며 자산은 유동자산과 비유동자산으로 구분하고 1년을 기준으로 한다.

06 경쟁 환경 분석을 위해 수행하는 3C 분석에서 활용하는 정보로 가장 적절하지 않은 것은?

① 기업 자원에 대한 강점과 약점
② 시장의 상황과 유통 전략
③ 고객의 요구와 행동
④ 경쟁자의 위협과 대응 전략

해설
3C는 기업(Company), 고객(Customer), 경쟁자(Competitor)의 세 가지 요소를 분석하여 기업의 경쟁력을 확보하고 전략을 수립하는 모델이다. 기업 자원에 대한 강점과 약점, 고객의 요구와 행동, 경쟁자의 위협과 대응 전략 등을 활용한다.

07 조직에서 시행하는 경력개발 제도에 대한 설명으로 가장 적절하지 않은 것은?

① 연구개발 인재가 관리 업무를 수행할 수 있도록 이중경력제도를 시행한다.
② 직원들이 다양한 업무를 경험하도록 신기술 습득 과정을 지원한다.
③ 조직 내 동기부여를 위해 성과가 좋은 인재만을 선별하여 핵심인재육성을 진행한다.
④ 퇴직 예정자의 경력개발에 도움을 주기 위한 전직지원제도를 운용한다.

해설
경력개발 프로그램 중 핵심인재육성은 조직의 리더 양성을 위한 지원 과정으로, 차세대 리더로 성장할 직원들이 조직을 이탈하지 않고 높은 수준의 역량과 경험을 축적할 수 있도록 운영하는 제도이다. 조직 내 동기부여를 위한 경력개발 프로그램은 아니다.

08 다음 중 채권투자에 따른 투자위험으로 가장 적절하지 않은 것은?

① 채권발행 물량이 너무 과도하여 시장의 포화로 발생하는 유동성위험
② 인플레이션의 변화에 따라 이자율과 채권 가격의 변화를 유발하는 구매력위험
③ 금리변동 위험으로 금리 수준에 따라 채권수익률과 가격이 변동하는 시장위험
④ 발행 기업의 신용도, 재정 및 경영 상태를 반영하는 채무불이행위험

해설
채권투자 위험 중 유동성위험은 채권발행 물량이 적고 시장이 작아 유동성위험에 노출되는 경우이다. 채권의 유동성이 낮으면 만기수익률이 높아야 한다.

정답 05 ① 06 ② 07 ③ 08 ①

09 다음 중 SWOT 분석의 4가지 전략에 대한 설명으로 가장 적절하지 않은 것은?

① WO전략은 내부의 약점을 보완하며 외부의 기회를 활용하는 전략이다.
② ST전략은 내부 강점을 활용하여 외부 위협을 최소화하는 전략이다.
③ SO전략은 내부 강점과 외부 기회를 적극 활용하는 매우 공격적인 전략이다.
④ WS전략은 내부의 약점을 보완하여 외부 위협을 최소화하는 전략이다.

해설
SWOT 분석의 4가지 전략은 내부 강점과 외부 기회를 적극 활용하는 SO전략, 내부 강점을 활용하여 외부 위협을 최소화하는 ST전략, 내부의 약점을 보완하며 외부의 기회를 활용하는 WO전략, 내부의 약점을 보완하여 외부 위협을 최소화하는 WT전략이 있다.

10 자산의 유용 수명동안 동일한 금액의 감가상각비를 할당하는 감가상각 방법으로 가장 적절한 수식은?

① (취득원가-잔존가액)×연차역순÷연수합계
② 미상각잔액(장부가액)×상각률 = 전기 감가상각비×(1-상각률)
③ (취득원가-잔존가액)÷내용연수
④ (취득원가-잔존가액)×당기실제산출량÷추정총산출량

해설
감가상각 중 정액법은 유용 수명동안 동일한 금액의 감가상각비를 할당하는 방식이다. 매년 같은 금액을 적용하여 정액상각하고 잔존가액이 존재한다. 값은 '(취득원가 - 잔존가액)÷내용연수'로 구한다.

11 풋 옵션에 대한 설명으로 가장 적절한 것은?

① 특정 기간 내에 특정 가격으로 자산을 매도할 권리
② 특정 기간 내에 특정 가격으로 자산을 매수할 권리
③ 특정 기간 내에 특정 가격으로 자산을 매도할 의무
④ 특정 기간 내에 특정 가격으로 자산을 매수할 의무

해설
풋 옵션(Put Option)은 특정 자산을 사전에 약속한 가격으로 지정된 날짜 또는 그 이전에 매도할 수 있는 권리를 말한다. 미래 약속한 시점에 상품의 시장 가격이 하락하지 않았다면 팔 권리를 포기할 수 있으며, 예상대로 가격이 하락하면 권리를 행사하여 이익을 실현한다.

12 다음 중 국가교통DB에서 제공하는 정보로 가장 적절하지 않은 것은?

① 교통시설인프라
② 화물통행실태
③ 여객통행수요분석
④ 실시간 도로교통상황

해설
국가교통DB 주요 서비스
- 교통조사
  - 여객통행실태   - 화물통행실태
  - 교통유발원단위   - 교통수단이용실태
  - 교통시설인프라
- 교통통계
  - 최신 교통통계   - 인기 교통통계
  - 교통통계DB   - 북한 교통통계
  - 교통통계 Index
- 교통수요예측
  - 여객통행수요분석 - 화물통행수요분석
  - 교통수요분석네트워크

13 다음 용어의 개념에 대한 설명으로 가장 적절하지 않은 것은?

① 고객단가는 매출액을 고객 수로 나누어 계산한 값이다.
② 할인율은 제품이나 서비스의 정상 가격에 대한 할인 비율을 나타낸다.
③ 고객획득비용은 전체 마케팅 비용을 재구매 고객 수로 나눈 값이다.
④ 평균주문액은 고객 한 명이 평균적으로 주문 시 결제하는 금액을 의미한다.

해설
고객획득비용이란 전체 마케팅 비용에 대한 신규고객의 비율을 의미한다.

14 다음 중 디지털 마케팅의 CVR에 대한 설명으로 가장 적절하지 않은 것은?

① 마케팅 활동을 통해 원하는 전환을 수행한 사용자의 비율을 의미한다.
② 마케팅에서의 전환은 구매를 의미하므로 가입 및 다운로드는 포함되지 않는다.
③ 첫 페이지에서 결제 페이지까지의 과정을 최적화하는데 필요한 지표이다.
④ 마케팅에 참여한 전체 사용자 대비 전환을 수행한 사용자의 비율을 의미한다.

해설
전환율(CVR ; Conversion Rate)은 기업의 광고를 확인 후 클릭, 장바구니, 구매, 다운로드, 가입 등의 실제 행동으로 수행한 비율을 의미한다. 광고가 고객의 실제 행동 욕구를 얼마나 자극할 수 있는지를 판단하는 지표로 활용된다.

15 다음 중 경제적 주문량(EOQ) 계산과 가장 관련이 없는 것은?

① 단위당 유지비용
② 주문량 및 주문비용
③ 연간 수요량
④ 1회 물류비용

해설
경제적 주문량 모형(EOQ ; Ecomonic Order Quantity)은 한번 발주 시 최상의 발주량을 산정하는 것을 의미한다. 주문량, 단위당 유지비용, 연간 수요량, 주문비용 등의 데이터를 활용하여 결정할 수 있다.

16 다음 설명에 해당하는 고객 관련 마케팅 용어로 가장 적절한 것은?

- 제품, 서비스 구매 시 보인 공통적인 특성과 활동
- 세대별, 성별, 지역별, 소득 수준별 등
- 고객 그룹별 특성화된 맞춤 제품과 서비스 전략

① 고객 성향
② 고객 세그먼트
③ 고객 만족도
④ 고객 패턴

해설
① 고객 성향은 고객이 기업의 제품 혹은 서비스를 선택할 때 보이는 행동유형, 선호도 또는 관심사를 말한다.
③ 고객 만족도는 고객의 제품 혹은 서비스에 대한 만족도를 말한다.
④ 고객 패턴은 고객이 특정한 구매 활동을 반복적으로 수행하는 패턴을 말한다.

정답 13 ③ 14 ② 15 ④ 16 ②

17 구매관리에서 자재나 제품의 입·출하 선적을 관리하는 것을 의미하는 용어로 가장 적절한 것은?

① 물류 관리
② 항만 관리
③ 트래픽 관리
④ 터미널 관리

해설
구매 관리 데이터 중 트래픽 관리(Traffic Management)란 자재 또는 제품의 입·출하 선적을 감독하는 것을 의미한다.

참고
트래픽 관리에서 감독하는 데이터
- 대안 경로 및 선적, 정부의 정책 및 규제 사항 검토, 수량과 납품 시기의 조절, 선적 지연 또는 수량 부족 등의 문제로 인한 추가 비용 고려, 선적 방법과 시점 조정 등의 계획과 관리를 위한 데이터
- 납품 이동 경로의 추적, 선적 제품 현황, 선적 비용 관리 등의 데이터

18 다음 중 기업에서 특정 사이트에 개제 중인 광고나 캠페인 콘텐츠에 대해 온라인 광고 단가 산정에 기준이 되는 이커머스 관련 용어로 가장 적절한 것은?

① 노출도
② 클릭률
③ 자연 검색량
④ 웹사이트 접속자 수

해설
② 클릭률은 기업의 광고 혹은 콘텐츠가 노출되었을 때 클릭한 사용자의 비율이다. 광고 콘텐츠의 성과를 측정하는 수치로도 사용된다.
③ 자연 검색량은 관련 검색어가 검색엔진에서 얼마나 검색되었는지를 나타내는 정보이다.
④ 접속자 수는 특정 기간 동안의 웹사이트의 총 방문자 수이다.

19 다음 수요예측 방법 중 실제 값과 예측값의 차이를 제곱해서 평균을 구하여 검증하는 방법은?

① MAD(Mean Absolute Deviation)
② MAPE(Mean Absolute Percent Error)
③ MSE(Mean Squared Error)
④ RMSE(Root Mean Squared Error)

해설
평균제곱오차를 의미하는 MSE(Mean Squared Error)는 편차의 제곱 평균으로 분산을 의미하며, 실제 값과 예측값의 차이를 제곱해서 평균을 구한 것이다. 분산은 값이 작을수록 좋다.

20 다음 중 황소채찍효과에 대한 설명으로 가장 적절하지 않은 것은?

① 황소채찍효과에서 가장 큰 문제점은 재고이다.
② 재고가 쌓이면 그만큼 재고 자산이 확보된다.
③ 공급사슬의 가장 마지막에 있는 기업의 재고가 점점 증가하는 현상이다.
④ 악성 재고가 누적되어 갈수록 생산과 판매는 더욱 어려워진다.

해설
황소채찍효과는 SCM에서 반복해서 발생하는 문제점으로 제품 및 서비스의 수요 정보가 공급사슬에 있는 각 단계를 거치며 왜곡되는 현상을 의미한다. 결국 공급사슬의 가장 마지막에 있는 기업의 재고가 점점 증가하는 현상으로 재고가 쌓이면 자금의 회전에 제약을 받으며, 재고 관리를 위한 비용이 발생하게 되고 오랜 기간 보관되면 생산과 판매에 영향을 주는 악성 재고로 변질된다.

17 ③ 18 ① 19 ③ 20 ② **정답**

제2과목 데이터 해석 및 활용

21 다음 중 범주형 데이터에 대한 설명으로 가장 적절하지 않은 것은?

① 특정한 기준에 따라 분류된 데이터이다.
② 크게 명목형 데이터와 순서형 데이터로 구분한다.
③ 서열척도는 순서형 데이터에 속한다.
④ 도수분포표 또는 막대그래프로 표현하기 용이하다.

해설

서열척도는 특성에 따른 구분뿐만 아니라 순서까지 포함하는 기준을 의미하며 연산이 불가능하고 크기를 명시하지 않으므로 명목형 데이터에 속한다.

22 다음에 제시된 자료에서 중앙값은?

10, 20, 30, 40, NULL, 50, 60

① 35
② NULL
③ 20
④ 40

해설

중앙값은 전체 데이터를 나열했을 때 가운데에 있는 값을 의미하며 데이터의 개수가 홀수이면 하나의 값, 짝수일 경우 가운데 두 수의 평균을 활용한다.
즉, NULL 값은 제외하여 $\frac{30+40}{2} = 35$이다.

23 다음 중 정보의 예시로 가장 적절하지 않은 것은?

① 특정 카테고리에서 가장 많이 판매된 상품
② 서버에 접근한 이벤트 로그 원본 데이터
③ 각 지점별 평균 예치금
④ 대리점별 매출 분포도

해설

정보란 현실 세계의 모든 데이터(원천)를 통해 가공되어 정리된 데이터를 의미한다. 서버에 접근한 이벤트 로그 원본 데이터는 가공되어 정리된 데이터가 아니므로 정보가 아닌 데이터의 예시이다.

24 다음 설명에 해당하는 용어로 가장 적절한 것은?

데이터베이스의 구조(관계, 개체, 속성)와 제약조건 등에 대해 포괄적인 내용을 설명하는 것을 의미한다. 논리적 단위인 데이터를 물리적 기억장치에 사상(Mapping)하고 데이터의 정확성과 일관성을 유지하기 위한 역할을 담당한다.

① 스키마
② 데이터 모델링
③ 식별자
④ 분산 데이터베이스

해설

② 데이터 모델링이란 제한된 공간에 다양한 데이터를 효과적으로 담아내는 방법을 고민하는 과정이다.
③ 식별자는 흔히 키(Key)라 하며, 테이블에 저장된 레코드를 유일하게 식별해 주는 속성 또는 속성의 집합이다.
④ 분산 데이터베이스는 여러 물리적 공간에 배치된 데이터베이스를 하나의 가상 시스템을 통하여 통제하고 활용할 수 있도록 구성된 데이터베이스를 의미한다.

25 다음 중 반정형 데이터에 대한 설명으로 가장 적절한 것은?

① 반정형 특성으로 인해 특정 데이터에 대한 검색이 어렵다.
② 특정 스키마가 없는 NoSQL 데이터베이스가 사용된다.
③ 정해진 규격이 없어 값의 의미를 쉽게 파악하기 힘들다.
④ 주로 XML, HTML, JSON 등의 파일 형태로 저장된다.

> **해설**
> ① 반정형 데이터는 별도의 저장장치가 없어도 문서 형태로 자유롭게 저장하고 활용이 가능하므로 검색이 가능하다.
> ② 특정 스키마가 지정되지 않는 NoSQL 데이터베이스를 활용하는 것은 비정형 데이터이다.
> ③ 정형 데이터는 값을 바로 활용할 수 있으며, 반정형 데이터의 경우 해당 구조를 파악하고 인지하기 위한 구문분석 과정이 필요하다. 비정형 데이터는 하나의 속성에 다양한 값이 복합적으로 내포되어 있고, 다양한 형태로 생성되므로 값의 의미를 파악하기 힘들다는 단점이 있다.

26 다음 설명에 해당하는 데이터베이스 언어로 가장 적절한 것은?

> 해당 언어는 데이터베이스에서 데이터를 다루는 데 사용한다. 데이터의 삽입(INSERT), 수정(UPDATE), 삭제(DELETE), 조회(SELECT) 등의 작업을 수행한다.

① 데이터 관리어(Data Management Language)
② 데이터 정의어(Data Definition Language)
③ 데이터 조작어(Data Manipulation Language)
④ 데이터 제어어(Data Control Language)

> **해설**
> 데이터 조작어는 데이터베이스에서 데이터를 조작하는 데 사용하며, SQL은 대부분 DML이 주를 이룬다.

27 다음 중 연속확률분포에 속하는 것으로 가장 적절한 것은?

① 포아송 분포
② 지수분포
③ 다항분포
④ 베르누이 분포

> **해설**
> 연속확률분포는 값의 개수를 셀 수 없는 연속확률변수의 확률분포를 의미한다. 대표적으로는 정규분포, 감마분포, 지수분포, 카이제곱분포, t분포 등이 있다.

28 다음 중 데이터베이스를 구성함으로써 얻을 수 있는 장점으로 가장 적절하지 않은 것은?

① 데이터의 중복을 최소화할 수 있다.
② 데이터 간 종속성을 최대화할 수 있다.
③ 데이터 내용의 일관성을 유지할 수 있다.
④ 여러 사용자와 데이터를 공유할 수 있다.

> **해설**
> 데이터베이스 구성의 대표적인 장점은 데이터가 통합·관리되어 중복을 최소화하고 데이터의 불일치를 감소시키며, 다수의 사용자 접근 및 사용에도 트랜잭션 관리, 제약조건 등의 기능으로 데이터의 결합과 오류를 방지하여 일관성을 유지한다는 것이다.

25 ④ 26 ③ 27 ② 28 ① **정답**

29 다음 글상자에서 설명하는 데이터베이스의 구성요소로 적절한 것은?

> 특정 데이터 유형에 대한 정보를 기술하고 필드(Field) 또는 변수(Variable)라고도 한다. 물리적 데이터베이스의 Column을 의미하며 각 속성은 고유한 이름을 가지며, 해당 속성에 저장되는 데이터의 유형을 정의한다.

① 테이블(Table)
② 레코드(Record)
③ 튜플(Tuple)
④ 속성(Attribute)

해설
① 테이블(Table)은 데이터베이스에서 데이터를 행과 열의 구조로 저장하는 가장 기본적인 단위로, 엔티티(Entity) 또는 릴레이션(Relation)이라고도 한다.
②·③ 레코드(Record)는 테이블의 행을 나타내며 속성에 따라 실제 입력되는 값으로 튜플(Tuple)이라고도 한다.

30 데이터 표준화의 목적에 대한 설명으로 가장 적절한 것은?

① 비교를 위해 데이터를 일관된 단위로 변환하는 것이다.
② 데이터에 대한 통계적 계산을 수행하는 것이다.
③ 데이터 세트에서 결측값을 제거하는 것이다.
④ 효율적인 저장을 위해 데이터를 압축하는 것이다.

해설
데이터 표준화는 비교를 위해 데이터를 일관된 단위로 변환하는 것으로, 데이터의 단위나 분포가 다른 경우 데이터의 척도를 맞추기 위해 숫자 데이터를 평균 0, 표준편차 1이 되도록 변환하는 작업을 의미한다.

31 다음 설명에 해당하는 데이터베이스 관리시스템으로 가장 적절한 것은?

> 데이터의 무결성과 일관성을 유지하기 위해 제약조건을 정의하고 적용하며, 제약조건은 데이터의 유효성 검사와 일관성 유지를 보장한다. 구조화된 질의어(SQL ; Structured Query Language)를 통해 접근하고 작업을 수행한다.

① NoSQL DBMS
② 분산형 DBMS
③ 관계형 DBMS
④ 네트워크 DBMS

해설
① NoSQL 데이터베이스는 SQL을 활용하지 않는 데이터베이스를 의미한다. 비관계형 데이터베이스 유형으로 테이블 형식과 다른 형식으로 데이터를 저장한다.
② 분산형 데이터베이스는 데이터베이스를 물리적으로 분리하여 여러 컴퓨터로 운영하는 방식을 사용하는 데이터베이스이다.
④ 네트워크 데이터베이스는 논리적인 구조가 네트워크 형태인 그래프로, 계층형 데이터베이스가 하나의 루트만을 갖는 단점을 개선한 데이터베이스이다.

32 고객의 나이, 성별, 지역 등의 정보를 이용하여 고객 데이터를 분석하고자 할 때 가장 적합한 데이터 마이닝 기법은?

① 연관분석
② 분류분석
③ 상관분석
④ 회귀분석

해설
분류란 이미 설정된 체계와 규칙 또는 조건에 따라 데이터를 분리하는 작업이다. 정해진 기준을 대상에 적용해 나누므로 분류분석에 해당한다.

33 다음 중 외래키(Foreign Key)에 대한 설명으로 가장 적절한 것은?

① 외래키는 테이블 내 모든 레코드를 고유하게 식별할 수 있지만 최소성 조건을 만족시키지 않을 수 있다.
② 외래키는 후보키 중에서 선택되고 테이블 내에서 중복된 값이 없어야 하며 NULL 값을 가질 수 없다.
③ 외래키는 슈퍼키의 특징을 가지면서 최소성 조건을 만족한다.
④ 외래키는 한 테이블에서 다른 테이블의 기본키를 참조하는 키이다.

해설
① 복합키는 테이블 내에서 레코드를 고유하게 식별하기 위해 두 개 이상의 속성을 결합한 키로, 하나의 속성으로 레코드를 유일하게 식별할 수 없을 때 활용하는 키이다.
② 기본키는 후보키로 선택되어 활용할 수 있으므로 기본키의 특징과 같이 중복이나 NULL 값을 가질 수 없다.
③ 슈퍼키는 이미 최소성을 만족하는 키이다.

34 다음 중 일반적으로 사용되는 비즈니스 인텔리전스 도구에 해당하지 않는 것은?

① 태블로
② 파워 BI
③ 클릭 뷰
④ 엑셀 VBA

해설
비즈니스 인텔리전스는 기업 혹은 조직 내 데이터를 분석하여 가치로 연결하고 통찰(Insight)을 도출하여 합리적인 의사결정과 전략을 수립하는 프로세스를 의미한다. 대표적인 도구로 Tableau, Power BI, Qlick View가 있다.

35 중복값을 처리하는 방법으로 가장 적절한 것은?

① 중복값을 무시하고 분석을 진행한다.
② 모든 중복값을 삭제하고 첫 번째 값만 유지한다.
③ 각 중복값에 고유 식별자를 할당한다.
④ 중복값을 중복값들의 평균으로 대체한다.

해설
중복값을 처리할 때에는 단순 중복이 아닌 중요한 정보를 포함한 값인지를 선행 판단하는 것이 중요하다. 속성 내 값이 중복되는 경우보다 하나의 값으로 처리되는 경우가 많으므로 행 삭제 및 열 삭제 방법이 유리하며, 삭제 후 해당 구간의 데이터를 재수집, 입력, 저장하는 방법을 사용하여 데이터 활용의 정확도를 높인다. 즉, 무시하거나 식별자 할당, 평균 대체 등의 방법보다는 삭제의 방법을 사용하여 처리해야 한다.

36 스트리밍 데이터를 처리하는 방식으로 가장 적절한 것은?

① 데이터를 일정한 간격의 청크 또는 배치로 처리한다.
② 머신러닝 알고리즘을 적용하여 실시간으로 데이터를 분석한다.
③ 유입되는 데이터를 연속적이고 점진적인 방식으로 처리한다.
④ 유입되는 모든 데이터를 관계형 데이터베이스에 저장한다.

해설
스트리밍 데이터를 처리할 때는 연속적이고 점진적인 방식으로 처리해야 한다. 또한, 센서와 네트워크 기술을 활용하여 수집하고 스트리밍 데이터를 비동기 방식으로 처리하는 분산형 로그 수집 기술을 활용한다.

정답 33 ④ 34 ④ 35 ② 36 ③

37 순차적 데이터를 처리하기 위해 특정 시점 또는 기간을 기준으로 데이터 세트를 분리하는 방법으로 가장 적절한 것은?

① 시계열 분리
② 계층적 분리
③ 교차 검증 분리
④ 홀드 아웃

해설
② 계층적 분리는 분포가 불균형하거나 계층화된 데이터 세트에서 클래스 또는 그룹의 상대적 비율을 유지하는 방식으로 데이터를 추출하는 방법이다. 모델이 전체 데이터를 충분히 대변하지만 클래스의 정의가 어렵고 샘플링 과정이 다소 복잡하다는 단점이 있다.
③ 교차 검증 분리는 데이터 세트를 여러 하위 집합으로 분리한 후 일부 폴드는 테스트 세트로 사용하고 나머지 폴드는 훈련 세트로 사용하는 방법이다.
④ 홀드 아웃은 데이터 세트를 일정한 비율(6:2:2 혹은 7:1.5:1.5)의 훈련, 검증, 테스트 세트로 분리하여 교차 검증하는 방법이다.

38 개인정보 비식별화의 목적으로 가장 적절한 것은?

① 민감한 개인정보의 익명화 및 가명화
② 전송 및 저장 중 데이터 암호화
③ 분석을 위한 데이터 접근성 개선
④ 데이터 무결성 및 정확성 보장

해설
개인정보 비식별화는 데이터 내의 개인정보 일부 또는 전부를 삭제하거나 다른 정보로 대체하는 작업으로, 데이터를 통해 특정 개인을 식별하기 어렵게 조치하는 것을 의미한다. 즉, 민감한 개인 정보를 익명화 또는 가명화하는 것을 목적으로 한다.

39 다음 글상자에서 설명하는 비즈니스 인텔리전스 구성 요소로 가장 옳은 것은?

- 사용자 요건에 따라 분석하고 활용하도록 지원하는 도구이다.
- 복잡한 분석 쿼리를 통한 빠른 처리가 가능하다.
- 다차원 데이터 모델을 활용하여 분석하는 기능을 제공한다.

① DS(Data Store)
② OLAP(Online Analytical Processing)
③ 메타데이터
④ DM(Data Mart)

해설
① DS(Data Store)는 개별 시스템 내 데이터를 통합·관리하고 공유하는 통합 데이터베이스이다.
③ 메타데이터는 데이터의 관리와 성능을 위한 데이터에 대한 데이터이다.
④ DM(Data Mart)은 의사결정을 위한 지원 목적별 데이터 웨어하우징을 말한다.

40 복수의 데이터 세트에서 키와 조건으로 연결되어 공통적으로 포함된 내용을 처리할 때 활용되는 데이터 결합 방법으로 가장 적절한 것은?

① 유니온 병합
② 외부 병합
③ 내부 병합
④ 크로스 병합

해설
① 유니온 병합은 복수의 데이터 세트를 합쳐 하나의 데이터 세트처럼 인식할 때 매우 유용하게 활용된다. 두 데이터 세트의 열의 개수가 동일하면 결국 합집합을 의미한다.
② 외부 병합은 두 데이터 세트에서 공통으로 포함되지 않은 데이터를 확인할 때 활용한다.
④ 크로스 병합은 두 데이터 세트의 데이터가 순서쌍으로 개수를 곱하여 결합되며, 키와 조건이 특별히 필요하지 않다.

제3과목 경영정보시각화 디자인

41 인포그래픽의 원리에 대한 설명으로 가장 적절한 것은?

① 인포그래픽은 주제와 목적에 맞게 중요한 정보를 강조하고 단순하고 명확하게 전달하는 것이 원칙이다.
② 인포그래픽에서 색상은 중요하지 않다.
③ 인포그래픽에서 최대한의 텍스트를 사용하여 정보를 전달하는 것은 오컴의 면도날 원리에 해당한다.
④ 인포그래픽은 정보를 복잡하게 구성하여 상세한 내용을 담는 것이 원칙이다.

[해설]

인포그래픽의 원리
- 단순성(Simplicity)
  복잡한 요소를 최소화하고 필요한 정보만을 간결하게 전달해야 함
- 명확성(Clarity)
  그래프, 차트, 아이콘 등의 시각적 요소는 데이터와 목적에 맞게 명확하게 표현해야 함
- 중요성(Importance)
  중요한 데이터나 핵심 메시지를 시각적으로 부각시키고, 사용자의 주목을 끌 수 있도록 해야 함
- 일관성(Consistency)
  서체, 색상, 아이콘 스타일 등의 요소를 일관되게 사용해야 하며, 전체적인 디자인 톤과 맞아야 함
- 가독성(Readability)
  텍스트의 크기, 텍스트와 배경 간의 대비, 그래프나 차트의 축 레이블 등은 사용자가 정보를 쉽게 읽고 이해할 수 있도록 디자인되어야 함
- 효과성(Effectiveness)
  시각적인 요소는 데이터와 목적에 맞게 선택되고 배치되어 사용자가 데이터를 이해하고 해석할 수 있도록 해야 함
- 대상 독자(Target Audience)
  대상 독자의 관심사, 수준, 문화적 배경 등을 고려하여 정보를 전달하는 스타일과 톤을 조절해야 함

[참고]

오컴의 면도날(Occam's Razor)
- 과학적 추론과 이론 구축에 사용되는 원칙 중 하나
- 단순한 설명이 복잡한 설명보다 선호되어야 한다는 원칙

42 디자인 기본원리에 대한 설명으로 가장 적절하지 않은 것은?

① 대비 : 상반된 요소를 활용하여 차이를 주고 조화를 이끌어 내 동적으로 표현
② 대칭 : 디자인 요소들이 중심을 기준으로 좌우 또는 상하로 똑같은 모습을 갖는 것
③ 조화 : 디자인 요소들이 일정한 형식과 질서를 유지하여 구성
④ 균형 : 디자인 요소의 배치와 무게를 조절하여 시각적인 안정감을 형성

[해설]

디자인 원리는 중 조화는 통일된 요소 간의 일관성과 변화를 조화롭게 조합하는 개념으로, 통일을 통해 디자인 요소들의 일관성을 유지하고, 변화를 통해 다양성과 차별성을 부여함으로써 조화로운 느낌과 시각적인 흥미를 동시에 제공할 수 있다.

43 색의 3속성에 대한 설명으로 가장 적절하지 않은 것은?

① 동일한 회색 사각형도 흰색 바탕의 회색 사각형이 더 밝아 보이는 현상이다.
② 바탕의 채도가 낮으면 해당 색상의 채도가 높게 보이는 현상이다.
③ 명도 대비는 명도가 다른 두 색이 대조되어 명도 차가 생기는 대비이다.
④ 색상 대비는 색상 간의 차이를 느끼게 하는 가장 기본적인 대비이다.

[해설]

② 채도 대비는 동일한 색상이 바탕색의 채도에 따라 채도가 다르게 인지되는 대비로 바탕의 채도가 낮으면 해당 색상의 채도가 높게 보이는 현상이다.
③ 명도 대비는 명도가 다른 두 색이 대조되어 명도 차가 생기는 대비로 동일한 회색 사각형도 검은색 바탕의 회색 사각형이 더 밝아 보이는 현상이다.
④ 색상 대비는 색상 간의 차이를 느끼게 하는 가장 기본적인 대비로 가장 크게 인지할 수 있는 색은 삼원색(빨강, 초록, 파랑)이다.

41 ① 42 ③ 43 ① **정답**

44 다음 글상자에서 설명하는 인포그래픽 디자인 구성요소로 적절한 것은?

> (   )은/는 그래프나 차트에서 사용된 색상, 패턴, 기호 등에 대응하는 항목을 설명하는 요소로서 데이터 요소의 의미를 명확하게 전달하고, 그래프의 해석을 돕는 역할을 한다. 디자인과 일관성을 유지하며, 가독성과 시각적인 조화를 고려하여 작성한다.

① 주석
② 서체
③ 격자선
④ 범례

해설
① 주석은 특정 부분에 대한 설명이나 추가 정보를 제공하여 사용자가 정보를 이해하고 해석하는 데 도움을 준다.
② 서체는 사용되는 텍스트의 외관을 의미하며, 가독성과 사용자 경험에 직접적인 영향을 준다.
③ 격자선은 그래프나 차트의 구조를 명확하게 나타내는 데 사용되며, 데이터의 비교, 패턴 파악, 정확한 위치 파악 등에 사용한다.

45 다음 차트에 반영되지 않은 인포그래픽 디자인 요소는?

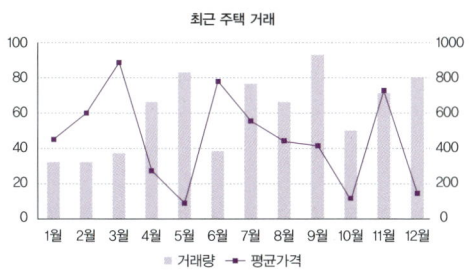

① 범례
② 주석
③ 격자선
④ 두 번째 축

해설
주석은 특정 부분에 대한 설명이나 추가 정보를 제공하여 사용자가 정보를 이해하고 해석하는 데 도움을 주는 요소이다. 주로 텍스트 형태로 제시되며 그래픽 요소와 함께 사용된다. 또한, 중요한 세부 정보, 통계 데이터의 해석, 용어 정의 등을 제공할 수 있고, 사용자의 이해를 돕는 데 필요한 추가적인 문맥이나 배경 정보를 제공하기도 한다.

46 다음과 같은 차트 유형의 명칭은?

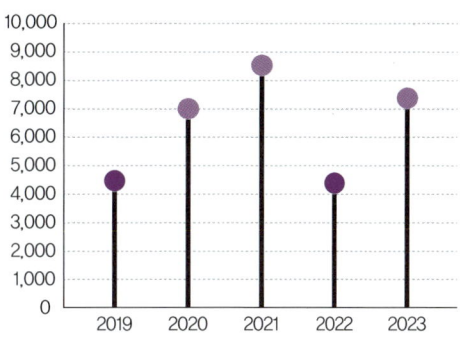

① 덤벨 차트
② 버블 차트
③ 롤리팝 차트
④ 도트 플롯

해설
롤리팝 차트는 막대의 끝부분을 작은 원을 사용하여 표현하는 방식으로 끝부분에 원이 활용된다는 점을 제외하고는 막대 차트와 유사하지만, 막대가 많을 경우 수량을 정확히 파악하기 곤란할 때 유용한 차트이다.

47 대시보드에 대한 설명으로 가장 적절하지 않은 것은?

① 대시보드의 핵심적인 역할은 매출 상승과 원가 절감의 정보 전달이다.
② 하나의 단일화된 시각화 요소가 아닌 여러 시각화 요소를 복합적으로 사용하여 표현한다.
③ 비즈니스를 모니터링하고 중요한 정보를 한눈에 확인하는 방법을 제공한다.
④ 데이터의 시각적 구현을 통해 현재 상황을 모니터링하고 이해하는 도구이다.

해설
② 대시보드는 하나의 단일화된 시각화 요소가 아닌 여러 시각화 요소를 복합적으로 사용하여 표현하므로 전달력은 물론 빠르게 이해할 수 있는 디자인적 요소가 중요하다.
③ 대시보드는 목표 혹은 비즈니스 프로세스와 관련한 KPI(핵심성과지표)를 다루며 비즈니스를 모니터링하고 중요한 정보를 한눈에 확인하는 방법을 제공한다.
④ 대시보드는 데이터의 시각적 구현을 통해 현재 상황을 모니터링하고 이해하는 도구로서 핵심적인 역할은 비즈니스 지표와 경영정보의 정확한 전달이다.

정답 44 ④ 45 ② 46 ③ 47 ①

48 엑셀의 조건부 서식 기능을 이용한 데이터 시각화에 대한 설명으로 가장 적절한 것은?

① 스파크라인은 숫자나 퍼센트 값의 상대적인 크기를 시각화하는 기능이다.
② 아이콘 세트는 엑셀의 셀 내에 표현되는 추세 그래프이다.
③ 데이터 막대는 숫자나 퍼센트 값의 상대적인 크기를 시각화한다.
④ 스파크라인은 데이터의 추세, 패턴을 한눈에 파악하고 시간에 따라 변화하는 데이터를 시각화한다.

[해설]
스파크라인은 엑셀의 셀 내에 표현되는 추세 그래프로서 셀 내에 표현하여 각각의 데이터 변화를 시각화한다.

49 다음 중 데이터의 불확실성을 표현하기에 가장 적합한 차트 유형은?

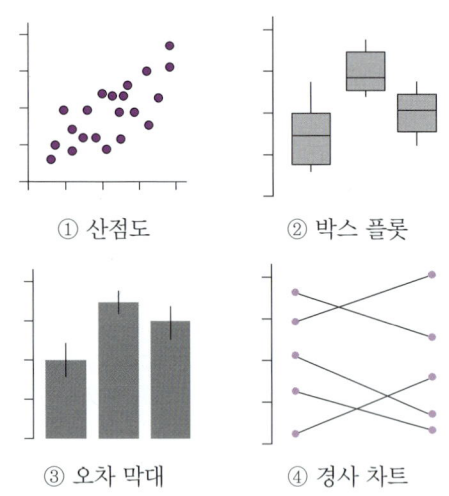

① 산점도
② 박스 플롯
③ 오차 막대
④ 경사 차트

[해설]
불확실성을 시각화하는 오차 막대는 막대로 표현할 수 있는 수치형 자료(정량적 정보)에 기반한다.

50 다음 그림에서 트랙 데이터를 강조하기 위해 활용된 시각적 속성으로 가장 적절한 것은?

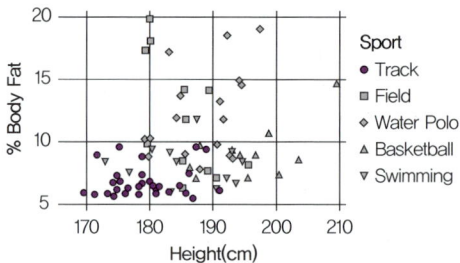

① 크기 속성
② 색 속성
③ 위치 속성
④ 모양 속성

[해설]
색상은 적절히 사용하고 절제해 표현할 때 시각화에서 매우 중요한 요소이다. 일관된 색상의 사용은 전체적인 통일성을 유지하는 데 도움을 주며, 같은 색상을 활용하여 같은 목적에 반복적으로 적용하면 시각화 자료의 전달력이 높아지고 수용자의 이해를 도울 수 있다. 긍정에 활용되는 색과 부정적 의미를 담을 때의 색을 구분하여 사용해 효과를 높인다.

51 다음 중 시각화 도구(BI 소프트웨어)에 대한 설명으로 가장 적절하지 않은 것은?

① 원본 데이터가 서로 다를 때 완벽하게 재현 가능한 시각화 결과는 반복 가능성을 갖는다.
② 재현 가능성은 신뢰성과 투명성을 높이는 데 중요한 역할을 한다.
③ 반복 가능성은 동일 조건에서 동일한 시각화 결과를 얻을 수 있는 능력이다.
④ 구현된 시각화 결과의 데이터가 유효하고 표현 방식이 정확하게 기술되어 있다면 재현 가능성을 확보할 수 있다.

48 ④ 49 ③ 50 ② 51 ① **정답**

해설

① 재현 가능성은 시각화 결과를 다시 동일하게 재현할 수 있는 능력을 말한다.
② 재현 가능성은 신뢰성과 투명성을 높이는 데 중요한 역할을 하므로 이를 위해 코드, 데이터, 분석 방법 등을 충분히 기술하여 다른 사람이 시각화를 재현할 수 있도록 해야 한다.
③·④ 반복 가능성은 시각화 결과에 무작위적인 요소가 포함되어도 해당 요소가 추후 재현 가능한 방식으로 정의되면 이후 언제나 동일한 시각화 결과를 재생성할 수 있다는 것을 의미한다.

해설

단계구분도는 계급으로 데이터를 집단화하고, 지도에 각 계급을 단계적으로 표현함으로써 지역을 집단으로 하여 단순한 개수(Count)가 아닌 숫자 데이터를 보여준다.

52 다음 설명과 가장 관련이 있는 도표는?

( )은/는 영역별로 색의 채도(진하기)를 달리하여 수치형 자료의 측정값을 구분한 도표로서 쉽게 음영 처리 혹은 패턴을 다르게 하여 표현하는 것으로 직관적인 정보를 전달하면서, 위치 관계도 쉽게 파악할 수 있다.

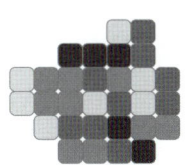
① 카토그램 히트맵

② 지도맵

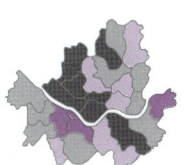
③ 단계구분도

④ 카토그램

53 다음의 수직 막대 차트를 정확한 정보전달을 위해 수정한다면 가장 적절한 것은?

① 막대 사이의 간격을 조정해야 한다.
② 그래프의 Y축을 0부터 시작해야 한다.
③ 반복 가능성은 동일 조건에서 동일한 시각화 결과를 얻을 수 있는 능력이다.
④ 3월의 측정값이 가장 크다는 것을 강조하기 위해 색 속성을 사용해야 한다.

해설

주어진 수직 막대 차트에서 1월의 값이 0과 1 사이의 값인 경우에는 표현이 힘들기 때문에, 1월의 값을 정확히 전달하기 위해 Y축의 시작 지점을 0으로 조정하여 정보의 전달력을 높여야 한다.

54 다음 글상자에서 설명하는 차트의 유형으로 가장 적절한 것은?

- 데이터가 전체에서 차지하는 비율을 확실하게 보여준다.
- 데이터 세트가 매우 적은 경우에도 시각적으로 보기 좋다.
- $\frac{1}{2}, \frac{1}{3}, \frac{1}{4}$과 같은 단순한 분수 비율 표현을 강조하기 좋다.

① 와플 차트

② 레이더 차트

③ 폭포수 차트

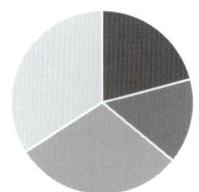
④ 파이 차트

해설

④ 전체에 대한 각 요소의 상대적 비율을 표현하는 파이 차트는 원의 크기가 전체를 표현하고 각 요소 혹은 범주가 차지하는 상대적 비율을 부채꼴 모양으로 표현한다.
① 와플 차트는 작은 사각형을 쌓아 각 요소의 비율 혹은 크기를 표현하는 방법을 사용하여 구현한 차트이다.
② 레이더 차트는 여러 요소와 범주 간의 상대적 관계를 동시에 표현한다. 상대적 비교에는 유리하지만 정확한 숫자를 파악하기에는 어렵다는 단점이 있다.
③ 폭포수 차트는 시작과 결과의 값을 막대로 표현하고 값의 변화(증가, 감소)만을 나타내 구현하는 차트이다.

55 다음의 제시된 차트에 대한 설명으로 가장 적절하지 않은 것은?

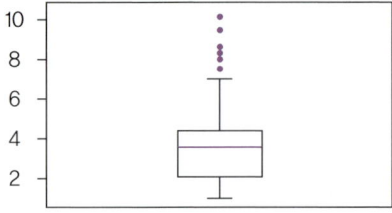

① 1분위수, 3분위수 등이 잘 표현되어 데이터의 분포를 확인할 수 있다.
② 재현 가능성은 신뢰성과 투명성을 높이는 데 중요한 역할을 한다.
③ 평균이 박스의 중간에 표현되어 있어 정확하게 확인하기 쉽다.
④ 최댓값과 최솟값이 표현되어 데이터 범위를 확인할 수 있다.

해설

박스 플롯은 여러 구간(범주)의 범위 혹은 분포를 박스형으로 시각화하여 서로 다른 데이터 세트를 쉽게 비교하는 시각화 기법이다. 데이터를 사분위로 표시하여 최솟값, 1사분위값, 2사분위값(중앙값), 3사분위값, 최댓값 등을 표현한다. 평균을 나타내지는 않지만, 이상치의 발견이 쉬워 데이터의 대략적인 분포와 개별적인 이상치를 동시에 확인 가능하다.

56 광고 노출 이후 광고에 대한 호감도 변화를 분석하여 광고효과를 표현하기 가장 적합한 시각화 객체는?

① 경사 차트
② 밀도 분포
③ 박스 플롯
④ 히트맵

해설

광고 노출 이후 광고에 대한 호감도 변화를 분석하려면 노출 이전과 이후를 비교하기 위해 시간 시각화 방법을 사용해야 한다. 경사 차트는 특별히 두 점 사이의 시간 추이를 비교할 수 있으므로 시간 시각화에 유용한 차트이다. 밀도 분포와 박스 플롯은 분포 시각화, 히트맵은 관계 시각화에 유용한 차트이다.

57 다음의 제시된 차트 유형에 대한 설명으로 가장 옳지 않은 것은?

① 주로 누적효과를 보기 위해 사용하는 차트 유형이다.
② 최종이익에 기여하는 세그먼트와 그 기여의 정도를 쉽게 판단할 수 있다.
③ 음의 측정값이 존재할 경우 누적효과 확인에 효과적이지 않다.
④ 측정값의 총합계를 함께 표현하면 더욱 효과적이다.

> **해설**
>
> 누적을 표현하는 폭포수 차트는 누적효과를 보기 위해 많이 사용하는 플롯으로 최종이익에 기여하는 세그먼트와 그 기여의 정도를 쉽게 판단할 수 있다. 측정값의 총합계를 같이 표현하면 더욱 효과적이며 음의 측정값이 존재해도 누적효과를 확인할 수 있다.

58 다음 글상자에서 설명하는 차트의 유형으로 가장 적절한 것은?

> • 양의 상관관계와 음의 상관관계가 잘 나타나 있다.
> • 산점도에 너무 많은 변수가 존재할 경우 발생하는 문제점을 극복할 수 있다.
> • 상관관계가 통계적으로 유의하지 않은 경우를 확인할 수 있다.

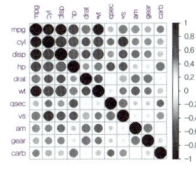 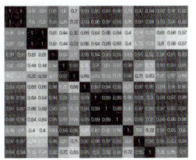
① 상관도표　　　② 히트맵 차트

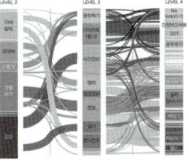 
③ 생키 차트　　　④ 범프 차트

> **해설**
>
> ① 관계 시각화 도구인 상관도표는 대표적인 데이터의 관계를 표현하는 차트 유형으로 변수 간의 관계성을 파악할 수 있다. 그러나 변수 간 원인과 결과의 인과관계는 파악할 수 없다.
> ② 히트맵 차트는 트리맵과 유사한 형태를 가지나 이미지 위에 색상을 달리 표현하여 시각화하는 차트이다. 주로 데이터가 많은 공간은 붉은색 계열을 사용하고 데이터가 적은 공간은 푸른색 계열을 활용한다.
> ③ 생키 차트는 여러 대상의 흐름을 표현할 수 있는 차트로, 범주의 계층 간 관계를 표현하는 데 유용하다. 화살표의 너비로 수치형 데이터의 측정값을 잘 표현할 수 있다.
> ④ 범프 차트는 순위의 변동 상황을 명확하게 이해할 수 있는 차트로, 순위나 그룹 등 범주별로 색상 속성을 표현하여 구분하면 효과적이다. 추이 파악과 순위 파악이 동시에 가능하다는 장점이 있다.

59 다음의 버블(거품형) 차트의 특징으로 가장 적절하지 않은 것은?

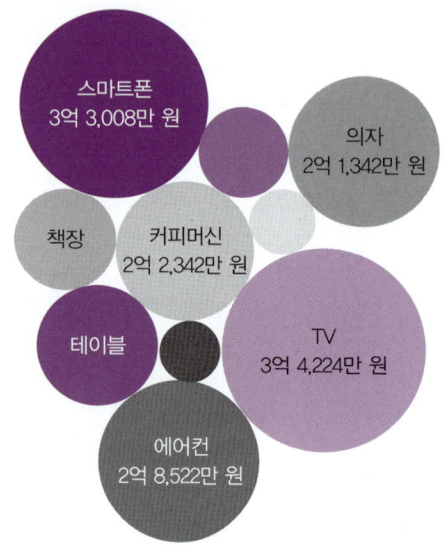

① 주로 누적효과를 보기 위해 사용하는 차트 유형이다.
② 비교하기 쉽고 대량의 데이터를 좁은 공간에 표시하기 용이하다.
③ 범주형 데이터 간 차이를 각 범주의 쌍으로 비교하기에 적합하다.
④ 사각형이나 삼각형의 형태로도 활용할 수 있다.

> **해설**
> ③ 두 범주 간 정량적 변수의 차이를 비교할 수 있는 차트는 경사(기울기)차트이다.
> ① 누적효과를 보기 위해 사용하는 차트는 폭포수 차트이다.
> ② 데이터의 관계, 크기 및 분포를 한 눈에 확인할 수 있으며, 대량의 데이터를 좁은 공간에 표현할 수 있다는 장점이 있다.
> ④ 버블은 반드시 원이 아닌 사각형, 삼각형 등의 도형 혹은 기호로 대체할 수 있다.

60 다음과 같은 차트 유형에 대한 설명으로 가장 적절하지 않은 것은?

① 음수 값을 표현하기 어렵다.
② 계층 구조가 있는 데이터 표현에 적합하며 계층 내 비율을 편리하게 표현할 수 있다.
③ 대상의 배치는 BI 도구가 제공하는 알고리즘과 관련되어 통상적으로 제어가 어렵다.
④ 인접하지 않은 범주형 데이터의 계층 간 비교에 용이하다.

> **해설**
> 트리맵은 모자이크 차트와 유사하지만 하나의 범주(항목)에 너비가 일정하지 않다는 차이점을 가진다. 비율 데이터를 범주의 내포 형태로 표현할 수 있어 2개 이상의 범주가 계층구조를 가질 때 적합하지만 음수의 표현과 상대 비교가 어렵다. 범주의 계층 간 비교에 용이한 차트는 생키 차트이다.

PART 5
공개문제 파헤치기

CHAPTER 01 시행처 공개문제 A형

CHAPTER 02 시행처 공개문제 B형

CHAPTER 01 시행처 공개문제 A형

PART 5 공개문제 파헤치기

제1과목 경영정보 일반

01 기업 경영에 직간접적으로 영향을 미치는 주체로서 종업원, 고객, 지역사회 등을 포괄하는 용어로 가장 적절한 것은?

① 주주(Shareholder)
② 대리인(Agent)
③ 의사결정자(Decision maker)
④ 이해관계자(Stakeholder)

해설

④ 이해관계자(Stakeholder)란 기업 경영에 직간접적으로 이해관계를 가지는 사람을 뜻하며, 종업원(Employees), 고객(Customers), 오너(Owners), 투자자(Investors) 등 관련된 모든 개념을 포함한다.
①·②·③ 주주, 대리인, 의사결정자 모두 이해관계자에 해당한다.

02 모든 수익과 비용은 그것이 발생한 기간에 정당하게 배분되도록 처리해야 한다는 회계 원칙으로 가장 적절한 것은?

① 수익 비용 대응 원칙
② 발생주의 원칙
③ 신뢰성 원칙
④ 중요성 원칙

해설

발생주의는 재무적 흐름을 수익과 비용이 발생할 때 인식하고 기록하는 것을 의미한다. 외상 매출, 미수, 외상매입 등이 해당되며 기간 내 혹은 장기간의 경영성과와 사업의 흐름을 정확히 표현한다.

03 기업의 부채를 상환하는 능력을 측정하는 재무비율로 가장 적절한 것은?

① 부채비율
② 유동비율
③ 이자보상비율
④ 자기자본이익률

해설

기업의 부채를 상환하는 능력을 측정하는 재무비율은 안전성비율이며, 안전성비율에는 유동비율, 당좌비율, 부채비율, 이자보상비율 등이 있다. 해당 문제는 복수 정답이 인정되었으므로 답은 ①, ②, ③이다.

04 주가가 장부가의 몇 배로 평가되고 있는지 측정하는 데 사용되는 재무비율로 가장 적절한 것은?

① 주당매출액비율
② 주가현금흐름비율
③ 주가순자산비율
④ 주당순이익

해설

주가순자산비율은 주가가 장부가의 몇 배로 평가되고 있는지를 보기 위한 비율이며, 주가순자산비율이 낮을수록 주식투자 매력도가 높다. 주가수익비율이 수익과 주가를 비교하는 지표라면 주가순자산비율은 재무상태 측면에서 순자산과 주가를 비교하는 지표이다.

01 ④ 02 ② 03 ①, ②, ③ 04 ③ **정답**

05 가장 최근에 입고된 상품이 판매원가로 인식되는 재고가치 평가 방법으로 가장 적절한 것은?

① 선입선출법
② 후입선출법
③ 평균법
④ 개별법

해설
선입선출법은 먼저 매입한(가장 오래된) 재고자산이 먼저 판매된다는 가정하에 원가를 배분하는 방법이고, 후입선출법은 나중에 매입한(가장 최근에) 재고자산이 먼저 판매된다는 가정하에 원가를 배분하는 방식이다.

06 풋 옵션에 대한 설명으로 가장 적절한 것은?

① 특정 기간 내에 특정 가격으로 자산을 매도할 권리를, 그러나 의무는 없는 계약
② 특정 기간 내에 특정 가격으로 자산을 매수할 권리를, 그러나 의무는 없는 계약
③ 특정 기간 내에 특정 가격으로 자산을 매도할 의무를 부과하는 계약
④ 특정 기간 내에 특정 가격으로 자산을 매수할 의무를 부과하는 계약

해설
풋 옵션(Put Option)은 특정 자산을 사전에 약속한 가격으로 지정된 날짜 또는 그 이전에 매도할 수 있는 권리를 말한다. 미래 약속한 시점에 상품의 시장 가격이 하락하지 않았다면 팔 권리를 포기하고, 예상대로 가격이 하락하면 권리를 행사하여 이익을 실현하므로 의무는 없는 계약이다.

07 산업의 수익성을 결정하는 5가지의 경쟁 요인(5 Forces)에 해당하는 정보로 가장 적절하지 않은 것은?

① 기존 고객의 이탈 가능성 관련 정보
② 잠재적 경쟁자의 시장 진입 위협 관련 정보
③ 공급자의 가격 결정력 관련 정보
④ 현실적 및 잠재적 대체재 관련 정보

해설
5 Forces의 5가지 경쟁 요인에는 산업 내부 경쟁자(기존 시장 경쟁자), 잠재적 경쟁자(신규 진입 경쟁자), 대체재, 공급자(판매자), 구매자가 있다. 고객과 관련한 정보는 5가지 요인에 포함되지 않는다.

08 조직의 성과관리에 사용되는 용어에 대한 설명으로 가장 적절하지 않은 것은?

① MBO : 조직과 개인의 목표를 연계하여 사전에 설정된 목표를 기반으로 객관적이고 결과 지향적으로 성과를 관리
② OKR : 진전된 성과관리 접근으로 재무적 성과 요소와 더불어 ESG 등 기업의 사회적 책임 관련 요소까지 관리
③ BSC : 현재의 성과관리와 미래의 역량 축적을 위해 재무, 고객, 업무 프로세스, 학습과 성장 등의 성과 요소를 균형 있게 관리
④ KPI : 목표 실현을 위한 주요 활동과 이에 대한 달성 기준을 구체적으로 설정하여 과학적으로 성과를 측정하고 관리

해설
OKR(Objectives and Key Results)은 목표와 핵심결과를 의미하며, 명확히 설정된 목표(Objectives)에 따른 핵심적인 결과(Key Results)로 구성된다. 목표 및 성과를 평가하는 기간을 유연하게 관리할 수 있으며, 목표에 대한 달성 기준을 기간 내 확장할 수 있으나 기업의 사회적 책임 관련 요소까지 관리하지는 않는다.

09 임금 및 복리후생 제도에 대한 설명으로 가장 적절하지 않은 것은?

① 임금 수준 설정 시 조직의 지불 능력과 경쟁사의 현황, 노동자의 생활권을 동시에 고려해야 한다.
② 임금 인상은 연공에 따른 승격, 역할 확대에 따른 성과급, 전체적인 기준을 상향하는 승급 등을 통해 이루어진다.
③ 복리후생은 크게 4대 보험, 퇴직금 등 법정 복리후생과 자기개발, 생활문화 증진제도 등 법정 외 복리후생으로 이루어진다.
④ 구성원들이 정해진 금액 내에서 원하는 복리후생 프로그램을 선택할 수 있는 카페테리아 제도를 운영할 수 있다.

해설
임금의 조정 방법 중 승급은 직급 혹은 직책의 승진에 따른 인상을 의미한다.

10 전사적 인력 운영 계획 수립 시 분석 및 고려사항으로 가장 적절하지 않은 것은?

① 부서별 인력 수요와 노동시장의 공급 예측
② 조직의 손익과 인건비 현황 정보
③ 조직 구성원의 인사평가 관련 정보
④ 단·중·장기 자동화 및 아웃소싱 계획

해설
전사적 인력 운영 계획 수립 시 핵심적인 고려사항으로는 인력의 증원 및 감축(감소), 사업 방향성, 노동시장 환경, 노사 관계, 업무의 자동화, 아웃소싱, 조직의 개편, 부서 재배치 등이 있다. 인사평가 관련 정보는 인적자원관리 중 평가의 고려사항에 해당한다.

11 다음 중 CPM을 계산하는 수식으로 가장 적절한 것은?

① 총비용÷노출 수
② 총비용÷노출 수×100
③ 총매출÷노출 수
④ 총비용÷노출 수×1,000

해설
천 번 노출당 비용을 의미하는 CPM은 기업의 광고 콘텐츠가 1,000번이 노출되는 동안 들어가는 평균 비용을 계산한다. 노출 기준이므로 클릭 수와 무관하며 총비용÷노출 수×1,000으로 계산한다.

12 다음 설명에 해당하는 고객 관련 마케팅 용어로 가장 적절한 것은?

( )은/는 한 명의 고객이 장기적으로 회사에 제공하는 예상 가치를 나타내는 지표로서, 고객이 회사의 제품 또는 서비스를 구매하고 유지하는 동안 생산되는 순이익의 총합으로 계산된다.

① 고객유지율(CRR)
② 순수고객추천지수(NPS)
③ 고객생애가치(LTV)
④ 월간 활성 사용자(MAU)

해설
고객생애가치(LTV ; Lifetime Value)는 고객이 기업의 제품과 서비스를 구매하는 등의 관계를 유지하며 발생시키는 가치(이익)를 나타내는 지표이다. LTV가 높다는 것은 고객이 장기적으로 꾸준하게 기업의 제품을 선택했다는 것을 의미한다.

13 다음 중 각 용어의 개념에 대한 설명으로 가장 적절하지 않은 것은?

① 순이익은 기업이 수익에서 비용을 차감한 후 남는 이익을 의미한다.
② 매출은 기업이 제품 또는 서비스 판매로 얻은 총금액을 의미한다.
③ 투자수익률(ROI)은 특정 마케팅 활동에 대한 비용 대비 수익의 비율을 의미한다.
④ 전환율(CVR)은 특정 웹사이트 접속 시 광고에 노출된 횟수를 의미한다.

해설
전환율(CVR ; Conversion Rate)은 기업의 광고를 확인 후 클릭, 장바구니, 구매, 다운로드, 가입 등의 실제 행동으로 수행한 비율을 의미한다. 광고가 고객의 실제 행동 욕구를 얼마나 자극할 수 있는지를 판단하는 지표로서 공식은 (전환을 수행한 사용자 수÷마케팅에 참여한 전체 사용자 수)×100(%)이다.

14 다음 중 사용자가 특정 제품 및 서비스 또는 플랫폼을 얼마나 지속적으로 사용하는지를 확인할 수 있는 지표로 가장 적절한 것은?

① 인스톨당 비용(CPI)
② 액션당 비용(CPA)
③ 고착도(Stickiness)
④ 클릭당 비용(CPC)

해설
고착도(Stickiness)는 웹·앱 사용자 혹은 고객이 제품, 서비스, 콘텐츠 등에 얼마나 정서적, 경제적으로 종속되어 있는지를 확인하는 지표이다. 높은 고착도는 사용자들이 지속적으로 해당 제품 또는 서비스를 이용하여 다른 대안보다 우선적으로 선택하는 경향을 보인다.

15 다음 중 ROAS에 대한 설명으로 가장 적절한 것은?

① ROAS는 얼마나 많은 고객이 재방문하는지를 나타내는 지표이다.
② ROAS는 광고나 링크를 클릭한 사용자의 비율을 나타내는 지표이다.
③ ROAS는 광고 투자 대비 수익률을 나타내는 지표이다.
④ ROAS는 사용자가 웹페이지를 떠나는 비율을 나타내는 지표이다.

해설
광고 투자 대비 수익률(ROAS)은 특정된 개별 마케팅 활동에 대한 투자 대비 수익률을 의미하며, 공식은 ((수익 비용−개별 투자 비용)÷개별 투자 비용)×100(%)이다. ROAS는 특정 마케팅 활동에 대한 효율성을 평가하고, 수익 극대화를 도모한다.

16 구매관리 담당자의 역할로 가장 적절하지 않은 것은?

① 공급자 식별 및 계약 협상
② 공급자 데이터베이스 유지관리
③ 비용 효율적인 방식으로 운영 요구사항 이하의 제품 획득
④ 공급업체 관리

해설
구매부서의 임무는 공급자 식별 및 계약 협상, 공급자 데이터베이스 유지관리, 적시에 비용 효율적인 방식으로 운영 요구사항 이상의 제품 및 서비스 획득, 공급업체 관리 등을 포함한다.

17 다음 중 샘플 데이터를 추출하여 수행하는 검사로 가장 적절하지 않은 것은?

① 생산 전 검사
② 생산 중 검사
③ 생산 후 검사
④ 고객 인도 전 적합성 검사

해설
② 생산 중 검사는 투입 자원의 결과물 전환과정의 적합성을 판단하는 공정관리 검사이다.
① 생산 전 검사는 샘플링을 통해 투입되는 자원의 적합성 검사이다.
③ 생산 후 검사는 고객에게 인도되기 전에 샘플링을 통해 최종적으로 실시하는 검사이다.
④ 고객 인도 전에 실시하는 적합성 검사는 샘플링 검사라고도 하며, 고객 후 검사와 동일한 의미를 지닌다.

18 다음의 수요 변화 형태 중 수요 데이터가 일정한 평균을 중심으로 상승과 하강을 반복하는 형태로 가장 적절한 것은?

① 수평적 수요
② 추세적 수요
③ 계절적 수요
④ 순환적 수요

해설
수요 변화의 형태 중 수평적 수요는 일정한 평균을 중심으로 오르내리는 유형으로, 치약이나 칫솔과 같은 생필품은 수요가 일정하여 파악하기 쉬워 수평적 수요의 예에 해당한다.

19 공급사슬의 일반적인 세 가지 대표 유형의 이동으로 가장 적절하지 않은 것은?

① 물리적 이동
② 현금흐름
③ 정보의 교환
④ 직원 인사이동

해설
공급사슬의 대표적인 이동 유형으로는 자재, 제품, 서비스의 실질적 이동을 의미하는 물리적인 이동(Physical Movement), 서비스의 실질적 이동에 따른 현금의 흐름을 나타내는 현금흐름(Flow of Cash), SCM으로 발생한 핵심정보의 이동인 정보의 교환(Exchange of Information)이 있다.

20 국가통계포털에서 제공하는 정보 중 지역자치단체의 생활환경 및 경영상황과 가장 관련성이 높은 것은?

① E-지방지표
② 국민계정지표
③ 문화/여가지표
④ 소득/소비/자산지표

해설
E-지방지표는 지역자치단체의 생활환경 및 경영상황을 알아볼 수 있는 주요 통계들을 선정하여 지역 간 평가 및 비교가 가능하도록 서비스한다. 주제별로 인구, 가족, 건강, 교육, 소득과 소비, 고용과 노동, 주거와 교통, 문화와 여가, 성장과 안정, 안전, 환경, 사회통합을 다루고, 테마별로 일자리 상황, 삶의 질, 저출산/고령화 등을 다룬다.

17 ② 18 ① 19 ④ 20 ① **정답**

제2과목 데이터 해석 및 활용

21 데이터(Data)와 정보(Information)에 대한 설명으로 가장 적절한 것은?

① 데이터는 적절한 의사결정의 수단이 될 수 있다.
② 정보란 현실 세계에 존재하는 가공되지 않은 그대로의 값을 의미한다.
③ 정보란 데이터를 처리해서 얻을 수 있는 결과이다.
④ 데이터와 정보는 같은 개념이다.

해설
③ 정보(Information)란 데이터의 가공, 처리와 데이터 간의 연관관계 속에서 의미가 도출된 것을 의미하며, 의사결정에 유용하게 활용할 수 있도록 데이터를 처리한 결과물이다.
① 의사결정에 유용하게 활용할 수 있는 것은 정보이다.
② 데이터(Data)란 현실 세계에서 단순히 관찰하거나 측정하여 수집한 사실이나 값으로 객관적인 사실, 의사결정을 위한 모든 사실을 의미한다.
④ 데이터를 가공, 처리한 것이 정보이다.

22 데이터의 종류에 대한 설명으로 가장 적절하지 않은 것은?

① 비정형 데이터는 정형 데이터에 비해 분석하기 어렵다.
② 정형 데이터는 주로 XML, HTML, JSON 등의 파일 형태로 저장된다.
③ 정형 데이터는 테이블의 모든 행에 동일한 열 집합이 존재한다.
④ 비정형 데이터는 특정 스키마가 없는 NoSQL 데이터베이스가 사용된다.

해설
정형 데이터는 주로 행과 열의 이진 형태인 표(Table) 형태로 저장되며, 대표적으로 관계형 데이터베이스와 엑셀이 있다. XML, HTML, JSON 등의 파일 형태로 저장되는 데이터는 반정형 데이터이다.

23 다음 중 수치형의 이산형 데이터의 예시로 가장 적절한 것은?

① 상품의 종류
② 회원의 회원등급
③ 회원의 거주 지역
④ 교통사고 발생 횟수

해설
이산형 데이터(Discrete Data)는 값에 연속성이 없으며 관측, 실험, 측정 등의 데이터 수집 시기마다 값이 발행된다. 예를 들어, 어제 10개를 팔고 오늘 20개를 팔았다면 어제부터 꾸준하게 판매가 증가하여 20개가 된 것이 아닌 서로 다른 상황에서 발생한 데이터이다. 즉, 서로 다른 독립된 환경에서 수집된 데이터를 의미하며, 교통사고 발생 횟수는 독립적이므로 이산형 데이터의 예시에 해당한다.

24 다음 제시된 자료에 대한 기초통계 중 옳은 것은?

10, 20, NULL, 30, NULL

① 평균 : 20
② 중앙값 : NULL
③ 최빈값 : NULL
④ 데이터의 수 : 5

해설
① 기초통계를 계산할 때 NULL 값은 제외하고 계산되므로 평균은 20이다.
② 중앙값은 전체 데이터를 나열했을 때 가운데에 있는 값을 의미하며 데이터의 개수가 홀수이면 하나의 값, 짝수일 경우 가운데 두 수의 평균을 활용하므로 20이다.
③ 최빈값은 전체 데이터 중 가장 높은 빈도로 등장하는 데이터를 의미하며 10, 20, 30이 모두 한 번씩 등장하므로 존재하지 않는다.
④ NULL 값을 제외하면 데이터의 수는 3이다.

정답 21 ③ 22 ② 23 ④ 24 ①

25 다음 중 연속확률분포에 해당하는 것으로 연결되지 않은 것은?

① 균등분포, 정규분포
② 정규분포, 지수분포
③ 지수분포, 균등분포
④ 정규분포, 이항분포

해설
대표적인 연속확률분포는 정규분포, 감마분포, 지수분포, 균등분포 등이 있고, 이산확률분포에는 베르누이 분포, 이항분포, 포아송 분포 등이 있다.

26 데이터들의 유사도를 측정하여 유사도가 높은 데이터를 그룹화하여 분석하고자 할 때 가장 적절한 데이터 마이닝 기법은?

① 분류분석
② 군집분석
③ 연관분석
④ 회귀분석

해설
군집은 데이터를 보고 유사한 성질과 특성 또는 규칙에 따라 데이터를 묶는 작업으로, 군집분석은 유사한 속성(유사도)을 가지는 데이터끼리 모으거나 분리하는 작업이 핵심이 되는 분석이다.

27 중앙집중식 데이터베이스와 비교했을 때 분산 데이터베이스의 장점으로 가장 적절하지 않은 것은?

① 데이터베이스 설계가 쉽다.
② 시스템의 성능이 향상된다.
③ 분산 제어가 가능하다.
④ 시스템의 확장성이 증가한다.

해설
분산 데이터베이스는 대량의 정보를 기능별로 저장하고, 공간 확보를 위해 물리적으로 데이터베이스를 분할하여 우선적으로 정보의 처리 성능을 고려하여 설계해야 하므로 설계가 쉽지 않다는 단점이 있다. 따라서 네트워크의 부하 및 속도를 충분히 고려하고 사용자의 정보 활용에 따른 성능 저하 문제를 최소화하도록 구성한다.

28 다음 중 파일시스템에 대한 설명으로 가장 적절하지 않은 것은?

① 블록은 파일시스템의 가장 낮은 계층이다.
② 자료의 계층구조는 블록, 파일, 데이터 3가지 주요 계층으로 구성된다.
③ 파일시스템은 자료의 계층구조를 가진다.
④ 파일은 파일명이나 파일 경로 등의 고유한 식별자를 가진다.

해설
파일시스템은 계층구조를 가지는 대표적인 자료구조로, 데이터를 효율적으로 저장하고 검색할 수 있으며, 파일, 폴더, 디렉토리를 통해 자료의 계층구조를 구현한다.

29 데이터베이스 관리시스템이 등장하게 된 배경으로 가장 적절하지 않은 것은?

① 데이터의 일관성과 무결성을 유지하기 위해 스키마를 정의하고 제약조건을 설정한다.
② 동시 접근 제어를 위해 트랜잭션 개념을 도입한다.
③ 제한된 데이터 검색 기능을 개선하고자 DBMS 자료의 계층구조를 구성한다.
④ 파일시스템에서는 중복성이 발생할 수 있고, DBMS는 테이블이나 컬렉션과 같은 구조를 사용하여 중복 데이터를 최소화한다.

해설
파일시스템의 단점인 제한된 데이터 검색 기능을 보완하지만 데이터의 계층구조를 구성하지는 않으며, 주로 관계형으로 구성된다.

정답 25 ④ 26 ② 27 ① 28 ② 29 ③

30 다음 설명에 해당하는 데이터베이스의 구성요소로 가장 적절한 것은?

( )는 데이터에 대한 데이터로 데이터의 특성, 구조, 의미 등을 설명하는 정보를 의미한다. 데이터베이스 시스템에서 데이터를 관리하고 사용하기 위해 필요한 정보를 제공하고, 데이터베이스의 보안을 관리하는 데에도 사용된다.

① 메타데이터
② 저장 데이터 관리자
③ 질의처리기
④ 트랜잭션 관리자

해설
메타데이터(Metadata)는 데이터에 대한 데이터로 데이터를 설명해 주는 데이터를 의미한다. 테이블의 속성 이름, 데이터 유형, 제약조건, 관계 등의 정보를 포함하며, 이를 통해 데이터의 의미를 이해하고 구조를 설명한다. 테이블 간의 관계, 제약조건, 외래키 등을 정의하여 데이터의 일관성과 무결성을 보장하고 데이터의 유형, 형식, 크기, 통계 정보 등을 포함하여 데이터 분석 및 가공 작업에 필요한 정보를 제공한다. 또한, 접근 권한, 사용자 권한, 보안 제약조건의 정보를 포함하여 데이터의 보안과 접근 제어를 관리한다.

31 다음이 설명하는 데이터베이스의 구성요소는?

( )은/는 테이블의 열을 나타내며, 특정 데이터 유형에 대한 정보를 기술한다. 이는 고유한 이름을 가지며, 데이터의 유형을 정의한다. 예를 들어 이름, 나이, 성별 등은 '학생'이라는 테이블에서 해당 구성요소로 사용될 수 있다.

① 레코드(Record)
② 속성(Attribute)
③ 엔터티(Entity)
④ 릴레이션(Relation)

해설
속성(Attribute)은 테이블의 열을 나타내고 특정 데이터 유형에 대한 정보를 기술하며, 필드(Field) 또는 변수(Variable), 물리적 데이터베이스의 열(Column)을 의미한다. 각 속성은 고유한 이름을 가지며, 해당 속성에 저장되는 데이터의 유형을 정의한다. 또한 속성은 데이터의 유형과 크기, 제약사항 등에 대해 지정하며 이를 도메인(Domain)이라고 한다.

32 데이터베이스를 3단계 구조로 구분할 때 해당되지 않는 개념은?

① 개념 스키마
② 내부 스키마
③ 내용 스키마
④ 외부 스키마

해설
데이터베이스 관리의 관점에서 스키마는 외부 단계, 개념 단계, 내부 단계로 구분하며, 이를 3단계 데이터베이스 구조라고 한다.

33 다음 설명에 해당하는 키(Key)로 가장 적절한 것은?

( )는 테이블에서 각 레코드를 고유하게 식별하기 위해 선택된 키이다. 후보키 중에서 선택되고 테이블 내에서 중복된 값이 없어야 하며 NULL 값을 가질 수 없다. 테이블의 주 식별자로 사용되며 테이블의 레코드를 식별하고 레코드 간의 관계를 구축하는데 사용된다.

① 기본키(Primary Key)
② 대체키(Alternate Key)
③ 슈퍼키(Super Key)
④ 식별키(Identifier Key)

해설
기본키(PK ; Primary Key)는 테이블 내의 각각의 레코드를 고유하게 식별할 수 있는 속성 또는 속성의 집합을 의미한다. 중복된 값과 NULL 값은 기본키로 활용할 수 없다.

34 다음 중 데이터를 병합하는 명령어에 해당하는 것은?

① INNER JOIN
② SELECT
③ GROUP BY
④ ORDER BY

해설
내부 병합(Inner Join)은 연결된 복수의 데이터 세트에서 키와 조건으로 연결되어 공통적으로 포함된 내용을 처리할 때 활용되며, 키와 조건이 반드시 모두 포함되어야 한다.

35 데이터 보안 방식 중 데이터 접근을 제어하는 방식에 해당하는 것은?

① 전송 중 데이터 암호화
② 데이터 저장 프로세스 추적
③ 역할에 따라 데이터 사용 권한 할당
④ 정기적인 백업 및 복구 절차

해설
데이터 접근 제어는 사용자 인증, 계정 관리 등을 통해 역할과 권한에 따라 세분된 접근 제어를 설정하는 것이다.

36 웹 스크래핑에 관한 설명으로 가장 적절한 것은?

① 웹사이트에서 데이터를 추출하는 과정이다.
② 웹사이트의 보안을 강화하는 과정이다.
③ 웹사이트의 트래픽을 생성하는 과정이다.
④ 웹사이트의 디자인 미학을 개선하는 과정이다.

해설
웹 스크래핑은 웹사이트에서 데이터를 추출하는 과정으로, 대표적인 도구로는 웹 정보를 크롤링하여 구조화된 데이터로 변환하고 처리하기 위해 파이썬(Python) 언어에서 제공하는 스크라파이(Scrapy)가 있다.

37 NoSQL 데이터베이스의 특징에 대한 설명으로 가장 적절한 것은?

① 데이터 저장을 위해 미리 정의된 스키마를 제공한다.
② 데이터 쿼리를 위해 주로 SQL을 사용한다.
③ 구조적 및 관계형 데이터를 처리하는 데 적합하다.
④ 유연한 스키마 설계를 제공하고 비정형 또는 반정형 데이터를 처리한다.

해설
① NoSQL 데이터베이스는 정의된 스키마를 제공하지 않는다. 정해진 스키마를 제공하는 데이터베이스 관리시스템은 RDBMS이다.
② 데이터 관리 및 조작을 위해 주로 SQL을 사용하는 데이터베이스 관리시스템은 RDBMS이다.
③ NoSQL 데이터베이스는 비관계형 데이터베이스 유형으로, 사전에 구조를 정의하지 않아도 자유로운 형식으로 저장이 가능하다.

38 데이터 관리에서 데이터 무결성 검증과 관련된 설명으로 가장 적절한 것은?

① 데이터의 정확성, 완전성, 일관성을 보장하기 위해 실시한다.
② 데이터 압축을 통해 스토리지 요구사항을 감소시킨다.
③ 민감한 정보를 보호하기 위해 데이터를 암호화한다.
④ 분석을 위해 표준화된 형식으로 데이터를 변환한다.

해설

데이터 무결성 검증은 다수의 사용자 접근 및 사용에도 트랜잭션 관리, 제약조건 등의 기능으로 데이터의 결함과 오류를 방지하고, 데이터의 정확성, 완전성, 일관성을 보장하기 위해 실시한다.

39 조직에서 비즈니스 인텔리전스를 활용하는 목적으로 가장 적절하지 않은 것은?

① 데이터 보안 및 개인정보보호 조치 강화
② 일상적인 비즈니스 프로세스의 자동화
③ 데이터 기반 의사결정의 지원과 실행 가능한 통찰 제공
④ 마케팅 전략 개발 및 실행

해설

비즈니스 인텔리전스는 기업 혹은 조직 내 데이터를 분석하여 가치로 연결하고 통찰(Insight)을 도출하여, 합리적인 의사결정과 전략을 수립하는 프로세스를 의미한다. 비즈니스 인텔리전스를 통해 통찰을 얻고 의사결정 프로세스를 추진하며, 마케팅 성과 향상을 위해 향후 프로모션을 맞춤화할 수 있다. 데이터 보안은 데이터 관리의 영역에 속한다.

40 비즈니스 인텔리전스 구현의 이점으로 가장 적절한 것은?

① 데이터 복잡성 및 혼란 증가
② 데이터 분석 및 보고의 필요성 감소
③ 의사결정 능력 및 전략적 통찰 향상
④ 데이터에 대한 제한된 접근 및 정보 흐름

해설

데이터를 분석해 상황을 진단하고 미래에 일어날 일을 예측하여 최상의 결과를 위한 의사결정을 수립하는 것이 비즈니스 인텔리전스의 핵심이다.

제3과목 경영정보시각화 디자인

41 다음 중 디자인의 기본 원리에 대한 설명으로 가장 적절하지 않은 것은?

① 균형 : 디자인 요소들 간의 크기와 비율을 나타내고 요소들이 차지하는 실제 크기를 의미한다.
② 명도 : 색상이 얼마나 밝거나 어두운지를 결정한다.
③ 비례 : 디자인 요소들 간의 상대적인 크기와 배치의 조합을 의미한다.
④ 채도 : 채도가 0%이면 가장 탁한 색이고, 100%이면 순수한 색이다.

> **해설**
> 균형은 디자인 요소의 배치와 무게를 조절하여 시각적인 안정감을 형성하는 것이다. 디자인 요소들 간의 크기와 비율을 나타내는 것은 규모이다.

42 두 개 이상의 요소가 반복되어 일정 패턴이 형성되는 것을 강조하는 디자인 기본 원리로 가장 적절한 것은?

① 대비
② 대칭
③ 리듬
④ 변화

> **해설**
> 디자인 기본원리 중 리듬은 움직임과 조화 형성에 도움을 주며, 요소의 패턴, 도형, 이미지, 색상 등이 일정한 간격이나 규칙에 따라 반복하여 배치됨으로써 만들어진다. 반복적인 움직임과 패턴을 통해 디자인에 일관성을 부여하고 생동감을 불어넣으며, 시각적인 흥미를 제공한다. 또한 시각적으로 조화로운 느낌을 형성한다.

43 다음 설명에 해당하는 인포그래픽 디자인 원칙으로 가장 적절한 것은?

> ( ) 원칙은 인포그래픽을 더 간결하고 이해하기 쉽게 만들며, 논리적 추론이나 이론 구축에도 적용되는 원칙이다. 이 원칙은 복잡한 정보를 시각적으로 전달하기 위해서 핵심 메시지 강조, 단순한 시각화, 명확한 구조화, 최소한의 텍스트 등의 방법을 적용한다.

① 브랜드 아이덴티티
② 오컴의 면도날
③ 정보의 일관성
④ 타깃 오디언스

> **해설**
> 오컴의 면도날(Occam's Razor)은 과학적 추론과 이론 구축에 사용되는 원칙 중 하나로, 단순한 설명이 복잡한 설명보다 선호되어야 한다는 원칙이다. 어떤 현상을 설명하기 위해 필요 이상의 가정을 지양해야 한다는 관점을 가진다.

44 다음 중 인포그래픽 유형에 대한 설명으로 가장 적절하지 않은 것은?

① 비교 및 대조 인포그래픽 : 아이콘, 그림, 이미지를 활용하여 정보를 시각적으로 전달한다.
② 지도 및 지리적 인포그래픽 : 지리적 정보를 시각화하여 지역, 국가, 대륙 등의 지리적 특성을 나타낸다.
③ 프로세스 및 플로우차트 : 과정이나 절차를 단계별로 시각화하여 보여준다.
④ 타임라인 및 역사적 인포그래픽 : 연표, 시간축 등을 사용하여 시간에 따른 변화나 역사적 이벤트를 시각화한다.

> **해설**
> 비교 및 대조 인포그래픽은 막대 차트, 원형(파이) 차트 등을 사용하여 데이터의 차이나 비율 비교를 목적으로 한다. 다양한 항목 또는 데이터를 비교하거나 대조하여 시각적으로 표현한다.

45 다음 설명에 해당하는 인포그래픽 디자인 구성 요소로 가장 적절한 것은?

> ( )은/는 그래프나 차트에서 사용된 색상, 패턴, 기호 등과 그에 대응하는 항목을 설명하는 텍스트 요소이다. 데이터 요소의 의미를 명확하게 전달하고 그래프의 해석을 돕는 역할을 한다. 그래프나 차트의 가독성을 향상시켜 사용자가 데이터를 이해하고 비교할 수 있도록 돕는 시각적인 가이드 역할을 한다.

① 격자선 ② 범례
③ 서체 ④ 주석

해설
① 격자선은 그래프나 차트의 구조를 명확하게 나타내는 데 사용되며, 그래프의 영역을 구분하고 정보의 배치를 정렬할 수 있다.
③ 서체는 사용되는 텍스트의 외관을 의미하며, 가독성과 사용자 경험에 직접적인 영향을 준다.
④ 주석은 특정 부분에 대한 설명이나 추가 정보를 제공하여 사용자가 정보를 이해하고 해석하는 데 도움을 준다.

46 다음 그림에 활용된 엑셀의 시각화 기능으로 가장 적절한 것은?

회사명	2019	2020	2021	2022	2023	추세
장미전자	36%	41%	116%	65%	94%	
백합자동차	130%	110%	67%	102%	9%	
데이지통신	44%	15%	-19%	94%	70%	
튤립중공업	80%	-10%	7%	87%	98%	
캐모마일엔터	119%	138%	41%	96%	25%	
수국백화점	103%	70%	50%	132%	86%	
진달래화학	100%	13%	131%	60%	17%	
아카시아포털	55%	-9%	5%	143%	10%	

① 데이터 막대 ② 스파크라인
③ 아이콘 세트 ④ 차트

해설
스파크라인은 엑셀의 셀 내에 표현되는 추세 그래프로서 각 데이터의 추세, 패턴을 한눈에 파악하고 시간에 따라 변화하는 데이터를 시각화한다.

47 시각화 도구(BI 소프트웨어)의 특징으로 가장 적절하지 않은 것은?

① 무작위한 요소가 포함된다면 반복 가능성을 구현하기 어려울 수 있다.
② 시각화 도구는 동일한 데이터에 대해 다양한 시각화 방법을 빠르게 적용할 수 있게 한다.
③ 시각화 도구를 사용한다면 재현 가능성을 구현하기 어려울 수 있다.
④ Power BI는 데이터 시각화를 위한 전용 도구로 데이터 추출 및 변환 기능은 제공하지 않는다.

해설
파워 BI(Power BI)는 마이크로소프트에서 개발한 비즈니스 인텔리전스 도구로, 데이터 시각화와 인사이트 도출을 지원하고, 데이터 추출 및 변환 기능을 제공하는 플랫폼이다.

48 대시보드에 대한 설명으로 가장 적절하지 않은 것은?

① 대시보드는 데이터를 시각화할 수 있지만 상호작용 또는 필터링 기능을 제공하지 않는다.
② 대시보드의 예시로는 실시간으로 통계를 시각적으로 표시하는 대형 벽걸이 현황판이 있다.
③ 대시보드는 화면에 여러 시각화 차트를 배치하여 데이터를 쉽게 탐색할 수 있게 한다.
④ 인기를 잃고 있는 대시보드가 있다면 처음에 제시된 비즈니스 요구사항이 충족된 것일 수 있다.

해설
대시보드는 데이터의 시각적 구현을 통해 현재 상황을 모니터링하고 이해하는 도구이다. 하나의 화면에 여러 시각화 요소를 배치하여 데이터를 쉽게 탐색하도록 도움을 주는 디자인으로 모든 사용자에게 유용한 도움을 줄 수 있도록 제작한다. 대시보드는 사용자와의 상호작용을 통하여 대시보드를 주기적으로 보완하고 업그레이드하며, 데이터를 필터링하여 원하는 범위의 데이터만을 표시한다.

49 다음 중 정량 데이터의 시간 전후 관계를 표현하기 가장 적합한 차트 유형은?

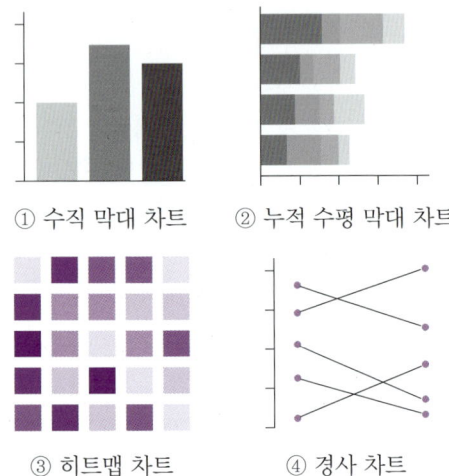

① 수직 막대 차트   ② 누적 수평 막대 차트
③ 히트맵 차트   ④ 경사 차트

해설
경사 차트는 점과 점 사이를 선으로 연결하여 비교 대상 데이터 간의 관계를 표현하고, 경사를 줌으로써 시각화하며 비교 대상 데이터 간의 상대 비교가 수월하다. 관계 시각화에서도 사용하지만 두 시간 사이의 변화에도 활용하여 시간 시각화에 유용한 차트로도 활용된다.

50 다음과 같은 차트 유형의 명칭은?

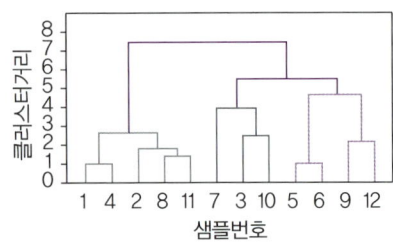

① 라인 차트   ② 트리맵
③ 스파이더 차트   ④ 덴드로그램

해설
분류를 목적으로 하는 덴드로그램은 머신러닝 기법 중 군집화의 결과로 생성되는 그래프로서, 각 단계에서 관측치의 군집화를 통해 형성된 그룹과 이들의 유사성 수준을 표시하는 트리 다이어그램이다.

51 다음 중 데이터의 불확실성을 표현하기 가장 적합한 차트 유형은?

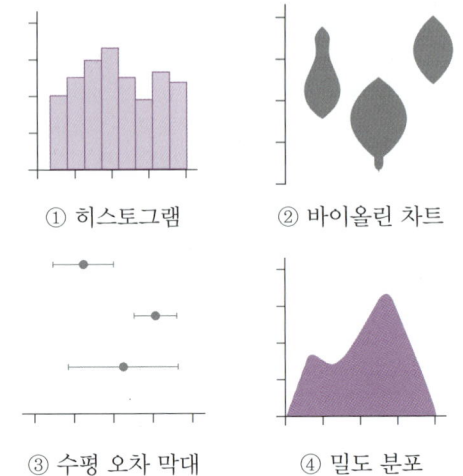

① 히스토그램   ② 바이올린 차트
③ 수평 오차 막대   ④ 밀도 분포

해설
오차 막대는 불확실성을 시각화하는 대표적인 차트로, 막대로 표현할 수 있는 수치형 자료(정량적 정보)에 기반한다. 평균과 같은 통계량을 표현하며 표준편차, 표본오차 등의 통계량이 필요하다.

52 다음과 같은 차트 유형의 명칭은?

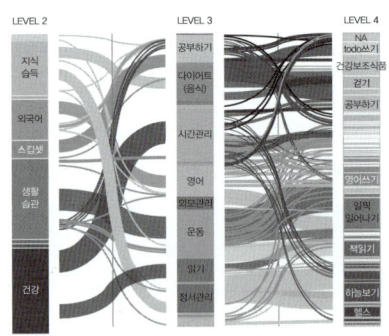

① 수평 막대 차트   ② 히스토그램
③ 생키 차트   ④ 버터플라이 차트

해설
흐름을 표현하는 생키(Sankey) 차트는 여러 대상의 흐름을 표현한다. 범주의 계층 간 관계를 표현하는 차트로서 화살표의 너비로 수치형 데이터의 측정값을 잘 표현하며, 자금과 비용, 원재료 등의 흐름, 사이트 이동 등에 활용된다.

53 다음의 버블(거품형) 차트의 특징으로 가장 적절하지 않은 것은?

① 지름이 아닌 면적으로 수량을 비교한다는 점이 중요하다.
② 범주형 데이터 간 차이를 각 범주의 쌍으로 비교하기에 적합하다.
③ 사각형이나 삼각형의 형태로도 활용할 수 있다.
④ 비교하기 쉽고 대량의 데이터를 좁은 공간에 표시하기 용이하다.

> 해설

① 버블(거품형) 차트는 가로, 세로의 축을 기준으로 점으로 표현한 산점도에서 각 점의 크기(면적)를 달리하여 또 다른 정보를 제공하는 시각화이다.
③ 버블은 반드시 원이 아닌 사각형, 삼각형 등의 도형 혹은 기호로 대체할 수 있다.
④ 데이터의 관계, 크기 및 분포를 한눈에 확인할 수 있으며, 대량의 데이터를 좁은 공간에 표현할 수 있다는 장점이 있다.

54 다음과 같은 차트 유형에 대한 설명으로 가장 적절하지 않은 것은?

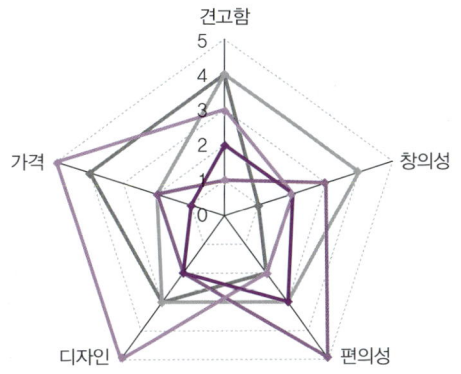

① 비교 항목이 네 개 이상일 경우에 사용하는 차트이다.
② 항목 간 비교뿐만 아니라 대상 간 비교도 가능하다.
③ 레이더 차트라고 불리기도 한다.
④ 각 항목 간 비율뿐만 아니라 균형과 경향을 직관적으로 파악할 수 있다.

> 해설

레이더(방사형/스파이더/거미줄) 차트는 여러 요소와 범주 간의 상대적 관계를 동시에 표현하며, 항목의 개수를 정하지는 않는다. 요소 간의 상대적 크기나 중요도를 직접 비교할 수 있지만, 정확한 숫자를 파악하기에는 어려우며 비교 항목이 많아지면 복잡해질 수 있다.

55 다음의 시각 속성 중 범주형 데이터에 주로 사용되며 분류, 구분 혹은 강조의 목적으로 적합하지 않은 것은?

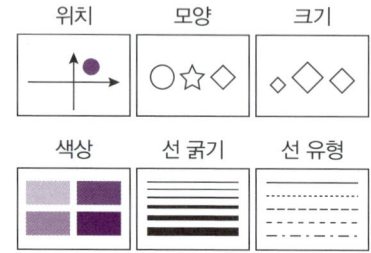

① 위치
② 색
③ 형태
④ 선 유형

> **해설**
> 시각적 속성은 시각화를 구성하는 차트 혹은 그래프의 요소를 의미한다. 시각적 속성은 위치, 형태, 크기, 색, 명도, 채도, 선 굵기, 선 유형, 제목, 범례, 축, 글꼴, 글자 크기, 투명 값 등 매우 다양하게 활용 가능하며, 위치는 분류, 구분 혹은 강조의 목적으로 적합하지 않다.

56 다음과 같은 차트 유형에 대한 설명으로 가장 적절하지 않은 것은?

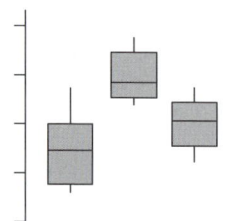

① 데이터의 분포를 잘 보여주며 다른 데이터 군과 쉽게 비교할 수 있다.
② 이상치 탐지가 가능하여 데이터 전처리에 활용할 수 있다.
③ 최소, 1사분위수, 중위수, 3사분위수, 최대 등을 표시할 수 있다.
④ 신뢰구간을 표시하여 불확실성을 나타낼 수 있다.

> **해설**
> ① 박스 플롯은 여러 구간(범주)의 범위 혹은 분포를 박스형으로 시각화한 차트로, 서로 다른 데이터 세트를 쉽게 비교하는 시각화 기법이다.
> ② 평균을 나타내지는 않지만, 이상치(데이터 분포 중 다른 측정값에서 크게 벗어난 값)의 발견이 쉬워 데이터의 대략적인 분포와 개별적인 이상치를 동시에 확인할 수 있다.
> ③ 데이터를 사분위로 표시하여 최솟값, 1사분위값, 2사분위값(중앙값), 3사분위값, 최댓값 등을 표현한다.

57 다음과 같은 차트 유형에 대한 설명으로 가장 적절하지 않은 것은?

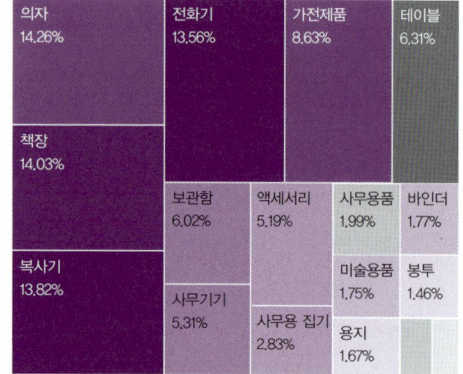

① 계층구조가 있는 데이터 표현에 적합하며 계층 내 비율을 편리하게 표현할 수 있다.
② 대상의 배치는 BI 도구가 제공하는 알고리즘과 관련되어 있어 통상적으로 제어가 어렵다.
③ 인접하지 않은 범주형 데이터의 계층 간 비교에 용이하다.
④ 음수 값을 표현하기 어렵다.

> **해설**
> 트리맵은 모자이크 차트와 유사하지만 하나의 범주(항목)에 너비가 일정하지 않다는 차이점을 갖는다. 모자이크 차트와 트리맵은 모두 비율 데이터를 범주의 내포 형태로 표현할 수 있어 인접한 데이터의 계층 간 비교에 용이하고, 2개 이상의 범주가 계층구조를 가질 때 적합하며 음수의 표현과 상대 비교가 어렵다.

58 다음과 같은 차트 유형의 명칭은?

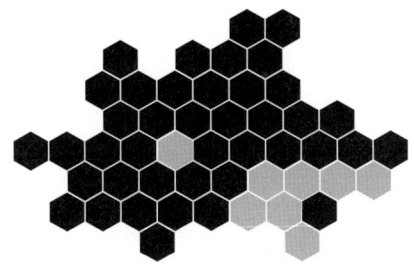

① 단계구분도
② 트리맵
③ 카토그램 히트맵
④ 밀도맵

해설

카토그램(왜상 통계지도)은 특정 데이터 값의 변화에 따라 지도의 면적이 다르게 표현되는 시각화로서 면적을 수치형 자료의 측정값에 맞춰 변형한 지도를 의미한다. 카토그램 히트맵은 같은 면적의 배경을 병렬적으로 사용하고 색(채도 등)을 이용하여 데이터 값을 표현하는 차트이다.

59 다음과 같은 차트 유형의 명칭은?

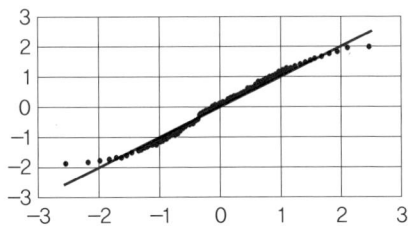

① 라인 차트
② 분위수-분위수 차트(QQ도표)
③ 산포도
④ 결합차트

해설

분위수-분위수 차트(QQ도표)는 서로에 대한 분위수를 도표화하여 두 확률분포를 비교한다. 위치, 척도 및 왜도와 같은 특성이 두 분포에서 얼마나 비슷한지 또는 다른지에 대한 그래픽 보기를 제공하면서 분포 모양을 비교할 때 사용된다.

60 다음과 같은 차트 유형의 명칭은?

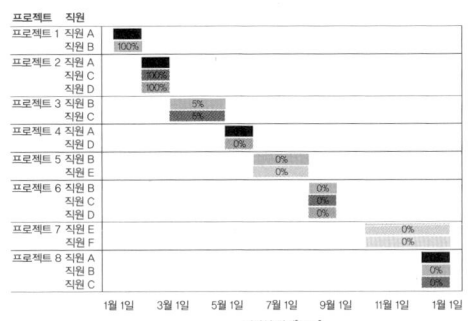

① 수평 막대 차트
② 경사 차트
③ 시계열 차트
④ 간트 차트

해설

시간의 추이에 따른 업무배분을 목적으로 하는 간트 차트는 프로젝트가 진행되는 동안 프로젝트의 일정과 관련 작업 또는 이벤트를 표시하기 위해 사용하는 가로 막대 차트이다.

정답 58 ③ 59 ② 60 ④

CHAPTER 02 시행처 공개문제 B형

제1과목 경영정보 일반

01 기업 경영을 위한 하위 부문 및 주요 활동에 대한 설명으로 가장 적절하지 않은 것은?

① 인적자원관리 : 인력 운영 계획 수립 및 직무 분석과 평가
② 회계관리 : 투자 경제성 및 이자와 배당 등 자본비용 산정
③ 마케팅 : 시장 환경과 고객 분석 및 STP 전략 실행
④ 운영관리 : 제품 원가, 품질, 납품 관리 및 재고 관리

해설

재무관리와 회계관리는 기업의 운영 자금을 조달하고 자금의 운용과 흐름을 전체적으로 관리하는 행위를 말한다. 재무관리에서는 투자 손익 계산, 위험성 판단, 수익률 등을 고려한 자금 운영 계획을 수립하며, 회계관리에서는 기업 재산(자산, 부채, 자본, 손익 등)의 관리를 문서화하고 분석하는 역할을 한다.

02 기업의 특정 기간 동안의 매출액, 비용 및 순이익을 보고하는 재무제표로 가장 적절한 것은?

① 손익계산서
② 재무상태표
③ 현금흐름표
④ 유보이익계산서

해설

손익계산서는 일정 기간 동안 현재 기업의 성과에 대한 정보를 기록한 재무보고서로, 당해 회계기간의 경영성과를 제공하고 미래의 현금흐름과 수익 창출 능력 등의 예측이 가능하다.

03 기업이 단기부채를 단기자산으로 상환할 수 있는 능력을 측정하는 데 사용되는 재무비율로 가장 적절한 것은?

① 부채비율
② 총자산이익률
③ 유동비율
④ 투자수익률

해설

유동비율은 쉽게 기업의 자산을 현금화할 수 있는 능력치를 평가한다. 기업의 단기부채 상환능력을 측정하는 지표로서 유동자산 대비 유동부채의 비율로 계산하며, 유동비율이 클수록 지급 능력이 좋고 일반적인 표준비율은 200%이다.

04 다음 중 채권투자에 따른 투자위험으로 가장 적절하지 않은 것은?

① 채무불이행위험
② 시장위험
③ 구매력위험
④ 자본예산위험

해설

채권투자의 대표적인 위험 요인은 금리변동위험으로 금리 수준에 따라 채권수익률과 가격이 변동하는 시장위험, 인플레이션의 변화가 이자율과 채권 가격의 변화를 유발하는 구매력위험, 채권발행 물량이 적고 시장이 작아 생기는 유동성위험, 발행 기업의 신용도, 재정 및 경영 상태를 반영한 채무불이행위험이 있다.

정답 01 ② 02 ① 03 ③ 04 ④

05 자산의 유용 수명 동안 동일한 금액의 감가상각비를 할당하는 감가상각 방법으로 가장 적절한 것은?

① 정액법
② 정률법
③ 생산량비례법
④ 연수합계법

해설
정액법은 매년 같은 금액을 적용하여 정액 상각하는 방식으로 잔존가액이 존재한다.

06 콜 옵션에 대한 설명으로 가장 적절한 것은?

① 특정 기간 내에 특정 가격으로 자산을 매도할 권리를, 그러나 의무는 없는 계약
② 특정 기간 내에 특정 가격으로 자산을 매수할 권리를, 그러나 의무는 없는 계약
③ 특정 기간 내에 특정 가격으로 자산을 매도할 의무를 부과하는 계약
④ 특정 기간 내에 특정 가격으로 자산을 매수할 의무를 부과하는 계약

해설
콜 옵션(Call Option)은 특정 자산을 사전에 약속한 가격으로 지정된 날짜 또는 그 이전에 매수할 수 있는 권리를 갖는 계약이다. 미래 약속한 시점에 상품의 시장 가격이 상승하지 않았다면 살 권리를 포기할 수 있고, 예상대로 가격이 상승하면 권리를 행사하여 이익을 실현할 수 있으므로 의무는 없는 계약이다.

07 경쟁 환경 분석을 위해 수행하는 3C 분석에서 활용하는 정보로 가장 적절하지 않은 것은?

① 자사의 역량(Company) 관련 정보
② 시장 상황(Customer) 관련 정보
③ 경쟁 기업(Competition) 관련 정보
④ 유통 및 판매(Channel) 관련 정보

해설
3C는 기업(Company), 고객(Customer), 경쟁자(Competitor)의 세 가지 요소를 분석하여 기업의 경쟁력을 확보하고 전략을 수립하는 모델이다.

08 기업의 내·외부 경영환경 분석을 위한 분석 틀과 그에 대한 설명으로 가장 적절하지 않은 것은?

① 가치사슬 모형 : 시장의 범위와 경쟁 수준에 대한 분석을 토대로 원가 우위, 차별화, 집중화 전략 등을 도출
② SWOT 분석 : 외부 환경의 기회와 위협 및 내부 역량의 강점과 약점 분석을 토대로 전략 방향을 설정
③ 앤소프 매트릭스 : 시장과 자사 역량에 대한 분석을 토대로 시장 침투, 시장 개발, 신제품 개발, 다각화 전략 등을 도출
④ VRIO 모형 : 조직이 보유한 자원의 가치, 모방가능성, 희소성, 내재성 측면에 대한 분석을 토대로 조직의 역량을 진단

해설
가치사슬 모형은 기업의 경영활동을 세분화하여 각 기능이 어떤 가치를 창출하는지를 파악하여 핵심 활동을 선별하고 차별화하는 전략 도구로, 프로세스의 혁신, 원가절감, 품질 향상 그리고 납기 단축에 활용된다. 가치사슬은 본원적 활동(Primary Activities)과 지원 활동(Support Activities)으로 나뉜다. 본원적 활동은 물류, 생산, 운송, 마케팅, 유통, 서비스 등의 현장 활동을 의미하며, 지원 활동은 기술개발, 인사, 재무, 기획 등 현장 지원 제반 활동을 의미한다.

정답 05 ① 06 ② 07 ④ 08 ①

09 보상 제도에 대한 설명으로 가장 적절하지 않은 것은?

① 4대 보험, 유급휴가 및 퇴직금 제도는 종업원에게 반드시 제공되어야 하는 법정 복리후생이다.
② 업무 관련 고충 처리와 스트레스 관리를 위한 종업원지원프로그램(EAP) 등을 법정 외 복리후생으로 운영할 수 있다.
③ 임금 수준 결정에 있어 회사의 지불 능력과 종업원의 최저생계비 보장은 핵심 고려사항이다.
④ 근속연수에 연동하여 임금을 인상하는 베이스업(Base Up)은 고성과자의 동기를 저하시키는 부작용을 초래할 수 있다.

해설
임금의 조정 방법 중 베이스업은 시장 상황이나 물가를 고려하여 조직의 전체적인 임금 수준을 상향 조정하는 것을 의미한다.

10 조직에서 시행하는 경력개발 제도에 대한 설명으로 가장 적절하지 않은 것은?

① 차세대 리더로 성장할 직원들이 조직을 이탈하지 않고 높은 수준의 역량과 경험을 축적할 수 있도록 핵심인재제도를 운영한다.
② 직원들이 다양한 업무 경험을 통해 새로운 능력을 개발하고 관리자 역량을 준비할 수 있도록 직무순환제도를 운영한다.
③ 직원들이 조직 내에서 뿐만 아니라 외부에서도 경력을 개발할 수 있도록 지원하기 위해 이중경력제도를 운영한다.
④ 퇴직 예정자들에게 조직에 대한 좋은 인상을 남기고 그들의 퇴직 후 경력개발에 도움을 주기 위해 전직지원제도를 운영한다.

해설
경력개발 프로그램에서 이중경력제도는 연구개발, 기술과 관련된 전문직과 관리직 중 선택하여 지원하는 과정으로 주로 연구개발, 기술 전문직을 대상으로 한다.

11 다음 중 CPI를 구하는 수식으로 가장 적절한 것은?

① 총비용 ÷ 총노출 수
② (총클릭 수 ÷ 총노출 수) × 100
③ 총비용 ÷ 총클릭 수
④ 총비용 ÷ 총설치 수

해설
인스톨당 비용(CPI ; Cost Per Install)은 앱을 설치(Install)하는 데에 지불하는 평균 비용을 의미하며 총비용 대비 총설치 수의 비율로 구할 수 있다.

12 다음 설명에 해당하는 고객 관련 마케팅 용어로 가장 적절한 것은?

> (   )은/는 고객들을 공통적인 특성에 따라 분류하는 것을 의미한다. 고객의 나이, 성별, 지역, 소득 수준 등을 기준으로 활용할 수 있으며 이를 통해 마케터들은 다양한 고객 그룹의 특성을 파악하여 그에 맞는 제품 및 서비스에 대한 마케팅 전략을 수립할 수 있다.

① 고객 만족도
② 고객 세그먼트
③ 고객 성향
④ 고객 구매 패턴

해설
① 마케팅의 중요한 지표로, 고객 만족도를 꾸준히 모니터링하여 제품과 서비스를 개선하고 고객의 요구를 수용하는 전략을 수립해야 한다.
③ 고객이 기업의 제품 혹은 서비스를 선택할 때 보이는 행동유형, 선호도 또는 관심사를 파악하여 마케팅에 활용하는 것을 의미한다.
④ 고객이 특정한 구매 활동을 반복적으로 수행하는 패턴을 분석하여 대응함으로써 고객 이탈을 사전에 방지하는 것을 의미한다.

13 다음 용어의 개념에 대한 설명으로 가장 적절하지 않은 것은?

① 고객획득비용은 총 마케팅 비용을 재구매 고객 수로 나눈 값이다.
② 고객단가는 매출액을 고객 수로 나누어 계산한 값이다.
③ 평균주문액은 고객 한 명이 평균적으로 주문 시 결제하는 금액을 의미한다.
④ 할인율은 제품이나 서비스의 정상 가격에 대한 할인 비율을 나타낸다.

해설
전체 마케팅 비용에 대한 신규고객의 비율이 고객획득비용이다. 고객획득비용을 파악하여 새로운 고객 유치를 위한 투자 비용을 파악하고 검토할 수 있다.

14 다음 중 디지털 마케팅의 CVR에 대한 설명으로 가장 적절하지 않은 것은?

① 첫 페이지에서 결제 페이지까지의 과정을 최적화하는데 필요한 지표이다.
② 마케팅 활동을 통해 원하는 전환을 수행한 사용자의 비율을 의미한다.
③ 마케팅에서의 전환은 구매를 의미하므로 가입 및 다운로드는 포함되지 않는다.
④ 마케팅에 참여한 전체 사용자 대비 전환을 수행한 사용자의 비율을 의미한다.

해설
① · ② 전환율(CVR ; Conversion Rate)은 기업의 광고를 확인 후 클릭, 장바구니, 구매, 다운로드, 가입 등의 실제 행동으로 수행한 비율이다.
④ 광고가 고객의 실제 행동 욕구를 얼마나 자극할 수 있는지를 판단하는 지표로서 공식은 '(전환을 수행한 사용자 수÷마케팅에 참여한 전체 사용자 수)×100(%)'이다.

15 다음 설명에 해당하는 이커머스 관련 용어로 가장 적절한 것은?

( )은/는 특정 키워드나 검색어가 검색엔진에서 얼마나 많이 검색되는지를 나타낸다. 이를 통해서 마케터는 효과적인 키워드 선택, 콘텐츠 최적화, 검색 엔진 순위 개선 등을 위한 전략을 수립할 수 있다.

① 노출(Impression)
② 자연검색량
③ 특정 콘텐츠 방문자 수
④ 콘텐츠 반응률

해설
자연검색량은 관련 검색어가 검색엔진에서 얼마나 검색되었는지를 나타내는 정보로서, 검색 결과를 분석하여 키워드 선택 및 변경 전략을 수립하고, 지속적으로 유입되는 콘텐츠를 구성하여 노출한다.

16 구매관리에서 자재나 제품의 입·출하 선적을 관리하는 것을 의미하는 용어로 가장 적절한 것은?

① 트래픽관리
② 조직관리
③ 재무관리
④ 터미널관리

해설
구매관리에서 구매부서는 타 부서 혹은 여러 지역에서 어떤 물품이 필요하고 요구가 있는지를 파악하기 위한 데이터를 획득하고 관리하는 업무를 담당하며, 트래픽관리(Traffic Management)란 자재 또는 제품의 입·출하 선적을 감독하는 것을 의미한다.

정답 13 ① 14 ③ 15 ② 16 ①

17 수요예측 방법 중 예측 데이터와 실제 데이터의 절대값을 평균하는 방법은?

① MAD(Mean Absolute Deviation)
② MSE(Mean Squared Error)
③ MAPE(Mean Absolute Percent Error)
④ MFE(Mean Forecast Error)

해설
평균절대오차(MAD ; Mean Absolute Deviation)는 실제값(종속변수)과 예측값의 차이를 절댓값을 취하여 평균을 구한 것으로, 편차의 절댓값 평균을 의미한다.

19 황소채찍효과의 원인으로 가장 적절한 것은?

① 재고의 부족
② 정보 및 정보기술의 부족
③ 인력의 부족
④ 자금의 부족

해설
황소채찍효과는 SCM에서 반복해서 발생하는 문제점으로, 제품 및 서비스의 수요 정보가 공급사슬에 있는 각 단계를 거치며 왜곡되는 현상을 의미한다. 이는 SCM의 모든 기업의 정보가 충분히 공유되지 못하는 문제로 발생한다.

18 다음 중 경제적 주문량(EOQ) 계산과 가장 관련이 없는 것은?

① 주문량 및 주문비용
② 단위당 유지비용
③ 연간 수요량
④ 연간 노동시간

해설
주문량, 단위당 유지비용, 연간 수요량, 주문비용 등의 데이터를 활용하여 경제적 주문량을 결정할 수 있다.

20 다음 중 유통데이터서비스플랫폼의 구매데이터 수집 정보로 가장 적절하지 않은 것은?

① 언제 구입했는지
② 어디서 구입했는지
③ 왜 구입했는지
④ 얼마나 구입했는지

해설
유통데이터서비스플랫폼은 유통산업에서 활용하거나 발생하는 상품데이터와 거래데이터를 의미한다. 구입목적(왜 구입했는지)은 고객데이터에 가깝다.

17 ① 18 ④ 19 ② 20 ③ **정답**

제2과목　데이터 해석 및 활용

21　다음 중 정보의 예시로 가장 적절하지 않은 것은?

① 가입 고객의 연령별 분포도
② 대리점별 평균 매출액
③ 고객이 서비스를 사용하기 위해 로그인한 시간
④ 지난달 판매된 베스트 상품

해설

정보란 데이터의 가공, 처리와 데이터 간의 연관관계 속에서 의미가 도출된 것을 의미한다. 이는 의사결정에 유용하게 활용할 수 있도록 데이터를 처리한 결과물을 말하며 모든 사실(데이터) 중에서 필요한 사실만을 수집해 정리한 데이터이다. 고객이 서비스를 사용하기 위해 로그인한 시간은 가공되지 않은 데이터에 가깝다.

22　비정형 데이터에 대한 설명으로 가장 적절하지 않은 것은?

① 정해진 규격이 없어 값의 의미를 쉽게 파악하기 힘들다.
② 주로 XML, HTML, JSON 등의 파일형태로 저장된다.
③ 비정형 특성으로 인해 특정 데이터에 대한 검색이 어렵다.
④ 특정 스키마가 없는 NoSQL 데이터베이스가 사용된다.

해설

비정형 데이터는 하나의 속성에 다양한 값이 복합적으로 내포된 데이터로서 텍스트, 이미지, 영상, 음성 등 다양한 형태로 생성된다. 특정한 스키마가 지정되지 않는 NoSql(Non Sql) DB를 활용하고 데이터분석에 가장 불리하고 어렵다. XML, HTML, JSON 등의 파일형태로 저장되는 데이터는 반정형 데이터이다.

23　수치형 데이터와 범주형 데이터에 대한 설명으로 가장 적절하지 않은 것은?

① 일정 기간 동안의 교통사고 발생 횟수와 같은 데이터는 수치형의 이산형 데이터이다.
② 체중이나 혈압과 같은 데이터는 수치형의 연속형 데이터이다.
③ 범주형 데이터는 도수분포표 또는 막대그래프로 표현하기 용이하다.
④ 범주형 데이터에서 명목형 데이터란 범주 간 순서에 의미가 있는 데이터를 의미한다.

해설

범주형 데이터는 특정한 기준(Category)에 따라 분류(Classification)된 데이터로 크게 명목형 데이터와 순서형 데이터로 구분된다. 도수분포표나 막대그래프는 수치형 데이터 표현에 적합한 그래프이다.

24　다음 제시된 자료에 대한 중앙값은?

> 40, 20, 10, 30, NULL, 50, 60

① 30
② 20
③ 40
④ 35

해설

중앙값은 전체 데이터를 나열했을 때 가운데에 있는 값을 의미하며 데이터의 개수가 홀수이면 하나의 값, 짝수일 경우 가운데 두 수의 평균을 활용한다. NULL은 값에 포함하지 않으므로 데이터를 나열하여 계산하면 $\frac{30+40}{2} = 35$이다.

정답　21 ③　22 ②　23 ④　24 ④

25 다음 중 이산확률분포에 속하는 것으로 가장 적절한 것은?

① 균일분포
② 정규분포
③ 이항분포
④ 지수분포

해설
대표적인 연속확률분포는 정규분포, 감마분포, 지수분포, 균등분포 등이 있고, 이산확률분포에는 베르누이 분포, 이항분포, 포아송 분포 등이 있다.

26 고객의 나이, 성별, 지역 등의 정보를 이용하여 고객데이터를 분석하고자 할 때 가장 적합한 데이터 마이닝 기법은?

① 분류분석
② 군집분석
③ 연관분석
④ 회귀분석

해설
군집분석은 데이터를 보고 유사한 성질과 특성 또는 규칙에 따라 데이터를 묶는 작업을 의미한다. 고객의 나이, 성별, 지역 등의 정보는 고객의 개인신상정보로, 군집분석을 사용하는 것이 가장 적절하다.

27 분산 데이터베이스의 장점으로 가장 적절하지 않은 것은?

① 데이터베이스 관련 소프트웨어 개발 비용 감소
② 신뢰성(Reliability) 및 가용성(Availability) 향상
③ 질의 처리(Query Processing) 향상
④ 데이터의 공유성 향상

해설
분산 데이터베이스 시스템은 물리적으로 여러 데이터베이스를 구성할 수 있고 추후 시스템의 용량 확장에 매우 유리하다. 처리속도에 따른 빠른 응답성능을 기대할 수 있으며 정보의 신뢰성이 높고 가용성이 확보된다. 또한, 통신 네트워크를 통해 자원을 공유하고 데이터를 전송할 수 있다.

28 다음 설명에 해당하는 데이터베이스 관리시스템으로 가장 적절한 것은?

> ( )는 데이터를 테이블 형태로 구성하고 기본 키와 외래키를 통해 테이블들을 정의하고 유지한다. 주요한 예시로는 Oracle, MySQL, SQL Server 등이 있다.

① 관계형 DBMS
② 네트워크 DBMS
③ 테이블 DBMS
④ NewSQL DBMS

해설
관계형 데이터베이스는 현실 세계의 모든 데이터를 개체(Entity)로 구성하며, 각 개체의 속성(Attribute)에 따라 값(value)을 부여하고 개체 간 관계를 형성한다. 현재 데이터베이스 관리시스템의 대부분은 관계형 DBMS(RDBMS)이며, 대표적으로 ORACLE, MS-SQL, MySQL 등이 있다. 행과 열의 테이블 형태로 데이터를 저장하고 관리하며 테이블 간의 관계를 정의하고, 이러한 관계는 주로 키(Key)에 의해서 형성된다.

29 다음 중 데이터베이스를 구성함으로써 얻을 수 있는 장점으로 가장 적절하지 않은 것은?

① 데이터 간 종속성을 최대화할 수 있다.
② 데이터 내용의 일관성을 유지할 수 있다.
③ 데이터의 중복을 최소화할 수 있다.
④ 여러 사용자와 데이터를 공유할 수 있다.

해설
데이터베이스 구성의 장점은 중복 최소화, 시스템 확장, 작업의 표준화, 보안성, 무결성, 데이터 독립성 등이 있다.

30 다음 설명에 해당하는 데이터베이스의 구성요소로 가장 적절한 것은?

> (   )은/는 데이터베이스에서 정보를 구조화하여 저장하는 단위이다. 엔터티(Entity) 또는 릴레이션(Relation)이라고도 불린다. 일반적으로 관련된 데이터를 그룹화하여 효율적인 데이터 관리를 가능하게 한다.

① 레코드(Record)
② 속성(Attribute)
③ 테이블(Table)
④ 튜플(Tuple)

해설
① · ④ 레코드(Record)는 테이블의 행을 나타내며 속성에 따라 실제 입력되는 값으로 튜플(Tuple)이라고도 한다.
② 속성(Attribute)은 테이블의 열을 나타내고 특정 데이터 유형에 대한 정보를 기술하며, 필드(Field) 또는 변수(Variable)라고도 한다.

31 다음 설명에 해당하는 데이터베이스 언어로 가장 적절한 것은?

> 해당 언어는 데이터베이스의 논리적 구조를 설계하고, 데이터베이스 객체의 생성, 수정, 삭제를 담당한다. 중요 명령어로는 CREATE, ALTER, DROP 등이 있다.

① 데이터 관리어(Data Management Language)
② 데이터 정의어(Data Definition Language)
③ 데이터 제어어(Data Control Language)
④ 데이터 조작어(Data Manipulation Language)

해설
데이터 정의어(DDL ; Data Definition Language)는 데이터베이스(DB), 테이블(Table), 인덱스(Index) 등의 각종 객체의 생성, 수정, 삭제 등의 관리를 위한 명령어이다. 데이터베이스의 스키마를 정의하고 관리하는 데 사용되며, CREATE(생성), ALTER(수정), DROP(삭제) 구문이 대표적인 DDL 명령어이다.

32 다음 설명에 해당하는 스키마로 가장 적절한 것은?

> (   )는 데이터의 물리적 구조를 정의한다. 데이터가 디스크에 저장되는 방식, 인덱스 구조, 저장 위치 등의 사항을 정의하고, 데이터베이스 시스템의 성능 향상을 위해 최적화된 구조로 데이터를 관리한다.

① 개념 스키마
② 내부 스키마
③ 내용 스키마
④ 외부 스키마

해설
내부 스키마는 실제의 물리적 공간에 데이터를 어떤 방식으로 저장할지 설명하며, 물리적 공간의 크기와 할당, 저장방법 등을 명시한다. 데이터가 디스크에 저장되는 방식, 인덱스 구조, 저장 위치 등과 같은 물리적 세부사항을 정의하고, 데이터베이스 시스템의 성능 향상을 위해 최적화된 구조로 데이터를 관리한다.

33 다음 중 외래키(Foreign Key)에 대한 설명으로 가장 적절한 것은?

① 외래키는 슈퍼키의 특징을 가지면서 최소성 조건을 만족한다.
② 외래키는 테이블 내 모든 레코드를 고유하게 식별할 수 있지만 최소성 조건을 만족시키지 않을 수 있다.
③ 외래키는 한 테이블에서 다른 테이블의 기본키를 참조하는 키이다.
④ 외래키는 후보키 중에서 선택되고 테이블 내에서 중복된 값이 없어야 하며 NULL 값을 가질 수 없다.

해설
외래키(FK ; Foreign Key)는 특정 테이블의 기본키를 참조하는 키이다. 기본키를 포함한 테이블을 부모 테이블이라 하고 외래키로 참조한 테이블은 자식 테이블이라 하며, 참조무결성을 유지하고 데이터의 일관성을 유지하는 데 사용된다.

정답 30 ③ 31 ② 32 ② 33 ③

34 데이터 표준화의 목적에 대한 설명으로 가장 적절한 것은?

① 비교를 위해 데이터를 일관된 단위로 변환하는 것이다.
② 데이터 세트에서 결측값을 제거하는 것이다.
③ 효율적인 저장을 위해 데이터를 압축하는 것이다.
④ 데이터에 대한 통계적 계산을 수행하는 것이다.

해설
데이터 표준화는 비교를 위해 데이터를 일관된 단위로 변환하는 것으로, 데이터의 단위나 분포가 다른 경우 데이터의 척도를 맞추기 위해 숫자 데이터를 평균 0, 표준편차 1이 되도록 변환하는 것이다.

35 중복값을 처리하는 방법으로 가장 적절한 것은?

① 모든 중복값을 삭제하고 첫 번째 값만 유지한다.
② 중복값을 무시하고 분석을 진행한다.
③ 중복값을 중복값들의 평균으로 대체한다.
④ 각 중복값에 고유 식별자를 할당한다.

해설
중복값을 처리할 때에는 단순 중복이 아닌 중요한 정보를 포함한 값인지를 선행 판단하는 것이 중요하다. 속성 내 값이 중복되는 경우보다 하나의 값으로 처리되는 경우가 많으므로 행 삭제 및 열 삭제 방법이 유리하며, 삭제 후 해당 구간의 데이터를 재수집, 입력, 저장하는 방법을 사용하여 데이터 활용의 정확도를 높인다. 즉, 무시하거나 평균 대체, 식별자 할당 등의 방법보다는 삭제의 방법을 사용하여 처리해야 한다.

36 데이터 분석 방식 중 시간을 기준으로 데이터를 분할하는 방식에 대한 설명으로 가장 적절한 것은?

① 특정 시간 간격을 기준으로 데이터를 더 작은 하위 집합으로 구성하는 것이다.
② 데이터 분석을 위해 시간값을 숫자 형식으로 변환하는 것이다.
③ 시간을 기준으로 여러 데이터 세트를 단일 데이터 세트로 결합하는 것이다.
④ 시간 기준에 따라 데이터 세트에서 이상값을 제거하는 것이다.

해설
날짜 및 시간 처리에서 데이터 분할은 날짜/시간 데이터를 연, 월, 일, 시, 분 등으로 분할하여 데이터를 더 작은 하위 집합으로 구성하는 것이다.

37 스트리밍 데이터를 처리하는 방식으로 가장 적절한 것은?

① 유입되는 모든 데이터를 관계형 데이터베이스에 저장한다.
② 데이터를 일정한 간격의 청크 또는 배치로 처리한다.
③ 머신러닝 알고리즘을 적용하여 실시간으로 데이터를 분석한다.
④ 유입되는 데이터를 연속적이고 점진적인 방식으로 처리한다.

해설
스트리밍 데이터는 발생과 동시에 실시간으로 데이터를 처리하고 적재하는 연속적이고 점진적인 방식으로 처리된다. 스트리밍 데이터의 수집은 센서 데이터, 오디오/비디오 등의 스트리밍 데이터를 비동기 방식으로 처리하는 분산형 로그 수집 기술인 플룸(Flume), 실시간으로 스트리밍 로그 데이터를 분산 시스템에 저장하는 대용량 로그 수집 기술인 스크라이브(Scribe)를 많이 활용한다.

38 개인정보 비식별화의 목적으로 가장 적절한 것은?

① 데이터 무결성 및 정확성 보장
② 민감한 정보의 익명화 및 가명화
③ 분석을 위한 데이터 접근성 개선
④ 전송 및 저장 중 데이터 암호화

해설

개인정보 비식별화는 데이터 내의 개인정보 일부 또는 전부를 삭제하거나 다른 정보로 대체하는 작업으로, 데이터를 통해 특정 개인을 식별하기 어렵게 조치하는 것을 의미한다. 즉, 민감한 개인정보를 익명화 또는 가명화하는 것을 목적으로 한다.

39 셀프서비스 비즈니스 인텔리전스의 주요 특징으로 가장 적절한 것은?

① IT전문가만 데이터에 대한 분석 및 보고를 할 수 있다.
② 데이터에 대하여 제한적인 접근 및 공유를 수행할 수 있다.
③ 비즈니스 사용자가 직접 데이터를 탐색하고 분석할 수 있다.
④ 의사결정 시 자동화된 알고리즘에 의존한다.

해설

셀프서비스 비즈니스 인텔리전스(Self-service Business Intelligence)는 비즈니스 사용자가 IT팀 또는 기술팀에 의존하지 않고 독립적으로 데이터에 접근하여, 데이터를 탐색하고 분석하며 의사결정에 필요한 인사이트를 발견하는 것이다.

40 다음 중 일반적으로 사용되는 비즈니스 인텔리전스 도구에 해당하는 것은?

① 마이크로소프트 워드
② 어도비 포토샵
③ 태블로
④ 구글 크롬

해설

Tableau, Power BI, QlikView는 대표적인 비즈니스 인텔리전스 시각화 도구이다.

제3과목 경영정보시각화 디자인

41 색의 3속성에 대한 설명으로 가장 적절하지 않은 것은?

① 명도는 색의 밝고 어두운 정도를 나타낸다.
② 명도는 흰색과 검은색 사이의 차이로 표현된다.
③ 색의 3속성에는 색상, 명도, 채도가 있다.
④ 채도가 낮을수록 순수한 색이 되고 높을수록 탁한 색이 된다.

해설
채도는 색의 선명함(명료함), 맑고 탁한 정도를 나타내는 성질로 색의 순수성이나 강도를 의미한다. 채도가 가장 선명하고 강한 색을 순색이라 하며, 채도가 낮을수록 회색이나 흰색에 가까워지고 탁한 느낌이다. 따라서 채도 0%가 회색이 되고, 100%가 순색이 된다.

42 디자인 기본 원리에 대한 설명으로 가장 적절하지 않은 것은?

① 공간 : 디자인 요소들의 크기, 위치, 간격 등이 물리적 공간을 형성한다.
② 균형 : 통일과 변화를 적절하게 조합한다.
③ 명도 : 색상이 얼마나 밝거나 어두운지를 결정한다.
④ 채도 : 채도가 0%이면 가장 탁한 색이고, 100%이면 순수한 색이다.

해설
균형은 디자인 요소의 배치와 무게를 조절하여 시각적인 안정감을 형성하는 것이다. 통일과 변화를 적절하게 조합하는 것은 조화에 대한 설명이다.

43 인포그래픽의 원리에 대한 설명으로 가장 적절한 것은?

① 인포그래픽은 정보를 복잡하게 구성하여 상세한 내용을 담는 것이 원칙이다.
② 인포그래픽은 주제와 목적에 맞게 중요한 정보를 강조하고 단순하고 명확하게 전달하는 것이 원칙이다.
③ 인포그래픽에서 색상은 중요하지 않다.
④ 인포그래픽에서 최대한의 텍스트를 사용하여 정보를 전달하는 것은 오컴의 면도날 원리에 해당한다.

해설
인포그래픽의 원리에는 단순성, 명확성, 중요성, 일관성, 가독성, 효과성 등이 있으며, 주제와 목적에 맞게 중요한 정보를 강조하고 단순하고 명확하게 전달해야 한다.

44 다음 설명에 해당하는 인포그래픽 디자인 요소로 가장 적절한 것은?

( )은/는 그래프나 차트의 구조를 명확하게 나타내는 데 사용되며, 데이터의 비교, 패턴 파악, 정확한 위치 파악 등을 도와준다. 그래프의 영역을 구분하고 정보의 배치를 정렬하는 데 도움을 주고 그래프 내에서 데이터 값의 상대적인 크기나 위치를 시각적으로 인식할 수 있도록 돕는다.

① 격자선　② 범례
③ 주석　　④ 질감

해설
② 범례는 그래프나 차트에서 사용된 색상, 패턴, 기호 등에 대응하는 항목을 설명하는 요소이다.
③ 주석은 특정 부분에 대한 설명이나 추가 정보를 제공하여 사용자가 정보를 이해하고 해석하는 데 도움을 준다.
④ 질감은 실제 객체나 재료의 표면의 느낌 및 특성을 시각적으로 나타내는 것을 의미한다.

45 다음 차트에 반영되지 않은 인포그래픽 디자인 요소는?

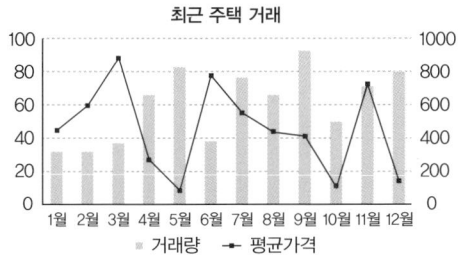

① 격자선 ② 두 번째 축
③ 범례   ④ 주석

해설
주석은 특정 부분에 대한 설명이나 추가 정보를 제공하여 사용자가 정보를 이해하고 해석하는 데 도움을 준다. 주로 텍스트 형태로 제시되어 그래픽 요소와 함께 사용하고, 중요한 세부정보, 통계 데이터의 해석, 용어 정의 등을 제공할 수 있으며, 사용자의 이해를 돕는 데 필요한 추가적인 문맥이나 배경 정보를 제공하기도 한다. 해당 차트에 주석은 반영되어 있지 않다.

46 엑셀의 조건부 서식 기능을 이용한 데이터 시각화에 대한 설명으로 가장 적절하지 않은 것은?

① 데이터 막대는 시간에 따라 변화하는 데이터를 시각화하기에 좋은 기능이다.
② 스파크라인을 활용하면 셀 내에서 데이터의 추세를 한눈에 파악할 수 있다.
③ 아이콘 세트는 조건부 서식의 한 종류로서 숫자나 퍼센트 값의 상대적인 크기를 시각화하는 기능이다.
④ 조건부 서식은 데이터의 특정 조건에 따라 셀의 서식을 변경하여 시각적인 효과를 준다.

해설
데이터 막대는 조건부 서식의 한 종류로, 숫자나 퍼센트 값의 상대적인 크기를 시각화하는 기능이다. 데이터의 크기에 따라 막대 크기나 색상이 변화하므로 시각적으로 비교하고 분석할 수 있다. 시간에 따라 변화하는 데이터를 시각화하기에 좋은 기능은 스파크라인이다.

47 다음 중 시각화 도구(BI 소프트웨어)에 대한 설명으로 가장 적절하지 않은 것은?

① 동일한 데이터와 분석 과정을 사용하여 동일한 결과를 얻을 수 있다면 재현 가능성을 충족한다.
② 시각화 도구를 활용하여 데이터를 탐구하고 이해하기 위한 분석을 수행할 수 있다.
③ 시각화 도구를 사용한다면 반복 가능성을 구현하기 어려울 수 있다.
④ Power BI는 클라우드 기반으로 작동하지 않고 로컬 컴퓨터에서만 사용할 수 있다.

해설
파워BI(Power BI)는 마이크로소프트에서 개발한 비즈니스 인텔리전스 도구로, 데이터 시각화와 인사이트 도출을 지원하는 플랫폼이며 클라우드 서비스 기반으로도 작동한다.

48 대시보드에 대한 설명으로 가장 적절하지 않은 것은?

① 대시보드는 모든 사용자에게 동일한 정보만 제공한다.
② 대시보드가 사용자들에게 지속적으로 잘 활용이 되고 있는지 확인해야 한다.
③ 대시보드의 예시로는 매주 월요일 아침 임원들에게 메일로 전송되는 주요 지표를 담은 PDF 파일이 있다.
④ 사용자는 대시보드를 통해 정보와 상호작용할 수 있다.

해설
대시보드는 데이터의 시각적 구현을 통해 현재 상황을 모니터링하고 이해하는 도구로, 하나의 화면에 여러 시각화 요소를 배치하여 데이터를 쉽게 탐색하도록 도움을 주는 디자인이다. 대시보드에 표현되는 데이터를 한눈에 이해하고 파악할 수 있는 사용자 맞춤형 보고서 및 시각화 디자인을 제공하며, 비즈니스를 모니터링하고 중요한 정보를 확인할 수 있다.

49 다음 설명과 가장 관련이 있는 도표는?

( ) 유형의 차트는 계급으로 데이터를 집단화하고, 지도에 각 계급을 단계적으로 표현함으로써 지역을 집단으로 하여 단순한 개수(Count)가 아닌 숫자 데이터를 보여준다.

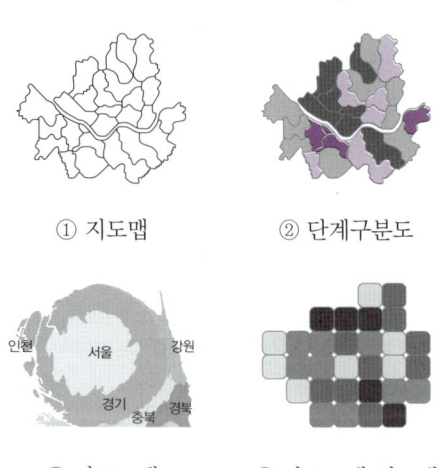

① 지도맵 ② 단계구분도
③ 카토그램 ④ 카토그램 히트맵

해설

단계구분도는 영역별로 색의 채도(진하기)를 달리하여 수치형 자료의 측정값을 구분한 지도로서, 음영 처리 혹은 패턴을 다르게 하여 표현하는 지도이다. 직관적인 정보를 전달하면서 위치 관계도 쉽게 파악할 수 있고, 계급으로 데이터를 집단화한다.

50 다음 그림에서 트랙 데이터를 강조하기 위해 활용된 시각 속성으로 가장 적절한 것은?

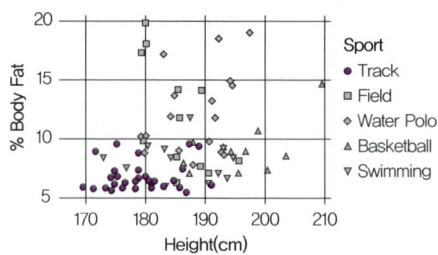

① 위치 속성 ② 모양 속성
③ 크기 속성 ④ 색 속성

해설

제시된 그림에서 시각 속성을 강조하기 위해 모양 속성도 일부 사용되었지만, 색 속성을 가장 적절하게 활용하여 트랙 데이터를 강조하였다.

51 다음 중 데이터의 불확실성을 표현하기에 가장 적합하지 않은 차트 유형은?

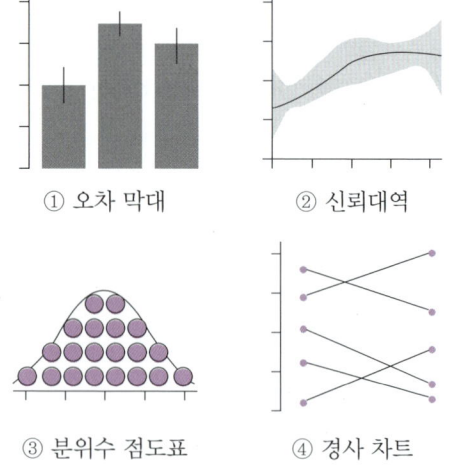

① 오차 막대 ② 신뢰대역
③ 분위수 점도표 ④ 경사 차트

해설

데이터의 불확실성을 표현하는 대표적인 시각화 차트 유형은 수직 오차 막대, 수평 오차 막대, 단계별 오차 막대, 2D 오차 막대, 눈 모양 도표, 감은 눈 모양 도표, 분위수 점도표, 신뢰도 스트랩, 신뢰대역, 단계별 신뢰대역, 적합선 등이 있다.

49 ② 50 ④ 51 ④ **정답**

52 다음과 같은 차트 유형의 명칭은?

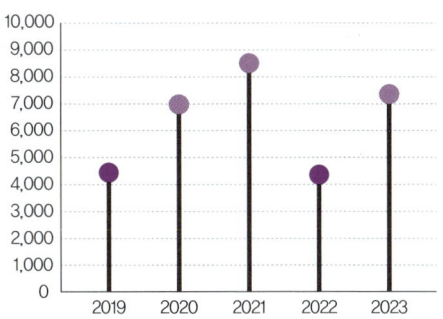

① 히스토그램
② 막대사탕(롤리팝) 차트
③ 덤벨 차트
④ 카토그램

해설
롤리팝 차트는 막대의 끝부분을 작은 원을 사용하여 표현하는 방식으로 끝부분에 원이 활용된다는 점을 제외하고는 막대 차트와 유사하지만 막대가 많을 경우 수량을 정확히 파악하기 곤란할 때 유용한 차트이다.

53 BI 소프트웨어는 통상적으로 데이터를 차원(Dimension)과 측정값(Measure)으로 구분하여 처리한다. 다음 보기 중 온라인 상거래 관련 변수(데이터) – 데이터 유형 – '태블로' 프로그램 상의 데이터 분류가 적절하게 연결된 것은?

① 제품중분류 – 서열(순서)형 데이터 – 차원
② 매출 – 범주형 데이터 – 차원
③ 지역 – 범주형 데이터 – 측정값
④ 수익 – 양적 데이터 – 측정값

해설
④ 수익은 수치형 양적 데이터로 누적값이다.
① 제품중분류는 범주형 데이터이다.
② 매출은 수치형 양적 데이터이다.
③ 지역은 차원으로 구분하여 처리한다.

54 광고 노출 이후 광고에 대한 호감도 변화를 분석하여 광고효과를 표현하기 가장 적합한 시각화 객체는?

① 밀도 분포
② 박스 플롯
③ 히트맵
④ 경사 차트

해설
광고 노출 이전과 이후의 호감도 변화를 분석해야 하므로 두 점 사이의 추이, 즉 두 시간 사이의 변화를 이용하는 경사차트를 이용하여 시각화하는 것이 적합하다.

55 다음의 폭포수(워터폴)차트에 대한 설명으로 가장 옳지 않은 것은?

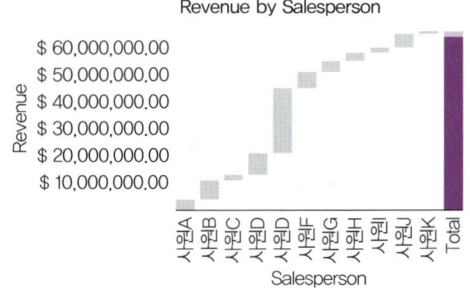

① 주로 누적효과를 보기 위해 사용하는 차트 유형이다.
② 음의 측정값이 존재할 경우 누적효과 확인에 효과적이지 않다.
③ 최종이익에 기여하는 세그먼트와 그 기여의 정도를 쉽게 판단할 수 있다.
④ 측정값의 총합계를 함께 표현하면 더욱 효과적이다.

해설
누적을 표현하는 폭포수 차트는 누적효과를 보기 위해 많이 사용하는 플롯으로, 최종이익에 기여하는 세그먼트와 그 기여의 정도를 쉽게 판단할 수 있다. 측정값의 총합계를 같이 표현하면 폭포수 차트는 더욱 효과적이며 음의 측정값이 존재해도 누적효과를 확인할 수 있다.

정답 52 ② 53 ④ 54 ④ 55 ②

56 다음과 같은 파이 차트의 장점으로 가장 적절하지 않은 것은?

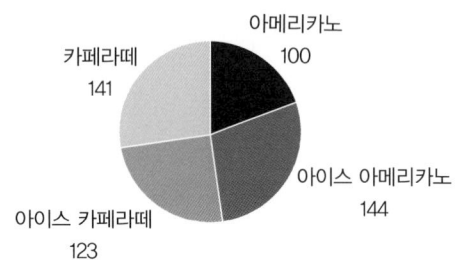

① 데이터가 전체에서 차지하는 비율을 확실하게 보여준다.
② 데이터 세트가 매우 적은 경우에도 시각적으로 보기 좋다.
③ 시간의 흐름에 따른 비율을 시각화할 때 효과적이다.
④ 1/2, 1/3, 1/4과 같은 단순한 분수 비율 표현을 강조하기 좋다.

해설

전체에 대한 각 요소의 상대적 비율을 표현하는 파이 차트는 원의 크기가 전체를 표현하고, 각 요소 혹은 범주가 차지하는 상대적 비율을 부채꼴 모양으로 표현한다. 직관적인 비교가 가능하며, 비율로 시각화된 요소의 크고 작음을 이해하여 판단한다. 시간의 흐름에 따른 시각화는 선 그래프, 경사 차트, 스파크라인 등을 이용한다.

57 다음의 박스 플롯에 대한 설명으로 가장 적절하지 않은 것은?

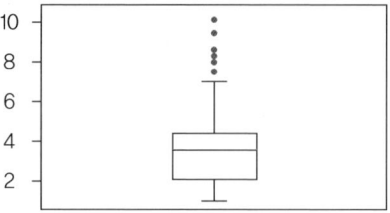

① 평균이 박스의 중간에 표현되어 있어 정확하게 확인하기 쉽다.
② 이상치가 상단에 잘 표현되어 있다.
③ 1분위수, 3분위수 등이 잘 표현되어 데이터의 분포를 확인할 수 있다.
④ 최댓값과 최솟값이 박스 플롯에 표현되어 데이터 범위를 확인할 수 있다.

해설

① · ② 평균을 나타내지는 않지만, 이상치(데이터 분포 중 다른 측정값에서 크게 벗어난 값)의 발견이 쉬워 데이터의 대략적인 분포와 개별적인 이상치를 동시에 확인 가능하다.
③ · ④ 박스 플롯은 여러 구간(범주)의 범위 혹은 분포를 박스형으로 시각화한다. 서로 다른 데이터세트를 쉽게 비교할 수 있으며, 데이터를 사분위로 표시하여 최솟값, 1사분위값, 2사분위값(중앙값), 3사분위값, 최댓값 등을 표현한다.

58 다음의 수직 막대 차트를 정확한 정보 전달을 위해 수정한다면 가장 적절한 것은?

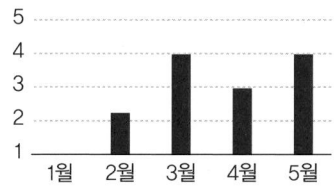

① 그래프의 Y축을 0부터 시작해야 한다.
② 막대폭이 넓어 비교가 어렵기 때문에 막대폭을 줄여야 한다.
③ 막대 사이의 간격을 조정해야 한다.
④ 3월의 측정값이 가장 크다는 것을 강조하기 위해 색 속성을 사용해야 한다.

해설
주어진 수직 막대 차트에서 1월의 값이 0과 1 사이의 값인 경우에는 표현이 힘들기 때문에 Y축을 0부터 시작해야 한다.

59 다음 상관도표(Correlogram)에 대한 설명으로 가장 적절하지 않은 것은?

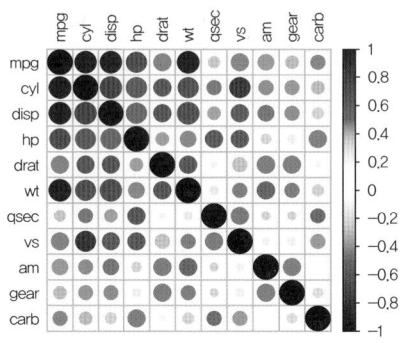

① 상관도표를 분석하면 각 변수 간의 원인-결과 관계를 밝힐 수 있다.
② 상관도표에서는 양의 상관관계와 음의 상관관계가 잘 나타나 있다.
③ 산포도(산점도)에 너무 많은 변수가 존재할 경우 발생하는 문제점을 극복할 수 있다.
④ 상관관계가 통계적으로 유의하지 않은 경우를 확인할 수 있다.

해설
상관도표는 대표적인 데이터의 관계를 표현하는 차트 유형으로 변수 간의 관계성을 파악할 수 있다. 그러나 변수 간 원인과 결과의 인과관계는 파악할 수 없다.

60 다음의 매출액 예측 결과에 대한 설명으로 가장 적절하지 않은 것은?

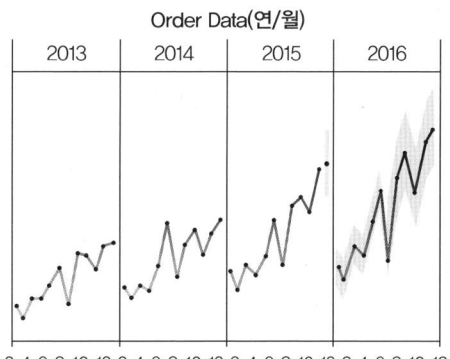

① 매출 자료는 시계열 자료이며 추세가 나타날 수 있다.
② 매출 예측에 계절적 요인이 잘 반영되지 않는다.
③ 이동평균 등의 다양한 방법으로 시계열 자료의 예측이 가능하다.
④ 예측값의 신뢰구간이 표현되고 있다.

해설
매출 데이터는 대표적인 시계열 데이터로 계절적 요인을 반영한다.

PART 6
기출문제 파헤치기

CHAPTER 01 2024년 1회 기출문제

CHAPTER 02 2024년 2회 기출문제

CHAPTER 01 2024년 1회 기출문제

PART 6 기출문제 파헤치기

제1과목 경영정보 일반

01 다음 중 보상 제도에 대한 설명으로 가장 옳지 않은 것은?

① 업무 관련 고충 처리와 스트레스 관리를 위한 종업원 지원프로그램(EAP) 등을 법정 외 복리후생으로 운영할 수 있다.
② 4대 보험, 유급휴가 및 퇴직금 제도는 종업원에게 반드시 제공되어야 하는 법정 복리후생이다.
③ 임금 수준 결정에 있어 회사의 지불 능력과 종업원의 최저생계비 보장은 핵심 고려사항이다.
④ 근속연수에 연동하여 임금을 인상하는 베이스업(Base-up)은 고성과자의 동기를 저하시키는 부작용을 초래할 수 있다.

해설
임금의 조정 방법 중 베이스업은 시장 상황이나 물가를 고려하여 조직의 전체적인 임금 수준을 상향 조정하는 것을 의미한다.

02 아래 글상자에서 공통으로 설명하는 감가상각방법으로 가장 옳은 것은?

> - 자산의 내용연수에 따라 매년 같은 감가상각 비용을 부과하는 방법이다.
> - 간단하고 직관적이라는 장점이 있다.
> - 자산의 경제적 가치 변동을 고려하지 않아 실제 사용에 따른 감가상각 비용을 정확하게 나타내지 못할 수 있다는 단점이 존재한다.

① 정액법
② 정률법
③ 생산량비례법
④ 연수합계법

해설
① 정액법은 매년 같은 금액을 적용하여 정액상각하는 방식으로 잔존가액이 존재한다.
② 정률법은 매년 동일 비율을 적용하는 가속상각이며 잔존가액이 없다.
③ 생산량비례법은 생산량 또는 사용량에 비례한 가속상각 방식으로 잔존가액이 존재한다.
④ 연수합계법은 정액법과 정률법의 특징을 결합한 것이다.

03 다음 중 피평가자 집단의 다양한 활동들을 복수의 평가자가 관찰과 평가를 하기 위해 행동 시뮬레이션과 과제를 활용하는 방법으로, 피평가자에 대한 집중적이고 전문적인 평가가 가능한 방법으로 가장 옳은 것은?

① 평가센터법
② 행태관찰척도법
③ 서열법
④ 행태기준평정법

해설
평가센터법은 복수의 평가자가 관찰하고 평가하는 방법으로 집중적이고 전문적인 평가가 가능하다.

01 ④ 02 ① 03 ① **정답**

04 다음 중 디지털 마케팅의 CVR에 대한 설명으로 가장 옳지 않은 것은?

① 마케팅에 참여한 전체 사용자 대비 전환을 수행한 사용자의 비율을 의미한다.
② 마케팅 활동을 통해 원하는 전환을 수행한 사용자의 비율을 의미한다.
③ 마케팅에서의 전환은 구매를 의미하므로 가입 및 다운로드는 포함되지 않는다.
④ 첫 페이지에서 결제 페이지까지의 과정을 최적화하는데 필요한 지표이다.

해설
①·② 전환율(CVR ; Conversion Rate)은 기업의 광고를 확인 후 클릭, 장바구니, 구매, 다운로드, 가입 등의 실제 행동으로 수행한 비율이다.
④ 광고가 고객의 실제 행동 욕구를 얼마나 자극할 수 있는지를 판단하는 지표로서 공식은 (전환을 수행한 사용자 수 ÷ 마케팅에 참여한 전체 사용자 수) × 100(%)이다.

05 다음 중 고객 행동 데이터로 가장 옳지 않은 것은?

① 구매이력
② 웹사이트 방문기록
③ 제품 리뷰 및 별점
④ 고객 인지도

해설
구매, 방문, 리뷰 및 평가 등은 대표적인 고객 행동 데이터이다. 고객 인지도는 마케팅 활동을 통해 고객 유지 및 유치 활동상에 수집되는 데이터에 가깝다.

06 다음 중 공급과 수요를 통합적으로 관리하는 것을 목적으로 하여 단일 조직이 아니라 독립적인 다수의 조직을 관리하는 방법으로 가장 옳은 것은?

① 공급사슬관리
② 구매관리
③ 통합품질관리
④ 통합마케팅커뮤니케이션

해설
공급사슬관리(SCM ; Supply Chain Management)는 공급자로부터 내부 생산과 유통과정을 거쳐 최종 고객에게 전달하는 제품, 서비스 및 정보의 흐름을 시스템 관점에서 관리하는 것을 의미한다.

07 다음 중 일정 기간의 기업의 현금 유입과 유출 내역을 나타내어 기업의 현금 관리와 재무건전성을 평가하는 보고서로 가장 옳은 것은?

① 자본변동표
② 현금흐름표
③ 재무비율표
④ 매출원가표

해설
현금흐름표는 의미 그대로 기업의 현금흐름을 기록하는 보고서이다. 당해 연도 회계기간의 현금 유입과 유출 등을 기록하며 기초의 현금을 가산하여 기말의 현금을 산출하는 형식으로 작성한다.

08 다음 중 기업이 단기부채를 단기자산으로 상환할 수 있는 능력을 측정하는 데 사용되는 재무비율로 가장 옳은 것은?

① 총자산이익률
② 투자수익률
③ 유동비율
④ 부채비율

해설
유동비율은 기업의 자산을 현금화할 수 있는 능력치를 평가하는, 즉 기업의 단기부채 상환능력을 측정하는 지표이다. 유동비율은 기업의 채무 지급능력을 측정하는 기본적인 지표로 활용된다.

정답 04 ③ 05 ④ 06 ① 07 ② 08 ③

09 다음 중 공급사슬의 일반적인 세 가지 대표 유형의 이동으로 가장 옳지 않은 것은?

① 정보의 교환
② 물리적 이동
③ 현금 흐름
④ 직원 인사 이동

해설

공급사슬의 대표적인 이동 유형은 자재, 제품, 서비스의 물리적인 이동(Physical Movement), 자재, 제품, 서비스의 실질적 이동에 따른 현금의 흐름, SCM으로 발생한 핵심 정보의 이동이다.

10 다음 중 정량적 데이터를 분석하는 방법으로 가장 옳은 것은?

① 텍스트마이닝
② 질적연구방법론
③ 회귀분석
④ 워드클라우드

해설

정량적 수요예측은 크게 인과형과 시계열 분석으로 구분한다. 회귀분석은 대표적인 인과형 예측 기법에 속한다.

11 다음 중 샘플 데이터를 추출하여 수행하는 검사로 가장 옳지 않은 것은?

① 생산 전 검사 : 투입되는 자원의 적합성 검사
② 생산 중 검사 : 원자재 구매 전 적합성 검사
③ 고객 인도 전 적합성 검사
④ 생산 후 검사 : 제품의 적합성 검사

해설

생산 전 검사는 샘플링을 통해 투입되는 자원의 적합성 검사이다. 생산 후 검사도 고객에게 인도되기 전에 샘플링을 통해 최종적으로 실시하는 검사이다. 하지만 생산 중 검사는 투입 자원의 결과물 전환과정의 적합성을 판단하는 공정관리 검사이다.

12 다음 중 옵션계약의 가격으로, 옵션매수자가 권리를 갖는 대가로 매도자에게 옵션계약을 매수할 때 지불하는 금액을 나타내는 용어로 가장 옳은 것은?

① 프리미엄
② 행사가격
③ 기초자산
④ 옵션매도가

해설

옵션은 미래에 상품가격이 상승 또는 하락할 것으로 예상하고 현재 시점에서 상품을 사고파는 권리만을 주고받는 계약거래로, 매수자가 매도자에게 지급하는 금액을 프리미엄이라 한다.

13 다음 국가통계포털에서 제공하는 정보 중 지역자치단체의 생활환경 및 경영상황과 관련성이 높은 지표로 가장 옳은 것은?

① E-지방지표
② 문화/여가지표
③ 소득/소비/자산지표
④ 국민계정지표

해설

E-지방지표는 지역자치단체의 생활환경 및 경영상황을 알아볼 수 있는 주요 통계들을 선정하여 지역 간 평가 및 비교가 가능하도록 서비스한다. 주제별로 인구, 가족, 건강, 교육, 소득과 소비, 고용과 노동, 주거와 교통, 문화와 여가, 성장과 안정, 안전, 환경, 사회통합을 다루고, 테마별로 일자리 상황, 삶의 질, 저출산/고령화 등을 다룬다.

정답 09 ④ 10 ③ 11 ② 12 ① 13 ①

14 아래 글상자에서 공통적으로 설명하는 지표로 가장 옳은 것은?

> - 전체시장에서 차지하는 비율을 나타낸다.
> - '특정 기업의 연간매출 ÷ 전체 시장규모'로 계산한다.
> - 이것이 높은 기업은 더 큰 영향력을 가지며, 경제적인 이점을 얻을 수 있다.

① 시장점유율
② 성장률
③ 투자수익률
④ 시장포화도

해설
시장점유율은 기업 제품이 시장에서 얼마나 영향력이 있는지를 확인하는, 즉 시장에서의 지위를 나타내는 상징적인 지표이다. 시장점유율을 확인하는 목적은 여러 가지가 있으며, 해당 시장에서의 생존을 판단하는 기준 잣대로 활용된다.

15 다음 중 ROAS에 대한 설명으로 가장 옳은 것은?

① ROAS는 광고나 링크를 클릭한 사용자의 비율을 나타내는 지표이다.
② ROAS는 사용자가 웹페이지를 떠나는 비율을 나타내는 지표이다.
③ ROAS는 광고 투자 대비 수익률을 나타내는 지표이다.
④ ROAS는 얼마나 많은 고객이 재방문하는지를 나타내는 지표이다.

해설
광고 투자 대비 수익률(ROAS ; Return on Advertising Spend)은 특정된 개별 마케팅 활동에 대한 투자 대비 수익률로, 마케팅 개별 투자에 대한 항목별 수익률을 확인하는 지표이다.

16 다음 중 역할과 책임의 확장에 따라 임금을 인상하는 임금 조정 방법으로 가장 옳은 것은?

① 승급
② 승진
③ 승격
④ 베이스업

해설
임금의 조정 방법 중 승격은 조직 내 책임과 권한이 추가되어 임금을 인상하는 방법이다.

17 다음 중 문제의 원인을 중요하지 않은 다수의 원인과 중요한 소수의 원인으로 분류하는 품질검사 방법으로 가장 옳은 것은?

① 체크리스트 기법
② 파레토분석 기법
③ 히스토그램 기법
④ 산점도 기법

해설
파레토분석 기법은 모든 결과의 80%는 20%의 원인에서 기인한다는 이론을 적용한 것으로 문제의 원인을 중요하지 않은 다수의 원인과 중요한 소수의 원인으로 분류하는 품질검사 방법이다.

18 다음 중 조직의 주요 경력개발 프로그램으로 가장 옳지 않은 것은?

① 리스킬링
② 핵심인재육성
③ 이중경력제도
④ 종업원지원프로그램

해설
대표적인 경력개발 프로그램으로는 새로운 업무를 수행하기 위한 기술 습득 과정인 리스킬링, 현재의 업무에 추가적인 업무 수행 및 신기술 습득하는 업스킬링, 조직의 리더 양성을 위한 핵심인재육성, 연구개발, 기술 전문직과 관리직을 선택하여 지원하는 이중경력제도가 있다.

19 다음 중 채권투자에 따른 투자위험으로 가장 옳지 않은 것은?

① 구매력감소위험
② 채무불이행위험
③ 시장위험
④ 자본예산위험

해설
채권투자의 대표적인 위험 요인은 금리변동위험으로, 금리 수준에 따라 채권수익률과 가격이 변동하는 시장위험, 인플레이션의 변화가 이자율과 채권 가격의 변화를 유발하는 구매력(감소)위험, 채권발행 물량이 적고 시장이 작아 생기는 유동성위험, 발행 기업의 신용도, 재정 및 경영 상태를 반영한 채무불이행위험이 있다.

20 다음 중 신규고객판매에 대한 설명으로 가장 옳지 않은 것은?

① 기업이 이전에 상호작용한 적이 없는 고객을 대상으로 제품이나 서비스를 판매하는 것이다.
② 고객을 유치하고 유입시키기 위해 다양한 마케팅 전략과 광고 캠페인의 효과를 파악한다.
③ 할인, 프로모션, 새로운 제품 출시 등을 통해 신규고객 판매를 늘리려고 노력한다.
④ 추가적인 가치제공을 위해 개인화된 서비스, 멤버십 혜택, 리워드 프로그램 등을 제공한다.

해설
① 신규고객판매는 기업이 판매하는 제품 혹은 서비스에 대해 기존에 구매나 관심이 없었던 새로운 고객을 대상으로 판매하는 행위이다.
② 신규고객의 구매를 유도하기 위한 마케팅 전략으로 제품의 인지도를 높이고, 해당 제품에 대한 흥미와 관심을 유도하며, 기존 시장의 타제품과 비교 우위를 선점하여 구매를 유도한다.
③ 신규고객의 유치를 위한 제품의 할인, 프로모션, 신제품 광고 등의 활동을 한다.

제2과목 데이터 해석 및 활용

21 다음 중 수치형 데이터 분석에 대한 설명으로 가장 옳지 않은 것은?

① 데이터 간의 종속성 또는 독립성을 확인하기 위해 카이제곱 검정을 사용할 수 있다.
② 변수 간의 상관관계와 영향을 분석할 수 있다.
③ 회귀모델을 사용하여 수치형 데이터를 예측할 수 있고 시계열분석을 이용하여 미래를 예측할 수 있다.
④ 머신러닝을 사용하여 데이터를 분류하거나 유사한 데이터끼리 군집화하는 것이 가능하다.

해설
카이제곱 검정은 표본과 가설 검정에 활용되는 연속확률분포 검정으로 k개의 서로 독립적인 정규확률변수의 제곱을 합한 값으로 나타낸다. 독립적으로 변화를 줄 수 있는 매개변수를 의미하는 자유도(Degree of Freedom)를 활용한다.

22 다음 글상자에서 설명하는 백업 방법으로 가장 옳은 것은?

- 마지막 백업 이후 변경된 데이터만을 백업하므로 훨씬 작고 빠른 백업이 가능하다.
- 백업 사이의 시간 간격이 짧을수록 백업할 데이터가 적다.
- 마지막 전체 백업과 이후 백업을 재구성해야 하기 때문에 복원 시 시간이 오래 걸린다는 단점이 있다.

① 로컬 백업
② 차등 백업
③ 증분 백업
④ 순차적 백업

해설
증분 백업은 마지막 백업을 수행한 이후 변경된 데이터만을 복사하여 백업하는 방법으로 백업 속도가 가장 빠르나 복원 시 시간이 오래 걸린다.

23 데이터들의 유사도를 측정하여 유사도가 높은 데이터를 그룹화하여 분석하고자 할 때 가장 옳은 데이터 마이닝 기법은?

① 분류분석
② 군집분석
③ 연관분석
④ 회귀분석

해설
군집은 데이터를 보고 유사한 성질과 특성 또는 규칙에 따라 데이터를 묶는 작업으로 군집분석은 유사한 속성(유사도)을 가지는 데이터끼리 모으거나 분리하는 작업이 핵심이 되는 분석이다.

24 아래 글상자에서 설명하는 비즈니스 인텔리전스 기술 중 가장 옳은 것은?

조직의 다양한 출처로부터 수집된 데이터를 통합, 저장, 관리하는 기술이다.

① 데이터 웨어하우징
② 데이터 마이닝
③ 데이터 시각화
④ OLAP(Online Analytical Processing)

해설
데이터 웨어하우징(Data Warehousing)은 기업 내외부의 데이터를 통합하여 저장하고 관리하는 시스템을 의미한다. 데이터의 중복을 최소화하고 구성원과 조직 내부의 모든 업무에 공유되고 활용할 수 있도록 하며, 데이터의 정합성과 일관된 구조를 가지므로 표준화와 통일성을 확보한다.

정답 21 ① 22 ③ 23 ② 24 ①

25 다음 제시된 자료에 대한 최빈값은?

> 2, 4, NULL, 4, 6, NULL, NULL

① 2　　　　　② 4
③ NULL　　　④ 6

해설
최빈값은 전체 데이터 중 가장 높은 빈도로 등장하는 데이터를 의미하며, 아직 어떤 데이터인지 확인할 수 없는 NULL은 포함하지 않는다. 즉, 최빈값은 4이다.

26 아래 글상자에서 설명하는 데이터 분리 방법으로 가장 옳은 것은?

> 데이터를 여러 폴드로 나누고 각 폴드를 번갈아 가며 훈련 및 검증에 사용하는 방법이다.

① 교차 검증
② 계층적 분리
③ 홀드아웃
④ 시계열 분리

해설
교차 검증(Cross Validation)은 모델 성능의 추정과 일반화 성능을 평가하기 위하여 데이터 세트를 여러 하위 집합(Fold, 폴드)으로 분리한 후, 일부 폴드는 테스트 세트로 사용하고 나머지 폴드는 훈련 세트로 사용하는 방법이다. 시계열 분리는 시계열 또는 순차적 데이터를 처리하기 위해 특정 시점 또는 기간을 기준으로 데이터 세트를 분리하는 방법을 의미한다.

27 다음 글상자에서 설명하는 데이터베이스 관리 시스템의 특징으로 가장 옳은 것은?

> 기존 응용 프로그램에 영향을 주지 않고 데이터베이스의 논리적 구조를 변경시키거나 데이터의 물리적 구조를 변경할 수 있는 것을 말한다.

① 데이터 일관성　　② 데이터 무결성
③ 데이터 독립성　　④ 데이터 모델링

해설
① 데이터 일관성은 트랜잭션의 특징이다. 트랜잭션 실행 이전의 데이터베이스 상태가 정상적이라면 수행되고 난 이후의 데이터베이스 상태도 정상적이어야 한다.
② 데이터 무결성은 데이터의 일관성과 정확성을 유지하는 것으로, 다수의 사용자 접근 및 사용에도 트랜잭션 관리, 제약조건 등의 기능으로 데이터의 결합과 오류를 방지한다.
④ 데이터 모델링은 제한된 공간에 다양한 데이터를 효과적으로 담아내는 방법을 고민하는 과정이다.

28 다음 중 정보의 예시로 가장 옳지 않은 것은?

① 가입 고객의 연령별 분포도
② 대리점별 평균 매출액
③ 고객이 서비스를 사용하기 위해 로그인한 시간
④ 지난달 판매된 베스트 상품

해설
고객이 서비스를 사용하기 위해 로그인한 시간은 가공되지 않은 데이터에 가깝다.

29 다음 비식별화 기술 중 데이터 임의화에 대한 설명으로 가장 옳은 것은?

① 실제 데이터의 일부를 가려서 익명화한다.
② 개인을 식별할 수 있는 모든 정보를 제거한다.
③ 식별 가능한 데이터를 대체 식별자로 대체한다.
④ 데이터에 임의의 변동을 추가한다.

해설
데이터 마스킹 기법의 하나인 데이터 임의화는 개인 식별 데이터에 임의의 값을 추가하는 기법을 의미한다.

30 아래 글상자에서 설명하는 스키마로 가장 옳은 것은?

> 데이터베이스 사용자가 인식하는 논리적 구조로 테이블, 뷰, 인덱스, 관계, 제약조건 등을 포함한다.

① 개념 스키마
② 내부 스키마
③ 내용 스키마
④ 외부 스키마

해설
외부 스키마는 실제 데이터베이스에 저장된 데이터를 사용자에게 어떤 방법으로 전달하는지가 명시된다. 사용자나 응용 프로그램의 관점에서 데이터베이스를 정의하고 특정 사용자 그룹이나 응용 프로그램에 필요한 데이터의 논리적 구조와 접근 방법을 정의한다.

31 다음 중 셀프서비스 비즈니스 인텔리전스의 주요 특징으로 가장 옳은 것은?

① IT전문가만 데이터에 대한 분석 및 보고를 할 수 있다.
② 데이터에 대하여 제한적인 접근 및 공유를 수행할 수 있다.
③ 비즈니스 사용자가 독립적으로 직접 데이터를 탐색하고 분석할 수 있다.
④ 의사결정 시 기술팀에서 제공하는 자동화된 알고리즘을 사용한다.

해설
셀프서비스 비즈니스 인텔리전스(Self-service Business Intelligence)는 비즈니스 사용자가 IT팀 또는 기술팀에 의존하지 않고 독립적으로 데이터에 접근하여 데이터를 탐색하고 분석하여 의사결정에 필요한 인사이트를 발견하는 것이다.

32 다음 중 데이터 표준화에 대한 설명으로 가장 옳은 것은?

① 데이터 세트에서 결측값을 제거하는 것이다.
② 비교를 위해 데이터를 일관된 단위로 변환하는 것이다.
③ 효율적인 저장을 위해 데이터를 압축하는 것이다.
④ 데이터의 분포를 최대한 보전하면서 고차원 데이터를 저차원 데이터로 변환하는 것이다.

해설
데이터 표준화는 비교를 위해 데이터를 일관된 단위로 변환하는 것으로, 데이터의 단위나 분포가 다른 경우 데이터의 척도를 맞추기 위해 숫자 데이터를 평균 0, 표준편차 1이 되도록 변환하는 작업을 의미한다.

33 아래 글상자에서 설명하는 데이터 해석 오류 중 가장 옳은 것은?

> 데이터 분석 모델이 너무 단순하거나 충분한 학습이 이루어지지 않았을 때 발생하는 해석 오류이다.

① 확증편향
② 과대 적합
③ 과소 적합
④ 표본편향

해설
과소 적합은 모델 학습 시 최적화가 이루어지지 않아 발생하는 해석 오류이다.

34 다음 중 키(Key)에 대한 설명으로 가장 옳지 않은 것은?

① 기본키는 후보키에 속한다.
② 대체키는 후보키에 속한다.
③ 외래키를 통해 테이블 간의 관계를 맺을 수 있다.
④ 슈퍼키는 유일성과 최소성을 만족해야 한다.

해설

슈퍼키(Super Key)는 테이블 내에서 레코드를 고유하게 식별할 수 있는 속성 또는 속성들의 조합이다. 테이블의 레코드를 식별할 수 있는 잠재적인 키 집합으로, 복합키와 다른 점은 복합키의 경우 레코드를 식별하는 최소의 속성을 조합하여 생성되지만, 슈퍼키의 경우 그 이상의 속성을 포함한다.

35 아래 글상자에서 설명하는 데이터베이스의 구성요소로 가장 옳은 것은?

> ( )은/는 테이블의 열을 나타내며, 특정 데이터 유형에 대한 정보를 기술한다. 이는 고유한 이름을 가지며, 데이터의 유형을 정의한다. 예를 들어 이름, 나이, 성별 등은 '학생'이라는 테이블에서 해당 구성요소로 사용될 수 있다.

① 레코드(Record)
② 속성(Attribute)
③ 엔터티(Entity)
④ 릴레이션(Relation)

해설

속성(Attribute)은 테이블의 열을 나타내고 특정 데이터 유형에 대한 정보를 기술하며, 필드(Field) 또는 변수(Variable), 물리적 데이터베이스의 열(Column)을 의미한다. 각 속성은 고유한 이름을 가지며, 해당 속성에 저장되는 데이터의 유형을 정의한다. 또한 속성은 데이터의 유형과 크기, 제약사항 등에 대해 지정하며 이를 도메인(Domain)이라고 한다.

36 다음 중 파일시스템에 대한 설명으로 가장 옳지 않은 것은?

① 파일시스템은 데이터를 계층적으로 구성한다.
② 파일시스템은 같은 데이터가 중복될 수 있다.
③ 파일시스템은 동시성 제어가 부족하다.
④ 파일시스템은 데이터 검색이 효율적이다.

해설

파일시스템은 기본적인 검색 기능만을 제공하며, 복잡한 데이터 검색 작업을 수행하기에는 제한적이다.

37 다음 중 통계용어에 대한 설명으로 가장 옳지 않은 것은?

① 주어진 사건이 일어났다는 가정하에 다른 한 사건이 일어날 확률을 조건부 확률이라 한다.
② 두 변수 간의 상관관계는 상관계수가 1에 가까울수록 강하고 −1에 가까울수록 약하다고 해석할 수 있다.
③ 공분산은 두 변수가 각자의 평균으로부터 얼마나 떨어져 있는지를 나타내는 값이다.
④ 확률변수의 기댓값은 확률변수의 중심적 성향을 나타내는 수치이다.

해설

상관계수는 +1과 −1 사이의 값을 가진다. 값이 0보다 작으면 음의 상관관계라고 하며 두 변인 간에 관계가 없음을 나타낸다. 값이 0보다 크면 양의 상관관계라고 하며 두 변인 간에 관계가 있음을 나타낸다.

34 ④ 35 ② 36 ④ 37 ② **정답**

38 아래 글상자에서 설명하는 데이터베이스 언어로 가장 옳은 것은?

> 해당 언어는 데이터베이스의 논리적 구조를 설계하고, 데이터베이스 객체의 생성, 수정, 삭제를 담당한다. 중요 명령어로는 CREATE, ALTER, DROP 등이 있다.

① 데이터 관리어(Data Management Language)
② 데이터 조작어(Data Manipulation Language)
③ 데이터 제어어(Data Control Language)
④ 데이터 정의어(Data Definition Language)

해설

데이터 정의어(DDL ; Data Definition Language)는 데이터베이스(DB), 테이블(Table), 인덱스(Index) 등의 각종 객체의 생성, 수정, 삭제 등의 관리를 위한 명령어이다. 데이터베이스의 스키마를 정의하고 관리하는 데 사용되며, CREATE(생성), ALTER(수정), DROP(삭제) 구문이 대표적인 DDL 명령어이다.

39 다음 중 NoSQL 데이터베이스의 특징에 대한 설명으로 가장 옳은 것은?

① 데이터 저장을 위해 미리 정의된 스키마를 제공한다.
② 데이터 관리 및 조작을 위해 주로 SQL을 사용한다.
③ 구조적 및 관계형 데이터를 처리하는 데 적합하다.
④ 유연한 스키마 설계를 제공하고 비정형 또는 반정형 데이터를 처리한다.

해설

NoSQL은 비정형화 또는 반정형화된 데이터를 저장하는 기술로 수평적 확장이 가능한 구조이며, MongoDB, HBase, Cassandra 등이 해당된다.

40 다음 중 데이터의 종류에 대한 설명으로 가장 옳지 않은 것은?

① 정형 데이터는 테이블의 모든 행에 동일한 열 집합이 존재한다.
② 비정형 데이터는 정형 데이터에 비해 분석하기 어렵다.
③ 정형 데이터는 주로 XML, HTML, JSON 등의 파일 형태로 저장된다.
④ 반정형 데이터는 구조에 따라 저장된 데이터이지만 정형 데이터와 달리 데이터 내용 안에 설명이 함께 존재한다.

해설

정형 데이터는 주로 행과 열의 이진 형태인 표(Table) 형태로 저장되며, 대표적으로 관계형 데이터베이스와 엑셀이 있다. XML, HTML, JSON 등의 파일 형태로 저장되는 데이터는 반정형 데이터이다.

정답 38 ④ 39 ④ 40 ③

제3과목 경영정보시각화 디자인

41 보기는 시각 이해 위계의 피라미드의 각 단계에 들어갈 내용이다. 아래로부터 위까지의 순서로 가장 옳은 것은?

① 지식 – 정보 – 데이터 – 지혜
② 정보 – 데이터 – 지식 – 지혜
③ 데이터 – 정보 – 지식 – 지혜
④ 데이터 – 지식 – 정보 – 지혜

해설
각각의 데이터는 데이터 간의 연결고리를 찾아서 관계가 형성되어 정보가 되고, 다양한 정보가 보다 상위 개념에서 관계를 맺고 조직화 되었을 때 지식이 된다. 지식은 개인의 경험, 사고, 감정과 연결되고, 결합되어 관계를 맺을 때 구조화된 지혜로 승화된다.

42 다음은 어떤 그래프 유형에 대한 설명이다. 가장 옳은 것은?

- 누적 효과를 보기 위해 많이 사용하는 플롯이다.
- 최종 이익에 기여하는 세그먼트와 그 기여의 정도를 쉽게 판단할 수 있다.
- 측정값의 총합계를 같이 표현하면 더 효과적이다.
- 음의 측정값이 존재해도 누적효과를 확인할 수 있다.

① 간트 차트
② 덴드로그램
③ 폭포수 차트
④ 스트립 차트

해설
① 간트 차트는 시간의 추이에 따른 업무배분을 목적으로 하는 차트이다.
② 덴드로그램은 분류를 목적으로 하는 그래프로 머신러닝 기법 중 군집화의 결과로 생성된다.
④ 스트립 차트(Strip Chart)는 데이터의 수가 많지 않을 경우 데이터의 분포를 빠르게 확인하기 위해 박스 형태로 표현하는 차트로서 데이터의 위치를 순서대로 그려 표현한다.

43 다음과 같은 차트 유형의 명칭으로 가장 옳은 것은?

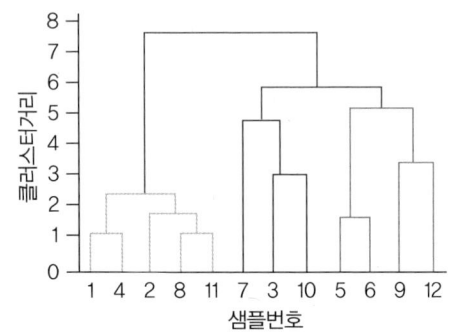

① 라인 차트
② 스파이더 차트
③ 범프 차트
④ 덴드로그램

해설
분류를 목적으로 하는 덴드로그램은 머신러닝 기법 중 군집화의 결과로 생성되는 그래프로서, 각 단계에서 관측치의 군집화를 통해 형성된 그룹과 이들의 유사성 수준을 표시하는 트리 다이어그램이다.

44 다음 중 시각화도구(BI 소프트웨어)의 특징으로 가장 옳지 않은 것은?

① 시각화 도구를 사용한다면 재현 가능성을 구현하기 어려울 수 있다.
② 무작위한 요소가 포함된다면 반복 가능성을 구현하기 어려울 수 있다.
③ 시각화 도구는 동일한 데이터에 대해 다양한 시각화 방법을 빠르게 적용할 수 있게 한다.
④ BI 소프트웨어는 데이터 시각화를 위한 전용 도구로 데이터 추출 및 변환 기능은 제공하지 않는다.

해설
BI 소프트웨어는 데이터를 분석하고 다음 상황을 예측, 과정과 결과의 시각화, 협업 등의 기능을 제공한다. 사용자는 BI 도구를 활용하여 다양한 데이터를 추출, 변환, 로드하여 활용할 수 있으며, 가공된 데이터를 활용하여 차트, 그래프, 대시보드, 테이블 등의 시각화 요소를 활용하여 시각적으로 표현할 수 있다.

45 다음 캘린더 차트와 관련된 설명 중 가장 옳지 않은 것은?

① X, Y, Z 3개의 축을 가진 입체형태의 차트이다.
② 날짜 데이터를 활용하여 구성할 수 있다.
③ '요일'을 행, '주차'를 열, '일'을 칸에 포함하는 특수한 형태의 테이블이다.
④ 칸의 색상, 레이블을 통해 데이터에 대한 정보를 시각적으로 제공할 수 있다.

해설
캘린더차트는 날짜 데이터를 활용하여 구성할 수 있는 시각화 도구로 요일을 행, 주차를 열, 일을 칸에 포함하는 특수한 형태의 테이블이다. 테이블 형태를 가지므로 2차원 형태의 차트이다.

Tip
캘린더 차트를 구성할 때 반드시 주차와 요일, 일을 명기해서 활용하거나(분기를 행으로 주차를 열로 구성) 행과 열이 요일과 주차로만 표현되어야 하는 것은 아니다(행을 주차로 하고 열을 요일로 해도 무방).

46 다음과 같은 차트 유형에 대한 설명으로 가장 옳지 않은 것은?

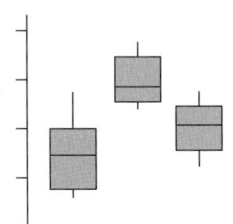

① 아웃라이어(데이터 분포 중 다른 측정값에서 크게 벗어난 값) 발견이 쉽다.
② 데이터를 사분위로 표시하여 최소, 1사분위수, 중위수, 3사분위수, 최대 등을 표시할 수 있다.
③ 평균은 표시하지 않는다.
④ 신뢰구간을 표시하여 불확실성을 나타낼 수 있다.

해설
④ 신뢰구간은 결과의 신뢰성을 보여주는 중요한 지표이다.
① · ③ 평균을 나타내지는 않지만, 이상치(데이터 분포 중 다른 측정값에서 크게 벗어난 값)의 발견이 쉬워 데이터의 대략적인 분포와 개별적인 이상치를 동시에 확인이 가능하다.
② 데이터를 사분위로 표시하여 최솟값, 1사분위값, 2사분위값(중앙값), 3사분위값, 최댓값 등을 표현한다.

47 다음 제시된 이미지는 게슈탈트의 7가지 법칙 중 하나의 예시이다. 관련이 있는 법칙으로 가장 옳은 것은?

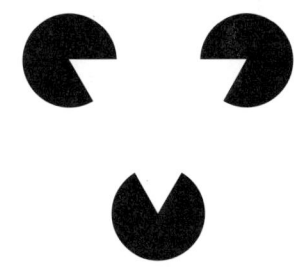

① 연속성의 법칙
② 폐쇄성의 법칙
③ 단순 충만의 법칙
④ 전경과 배경의 법칙

해설
불완전한 형태가 아닌 완전한 형태를 선호하여 인지하는 경향을 나타내는 폐쇄성의 법칙은 이미 뇌에 지각된 내용을 바탕으로 개별 요소의 집합을 하나의 그룹으로 인지하여 발견하는 과정이다.

48 다음 중 공간 시각화에 해당하는 것은?

① 카토그램 히트맵
② 시계열 그래프
③ QQ도표
④ 버블 차트

해설
카토그램 히트맵은 공간 시각화 차트로, 같은 면적의 배경을 병렬적으로 사용하고 색(채도 등)을 이용하여 데이터 값을 표현하는 차트이다.

49 다음 그래프와 관련된 설명 중 가장 옳지 않은 것은?

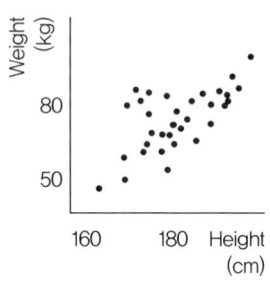

① 두 데이터 항목의 공통 변이를 나타내는 2차원 도표다.
② 두 정량적 변수 간의 관계는 점들이 촘촘한 패턴으로 떨어지면 강한 관계에서 점들이 흩어지면 약한 관계로 해석된다.
③ 데이터 포인트가 적을 때 명확한 패턴을 해석하기 용이하다.
④ 데이터가 얼마나 분포됐는지 또는 데이터 포인트들이 얼마나 밀접한 관련이 있는지 이해하는 데 도움을 주며, 데이터의 분포에 존재하는 패턴을 신속하게 식별할 수 있게 해준다.

해설
① 산점도는 가로, 세로의 축을 기준으로 두 데이터 항목의 공통 변이를 나타내는 2차원 도표이다.
② 산점도에서는 점의 위치가 변수 간의 관계를 나타낼 수 있다. 점들이 촘촘한 패턴으로 떨어지면 강한 관계가 있다고 해석되며, 점들이 흩어지면 약한 관계가 있다고 해석된다.
④ 데이터 간의 연관성(관계)을 파악하는 가장 기본적인 방법으로 데이터의 분포에 존재하는 패턴을 신속하게 식별할 수 있다.

50 다음 중 기초 디자인 원리 중 색의 3속성에 대한 내용으로 가장 옳지 않은 것은?

① 색상은 색의 이름이나 종류를 말한다.
② 채도는 색상에 다른 색이 혼합된 정도를 나타낸다.
③ 높은 명도 값은 색이 밝고, 낮은 명도 값은 색이 어두운 것을 의미한다.
④ 100%의 채도일 때 회색, 0%의 채도일 때 순수한 색이 된다.

해설
채도가 낮을수록 회색이나 흰색에 가까워지고 탁한 느낌이므로, 채도 0%가 회색이 되고, 100%가 순색이 된다.

51 다음 인포그래픽에 해당하는 설명 중 가장 옳지 않은 것은?

① 인터넷 사이트에 게시되기 위해 좁고 긴 디자인이 일반적인 형태가 되었다.
② 에디토리얼 인포그래픽은 전통적인 정보 시각화 결과물보다 삽화와 장식을 많이 포함한다.
③ 연구나 조사, 발견, 수집의 결과인 일종의 기초자료로써 정보를 만들기 위한 일종의 원자재와 같은 것이다.
④ 사람이 사용할 수 있는 효과적인 정보와 복잡하고 구조적이지 않은 기술 데이터를 시각적으로 표현하는 방법이다.

해설
인포그래픽(Infographic)은 복잡한 데이터나 추상적인 개념을 이해하기 쉽게 시각적인 표현으로 전달하는 도구를 의미한다. 텍스트, 숫자, 그림, 색상, 크기 등 다양한 시각적 요소를 조합하여 데이터를 시각적으로 해석하고 전달한다. 정보를 만들기 위한 원자료는 데이터이다.

52 다음 설명과 가장 관련이 있는 도표는?

> (   ) 유형의 차트는 계급으로 데이터를 집단화하고, 지도에 각 계급을 단계적으로 표현함으로써 지역을 집단으로 하여 단순한 개수(Count)가 아닌 숫자 데이터를 보여준다.

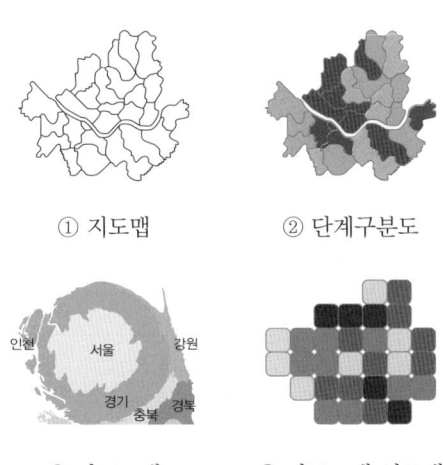

① 지도맵 ② 단계구분도
③ 카토그램 ④ 카토그램 히트맵

[해설]
단계구분도는 영역별로 색의 채도(진하기)를 달리하여 수치형 자료의 측정값을 구분한 지도로서, 음영 처리 혹은 패턴을 다르게 하여 표현하는 지도이다. 직관적인 정보를 전달하면서, 위치 관계도 쉽게 파악할 수 있고 계급으로 데이터를 집단화한다. 지도에 각 계급을 단계적으로 표현함으로써 지역을 집단으로 하여 숫자 데이터를 보여준다.

53 다음과 같은 차트 유형의 명칭으로 가장 옳은 것은?

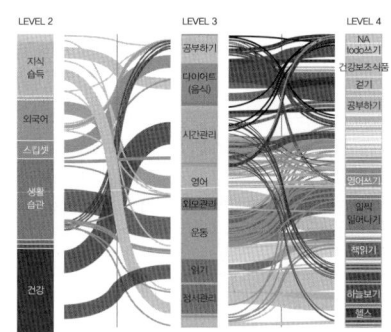

① 히스토그램 ② 시나 플롯
③ 생키 차트 ④ 곡선그래프

[해설]
흐름을 표현하는 생키(Sankey) 차트는 여러 대상의 흐름을 표현한다. 범주의 계층 간 관계를 표현하는 차트로서 화살표의 너비로 수치형 데이터의 측정값을 잘 표현하며, 자금과 비용, 원재료 등의 흐름, 사이트 이동 등에 활용된다.

54 다음은 대표적인 분포 시각화 차트에 대한 설명이다. 설명에 해당하는 차트 유형으로 가장 옳은 것은?

> • 가로축에 범주형 데이터 혹은 구간, 세로축에 측정값의 정도를 표현하는 그래프
> • 통계적 분포를 표시할 수 있음
> • 가로축(X축)에 구간의 폭을 정확하게 설정하면 시각적으로 효과적인 정보를 전달할 수 있음

① 히트맵 차트 ② 와플 차트
③ 히스토그램 ④ 도넛 차트

[해설]
히스토그램은 구간(범주 혹은 항목)별 데이터의 많고 적음을 한눈에 확인할 수 있다. 분포(도수분포, 빈도분포 등) 및 중앙값, 평균, 최솟/최댓값, 백분위 등의 통계적 데이터를 시각화하는 차트이다.

정답 52 ② 53 ③ 54 ③

55 다음 설명에 해당하는 인포그래픽 디자인 구성 요소로 가장 옳은 것은?

( )은/는 그래프나 차트에서 사용된 색상, 패턴, 기호 등과 그에 대응하는 항목을 설명하는 텍스트 요소이다. 데이터 요소의 의미를 명확하게 전달하고 그래프의 해석을 돕는 역할을 한다. 그래프나 차트의 가독성을 향상시켜 사용자가 데이터를 이해하고 비교할 수 있도록 돕는 시각적인 가이드 역할을 한다.

① 제목
② 범례
③ 서체
④ 클립아트

해설
① 제목은 주요 메시지를 강조하고, 전반적인 주제를 파악할 수 있도록 하는 디자인 요소이다.
③ 서체는 사용되는 텍스트의 외관을 의미하며, 가독성과 사용자 경험에 직접적인 영향을 준다.
④ 클립아트는 다양한 주제나 개념을 시각적으로 표현하는 데 사용되며, 다양한 주제를 컬러풀하고 친근한 이미지로 나타내어 사용자의 시각적 이해를 돕는다.

56 다음 중 데이터의 불확실성을 표현하기에 가장 적합한 차트 유형은?

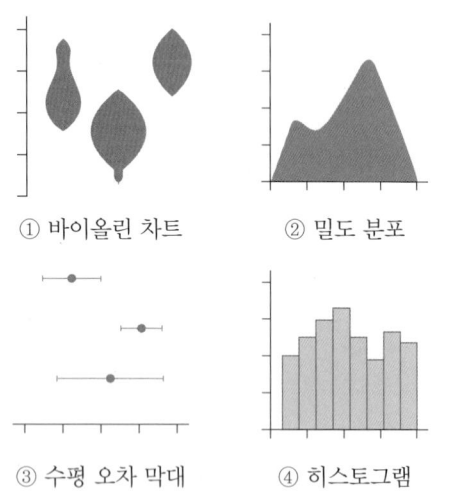

① 바이올린 차트
② 밀도 분포
③ 수평 오차 막대
④ 히스토그램

해설
데이터의 불확실성을 표현하는 대표적인 시각화 차트 유형으로는 수직 오차 막대, 수평 오차 막대, 단계별 오차 막대, 2D 오차 막대, 눈 모양 도표, 감은 눈 모양 도표, 분위수 점도표, 신뢰도 스트랩, 신뢰대역, 단계별 신뢰대역, 적합선 등이 있다.

57 다음 그림의 차트와 관련된 설명으로 가장 옳지 않은 것은?

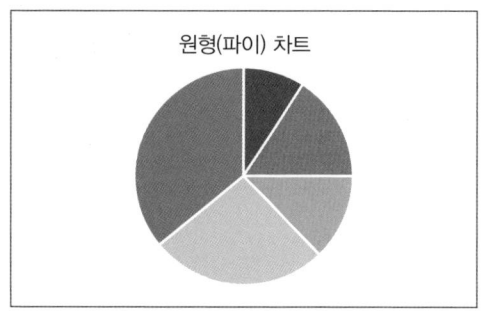

① 원의 전체크기는 데이터 전체의 총합에 해당하는 수량을 뜻한다.
② 파이 조각의 크기는 데이터 중 특정 차원의 데이터 값(부분)이 차지하는 비율을 말한다.
③ 상대적으로 특정 범주(차원)의 비율을 상호 비교하기 쉽다.
④ 범주(차원)가 많아지면 비율을 시각적으로 이해하기 쉽다.

해설
④ 데이터의 상대적 비율을 직관적으로 판단하여 중요성을 인지할 수 있으나 표현되는 요소나 범주가 많을 시 이해가 어렵다.
① · ② 전체에 대한 각 요소의 상대적 비율을 표현하는 원형 차트는 원의 크기가 전체를 표현하고 각 요소 혹은 범주가 차지하는 상대적 비율을 부채꼴 모양으로 표현한다.
③ 각 요소 및 범주의 상대적 크기를 비율로 표현하여 직관적으로 비교하고, 비율로 시각화된 요소의 크고 작음을 이해하여 판단한다.

58 다음 설명에 해당하는 시각화 기능으로 가장 옳은 것은?

- 조건부 서식의 한 종류로서, 숫자나 퍼센트 값의 상대적인 크기를 시각화하는 기능
- 데이터 값의 크기에 따라 막대의 크기나 색상이 변화하여 시각적으로 비교분석이 가능

① 스파크라인
② 데이터 막대
③ 피벗 테이블
④ 아이콘 세트

해설
① 스파크라인은 각 데이터의 추세, 패턴을 한눈에 파악하고 시간에 따라 변화하는 데이터를 시각화하는 기능이다.
③ 피벗 테이블은 테이블 디자인에서 큰 테이블을 요약하는 통계표로 개수, 합계, 평균 등의 통계를 포함한다.
④ 아이콘 세트는 조건부 서식의 한 종류로, 숫자나 퍼센트 값의 상대적인 크기를 시각화하는 기능이다.

59 다음은 대시보드의 효율적인 시각화와 관련된 설명이다. 빈칸에 들어갈 내용으로 가장 옳은 것은?

- ( )는 대시보드 상에 간결하게 표시하여 사용자가 비즈니스의 주요 성과를 빠르게 확인할 수 있도록 한다. 이는 중요한 지표를 즉각적으로 평가하고 의사결정에 활용할 수 있도록 돕는다.
- 파워BI 대시보드 보고서에 ( ) 수치를 추가하려면, 대시보드 편집 모드로 전환한 후 ( ) 구성요소를 추가한다. ( )에 표시할 필드를 선택하고 목표로 하는 값과 현재 값 등을 설정한 후, 원하는 형식으로 ( )를 디자인하여 저장하면 대시보드에 실시간으로 ( ) 수치가 표시된다. 설정한 ( )는 데이터의 성과를 간결하게 파악할 수 있게 도와준다.

① Query
② CSV
③ KPI
④ Filter

해설
대시보드의 주요 활용 목적에는 KPI 관리가 포함된다. KPI를 대시보드에 간결하게 표현하여 비즈니스의 주요 성과를 빠르게 확인할 수 있고, 중요한 지표를 빠르게 확인하고 평가하여 의사결정에 활용할 수 있도록 도움을 준다. 성과의 평가 및 측정, 비즈니스의 운영 및 목표 확인, 데이터를 통한 실행 가능한 통찰력을 확보할 수 있다.

60 다음 중 정량 데이터의 시간 전후 관계를 표현하는 데 가장 적합한 차트 유형은?

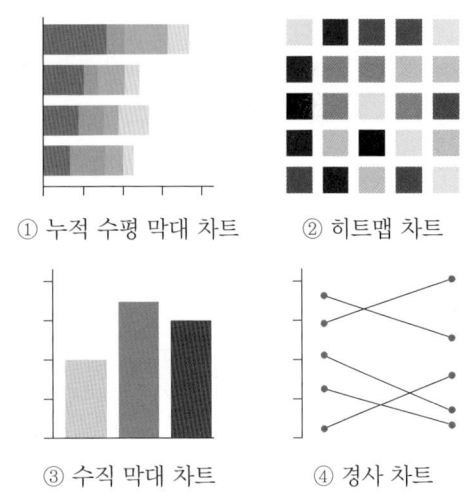

① 누적 수평 막대 차트
② 히트맵 차트
③ 수직 막대 차트
④ 경사 차트

해설
경사 차트는 점과 점 사이를 선으로 연결하여 비교 대상 데이터 간의 관계를 표현하고, 경사를 줌으로써 시각화하며 비교 대상 데이터 간의 상대 비교가 수월하다. 관계 시각화에서도 사용하지만 두 시간 사이의 변화에도 활용하여 시간 시각화에 유용한 차트로도 활용된다.

정답 58 ② 59 ③ 60 ④

CHAPTER 02 2024년 2회 기출문제

PART 6 기출문제 파헤치기

제1과목 경영정보 일반

01 아래 글상자의 설명이 나타내는 SERVQUAL의 구성요인으로 가장 옳은 것은?

> 이것은 직원의 전문성, 지식 및 예의가 고객에게 신뢰와 안심을 줄 수 있는 능력을 이야기한다.

① 응답성(Responsiveness)
② 신뢰성(Reliability)
③ 확신성(Assurance)
④ 공감성(Empathy)

[해설]
③ 확신성(Assurance)은 종업원의 지식과 전문성, 고객에 대한 신뢰를 나타낸다.
① 응답성(Responsiveness)은 즉각적인 서비스를 제공할 수 있는 능력을 나타낸다.
② 신뢰성(Reliability)은 일관된 서비스 품질, 신속한 응답 등을 말한다.
④ 공감성(Empathy)은 고객과의 공감 능력, 친절 응대, 개인적인 서비스를 말한다.

02 다음 중 크로스셀링(Cross Selling)에 대한 설명으로 가장 옳은 것은?

① 고객이 특정 모델의 스마트폰을 구매하려 할 때, 더 높은 스펙이나 기능을 가진 모델을 제안하는 것이다.
② 고객이 이미 구매한 상품과 관련이 있는 다른 부가적인 상품이나 서비스를 제안하는 것이다.
③ 고객아 이미 결정한 구매에 대해 추가 기능이나 업그레이드를 제안하는 것이다.
④ 고객이 좀 더 비용을 지불하고 더 나은 제품을 선택하도록 유도한다.

[해설]
크로스셀링은 고객이 특정 제품을 구매할 때 관련된 다른 제품을 함께 구매할 수 있도록 유도하는 마케팅 전략이다. 추가적인 제품의 동시 구매를 유도하여 매출을 증가시킨다.

03 아래 글상자의 빈칸에 순서대로 들어갈 용어로 가장 옳은 것은?

> (A)은/는 기업에서 관심 대상에 대한 특성을 측정한 값이고, 이것을 가공하고 해석하여 (B)을/를 얻을 수 있으며, (B)을/를 기반으로 대상을 이해하고 결론을 도출하여 (C)을/를 얻을 수 있다.

① (A)데이터 − (B)정보 − (C)지식
② (A)지식 − (B)데이터 − (C)정보
③ (A)데이터 − (B)통찰 − (C)정보
④ (A)지식 − (B)통찰 − (C)데이터

[해설]
경영 활동에서 발생하는 모든 자료(Data)를 의사결정을 위해 가공 처리한 결과가 정보이며, 정보를 통해 지식을 얻고, 이를 통해 조직은 경영상의 의사결정을 수행한다. 따라서 데이터의 흐름은 데이터(Data) → 정보(Information) → 지식(Knowledge) → 통찰(Insight)의 순이다.

01 ③ 02 ② 03 ① **정답**

04 다음 직무 데이터 평가 방법 중 외부의 유사 직무 수행자들의 평균임금을 기준으로 내부 직무 보상 수준을 결정하는 방법으로 가장 옳은 것은?

① 서열법
② 분류법
③ 점수법
④ 시장임금조사법

해설
시장임금조사법은 시장의 임금 수준을 조사하고 내부 직무별 임금 및 보상 체계를 결정하는 방법이다. 비교적 수행하기 쉽고 구성원의 수용성이 높으며 시장 전체의 흐름을 반영할 수 있다는 장점이 있으나, 시장이 활성화되지 않으면 객관적인 임금 정보 획득이 어렵고 비합리적인 시장임금이 반영되는 경우도 발생한다는 단점을 갖는다.

05 다음 중 채권의 종류와 그에 대한 설명으로 가장 옳지 않은 것은?

① 특수채는 특별법에 따라 설립된 법인이 발행하는 채권으로 공채와 사채의 성격을 모두 가진다.
② 중기채는 1년에서 5년 사이의 만기를 가지는 채권이다.
③ 이표채는 액면가에 이자를 선공제하여 발행되는 채권이다.
④ 단리채는 원금에 대한 이자를 일정한 간격으로 지급하는 채권이다.

해설
채권의 이자 지급 방법은 크게 세 가지로 구분되며, 할인채는 액면이자율에 따른 총이자금액을 원금에서 차감 후 발행하고 만기 시 원금을 지급하는 것이고, 복리채는 일정 기간마다 발생하는 이자가 재투자되어 만기 시 이자와 원금을 일괄 상환하는 것이며, 이표채는 액면 이자를 3, 6개월 혹은 1년마다 지급하고 만기 시 최종 회차의 이자와 원금을 지급하는 것을 의미한다.

06 다음 중 재무비율의 종류와 그 측정 목적이 가장 잘못 짝지어진 것은?

① 총자산이익률 - 안정성 측정
② 재고자산회전률 - 효율성 측정
③ 주당순이익 - 수익성 측정
④ 당좌비율 - 유동성 측정

해설
매출 및 투자에 대한 이익 비율로 측정하는 것을 수익성 비율이라 한다. 기업 경영에 대한 효율성을 파악하는 것으로 총자산순이익률, 자기자본순이익률, 매출액영업이익률 등이 포함되므로 총자산이익률은 수익성 측정과 연결된다.

07 다음 중 효과적인 공급사슬관리를 위한 품질관리 데이터의 활용 방안으로 가장 옳지 않은 것은?

① 품질개선 활동
② 불량률 감소 활동
③ 소비자만족도 향상 활동
④ 주문처리과정 최적화 활동

해설
공급사슬관리(SCM ; Supply Chain Management)의 주요 데이터로는 수요 및 공급 예측 데이터, 재고 관련 데이터, 주문 관련 데이터, 공급처 관리 데이터, 물류 및 배송 데이터, 품질관리 데이터, 비용 및 가격 데이터, 고객만족 데이터, 프로세스와 기술 개선 데이터 등이 있다. 주문처리과정 최적화 활동 데이터는 프로세스와 기술 개선 데이터에 가깝다.

08 다음 중 핵심성과지표(KPI)의 특성으로 가장 옳지 않은 것은?

① KPI는 정량화할 수 있어야 하며 이를 통해 성과를 객관적으로 평가해야 한다.
② KPI는 명확하고 구체적인 성과 목표를 설정해서 조직 내의 구성원들이 동일한 방향으로 나아가게 한다.
③ KPI는 설정 이후 조직 환경 변화에 따라 자주 수정해주는 것이 바람직하다.
④ KPI는 현실적으로 달성 가능한 수준이어야 하며 조직의 자원과 역량을 고려하여 합리적인 목표로 설정되어야 한다.

해설
핵심성과지표(KPI ; Key Performance Indicator)는 조직의 목표를 얼마나 잘 달성하고 있는지를 확인하기 위해 설정한 척도(수치화)이다. 핵심성과이므로 전략이나 목표에 대한 기여도가 높은 요소의 성과를 측정한다. 따라서 MBO 체계에서 목표를 수립하고 BSC의 주요 요인을 통해 KPI를 설정하는 과정을 거치므로 조직 내부적 변화에 따라 수정할 수 없다.

09 다음 중 총수익률을 연 단위로 기하평균하여 계산한 이론적 수익률을 의미하는 것으로 가장 옳은 것은?

① 만기수익률
② 실효수익률
③ 표면이율
④ 연평균수익률

해설
실효수익률은 현재의 가치와 만기 시 미래의 가치를 연 단위 복리(할인) 기준으로 산출한 이론적 수익률을 의미한다. 산술평균이 아닌 기하평균으로 계산되어 이론적으로는 가장 합리적인 수익률로서, 투자 판단 지표로 활용 가능하다.

10 다음 중 고객평생가치(LTV)에 대한 설명으로 가장 옳은 것은?

① 특정 고객이 기업과의 관계 동안 얼마나 추천할 것인지를 나타내는 지표이다.
② 특정 기간 기업이 고객을 얼마나 잘 유지하고 있는지를 나타내는 지표이다.
③ 특정 기간 동안 기업이 고객으로부터 얻을 수 있는 평균 수익을 나타내는 지표이다.
④ 특정 고객이 기업과의 관계 동안 기업의 제품이나 서비스에 지출할 것으로 예상되는 총금액을 의미한다.

해설
고객생애가치(LTV ; Lifetime Value)는 고객이 기업의 제품과 서비스를 구매 등의 관계를 유지하며 발생시키는 가치(이익)를 나타내는 지표이다. LTV가 높다는 것은 고객이 장기적으로 꾸준하게 기업의 제품을 선택했다는 것을 의미하며, 고객은 충성도가 높고 기업은 이러한 관계를 꾸준하게 관리하고 유지하고 있다는 것이다.

11 다음 중 손익계산서에 대한 설명으로 가장 옳지 않은 것은?

① 일정 기간 동안의 수익과 비용을 파악하여 기업의 순이익 또는 순손실을 계산한다.
② 손익계산서를 통해 경영성과를 측정할 수 있다.
③ 손익계산서의 매출액을 기록하는 시점은 현금이 들어온 시점이다.
④ 매출총이익, 영업이익, 당기순이익 등이 포함되어 세부이익 정보를 확인할 수 있다.

해설
대표적인 재무제표의 하나인 손익계산서는 발생주의 원칙을 따른다. 발생주의는 재무적 흐름을 수익과 비용이 발생할 때 인식하고 기록하는 것으로, 쉽게 현금이 들어온 시점에 기록하지 않고 판매가 발생한 시점에 기록된다.

Tip
손익계산서는 외상 매출과 연관지어 생각하면 좋다.

12 다음 성과평가방법 중 하나인 행동기반평가척도(BARS)와 관련된 설명으로 가장 옳지 않은 것은?

① 종업원의 행동에 기반한 평가가 이루어지기 때문에 평가 편향이 존재한다.
② 척도를 개발하는 데 많은 시간과 비용이 들어간다.
③ 중요한 직무 행동을 식별하고 행동기준에 따라 종업원을 평가한다.
④ 개발된 척도를 유지관리하기 위해 많은 노력이 요구된다.

해설
성과평가방법 중 하나인 행동기반평가척도(BARS)는 행태기준평정법이라고도 한다. 행동 중심의 평가방법으로 사전에 제시된 유형과 등급으로 평가를 진행하며, 유형과 등급(척도)을 개발하고 유지하기 위한 시간과 비용이 요구된다.

13 다음 중 직무분석에 대한 설명으로 가장 옳지 않은 것은?

① 직무의 절대적 중요도를 파악하여 급여체계를 확립할 수 있게 해준다.
② 조직 내에서 각 직무의 내용, 업무 프로세스, 역량 요구사항 등을 체계적으로 평가하는 과정이다.
③ 직무에 기반한 인사관리의 기본이 되는 작업이며, 이를 통해 직무기술서와 직무분류체계 등을 만든다.
④ 직무분석의 방법으로는 설문, 면접, 관찰, 기록, 일지 검토, 데이터 수집, 환경분석 등이 있다.

해설
직무 분석은 직무 활동을 위한 지식, 능력, 기술, 의사결정 체계, 자격 요건, 조직 편제 등을 분석하여 활용하는 일련의 과정을 의미한다. 조직의 목표 달성과 연결된 직무와 수행 요건을 명확히 제시하고 교육, 평가, 보상 등의 인사관리 활동에 정보를 제공한다. 직무 분석 방법은 설문, 면접, 관찰, 기록, 일지 검토 및 환경 분석 등이며, 직무 분석의 결과는 직무기술서, 직무명세서로 산출된다.

14 다음 중 국가통계 마이크로데이터 통합서비스(MDIS) 시스템에 대한 설명으로 가장 옳지 않은 것은?

① 공공용 자료를 서비스하는 시스템으로서 통계 분석 서비스는 제공하지 않는다.
② 통계청이 자체적으로 작성한 마이크로데이터를 서비스 받을 수 있다.
③ 정부부처, 지자체, 연구기관 등 다른 통계 작성 기관의 마이크로데이터를 서비스 받을 수 있다.
④ 국가승인통계 공표용 설문조사의 마이크로데이터를 제공한다.

해설
마이크로데이터 통합서비스는 국가 주요정책 수립, 기업 경영전략 수립, 학술논문 등 심층 연구·분석에 활용되는 마이크로데이터의 수요가 지속해서 증가함에 따라, 통계청에서 자체 작성하는 마이크로데이터뿐만 아니라 정부 각 부처, 지자체, 연구기관 등 타 통계작성기관의 마이크로데이터를 한곳에 모아, MDIS(MicroData Integrated Service)를 통해 국민들이 다양한 통계자료를 편리하게 이용할 수 있도록 하는 서비스를 의미한다.

15 다음 중 황소채찍효과(Bullwhip Effect)에 대한 설명으로 가장 옳지 않은 것은?

① 최종 고객과 가까이에 위치하는 기업일수록 재고 변동폭이 점점 증가하는 현상을 의미한다.
② 황소채찍효과로 인해 재고비용의 증가가 야기된다.
③ 황소채찍효과는 공급사슬 내 데이터의 실시간 공유를 통해 완화될 수 있다.
④ 공급사슬의 재고 변동폭을 줄이기 위해 실시간 재고 및 수요알람 등의 정보기술이 도입되고 있다.

해설
황소채찍효과는 SCM에서 반복해서 발생하는 문제점으로 제품 및 서비스의 수요 정보가 공급사슬에 있는 각 단계를 거치며 왜곡되는 현상을 의미한다. 결국 공급사슬의 가장 마지막에 있는 기업의 재고 변동폭이 점점 증가하는 현상을 말한다.

16 다음 중 월간 활성 사용자(MAU)를 기준으로 고객 세그먼트를 구분할 때 중요한 고려사항으로서 가장 옳은 것은?

① 신규 고객을 확보하고 유지하기 위한 비용
② 유료 고객이 될 수 있는 가능성
③ 고객에게 제공되는 제품의 가격대
④ 고객의 활동 빈도와 사용패턴

해설
월간 활성 사용자(MAU ; Monthly Active User)는 한 달 동안 앱 또는 웹사이트 내에서 활동한 순유저수를 식별하는 측정지표이다. 일반적으로 한 달을 기준으로 측정하며, 서비스에 접속하고 상호작용한 사용자를 기준으로 하며, 서비스의 만족도, 인기도를 통해 서비스 성장의 전략 도구로 활용한다.

17 다음 중 자본변동표의 구성요소에 대한 설명으로 가장 옳은 것은?

① 납입자본의 변동에 주식배당은 고려되지 않는다.
② 이익잉여금의 변동에는 자기주식이 포함된다.
③ 자본잉여금은 기업의 누적된 순이익에서 배당을 제외한 나머지 부분이다.
④ 기타자본구성요소의 변동에는 재평가잉여금도 포함된다.

해설
④ 재평가잉여금은 토지 등의 유형 자산을 재평가할 때 공정 가치 변동을 반영하는 과정에서 발생하는 잉여금으로 대표적인 기타자본구성요소이다.
① 납입자본의 변동은 유상증자, 무상증자 또는 주식배당에 의해서 발생한다.
② 이익잉여금의 변동은 처분 후 이월이익잉여금, 즉 중간배당금과 당기순이익으로 발생하게 된다.
③ 자본잉여금의 변동은 유상, 무상증자 또는 결손금의 처리 등에 의해서 발생하게 된다.

18 다음 중 고객 만족도를 분석하기 위한 방법으로 가장 옳지 않은 것은?

① 표적집단면접   ② 설문조사
③ 심층면접   ④ 전환비용조사

해설
고객 만족도 조사는 고객 만족도를 꾸준히 모니터링하여 제품과 서비스를 개선하고 고객의 요구를 수용하는 전략을 수립하는 것이며, 고객의 제품 혹은 서비스에 대한 만족도는 마케팅의 중요한 지표이다. 전환율 등의 분석은 고객 행동 데이터 분석에 가깝다.

19 다음 수요 예측 방법 중 수요에 영향을 주는 설명 요인들을 파악하여 변수 간 관계에 대한 모델을 생성하고 분석하는 방법으로 가장 옳은 것은?

① 시계열분석
② 회귀분석
③ 몬테카를로 시뮬레이션
④ 신경망모델

해설
회귀분석은 인과관계를 파악해 연속형 변수 간의 적합도를 함수식으로 구하는 대표적인 예측기법으로, 독립변수가 변함에 따라 종속변수가 어떤 변화를 보이는지를 설명하는 모형이다.

20 다음 중 CTR(Click-Through Rate)를 계산하는 수식으로 가장 옳은 것은?

① (클릭 수 ÷ 노출 수) × 100(%)
② (클릭 수 × 노출 수) × 100(%)
③ (노출 수 ÷ 클릭 수) × 100(%)
④ (노출 수 + 클릭 수) × 100(%)

해설
클릭률(CTR ; Click-Through Rate)은 기업의 광고 혹은 콘텐츠가 노출되었을 때 클릭한 사용자의 비율을 나타낸다. 광고 콘텐츠의 성과를 측정하는 수치 중 하나로 공식은 '(클릭 수 ÷ 노출 수) × 100(%)'이다.

정답 16 ④ 17 ④ 18 ④ 19 ② 20 ①

제2과목 데이터 해석 및 활용

21 다음 중 데이터를 정규화하는 방법 중에서 Z-Score 표준화에 대한 설명으로 가장 옳은 것은?

① 데이터 값의 스케일을 로그로 변환한다.
② 데이터 값을 평균이 0, 표준편차가 1이 되도록 변환한다.
③ 데이터 값을 0과 1 사이의 값으로 변환한다.
④ 데이터 값을 소수점 이동하여 변환한다.

해설

Z-점수(Score) 표준화는 모든 데이터의 분포를 정규분포 형태로 변경하는 전처리 과정으로 데이터의 평균이 0이 되고 표준편차가 1이 되도록 한다.

22 다음 중 OLAP(Online Analytical Processing)의 특징으로 가장 옳지 않은 것은?

① 테이블 형태의 구조로 데이터를 저장한다.
② 최종 사용자가 직접 데이터에 접근한다.
③ 대화식 질의를 통해 정보를 분석한다.
④ 의사결정을 효과적으로 지원한다.

해설

OLAP(Online Analytical Processing)는 다차원 데이터 모델을 활용하여 분석하는 기능을 제공하므로 테이블 형태의 구조로 데이터를 저장하는 것과는 거리가 멀다.

23 다음 중 데이터베이스 설계 단계 중 물리적 설계의 고려사항으로 가장 옳지 않은 것은?

① 트랜잭션의 복잡성과 처리량
② 시스템의 성장 가능성과 미래의 확장성
③ 데이터 보호 및 접근 제어를 위한 메커니즘
④ 데이터가 얼마나 자주, 어떤 형태로 접근되는지 분석

해설

데이터베이스의 설계 단계 중 물리적 모델링 단계에서는 다양한 스키마 정보를 물리적 공간인 DBMS(Database Management System)의 특성 정보로 변환, 정의하는 것을 우선으로 하며, 시스템의 성능, 속도, 확장성 등 물리적 제약 사항을 고려하는 단계이다. 데이터의 보호 및 접근 제어의 매커니즘은 데이터베이스의 관리 대상으로 설계와는 무관하며, 통제, 보안, 감사 등의 정책적 영역에 더 가깝다.

24 다음 중 스키마 변경이 데이터베이스 성능에 미치는 잠재적 영향으로 가장 옳은 것은?

① 스키마 변경은 데이터베이스의 성능에 전혀 영향을 미치지 않는다.
② 스키마 변경은 데이터베이스의 보안을 자동으로 강화한다.
③ 스키마 변경은 데이터베이스의 인덱스와 쿼리 성능에 영향을 미칠 수 있다.
④ 스키마 변경은 데이터베이스의 물리적 파일 크기를 감소시킨다.

해설

스키마(Schema)는 데이터베이스의 구조(관계, 개체, 속성)와 제약조건 등에 대해 포괄적인 내용을 설명하는 것을 의미한다. 따라서 스키마를 변경하면 데이터베이스의 다양한 객체와 성능에 영향을 주게 된다.

25 다음 중 범주형 데이터와 수치형 데이터의 분석에 대한 설명으로 가장 옳은 것은?

① 도수분포표를 이용하여 범주형 데이터와 수치형 데이터를 시각화할 수 있다.
② 로지스틱 회귀분석을 사용하여 수치형 데이터의 목표변수를 예측할 수 있다.
③ 기술통계 중 분산과 표준편차를 이용하여 데이터의 중심 경향을 분석할 수 있다.
④ 수치형 데이터에 대해서만 가설 검정을 수행할 수 있다.

해설
② 로지스틱 회귀분석은 독립변수의 선형결합을 이용하여 사건의 발생 가능성을 예측하며, 종속변수가 범주형 데이터인 통계 기법이다.
③ 분산과 표준편차는 데이터의 산포를 나타내며, 중심 경향은 평균, 중위수, 최빈수 등으로 파악할 수 있다.
④ 가설 검정은 범주형 데이터에 대해서도 가능하다.

26 다음 중 확률에 관련된 용어에 대한 설명으로 가장 옳지 않은 것은?

① 표본공간은 어떤 실험 또는 시행에 의하여 일어날 수 있는 모든 가능한 결과의 집합이다.
② 확률변수는 표본공간의 각 원소에 하나의 실수값을 대응하는 함수를 말한다.
③ 사건은 표본공간의 결과들로 구성되는 부분집합을 말한다.
④ 확률밀도함수는 확률변수의 값이 어떤 구간에 속할 확률을 계산하는 데 사용한다.

해설
확률밀도함수(Probability Density Function)는 연속적인 변수의 확률밀도를 나타내는 함수로, 정규분포를 확인할 수 있다.

27 다음 중 아래 글상자에서 설명하는 비즈니스 인텔리전스 기술로 가장 옳은 것은?

( )는 언제 어디서나 데이터에 접근하고 분석할 수 있는 도구이다.

① 셀프서비스 비즈니스 인텔리전스
② 클라우드 기반 비즈니스 인텔리전스
③ 모바일 비즈니스 인텔리전스
④ 비즈니스 성과관리

해설
② 클라우드 기반 비즈니스 인텔리전스는 클라우드 환경에서 비즈니스 인텔리전스 서비스를 제공하는 모델로, 인터넷이 연결된 어디에서나 데이터에 접근하고 분석할 수 있다.
③ 모바일 비즈니스 인텔리전스는 스마트폰이나 태블릿과 같은 모바일 장치를 통해 어디서나 데이터에 접근하고 분석할 수 있는 도구이다.
① 셀프서비스 비즈니스 인텔리전스는 비즈니스 사용자가 IT팀 또는 기술팀에 의존하지 않고 독립적으로 데이터에 접근하여 데이터를 탐색하고 분석하며 의사결정에 필요한 인사이트를 발견하는 것이다.
④ 성과 관리는 BI의 관리 영역 중 하나이며 기술은 아니다.

28 다음 중 데이터베이스 관리시스템에 대한 설명으로 가장 옳지 않은 것은?

① 데이터가 중복으로 저장되어 데이터 불일치 문제가 발생할 수 있다.
② 동시성 제어를 통해 데이터 충돌을 방지하고 일관성을 유지한다.
③ 데이터를 검색하고 추출하는 효율적인 기능을 제공한다.
④ 사용자 인증 및 권한 관리를 통해 데이터에 대한 무단 접근을 방지한다.

해설
데이터베이스 관리 시스템은 데이터가 통합 관리되어 중복을 최소화하고 데이터의 불일치를 감소한다.

25 ① 26 ④ 27 ②, ③ 28 ① **정답**

29 다음 중 아래 글상자에서 설명하는 데이터 적재 방법으로 가장 옳은 것은?

> 이전에 적재한 데이터와 새로운 데이터를 비교하여 변경된 부분만 적재하는 방법으로, 적재 작업의 속도를 향상하고 중복 데이터를 방지할 수 있다.

① 실시간 적재
② 병렬 적재
③ 증분 적재
④ 일괄 적재

해설
증분 백업(적재)은 마지막 백업을 수행한 이후 변경된 데이터만을 복사하여 백업하는 방법이다. 백업의 속도는 가장 빠르지만 복구의 속도는 가장 느린 단점을 갖는다.

30 다음 중 빅데이터의 특징에 대한 설명으로 가장 옳지 않은 것은?

① 가치(Value)는 기업이나 기관에서 수집한 데이터가 신뢰할 수 있는지, 분석할 만한 가치가 있는지를 말하는 것이다.
② 규모(Volume)는 데이터의 양적 증가를 의미하며, 경우에 따라 다르지만 대략 수십 테라바이트에서 수 페타바이트에 이른다.
③ 속도(Velocity)는 데이터의 고도화된 실시간 처리를 뜻하며, 데이터가 생성 및 저장되고 시각화되는 과정이 얼마나 빠르게 이뤄져야 하는지에 대한 중요성을 나타낸다.
④ 다양성(Variety)은 다양한 형태의 데이터를 모두 포함하는 것을 뜻하며, 비정형 데이터를 머신러닝, 딥러닝 기법을 통해서 가공이 가능하다.

해설
빅데이터의 특징은 3V(규모(Volume), 속도(Velocity), 다양성(Variety))가 있으나 Value(가치)를 포함하여 4V로도 설명된다. 가치(Value)는 분석한 결과에 대한 가치를 의미하는 개념이다.

31 다음 중 데이터베이스의 무결성을 보장하고 데이터의 일관성을 유지하는 데 필수적인 요소로만 구성된 것은?

① 기본키, 외래키, 무결성 제약조건
② 외래키, 데이터베이스 사용자, 트랜잭션
③ 기본키, 데이터 암호화, 무결성 제약조건
④ 메타데이터, 트랜잭션, 기본키

해설
기본키는 테이블 내의 각각의 레코드를 고유하게 식별할 수 있는 속성 또는 속성의 집합을 의미하며, 외래키는 특정 테이블의 기본키를 참조하는 키이다. 두 키 모두 참조 무결성을 유지하고 데이터의 일관성을 유지하는 데 사용된다. 무결성 제약조건은 데이터의 무결성과 일관성을 유지하기 위해 정의하며 도메인, 개체무결성, 참조무결성 등이 있다.

32 다음 중 고객의 구매금액에 대해 데이터 탐색(Exploratory Data Analysis, EDA) 방법으로 가장 옳지 않은 것은?

① 구매금액의 평균과 표준편차를 계산한다.
② 구매금액의 히스토그램을 그려 분포를 확인한다.
③ 구매금액의 이상치와 결측치를 식별한다.
④ 구매금액을 이용하여 회귀모델을 만든다.

해설
고객의 구매금액을 탐색하여 분석하는 것이 목적이므로 회귀모델을 생성할 때 구매금액은 종속변수가 된다. 따라서 종속변수를 설명할 독립변수가 구매금액 외에 별도로 필요하다.

33 다음 중 계층적 분리에 대한 설명으로 가장 옳지 않은 것은?

① 원본 데이터의 클래스 비율을 유지함으로써 모델이 전체 데이터를 더 잘 대표할 수 있다.
② 올바른 클래스를 정의하는 것이 어려울 수 있지만 샘플링 과정을 단순화할 수 있다.
③ 동일한 샘플 크기에서 단순 무작위 샘플링보다 정확한 추정이 가능하여 통계적 효율성이 좋다.
④ 소수 클래스의 데이터도 적절히 샘플링하여 데이터 불균형 문제를 줄일 수 있다.

해설
계층적 분리는 분포가 불균형하거나 계층화된 데이터 세트에서 클래스 또는 그룹의 상대적 비율을 유지하는 방식으로, 데이터를 추출하는 방법이다. 클래스의 비율을 유지하므로 모델이 전체 데이터를 충분히 대변하고 데이터가 편향되어 분리되는 현상이 감소한다. 그러나 분리를 수행할 클래스의 정의가 어렵고 무작위 분리보다 샘플링 과정이 다소 복잡하다.

34 다음 중 동적으로 변하는 데이터 스키마를 요구하는 애플리케이션 구현 시 가장 적절한 데이터베이스 관리 시스템은?

① 관계형 데이터베이스 관리시스템
② 분산 데이터베이스 관리시스템
③ NoSQL 데이터베이스 관리시스템
④ 객체지향 데이터베이스 관리시스템

해설
NoSQL 데이터베이스는 사전에 구조를 정의(스키마)하지 않아도 자유로운 형식으로 저장이 가능하다는 장점이 있다. 따라서 동적으로 변하는 데이터 사용이 적절하다.

35 다음 중 데이터 웨어하우스(Data Warehouse)에 대한 설명으로 가장 옳지 않은 것은?

① 경영자의 의사 결정을 지원하는 데이터의 집합체로 주제 지향적, 통합적, 시계열적, 비휘발적인 네 가지 특성을 지닌다.
② 읽기 전용 데이터베이스로서 운영 시스템에서와 같은 의미의 데이터 갱신은 발생하지 않는다.
③ 일반적으로 소스 시스템 데이터, 센서 데이터, 소셜 데이터 등의 원시 복사본과 보고, 시각화, 고급 분석 및 기계 학습과 같은 작업에 사용되는 변환된 데이터를 포함하는 단일 데이터 저장소이다.
④ 데이터를 구조화하고 분석하기 위해 최적화된 형식으로 저장한다.

해설
데이터 웨어하우스(Data Warehouse)는 사용자의 의사결정에 도움을 주기 위하여 다양한 시스템의 데이터베이스에 축적된 데이터를 공통의 형식으로 변환해서 관리하는 엔터프라이즈 시스템을 의미한다. 실시간 의사결정은 물론 비즈니스를 보고·분석하며, 최근에는 머신러닝 및 딥러닝 구현을 위해 활용된다. 따라서 특정한 목적에 의해 관리되는 플랫폼으로 데이터 웨어하우스에 저장된 데이터는 일반 데이터베이스의 데이터와 같이 수정·삭제 등의 처리가 발생하지 않는다. 또한 단일 저장소의 개념보다 여러 분산된 데이터를 효율적으로 수집·처리·저장하는 다양한 기술을 내포하여 클라우드 형태의 저장소 개념을 가질 수 있다.

Tip
데이터 웨어하우징(Data Warehousing)은 기업 내외부의 데이터를 통합하여 저장하고 관리하는 기술을 의미하며, 데이터 웨어하우징을 통해 수집된 데이터를 관리하는 공간 및 시스템, 즉 플랫폼을 데이터 웨어하우스(Data Warehouse)라 한다. 데이터 웨어하우징의 기술을 적용 시에는 데이터의 중복을 최소화하고 구성원과 조직 내부의 모든 업무에 공유되고 활용할 수 있도록 하며, 데이터의 정합성과 일관된 구조를 가지므로 표준화와 통일성을 확보한다.

36 다음 중 공개된 의료데이터를 그림과 같이 비식별된 의료데이터로 처리할 경우 적용된 비식별화 기술로 가장 옳은 것은?

〈공개된 의료데이터〉

구분	지역코드	연령	성별	질병
1	13053	28	남	전립선염
2	13068	21	남	전립선염
3	13068	29	여	고혈압
4	13053	23	남	고혈압
5	14853	50	여	위암
6	14853	47	남	전립선염
7	14850	55	여	고혈압
8	14850	49	남	고혈압
9	13053	31	남	위암
10	13053	37	여	위암
11	13068	36	남	위암
12	13068	35	여	위암

〈비식별된 의료데이터〉

구분	지역코드	연령	성별	질병	비고
1	130**	<30	*	전립선염	다양한 질병이 혼재되어 안전
2	130**	<30	*	전립선염	
3	130**	<30	*	고혈압	
4	130**	<30	*	고혈압	
5	148**	>40	*	위암	다양한 질병이 혼재되어 안전
6	148**	>40	*	전립선염	
7	148**	>40	*	고혈압	
8	148**	>40	*	고혈압	
9	130**	3*	*	위암	모두가 동일 질병 (위암) 으로 취약
10	130**	3*	*	위암	
11	130**	3*	*	위암	
12	130**	3*	*	위암	

① 임의화
② K-익명성
③ 익명화
④ 가명화

해설
K-익명성은 데이터 비식별화 처리 기법 중 가명 처리(Pseudonymization) 기법의 하나로 개인정보 속성이 K개 이상 나타나도록 처리하는 기법을 의미한다. 결국 K개의 그룹으로 묶는 익명화 처리 기법이므로 주어진 의료데이터에서는 연령대를 <30, >40, 3*로 나누어 3개의 그룹으로 묶고, 지역은 130**, 148**로 2개의 그룹으로 묶어 익명 처리를 진행했다. 또한 성별은 모두 *로 표시해 동일한 그룹으로 처리하여 익명 처리를 진행했다.

37 다음 중 데이터마이닝에서 연관분석의 예로 가장 옳은 것은?

① 제품 추천 알고리즘 구축
② 구매행동에 따라 고객 분류
③ 다양한 제품의 판매량 예측
④ 데이터의 이상치 식별

해설
연관규칙(Association Rule)은 반복적인 패턴을 찾아 특정 사건이 동시에 일어나는 규칙을 탐색하는 방법으로 제품 추천 알고리즘 구축에 다양하게 활용된다.

38 다음 중 SQL에 대한 설명으로 가장 옳지 않은 것은?

① GRANT는 사용자에게 특정 권한을 부여하는 명령어이다.
② UPDATE 명령어를 사용하여 이미 존재하는 테이블 필드의 데이터 유형을 변경할 수 있다.
③ DROP은 테이블, 뷰, 인덱스 등을 삭제하는 명령어이다.
④ CREATE 명령어로 새로운 데이터베이스를 생성할 수 있다.

해설
UPDATE는 데이터 조작어(DML ; Data Manipulation Language)의 하나로 데이터를 수정할 때 활용하는 명령어이다. 테이블 필드의 데이터 유형을 변경할 때는 데이터 정의어(DDL ; Data Definition Language) 중 ALTER 명령어를 활용한다.

39 다음 중 데이터 수명 주기를 가장 올바르게 나열한 것은?

① 수집 – 보관 – 저장 – 처리 – 분석 – 폐기
② 수집 – 처리 – 저장 – 보관 – 분석 – 폐기
③ 수집 – 분석 – 처리 – 저장 – 보관 – 폐기
④ 수집 – 저장 – 처리 – 분석 – 보관 – 폐기

해설
데이터 수명 주기의 순서를 고려할 때는 데이터 분석의 과정을 고민한다. 데이터 분석을 위해 데이터를 수집하고 수집된 데이터를 저장하여, 전처리 및 가공 처리 후 분석을 수행하는 과정으로 진행된다. 분석된 결과를 활용할 수 있도록 일정 기간 보관하고 데이터의 활용이 모두 완료되면 폐기하여 처리한다.

40 A 회사는 원격 근무 제도를 도입한 이후 이직률이 감소한 것을 발견하였다. 이 발견에 대한 결론으로 가장 옳은 것은?

① 원격 근무 도입이 직원의 직무 만족도를 높여 이직률이 감소한 것이다.
② 원격 근무 도입이 직원의 이직률 감소에 영향을 미칠 수 있다.
③ 원격 근무 도입과 이직률 감소 간의 인과관계를 명확하게 입증할 수 있다.
④ 이직률 감소는 원격 근무 도입과 무관하게 발생한 결과이다.

해설
원격 근무와 직원의 이직률이 상관관계를 가지므로 이직률 감소에 영향을 미칠 수는 있지만, 원격 근무가 도입되었기 때문에 직원의 이직률이 줄었다는 인과관계를 설명하지는 않는다.

제3과목 경영정보시각화 디자인

41 다음 중 오컴의 면도날 개념(Occam's Razor)을 인포그래픽 디자인에 적용하는 설명으로 가장 옳지 않은 것은?

① 과도한 세부정보나 복잡한 그래프를 배제하고 필요한 만큼의 시각화 요소만 사용한다.
② 최소한의 텍스트를 사용하는 것을 목표로 간결하고 명료한 문구를 사용한다.
③ 주요 메시지 전달에 자세한 세부정보를 가능한 많이 제공하여 이해를 돕도록 한다.
④ 명확한 구조화를 위해 정보를 단순화한다.

해설
오컴의 면도날과 인포그래픽
- 단순한 시각화
  - 필요한 만큼의 시각화 요소만 사용
  - 과도한 세부 정보나 복잡한 그래프는 배제
  - 인포그래픽을 더 직관적으로 만들 수 있음
- 명확한 구조화
  - 정보를 단순화
  - 주제와 하위 주제 간의 계층구조를 정의
- 최소한의 텍스트
  - 간결하고 명료한 문구를 사용
  - 필요한 경우, 그래픽 요소를 활용하여 텍스트를 대체

42 다음 중 지리적 데이터를 시각화할 때, 카토그램(왜상 통계지도)의 주요 단점으로 가장 옳은 것은?

① 데이터 간의 시간적 변화를 표현하기 어렵다.
② 지도상의 지리적 정확성이 왜곡되어 공간적인 해석이 어렵다.
③ 데이터를 단순하게 표현하여 세부 정보를 잃을 수 있다.
④ 데이터를 정량적으로 비교하기 어렵다.

해설
카토그램(왜상 통계지도)은 특정 데이터 값의 변화에 따라 지도의 면적이 다르게 표현되는 시각화로 지리적 정확성이 왜곡되어 공간 해석이 어렵다는 단점이 있다.

43 다음 그림 차트 유형에 대한 설명으로 가장 옳지 않은 것은?

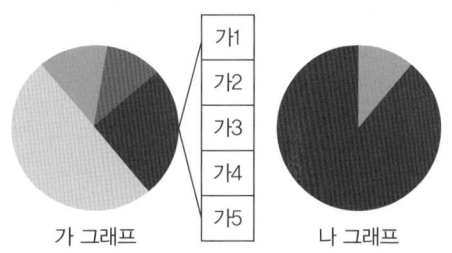

가 그래프   나 그래프

① 이 차트는 한 부분을 나누어 다중 정보를 제공할 때 '가 그래프'와 같이 수직이나 수평 막대를 활용할 수 있다.
② 이 차트를 시각화할 때는 절대수량을 사용해 독자들의 혼란을 최소화한다.
③ '나 그래프'와 같이 조각을 명도나 색의 차이로 강조할 수 있지만 떼어내서 정보를 강조하는 방법도 있다.
④ 전체 원 크기의 40% 이상인 조각은 따로 떼러 사용 시 시각적 혼란을 만들 수 있다.

해설
파이차트를 활용할 때는 절대수량이 아닌 전체에 대한 각 요소의 상대적 비율을 사용한다.

정답 41 ③ 42 ② 43 ②

44 다음 중 트리맵 시각화에 대한 설명으로 가장 옳지 않은 것은?

① 트리맵은 위계구조가 있는 데이터나 트리 구조 데이터를 효과적으로 시각화할 수 있으며 각 사각형의 크기는 데이터의 양적 값을 반영한다.
② 트리맵에서 각 사각형의 색상은 데이터의 범주를 구분하는 데 사용되며 색상의 명확성은 시각적 효과를 높이는 데 중요한 역할을 한다.
③ 트리맵에서 내부 사각형의 배치는 데이터의 계층구조를 명확히 반영해야 하며 일반적으로 사각형의 배치는 구조적 의미를 가진다.
④ 트리맵에서 음수값은 일반적으로 무채색의 색상 또는 특별한 방식으로 시각화한다.

[해설]
트리맵은 비율 데이터를 범주의 내포 형태로 표현할 수 있어 2개 이상의 범주가 계층구조를 가질 때 적합하며, 음수의 표현과 상대 비교가 어렵다.

45 다음 그림들의 공통적인 특성으로 가장 옳지 않은 것은?

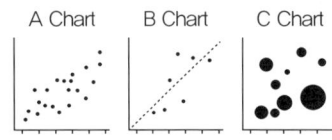

① A Chart는 흐름을 표현할 때 활용되기도 하지만 관계를 설명할 때 활용되기도 한다.
② A, B, C Chart 모두 정확한 수치를 파악하기에 적합하다.
③ C Chart는 면적은 종속변수를 나타내며 종속변수는 정량형이다.
④ A Chart는 산점도(분산형 차트)에 포함된다.

[해설]
관계 시각화는 두 개 이상의 정량적 데이터의 관계(상관관계 등)를 시각화하는 방법으로, 특정 데이터의 움직임에 따른 비교 대상 데이터의 변화 확인에 유용하다. 관계 시각화의 대표적인 차트는 산점도이다. A Chart는 전형적인 산점도이고 B Chart는 산점도에 평균 선을 추가한 유형이다. 이때 A와 B는 X에 대응하는 Y값을 정확히 파악할 수 있게 된다. C Chart는 관계 시각화를 표현할 수 있는 버블 차트이지만 데이터 값이 결합되어 표현되는 형태이기 때문에 정확한 수치를 파악하기는 곤란하다.

46 다음 그림은 조세프 미나르가 '나폴레옹의 모스크바 원정 과정'을 생키 다이어그램으로 시각화한 것이다. 생키 다이어그램의 주요 용도에 대한 설명으로 가장 옳은 것은?

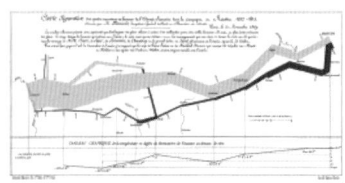

① 시간에 따른 데이터 변화를 시각화하기 위해 사용한다.
② 두 변수의 상관관계를 시각적으로 표현하기 위해 사용한다.
③ 비율 데이터의 흐름과 전환을 시각적으로 표현하기 위해 사용한다.
④ 특이성이 있는 독립적 데이터를 표현하기 위해 사용한다.

[해설]
흐름을 표현하는 생키(Sankey) 차트는 여러 대상의 흐름을 표현하며 범주의 계층 간 관계를 표현하는 차트이다. 화살표의 너비로 수치형 데이터의 측정값을 표현하므로 비율 데이터의 흐름을 시각적으로 표현할 수 있다.

[Tip]
간혹 다이어그램과 차트를 혼용하여 사용하는 경우가 있다. 두 용어 모두 생키 차트에 사용되며 동일하다. 다만, 원론적 의미로 다이어그램과 차트는 다른 개념이다. 차트는 데이터 항목 간의 비교를 우선으로 하고 다이어그램은 데이터 항목간의 관계와 개념, 프로세스 등으로 포함하는 그래픽이다.

47 다양한 하이퍼파라미터 구성에 대한 머신 러닝 모델의 성능을 분석하려고 한다. 각 구성에는 여러 평가 지표(정확도, 정밀도, 리콜, F1 점수 및 런타임)가 있다. 이러한 구성을 비교하고 메트릭 간의 절충점을 파악하는 데 가장 효과적인 시각화 그래프는?

① 방사선 차트 ② 평행 좌표계
③ 그룹 막대그래프 ④ 트리맵

해설

평행 좌표계
다양한 변수(다변량) 데이터를 분석하기 위해 고차원 데이터를 시각화하는 방법이다.

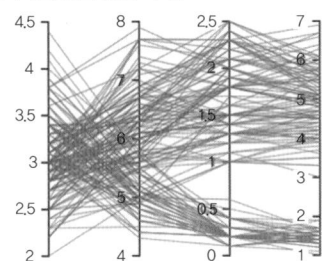

48 다음 중 캘린더 차트에 대한 설명으로 가장 옳은 것은?

① 캘린더 차트는 시간에 따른 데이터의 패턴과 추세를 시각적으로 분석하는 데 유용하며, 날짜별 데이터 값을 색상으로 표현한다.
② 캘린더 차트는 카테고리 데이터만을 시각적으로 표현하는 데 사용된다.
③ 캘린더 차트는 두 개 이상의 변수 간의 상관관계를 분석하기 위한 도구로 사용된다.
④ 캘린더 차트는 데이터의 세부사항을 표시하기보다는 주로 단일 숫자 집합을 시각적으로 표현하는 데 사용된다.

해설

캘린더차트는 날짜 데이터를 활용하여 구성할 수 있고 시간에 따른 데이터의 패턴과 추세를 칸의 색상, 레이블을 통해 시각적으로 분석하는 데 유용하다.

49 다음은 나단 셰드로프의 DIKW 정보 디자인에 대한 설명이다. 빈칸에 순서대로 들어갈 용어로 가장 옳은 것은?

> • 정보 디자인 다이어그램은 데이터, 정보, 지식, 지혜가 생성되고 전환되는 과정 중에서 정보 디자인이 어떻게 전달되는지를 보여준다. 데이터가 정보로 (A)·활용되고 지식으로 (B)되어 지혜로써 문제 해결과 (C)에 사용되는 과정을 그리고 있다.
> • 맥락에 따라 시각화의 방법도 각 단계마다 다르게 나타난다. 지식으로 갈수록 경험에 기반한 (D)이/가 중요해짐을 알 수 있다.

① (A)이해 – (B)체계화 – (C)미래 예측 – (D)스토리텔링
② (A)스토리텔링 – (B)체계화 – (C)미래 예측 – (D)이해
③ (A)스토리텔링 – (B)체계화 – (C)이해 – (D)미래 예측
④ (A)체계화 – (B)이해 – (C)미래 예측 – (D)스토리텔링

해설

나단 셰드로프의 DIKW(Data Information Knowledge) 정보 디자인에서 정보는 이해, 활용되고 지식으로 체계화되며, 지식은 미래 예측에 활용된다. 모든 흐름은 스토리텔링으로 설명할 수 있다.

Tip

나단 셰프로드의 DIKW를 이해하기 위해서는 데이터의 흐름을 생각하면 가장 빠르다. 데이터(Data)-정보(Information)-지식(Knowledge)-지혜(Wisdom)의 과정을 표현한다. 이러한 데이터의 흐름이 디자인에 어떻게 전달되는지를 설명하는 이론이다.

50 다음 중 비즈니스 인텔리전스(BI)와 관련된 설명으로 가장 옳지 않은 것은?

① BI 도구는 데이터의 정제, 분석, 시각화, 그리고 인사이트 도출을 통해 데이터의 패턴과 추세를 식별할 수 있게 도와준다.
② BI 도구는 사용자가 데이터를 시각적으로 변환할 수 있도록 지원하며 이를 통해 복잡한 비즈니스 정보를 명확하게 설명할 수 있다.
③ 데이터 기반의 의사결정을 지원하고 경쟁 우위를 확보하는 데 중요한 역할을 한다.
④ BI 도구는 시각화를 통한 그래프를 제공하나, 인터랙티브한 기능은 제공하지 않아 상호작용은 불가능하다.

해설

BI는 데이터를 분석하고 다음 상황을 예측하며, 과정과 결과의 시각화, 협업 등의 기능을 제공한다. ①·②·③은 BI가 가지는 순기능을 설명하며, ④는 BI도 충분히 상호작용의 기능을 제공하므로 잘못된 설명이다.

51 다음 그래프는 코로나 누적 감염자 수를 나타내고 있다. 이와 같은 그래프 유형에 대한 설명으로 가장 옳지 않은 것은?

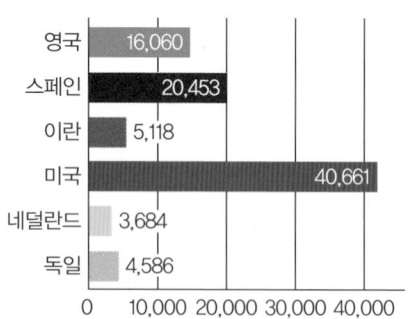

① 막대그래프는 세로형과 가로형으로 시각화되는데, 가로형은 세로형에 비해 배경 그리드를 통해 값을 파악하는 것이 쉽지 않다.
② 양수와 음수의 데이터 값이 있을 경우, 음수는 좌측에 위치하며 양수는 우측에 위치해야 하지만 양수가 없는 경우 기준선의 우측에 위치할 수 있다.
③ 데이터의 값은 막대 끝 안쪽 혹은 바깥쪽 인근에 기입한다.
④ 막대 순서는 오름차순 혹은 내림차순으로 정렬하나, 의도에 따라 특정 순서를 부여하여 나열할 수 있다.

해설

수평(가로) 막대 차트의 경우 Y축에 시간을 표현하여 흐름에 따른 추이를 표현한다. 범주(차원) 이름이 길 때 편리하게 사용 가능하며, 표현하는 막대의 정렬 순서를 조정할 수 있다. 막대의 길이를 표현하는 값에 비례하여 표현하고 막대로 정렬된 각 데이터 항목 간의 길이를 비교하여 해석한다. 양수와 음수의 데이터 값이 있을 경우, 기준선 우측이나 좌측 등 표준으로 정해져 있는 것이 아니다.

52 다음 중 시각화 유형이 다른 그래프로 가장 옳은 것은?

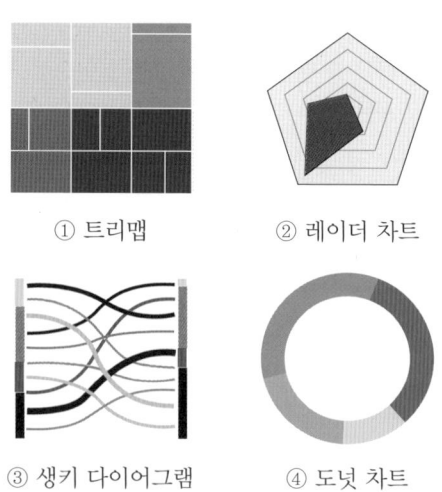

① 트리맵   ② 레이더 차트
③ 생키 다이어그램   ④ 도넛 차트

해설

② 레이더 차트는 수량을 표현할 때 유용하다.
①·③·④ 트리맵, 생키 다이어그램, 도넛 차트는 대표적인 비율 시각화 차트로, 비율 및 범주를 표현하는 데 유용한 그래프이다.

53 다음 그림은 누적 막대그래프이다. 이 그래프의 특성에 대한 설명으로 가장 옳지 않은 것은?

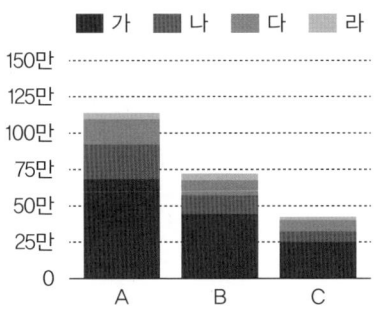

① 각 막대의 높이는 전체와 관련된 상대적 비율을 나타낸다.
② 여러 개의 범주 또는 변수를 동시에 표현하는 데 사용한다.
③ 누적 막대그래프는 상대적 비율을 표현하기에 적합하지만, 각 막대의 정확한 값 파악은 한눈에 파악하기 어렵다.
④ 백분율을 비교하는 그래프가 아니기 때문에 세로축 단위 표시는 생략이 가능하다.

해설
누적 막대 그래프는 막대의 너비가 범주(항목)별로 다르게 표현되므로 반드시 세로축의 단위가 표현되어야 한다.

54 다음 중 조건부 서식의 기능과 관련하여 가장 옳은 것은?

① 조건부 서식은 특정 데이터 셀의 값을 기준으로 서식을 동적으로 적용할 수 있으며 복잡한 조건식도 지원한다.
② 조건부 서식은 데이터의 집합에만 적용할 수 있으며 개별 셀에는 적용할 수 없다.
③ 조건부 서식은 서식이 변경된 후 원본 데이터가 수정되면 서식이 자동으로 업데이트되지 않는다.
④ 조건부 서식은 사용자가 직접 작성한 수식이 아니라 프로그램에서 제공하는 기본 서식 규칙만 적용할 수 있다.

해설
② 조건부 서식은 개별 셀마다 특정하게 적용할 수 있으며, 특정 범위의 데이터를 강조하고 데이터의 크기에 따른 서식의 변화를 준다.
③ 조건부 서식은 동적이므로 데이터가 변경될 때마다 자동으로 업데이트되어 항상 최신의 상태를 반영한다.
④ 조건부 서식은 제공되는 서식을 사용할 수 있으며, 사용자가 직접 수식을 입력하고 조건을 지정할 수도 있다.

55 다음 중 자크 베르탱의 7가지 시각적 변수 선택에 대한 설명으로 가장 옳지 않은 것은?

① 효과적 커뮤니케이션을 위해서 정보 유형에 따라 서로 다른 시각적 인코딩을 제안한다.
② 위치 변수는 주변 요소와의 관계 비교를 유도하여 정보의 상하 구조를 효과적으로 전달할 수 있다.
③ 명도 변수는 수치적 변화를 시각화할 때 색상이 차이보다 더 효과적이다.
④ 색상 변수는 채도의 차이에 따라 정보의 우선 순위를 매기며 이러한 방법은 효과적인 정보 전달에 활용된다.

해설
자크 베르탱의 7가지 시각적 변수
• 위치(Position) : 위치의 변화는 특정 요소를 강조한다.
• 크기(Size) : 특정 요소의 크기를 달리하여 강조한다.
• 모양(Shape) : 강조할 특정 요소의 모양을 다른 요소와 다르게 표현한다.
• 색상(Color) : 강조를 위해 다른 요소의 색과 대비되도록 구성한다.
• 명도(Value) : 하나의 요소가 밝고 어두움이 다르면 명시성에 영향을 준다.
• 기울기(Orientation) : 기존의 요소와 다른 각도로 구성하여 변화를 준다.
• 질감(Texture) : 모든 요소와 질감이 다르면 돋보이게 표현된다.

56 다음 그림은 정보 디자인 범주를 도식적으로 표현하고 있다. 그림에 대한 설명 중 가장 옳은 것은?

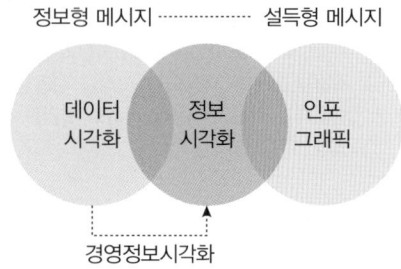

① 경영정보시각화를 목표로 할 때는 정보형 메시지를 담고 있어 나단 셰드로프가 주장하는 인포그래픽보다는 에드워드 터프티의 시각화 방법이 더 적합하다.
② 경영정보시각화는 설득적 메시지를 전달하는 목적이 강하므로 스토리텔링이 강한 에디토리얼 인포그래픽으로 시각화해야 한다.
③ 나단 셰드로프가 주장하는 인포그래픽 디자인은 경영정보시각화보다 주관적 맥락이 덜 포함되어 있으며 객관적 의사 판단을 할 수 있도록 한다.
④ 인포그래픽은 전통적인 정보 시각화와는 달리 삽화, 장식이 많이 포함되어 있지 않으며 메시지 전달보다는 관심을 끄는 것이 중요하다.

해설

에드워드 터프티의 시각화 원리는 비교, 대조, 차이를 드러내고 인과관계와 상관관계를 보여야 하며, 한 도표에 여러 변수를 담고 텍스트, 숫자, 이미지, 그래프 같은 데이터들을 한 곳에 통합해야 한다. 또한 사용된 데이터의 출처를 그래프 안이나 각주로 설명하고 시각화에 의미 있는 내용을 담아야 한다. 따라서 정보형 메시지의 시각화 시에는 에드워드 터프티의 시각화 원리가 도움이 된다.

Tip

에드워드 터프티의 시각화 방법
• 비교, 대조, 차이를 충분히 활용한다.
• 인과관계와 상관관계를 표현한다.
• 그래프 내에 다양한 변수를 표현한다.
• 텍스트, 숫자, 이미지 데이터를 통합하여 표현한다.
• 데이터 출처는 각주로 전달한다.
• 모든 시각화에 의미와 내용을 포함한다.

Tip

나단 셰프로드의 인포그래픽은 DIKW(데이터의 흐름)를 이해하고 모두 스토리텔링으로 전달한다.

57 다음 그림은 캠페인 예산 분기별 벤치마크를 시각화한 불렛 그래프이다. 이에 대한 설명으로 가장 옳지 않은 것은?

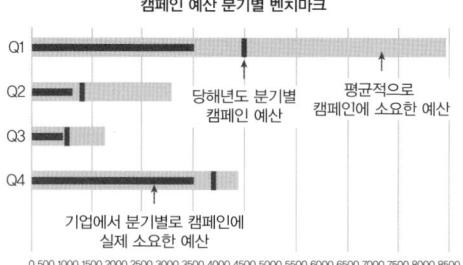

① 분기별 캠페인 예산의 표시가 세로선으로, 캠페인에 실제 소요한 예산이 진한 가로 막대로 표시되어 있어 분기별 성과 비교가 가능하다.
② 목표와 성과를 시각적으로 효과적으로 비교하여 결정을 내리고 전달하는 데 도움을 준다.
③ 주요 데이터 값은 차트 중앙의 막대를 사용하여 길이 별로 인코딩되며, 중앙의 막대를 기호 마커라고 한다.
④ 이 기업은 3분기에 확보된 예산에 근접하는 집행 성과를 이루었음을 알 수 있다.

해설

불렛 그래프(Bullet Chart, 총알 차트)는 실적 데이터를 표현하기 위한 시각화 도구로 막대 그래프와 유사하다. 목표 대비 성과를 시각화할 때 유용하게 사용한다. 불렛 그래프의 핵심은 성과를 비교하고 확인하는 기능을 제공하는 것이다. ① · ② · ④는 충분히 주어진 그래프를 설명하지만 ③은 성과 비교와는 거리가 있다. 주요 데이터 값은 가로 막대, 진한 가로 막대, 차트 중앙의 막대로 나누어 인코딩되며, 특정한 기호(설명을 단순화)를 다루는 것은 아니다.

58 다음 중 디자인의 기본 원리에 대한 설명으로 가장 옳지 않은 것은?

① 균형은 디자인 요소가 시각적으로 균형을 이루도록 배치하며 안정감을 제공한다.
② 대비는 디자인에서 두 가지 상반된 요소를 사용하여 시각적 유도를 이끌며 중요한 요소를 강조하는 데 활용된다.
③ 정렬은 디자인 요소를 특정한 패턴이나 위치에 배치하여 일관성과 조직감을 제공하며 모든 요소가 서로 독립적으로 배치될 수 있다.
④ 근접은 디자인 요소를 서로 가까이 배치하여 그룹화하고 정보의 연관성을 명확히 하는 원리이다.

해설

디자인 요소를 특정한 패턴이나 위치에 배치하여 일관성과 조직감을 제공하는 디자인 원리는 통일성에 가깝다.

59 다음 중 지도의 사용 목적과 관련하여 가장 옳은 것은?

① 지도는 지리적 위치의 정확한 좌표와 함께 해당 위치에서의 데이터를 나타내기 위해 주로 사용된다.
② 지도는 데이터의 시계열 변화를 나타내는 데 효과적이지 않으며, 주로 과거의 데이터 분석에 사용된다.
③ 지도는 범주형 데이터를 시각적으로 표현할 수 없다.
④ 지도는 데이터의 평균값이나 중앙값을 직접적으로 표시하는 기능을 가지고 있다.

해설

우리가 일상에서 지도를 사용하는 목적은 지리적 위치의 파악, 좌표에 따른 해당 위치 선별 등이다.

60 다음 중 비즈니스 인텔리전스(BI) 소프트웨어의 특징으로 가장 옳지 않은 것은?

① 대시보드는 실시간으로 데이터를 갱신할 수 있는 기능을 제공한다.
② 시각화 도구를 이용하여 사용자가 데이터를 최대한 활용할 수 있는 환경을 제공한다.
③ 데이터의 자동 통합 및 정제가 가능하여 재현 가능성과 반복 가능성의 구현이 가능하다.
④ 사용자는 원하는 데이터를 시각적으로 표현하기 위한 그래프를 활용할 수 있다.

해설

시각화 도구를 사용하면 재현 가능성과 반복 가능성을 구현하기 어려울 수 있다는 단점이 있다.

좋은 책을 만드는 길, 독자님과 함께하겠습니다.

2025 시대에듀 유선배 경영정보시각화능력 필기 과외노트

초 판 발 행	2025년 04월 15일 (인쇄 2025년 02월 05일)
발 행 인	박영일
책 임 편 집	이해욱
편 저	전익진
편 집 진 행	노윤재 · 호은지
표지디자인	김도연
편집디자인	고현준 · 김혜지
발 행 처	(주)시대고시기획
출 판 등 록	제10-1521호
주 소	서울시 마포구 큰우물로 75 [도화동 538 성지 B/D] 9F
전 화	1600-3600
팩 스	02-701-8823
홈 페 이 지	www.sdedu.co.kr
I S B N	979-11-383-8650-0 (13000)
정 가	32,000원

※ 이 책은 저작권법의 보호를 받는 저작물이므로 동영상 제작 및 무단전재와 배포를 금합니다.
※ 잘못된 책은 구입하신 서점에서 바꾸어 드립니다.

유튜브 선생님에게 배우는
유·선·배 시리즈!

▶ **유튜브** 무료 동영상 강의 제공

체계적인 커리큘럼의 온라인 강의를 무료로 듣고 싶어!

혼자 하기는 좀 어려운데… 이해하기 쉽게 설명해줄 선생님이 없을까?

문제에 적응이 잘 안 되는데 머리에 때려 박아주는 친절한 문제집은 없을까?

그래서 시대에듀가 준비했습니다!!

유선배 과외!

자격증 다 덤벼!
나랑 한판 붙자

- ✔ 혼자 하기 어려운 공부, 도움이 필요한 학생들!
- ✔ 체계적인 커리큘럼으로 공부하고 싶은 학생들!
- ✔ 열심히는 하는데 성적이 오르지 않는 학생들!

유튜브 **무료 강의** 제공
핵심 내용만 쏙쏙! 개념 이해 수업

[**자격증 합격은 유선배와 함께!**]

맡겨주시면 결과로 보여드리겠습니다.

| SQL개발자 (SQLD) | GTQ포토샵 & GTQ일러스트 (GTQi) 1급 | 조경기능사 | 사무자동화 산업기사 | 사회조사분석사 2급 | 경영정보시각화 능력 |

대한민국 모든 시험 일정 및 최신 출제 경향·신유형 문제

꼭 필요한 자격증·시험 일정과 최신 출제 경향·신유형 문제를 확인하세요!

출제 경향·신유형 문제

시험 일정 안내

◀ 시험 일정 안내 / 최신 출제 경향 · 신유형 문제 ▶

- 한국산업인력공단 국가기술자격 검정 일정
- 자격증 시험 일정
- 공무원·공기업·대기업 시험 일정

합격의 공식
시대에듀